JARISOY DE RÉLY

FRANKREICHS REBGÄRTEN, WINZER UND IHRE WEINE

M.M. Frankreich-Ratgeber 1994/95

Originalausgabe
aus dem Französischen übersetzt von
Karin Moureau-Olde

JARISOY DE RÉLY

FRANKREICHS REBGÄRTEN, WINZER UND IHRE WEINE

M.M. Frankreich-Ratgeber 1994/95

MAURICE MOUREAU
"DER DEUTSCH-FRANZÖSISCHE VERLAG"
EKHOFSTR. 30 · 22087 HAMBURG

Copyright © by Maurice Moureau Verlag, Hamburg, 1994
Originalausgabe
Korrektor: Dieter Lagemann
Gesamtherstellung: Zeitgemäßer Druck, Calling P.O.D., Hamburg
ISBN: 3-88545-018-6
Made in Germany

Abkürzungen:

A.O.C.	= Appellation d'Origine Contrôlée (Kontrollierte Herkunftsbezeichnung)
EVP	= Endverbraucherpreis/e
Gr	= Grossisten
INAO	= Institut National des Appellations d'Origine
VDN	= Vin doux naturel (natürlicher Süßwein)
V.D.Q.S.	= Vin Délimité de Qualité Supérieure (gesetzliche Kategorie für Qualitätsweine)

Unser Weinführer 1994/95 "Frankreichs Rebgärten, Winzer und ihre Weine", der die meisten Anbaugebiete umfaßt, stellt seinen Lesern vor allem eine große Auswahl an Châteaux und Domänen vor, die sich beim Anbau und bei der Pflege ihrer Rebstöcke sowie der daraus gewonnenen Weine für die Ökologie entschieden haben. Das bedeutet Bearbeitung und Düngung des Bodens ohne chemische Syntheseprodukte (z.B. mit Meeresalgen und Felspulver), vorbeugenden Schutz des Weinberges gegen Krankheiten mit Hilfe von Pflanzenextrakten und mineralogischen Produkten wie Brennesseljauche, Bordeauxbrühe oder Schwefelblüte, es bedeutet manuelle Weinlesen und das Sortieren der Trauben an Ort und Stelle wie auch Anwendung natürlicher Verfahren bei der Bereitung, dem Ausbau und der Alterung der Weine, die alle auf den Gütern in Flaschen abgefüllt werden.

Erleichtert wurde uns die Auswahl durch das ständig steigende Ökologiebewußtsein, das die französischen Weinbauern, ganz unabhängig von der Größe ihrer Güter, beweisen. Der Verzicht auf jegliche technisch-wissenschaftliche Manipulation sowie die Wahl natürlicher Nährstoffe und Methoden bestimmen den Anbau ihrer Rebstöcke und die Herstellung ihres Weines, einem lebenden Element, das keinen künstlichen Zwang in seiner Entwicklung verträgt. Der Berufsstand der Winzer verdient Respekt, Dank und Anerkennung für seine Gewissenhaftigkeit und tiefe Verwurzelung in der Natur und ihrer Substanz, dem Anbau.

Einige Unternehmen wurden nicht in unsere Auswahl aufgenommen, weil sie nach unseren Eindrücken mehr dank ihres jahrhundertealten Rufes, der durch ständige Werbekampagnen erhalten wird, als durch die tatsächliche Qualität ihrer Produktion überleben, obwohl sie sich auf das Leistungsverzeichnis ökologischer Verfahren berufen.

Dieser Weinführer stellt dem Leser rund 250 Appellationen, überwiegend A.O.C.- Anbaugebiete, und rund 1 000 Erzeuger vor, die ausschließlich den geltenden ökologischen Normen entsprechende Weine herstellen. Die genannten Preise verstehen sich ab Weingut, so daß die Versandkosten im allgemeinen zu Lasten des Kunden gehen. Zur Vermeidung von allzu hohen Beförderungskosten empfehlen wir Sammelbestellungen.

Bitte schenken Sie unseren Anzeigenauftraggebern Ihr volles Vertrauen. Beziehen Sie sich auf unseren Weinführer. Alle sind gern bereit, Ihnen auf Anfrage zusätzliche Auskünfte über ihre Weine, Preise und Verkaufsbedingungen zu erteilen.

Wir hoffen, mit dem neuen Weinführer einen Beitrag zur Verkaufsförderung der Weine, die alle aus natürlichen Anbau- und Weinbereitungsmethoden hervorgehen, zu leisten, und danken für Ihr Vertrauen.

Maurice Moureau

Foto: Domaines Gavoty · "Côtes de Provence" · F-83340 Cabasse

ELSAß

Der Elsässer Wein war von frühester Zeit an untrennbar mit der Geschichte des Landes verbunden. Man nannte und nennt ihn noch immer "Or Vert" (= Grünes Gold). Unter dem Namen Vin d'Aussey prangte er im Mittelalter an erster Stelle auf allen Tafeln. Nach 1871 hatte sich dieses Weinanbaugebiet zu Lasten der Qualität derartig ausgebreitet, daß im 20. Jh. eine Restriktion herbeigeführt werden mußte, die den nach Rebsorten und nicht nach Herkunft benannten Qualitätsweinen ihre Vorrangstellung zurückgab. Die elsässischen Rebflächen erstrecken sich über die Anhöhen der Vogesen und genießen, vor Atlantikeinflüssen geschützt, warmes und trockenes, für die feine Reifung der Trauben besonders günstiges Semikontinentalklima. Der mit der Champagne nördlichste Weinberg Frankreichs verzeichnet die geringste Niederschlagsmenge und eine große Bodenvielfalt auf 13 000 ha in einer Höhe zwischen 200-400 m. Das durch ein Absinken des von Vogesen und Schwarzwald gebildeten Massivs entstandene Gebiet besitzt ein breites Spektrum an Rebsorten. Zur Appellation d'Origine Contrôlée Alsace Grand Cru berechtigt sind laut Dekret vom 20.11.75 nur jene Weine, die auf vorher von Sachverständigen des Institut National des AOC bestimmten Böden gewonnen werden.

MAISON LEON BAUR
Jean-Louis et Léon Baur
71, rue Rempart Nord · F-68420 Eguisheim

Preise nicht genannt

Die Grands Crus Eichberg und Pfersigberg stehen an der Spitze der Produktion dieser Domäne. Das Mikroklima und eine natürliche Düngung kommen den Weinen zugute, die in Eichenfässern ausgebaut werden und dank ihrer Traubenaromen sehr charakteristisch sind. Bemerkenswert: tiefe, in die Stadtmauer hineingebaute Keller und hundert Jahre alte Fässer, in denen alljährlich die besten Weine altern. Dieses älteste Weinhaus Egisheims ist einen Besuch wert.

DOMAINE JEAN BECKER
4, route d'Ostheim · F-68340 Zellenberg
(✆ 89 47 90 16)

Preise nicht genannt

Diese Domäne, die 1610, im Jahr der Ermordung Heinrichs IV., gegründet wurde, ist bis heute bereits in der 13. Generation stets im Familienbetrieb geblieben. Ihre 16 ha Rebflächen umfassen 5 Lagen, darunter die berühmtesten Elsässer Grands Crus: den Froehn, der einen blumigen, fruchtigen Wein hervorbringt, der Reichhaltigkeit, Finesse und Fülle vereint; den Schoenenbourg, der einen lange lagerfähigen Wein mit mächtigen Aromen entstehen läßt; den Sporen, bekannt für seinen fruchtigen, mineralischen und eleganten Wein; den Sonnenglanz, ein Gewächs mit reichen Aromen, fein und konzentriert; den Praelatenberg, mit komplexen Aromen und einer mineralischen Nuance, ein feiner, eleganter Wein.

DOMAINE LEON BEYER
B.P. 1 · F-68420 Eguisheim
(✆ 89 41 41 05)

Preise nicht genannt

Die Beyers, seit 1580 Winzer in Egisheim, haben Rebflächen in den besten Lagen erworben. Durch die mehrhundertjährige Bekanntheit ihrer Qualitätsweine stehen diese auf den Karten der besten Restaurants im In- und Ausland: ein wohl ausgewogener, geschmeidiger und nervöser weißer Pinot; ein frischer, rassiger, markanter Riesling von exquisiter Frucht; ein körperreicher, samtiger Gewürztraminer mit einem mächtigen Bukett von großer Finesse; ein üppiger, kerniger Tokay Pinot Gris voller Noblesse.

ELSAß

DOMAINE ANDRE BLANCK
Ancienne Cour des Chevaliers de Malte
F-68240 Kientzheim

EVP: FF 20,– bis 50,–; Gr: auf Anfrage

Das einstige Besitztum der Malteserritter, im 13. Jh. Templer des hl. Johannes zu Jerusalem, wird seit 7 Generationen von den Blancks bewirtschaftet. Sie verfügen über Rebflächen in idealen Lagen mit Sand-, Granit-, Tonschlamm- und Kiessandböden, die vom trockenen und im Sommer warmen nördlichen Klima profitieren. Der Anbau erfolgt traditionell: Abdecken mit Stroh auf den Hängen, Besäen mit Roggen in der Ebene. Nach der Vinifizierung auf Feinhefen werden die Weine in Eichenfässern ausgebaut und 9 Monate später auf Flaschen abgezogen. Sie sind trocken und fruchtig, von großer aromatischer Finesse.

DOMAINE BARMES-BUECHER
30-23, rue Sainte-Gertrude
F-68920 Wettolsheim · (✆ 89 80 62 92)

Preise auf Anfrage

Die überwiegend tonkalkhaltigen Böden dieses 15 ha großen Weingartens bringen Qualitätsweine hervor, die viel Originalität und Persönlichkeit besitzen: ein Riesling Herrenweg, Réserve personnelle 1991, von ausgesuchter Frucht, fein, komplex, sehr reif und von beeindruckender Länge im Mund; ein Tokay Pinot Gris Herrenweg, Réserve personnelle 1991, mit dem charakteristischen Tokaier Duft, im Mund ausgereift, mit einem Anklang von Orangen und kandierten Feigen, Tabak und Café beim Abgang.

PAUL BUECHER ET FILS
15, rue Sainte-Gertrude · F-68920 Wettolsheim
(✆ 89 80 64 73)

Preise nicht genannt

Ein Haus, das nicht viel von sich reden macht. Seine Kundschaft hängt an seinen traditionellen Methoden: langer Ausbau in Eichenfässern, hohes Alter der Rebstöcke und strenge Vinifikationsverfahren. Das reicht als Werbung.

DOMAINE JEAN-PIERRE DIRLER
13, rue d'Issenheim · F-68500 Bergholtz
(✆ 89 76 91 00)

Preise nicht genannt

Der Boden des 7 ha großen Gutes, das 1871 gegründet und seitdem vom Vater auf den Sohn vererbt wurde, besteht überwiegend aus Sandsteinerosion. Die Domäne ist besonders bekannt für die sehr stabile Qualität ihrer Grands Crus Saering, Spiegel und Kessler. Diese Weine sind auch in Deutschland an großen Tafeln, in der Gastronomie und bei jenen Liebhabern zu finden, die sie einmal zu sich eingeladen haben und ihnen treu geblieben sind.

DAS GOLD EINER GLÜCKLICHEN REGION

Die Grands Crus: magische Namen der elsässischen Weinberge. Helles Gold, mitunter tausendjährig. Die ersten machten schon 843 von sich reden. Ein Grand Cru entsteht in einem außergewöhnlichen Gebiet, in dem Lage, Boden und Klima für bestimmte Rebsorten ideale Anbauvoraussetzungen bilden.

Zur Bezeichnung A.O.C. Alsace Grand Cru berechtigt sind nur solche Weine, die in zuvor festgelegten Gegenden erzeugt werden. Vom Institut National des A.O.C. werden Sachverständige bestimmt, die diese Produktionsregionen abgrenzen und ihren Ruf durch eine sehr strenge Reglementierung schützen.

ELSAß

Die Lagen, die diese Bezeichnung erworben haben, bekommen eine Karteikarte mit detaillierten Angaben:

* 4 Rebsorten: Riesling, Gewürztraminer, Tokay Pinot Gris, Muscat d'Alsace.
* Mindestalkoholgehalt für den Riesling und den Muscat d'Alsace: 10 %, für den Gewürztraminer und den Tokay Pinot Gris: 11 %.
* Maximalertrag: 70 hl/ha.
* Obligatorische Angabe von Rebsorte und Jahrgang.

sellschaft Kaysersberg, erworben. Er profitiert von tonhaltigen und granitenen Böden, die nach Süden ausgerichtet sind und den beachtlichen Weinen Kraft und Charakter verleihen. Der Gewürztraminer Sélection de grains nobles mit recht intensiver Strohfärbung ist an der Nase komplex, fruchtig, etwas muskatig, elegant im Mund, konzentriert; von schöner Ausgeglichenheit sind Frucht und Süße, er hat gute Aromen von sehr großer Nachhaltigkeit; der Elsässer Riesling Grand Cru Schlossberg mit fruchtigem und mineralischem Duft ist ein intensiver Riesling von köstlicher Würze, angenehm am Gaumen.

MAISON PIERRE FRICK
5, rue de Baer · F-68250 Pfaffenheim
(✆ 89 49 62 99)

EVP: FF 25,– bis 45,–

Die Fricks aus Pfaffenheim, Winzer seit 12 Generationen, bieten eine große Auswahl elsässischer Appellationen an, darunter mehrere Grands Crus, deren Ruf seit langem in die Welt der Gastronomie vorgedrungen ist. Bemerkenswert: der Riesling 1989 "Narcisse", Spätlese, mit blaßgelbem Kleid, an der Nase reich und blumig, schön ausgewogen zwischen Fett und Frische, ein komplexer, am Gaumen harmonischer Wein; der Gewürztraminer 1990 "Grand Cru Steinert", Spätlese, mit Aromen von Quitte und reifen Birnen, unterstrichen durch eine Zimtnote, füllig, cremig und körperreich, schön ausgeglichen, mit einem würzigen Finale.

DOMAINE DU GEISBOURG
Jean-Louis Couty
B.P. 71 · F-68240 Kaysersberg
(✆ 89 78 35 01 · Fax: 89 78 26 76)

EVP: FF 22,– bis 250,–; Gr: auf Anfrage

Der Weingarten, im Jahre 1282 Domaine des Clarisses, im 16. Jh. dann kaiserliche Gendarmerie, wurde 1850 von den heutigen Eigentümern, derGe-

---

DOMAINE DU GEISBOURG
68240 Kaysersberg · 2, rue du Geisbourg

mitten im Elsässer Weingarten gelegen:
ihr Grand Cru Schlossberg AOC,
Riesling, Pinot Blanc, Tokay Pinot Gris,
Gewürztraminer, Muscat, Crémant

✆ 89 78 35 01 · Fax: 89 78 26 76

DOMAINE PAUL GINGLINGER
8, place Charles de Gaulle
F-68420 Eguisheim · (✆ 89 41 44 25)

Preise für Gr: 5-15 % Rabatt

Seit 1636 folgten 12 Winzergenerationen aufeinander. Die Domäne fügt sich ein in das historische Dorf mit seinem Fremdenverkehr, das einst von den Grafen von Egisheim und Papst Leo IX. beherrscht wurde. Große Namen werden hier geboren, wie die Grands Crus Pfersigberg, der Eichberg und Spätlesen. Ein Mikroklima, das den Ort zur trockensten Region Frankreichs macht, organischer Anbau und der sehr sorgsame Ausbau in Holzfässern gewährleisten außergewöhnliche Weine: z.B. den 1992er, einen der erfreulichsten der letzten Jahre, mit subtilem, elegantem Bukett und von angenehmer Frische.

ELSAß

DOMAINE ANDRE & REMY GRESSER
F-67140 Andlau · (✆ 88 08 95 88)

EVP: FF 19,– bis 220,–; Gr: auf Anfrage

Eine alte Winzerfamilie: die Keller, in denen sie noch heute ihre Weine herstellen, wurden 1667 von den Gressers gekauft. Von ihrem 10 ha umfassenden Weinberg mit einem durchschnittlich 40 Jahre alten Rebsortenbestand stammen berühmte Weine: der Grand Cru Kastelberg, markant und fruchtig, delikat und fein; der Grand Cru Wiebelsberg, rassig, von langer blumiger Frucht; der Grand Cru Moenchberg, von eleganter Fruchtigkeit, mit verführerischem Körper, von angenehmer Nervosität; der Cru Brandhof, elegant und vornehm, mit kräftigem und generösem Körper.

"VENDANGES TARDIVES" UND
"SELECTION DE GRAINS NOBLES"

Diese beiden seltenen Hinweise krönen den A.O.C. Alsace Grand Cru und den A.O.C. Alsace. Solche Weine werden ausschließlich aus den 4 elsässischen Rebsorten gewonnen, die Trauben nur bei Überreife in außergewöhnlichen Jahren geerntet. Bei der "Sélection de Grains Nobles" werden die Trauben, wenn sie von Edelfäule befallen sind, in mehreren Lesedurchgängen gepflückt.

DOMAINE EUGENE KLIPFEL
6, avenue de la Gare · F-67140 Barr
(✆ 88 08 94 85)

EVP: FF 26,– bis 195,–

Ein 40 ha umfassender Familienbetrieb, davon 15 ha Grands Crus auf dem Kirchberg in Barr, darunter der renommierte Clos Zisser, auf dem Kastelberg und Wiebelsberg in Andlau. Seit 1824 bemüht sich das Gut in den großen Jahren immer um "Edelfäule". So enthält die Önothek des Hauses die Jahrgänge 1919, 1921, 1929, 1937 u.a. Klipfel

steht auf den Karten der hervorragendsten Restaurants. Es liegt ihm am Herzen, Weine herzustellen, deren Charakter die den Elsässern wichtige besondere Note aufweist.

DOMAINE MARC KREYDENWEISS
12, rue Deharbe · F-67140 Andlau
(✆ 88 08 95 83)

Preise nicht genannt

Schon 1063 kam der Papst zur Einweihung der Kapelle von Kastelberg an diese Stätte, deren Wein als einer der besten der Region galt. Er ist es geblieben. Marc Kreydenweiss beweist es. Durch Bodenbiologie, niedrigen Ertrag und eine strenge Auswahl der Trauben entsteht ein ausdrucksvoller Wein, der Finesse, Reinheit und Nachhaltigkeit im Mund aufweist, seine Eigenart im Laufe der Jahre behauptet und seine Persönlichkeit verstärkt.

DOMAINE GUSTAVE LORENTZ
35, Grand'Rue · F-68750 Bergheim
(✆ 89 73 63 08)

EVP: FF 29,65 bis 78,05

Im Jahre 1750 taucht der Name Lorentz zum ersten Mal auf. Es handelte sich um einen Vorfahren des Besitzers der heutigen Domäne, die sich über 32 ha um Bergheim herum erstreckt. Das Gut umfaßt 12 Grands Crus. Die meisten Weine altern 2-10 Jahre in der Flasche, bevor sie in den Handel gelangen. Die traditionell fruchtigen weißen Lagerweine werden mit zunehmendem Alter geschmeidiger in der Struktur und nehmen die mineralischen Aromen ihres Bodens an.

DOMAINE DU REMPART
Gilbert Beck
5, rue des Remparts
F-67650 Dambach-la-Ville · (✆ 88 92 42 43)

EVP: FF 19,– bis 50,–; Gr: abzügl. 10 %

ELSAß

Die Familiendomäne wurde auf der ehemaligen Stadtmauer aus dem Jahre 1333 errichtet. Der 8 ha große Weingarten mit Granit- und Lehm-Schieferboden wird mit Gras besät. Die traditionelle Vinifizierung und der Weinausbau in Holz, Emaille und rostfreiem Gerät lassen Weine entstehen, die vor allem für ihre Finesse und Fruchtigkeit bekannt sind.

ERIC ROMINGER
6, rue de l'Eglise · F-68500 Bergholtz
(✆ 89 76 14 71)

EVP: FF 20,– bis 180,–

Die Romingers besäen ihren Weinberg mit Gras und praktizieren traditionellen Anbau, der ihren Weinen gut bekommt. Die sehr charakteristischen Weine, insbesondere die Grands Crus Zinnkoepfle, werden schon seit langem auf der Domäne in Flaschen abgefüllt. Man braucht sich diesen Namen nicht zu merken, da er überall auf elsässischen Weinkarten zu finden ist.

CLOS SAINT-LANDELIN
René Muré
Route du Vin · F-68250 Rouffach
(✆ 89 49 62 19)

Preise nicht genannt

Dieser 21 ha umfassende Rebgarten (16 ha Grands Crus Vorbourg) verdankt seinen Namen dem irischen Mönch Landelin, der im 7. Jh. das Wort Gottes jenseits des Rheins predigen wollte. Der steinige Kalkboden profitiert von maximaler Sonnenbestrahlung, was eine frühe Reife der Trauben zur Folge hat, eine Qualitätsgarantie der erzeugten Weine, die besonders komplexe Aromen entfalten und außergewöhnlich langlebig sind.

DOMAINE JEAN SIPP
60, rue de la Fraternité
F-68150 Ribeauvillé
(✆ 89 73 60 02 · Fax: 89 73 82 38)

Preise auf Anfrage

Von dem 20 ha umfassenden Weinberg sind 18 ha den Weißweinen und 2 ha den Rotweinen vorbehalten. Die Tonkalkböden, an einigen Stellen steinig, an anderen auf einer Kiesel-Ton-Schicht ruhend, haben ein Gefälle von 10 bis über 40 %. Wenn der Rebsortenbestand im allgemeinen 10-25 Jahre zählt, so beträgt er für die Grands Crus und die Réserve personnelle 30 und mehr Jahre. Die Rebflächen werden vom Unkraut befreit, gehackt und pflanzengesundheitlich behandelt. Die Weinlesen erfolgen manuell und für die Weißweine nach Rebsorten getrennt, die Gärung vollzieht sich mit Wärmeregulierung. Danach werden die Weine 8-11 Monate im Eichenfuder ausgebaut. Auf diese Weise entstehen Spitzenweine wie der Grand Cru Kirchberg, ein Wein von großer Finesse, mit gut strukturiertem Körper und elegantem Bukett, der im Laufe der Zeit bemerkenswerte Aromen entwickelt.

Suchen deutsche Importeure
DOMAINE JEAN SIPP
60, Rue Fraternité · F-68150 Ribeauvillé

S.A. PIERRE SPARR ET SES FILS
2, rue de la 1ère Armée Française
B.P. No. 1 · F-68240 Sigolsheim
(✆ 89 78 24 22)

EVP ab Kellerei: FF 21,– bis 300,–; Gr: FF 13,50 bis 195,– zuzügl. Mwst

Dieser Besitz, dessen Ursprung bis ins Jahr 1680 zurückreicht, wird heute von dem Önologen Pierre Sparr und dem Kommerziellen Leiter Bernard Sparr geführt. Es werden jährlich durchschnittlich 120 000 Kisten drei großer Weine in Eichenfässern oder rostfreien Tanks hergestellt: Elsässer, Crémant und Elsässer Grand Cru. Man betont auf dieser Domäne den ständigen Einsatz hochentwickelter ultramoderner Anlagen, was - wie man uns versichert - der Tradition niemals geschadet hat. Ein

Sortiment von 40 Empfehlungen steht der Berechtigung dieser Behauptung ein wenig entgegen.

CAVE VINICOLE DE TURCKHEIM
16, rue des Tuileries · F-68230 Turckheim
(✆ 89 27 06 25)

Preise nicht genannt

85 Millionen FF Umsatz, 500 ha Weinberge, eine Jahresproduktion von 60 000 hl, 32 Mitarbeiter, diese Zahlen sprechen für die Genossenschaft, die ihrer Kundschaft Weine für die besten Tafeln anbietet: einen ausgewogenen, harmonischen weißen Pinot; einen rassigen Riesling, von Finesse geprägt, von subtiler Fruchtigkeit und Lebhaftigkeit; einen üppigen Gewürztraminer, aromatisch, mit Bukett, dessen Feinheit seiner vielfältigen Düfte Kenner schätzen.

DOMAINE ZIND-HUMBRECHT
Route de Colmar
F-68230 Turckheim · (✆ 89 27 02 05)

EVP: FF 30,– bis 198,–

Zind-Humbrecht besitzt Rebflächen in den berühmtesten Lagen: den Clos Hauserer aus Wintzenheim, dessen tonreicher Boden sehr große Weine bester Jahrgänge hervorbringt; einen Rotenberg aus Wintzenheim, von eisenreicher Erde, mit einem Klima, das geringe Erträge erzeugt, die aber die Qualität erhöhen und fette, sehr aromatische, wohl ausgewogene Weine geben; dazu viele andere Namen, die den Reichtum des elsässischen Weingartens und den Ruf von Zind-Humbrecht unterstreichen.

MOSEL

Der um 1850 herum sehr bedeutende lothringische Weingarten überlebte die Phylloxera schlecht. Heute befindet sich seine V.D.Q.S.-Anbaufläche südöstlich von Metz sowie in der Region von Sierck-les-Bains, wo sie vom benachbarten Luxemburger Weinberg beeinflußt wird. Verwendung finden den Gamay, Pinot, Sylvaner und die kürzlich neu eingeführte, vor allem in Deutschland bekannte Rebsorte Müller-Thurgau. Alles in allem erleben wir zur Zeit eine Erneuerung dieses Weinbergs, der in kleiner Menge ausgezeichnete Weine erzeugt.

CHATEAU DE VAUX
Jean-Marie et Marie Diligent
4, place Saint-Remi · F-57130 Vaux
(✆ 87 75 28 10)

EVP: FF 23,– bis 32,–; Gr: 20 %

Der kleine, 3,5 ha umfassende Weingarten mit Tonkalkboden genießt nördliches Klima. Naturdünger, ständiges Besäen mit Gras und natürliche Vinifizierungsverfahren garantieren die Herstellung trockener und fruchtiger weißer Moselweine sowie eines rubinfarbenen Rotweins mit sehr blumigem Bukett.

COTES DE TOUL

Etwa 65 ha, verteilt über die um Toul herum gelegenen Dörfer, profitieren vom für den Rebsortenbestand günstigen Klima und Boden. Gamay, Pinot noir und Auxerrois werden vor allem angebaut, Rebsorten die den Frösten am besten standhalten. Der vielversprechende Weingarten produziert zur Zeit rund 3 000 hl V.D.Q.S.-Weine: leichte und delikate Weißweine, Rosés sowie ziemlich kräftige Rotweine.

DOMAINE LELIEVRE FRERES
André et Roland Lelièvre
46, Grande Rue · F-54200 Lucey
(✆ 83 64 81 36)

EVP: FF 24,– bis 29,–; Gr: auf Anfrage

Rebstöcke und Mirabellenbäume umfaßt diese Domäne. 13 ha gehören dem Côtes de Toul, 3 ha der Mirabelle de Lorraine. Den Rebsortenbestand bilden Gamay, Pinot noir und Auxerrois mit einem Durchschnittsalter von 20 Jahren. Dieses erste private Gut der Côtes de Toul ist auch das dynamischste, es bietet einen Weißwein von heller Lachsfärbung an, der sehr erfrischend, leicht, fruchtig und angenehm bei sommerlichen Gartenfesten ist. Ein guter Regionalwein, der auf zahlreichen Tafeln zu finden ist.

ARBOIS

Der malerische kleine Flecken im Jura hat inmitten seines Weingartens das Elternhaus Pasteurs und den Weinberg des Rosières, den dieser am 17. November 1874 für 800 FF erwarb, in gutem Zustand erhalten. Das Appellationsgebiet, seit 1936 A.O.C., erstreckt sich über 13 von 15 Gemeinden im Kanton Arbois. Es besteht aus Kalk- und Tonkiesboden, ist bestockt mit Poulsard, einer typischen Jurarebe mit tief gezähnten Blättern, mit Trousseau, deren Beeren von sehr schönem bereiften Blau sind, und mit Pinot noir für die Rotweine; mit der Savagnin-Rebe, die dunkelgrüne, flaumige Blätter aufweist für die Vins jaunes; mit Melon d'Arbois oder Chardonnay für die Weißweine.

COOPERATIVE FRUITIERE VINICOLE D'ARBOIS
B.P. 17 · F-39600 Arbois
(✆ 84 66 11 67)

Preise nicht genannt

La Fruitière Vinicole d'Arbois wurde im Jahre 1906 als zweite Genossenschaft Frankreichs gegründet. Ihre auf den besten Hängen der Appellation befindlichen Rebflächen und die moderne Ausrüstung gestatten ihr, ein vielfältiges Sortiment an Arbois-Qualitätsweinen anzubieten: Die Cuvée Béthanie, bei der sich die Aromen von Walnuß und Curry mit denen des Chardonnay von Röstbrot und gebrannten Mandeln verbinden; den 6 Jahre und 3 Monate in Eichenfässern gealterten Vin jaune, mit einem Bukett von grünem Apfel, Walnuß, Haselnuß, Curry; den Montboisie, ein klarer zu Sekt verarbeiteter Wein, lebhaft und frisch, sehr ausgewogen und von guter Nachhaltigkeit.

DOMAINE DESIRE PETIT ET SES FILS
F-39600 Pupillin
(✆ 84 66 01 20 · Fax: 84 66 26 59)

EVP: FF 39,– bis 149,–; Gr: auf Anfrage

Die Petits sind untrennbar mit Pupillin und seinem rund 90 ha großen Weinberg verbunden. Sie gehören zu den etwa 15 Winzern, die ihre Weine selbst bereiten und vertreiben. Ihre 13 ha Rebflächen an abschüssigen, steilen Hängen sind mit den verschiedenen Rebsorten der Appellation bepflanzt: Poulsard, Trousseau, Pinot noir, Chardonnay und dem berühmten Savagnin, die Jurarebe par excellence. Die Arbois sind in der Gastronomie bekannt: Kräftigfarbene Rotweine mit delikatem Bukett und fruchtigem, ausdrucksvollem Geschmack, je nach Alter, lang anhaltend im Mund, ein Wein, der seinen Höhepunkt zwischen 4 und 8 Jahren erreicht, aber über 10 Jahre haltbar ist; Weißweine, die jung an den Duft der Weinblüte erinnern und im Alter den langen Geschmack vom Feuerstein annehmen, die sich 8-12 Jahre in der Flasche verfeinern; Vin jaune, dessen Bukett sich verstärkt, der einen außergewöhnlich nachhaltigen Nußgeschmack annimmt, ein Wein, der fünfzig, ja sogar hundert Jahre alt wird.

DOMAINE DESIRE PETIT, Winzer
AOC Arbois, Arbois-Pupillin, Côtes du Jura, Rot-, Weiß-, Roséweine, Vin jaune, Vin de paille · Pupillin 39600 Frankreich
✆ 84660120 · Fax: 84662659

DOMAINE JACQUES TISSOT
39, rue de Courcelles · F-39600 Arbois
(✆ 84 66 14 27)

EVP: FF 44,–

Ein Winzer, den man nicht mehr bekanntmachen muß. Er hat es verstanden, zu investieren und zu reüssieren, und zwar mit seinen Arbois-Weinen, vor allem aber mit seinen Côtes du Jura: z.B. der weiße 1989er, 18 Monate in Eichenfässern gealtert, von kräftigem Gelb, an der Nase reiche Düfte, unter die sich Nuancen von frischen Mandeln mischen, ein Wein, bei dem der Boden intensiv zum Ausdruck kommt, seine Abgerundetheit errät man hinter Honignoten, die sich entwickeln wollen.

CHATEAU-CHALON

Dieser 50 ha umfassende, ausschließlich mit Savagnin bepflanzte Weingarten ist auf einem Geröllabhang gelegen, dessen Breite je nach den Hängen zwischen 200 und 400 m schwankt. Seine Lage macht einen terrassenförmigen Anbau zwingend notwendig, ebenso wie regelmäßiges Wiederaufschütten der Erde. Der hier erzeugte reiche und schwer zugängliche Vin jaune, der den Regelungen entsprechend 6 Jahre in Eichenfässern altern muß, wird von vielen als der beste seiner Sorte angesehen.

DOMAINE MARIUS PERRON
20, rue des Roches · F-39210 Voiteur
(✆ 84 85 20 83)

Preise auf Anfrage

Im Angebot sind seltene Weine: Man muß die 1976er, 1979er oder die 1982er bzw. 1983er probieren, die Marius Perron zur Zeit verkauft. Diese außergewöhnlichen, rassigen Weine mit Nußgeschmack lassen andere fade und ohne Körper erscheinen.

DOMAINE JEAN-PIERRE SALVADORI
Rue de la Forge
F-39210 Château-Chalon

EVP: FF 40,– bis 160,–

Das 1983 neugegründete Gut umfaßt heute rund 4 ha nach Süden ausgerichtete Rebflächen mit Tonkalkboden. Die Vinifizierung in Eichenfässern dauert 2 Jahre bei den Weißweinen sowie den roten Côtes du Juras und 6 Jahre bei den Château-Chalons. Letztere sind nachhaltig im Mund, hinterlassen einen Geschmack von Haselnuß, Walnuß, Apfel und Mandel. Man wird über diese Domäne und ihren couragierten Besitzer noch sprechen.

COTES DU JURA

Dieses 1937 als A.O.C. anerkannte Anbaugebiet umfaßt die Weine aus 12 Kantonen, u.a. Arbois, Lons-le-Saunier, Saint-Amour und Saint-Julien. Für die Rotweine werden folgende Trauben verwendet: Poulsard, die sich durch große, eiförmige Beeren mit dünner Haut und rosa Fruchtfleisch auszeichnen; Trousseau, die dem Wein seine Ausgewogenheit und sein schönes Kleid verleihen; Pinot noir, in geringem Anteil, um ihnen Struktur zu geben. Für die Vins jaunes ist die Savagnin-Rebe vorgeschrieben, die hier unter wildem Wein gefunden wurde. Aus dem Chardonnay werden die Weißweine gezogen. Die Produktion ist insgesamt streng reglementiert, sie beträgt 40 hl/ha.

CHATEAU D'ARLAY
Le Comte R. de Laguiche
F-39140 Arlay · (✆ 84 85 04 22)

EVP: ab FF 49,– inkl. Mwst; Gr: ab FF 28,– zuzügl. Mwst

Ein historischer Sitz und sein Weinberg: Domänen der Patrices de Haute Bourgogne seit 560 sowie der Grafen von Chalon-d'Arlay seit 1237. Eine Stätte der Geschichte und Gastronomie: die Ruinen der einstigen Festung der Prinzen von Oranien, das

COTES DU JURA – L'ETOILE

heutige Schloß aus dem 18. Jh., eine Vorführung lebender Raubvögel in diesem historischen Rahmen. Darüber sollte man die hier produzierten Weine aber nicht vergesssen: ein charaktervoller 1988er Rotwein mit einem Bukett von roten Früchten, würzig; ein 1989er Rotwein, fruchtig,mit feinem Holzgeschmack und einem verführerischen Bukett von roten Früchten; oder aber die 1989er Cuvée spéciale mit einem Bukett von Schwarzer Johannisbeere und Himbeere, erhaben würzig.

CELLIER DES CHARTREUX
Pignier Père et Fils
F-39570 Montaigu · (✆ 84 24 24 30)

EVP: FF 35,– bis 160,–

Die Familie Pignier bewirtschaftet diesen Klosterweingarten seit 1794. Ihr weißer Côtes du Jura reift in alten Kellergewölben aus dem 13. Jh., nicht weit entfernt von den verbleibenden Überresten, wie Spitzböden, Zentralpfeiler, Statuetten. Der 2 Jahre in Eichenfässern ausgebaute Côtes du Jura ist sehr rar, er kann 50 Jahre gelagert werden, begeistert durch seine an Walnuß und Haselnuß erinnernden Aromen, durch seinen für den Juraboden typischen füllligen und mächtigen Geschmack.

DOMAINE H. CLAVELIN & FILS
Le Vernois · F-39210 Voiteur
(✆ 84 25 31 58)

EVP: FF 35,– bis 145,–

1 400 hl weiße und 200 hl rote Côtes du Jura werden in Eichenfässern gealtert, die Weißweine 2-3 Jahre, die Rotweine 2 Jahre. Weine, an deren Geschmack sich ihre Herkunft erkennen läßt. Sie können 10-25 Jahre altern und werden den besten Tafeln gerecht.

DOMAINE GRAND FRERES
Route de Frontenay · F-39230 Passenans
(✆ 84 85 28 88)

EVP: FF 35,– bis 100,–

Dieses 20 ha große Gut bietet eine interessante Palette regionaler Weine: einen trockenen, blumigen und fruchtigen Chardonnay, der 12-18 Monate unter Holz ausgebaut wird; eine körperreiche rote Cuvée Sélection von kräftiger Färbung; einen Poulsard in heller Robe, mit an Unterholz erinnernde Aromen; einen warmen und tanninhaltigen Trousseau, nach kleinen roten Früchten und Sauerkirschen duftend; einen Vin jaune schließlich, der 6 Jahre im Faß ausgebaut wird, reiche und mächtige Aromen entwickelt, ein Wein, den man auch im Keller vergessen und hundert Jahre aufbewahren kann.

L'ETOILE

Dieser Rebgarten, seit 1937 A.O.C., erstreckt sich über die 4 Dörfer L'Etoile, Quintigny, Saint-Didier und Plainoiseau. Er ist auf den bestgelegenen Hängen angelegt und besteht aus mergelhaltigen Böden. Seine berühmtesten Gebiete enthielten sternförmige Fossilien, was zur Namensgebung des Dorfes geführt haben soll (der Stern = l'étoile). Vielleicht rührt der Name aber auch von der Anordnung der 5 Hügel her, die das Dorf umgeben. Die vor dem Reblausbefall 208 ha umfassende Anbaufläche beträgt heute 100 ha. Ein die Region kennzeichnendes Semikontinentalklima bringt oft strenge Winter; L'Etoile genießt dagegen ein Mikroklima, das Spätfröste verhindert. Der im allgemeinen warme und trockene Herbst begünstigt die Qualität der Ernte, aus der trockene Weißweine und Schaumweine hergestellt werden.

CHATEAU DE L'ETOILE
Bernard et Georges Vandelle
F-39570 L'Etoile · (✆ 84 47 33 07)

Preise auf Anfrage

Der Weinberg des Château de l'Etoile, dessen Ursprung ins frühe Altertum zurückreicht, folgte mit seiner Ausweitung von 3 auf 24 ha der Ausbreitung des Dorfes gleichen Namens. Der reiche Blaumergelboden, der kräftige Rebsortenbestand sowie der Verzicht auf jedwede Düngung tragen zur Qualität der Weine bei: mehrere Jahre in Eichenfässern gealterte Weißweine mit einem Bukett voller Finesse und Gehalt; ein Vin jaune, der einen typischen Nußgeschmack entfaltet, ein Lagerwein, der seine Kraft und sein Aroma über ein Jahrhundert lang bewahrt; ein berauschender, lieblicher, tonischer Vin de paille (Strohwein) von außergewöhnlicher Finesse.

würzt, mit samtenen Tanninen, ein Genuß! L'Idylle ist eine Stätte, an der die Natur und die Seele des savoyischen Weins sich zum Gesang vereinen.

Domaine de l'Idylle · Savoyischer Wein
73800 Cruet, P. & F. Tiollier
Eigenanbau
✆ 79 84 30 58 · Fax: 79 65 26 26
weiße Cruet + Roussette, rote Mondeuse

SAVOYEN

Die A.O.C.-Zonen Vin de Savoie, Roussette-de-Savoie, Crépy und Seyssel verteilen sich über die bestgelegenen Flanken der savoyischen Alpen, überragen Flüsse und Seen. Einfache kleine Straßen führen durch den uralten Rebgarten, dessen Weine bei zahlreichen Kennern beliebt sind. Die Weißweine werden aus Jacquère, Altesse, Chasselas, Gringet und Bergeron erzeugt, die selteneren Rotweine aus Gamay, Mondeuse und Pinot.

DOMAINE DE L'IDYLLE
Philippe et François Tiollier
Saint-Laurent · F-73800 Cruet
(✆ 79 84 30 58 · Fax: 79 65 26 26)

EVP: FF 23,50 bis 28,–; Gr: FF 19,80 bis 23,–

In der Mitte des Dorfes, neben der Kirche, befindet sich der Familiensitz der Tiolliers, die 12 ha Rebflächen auf dem pittoresken Hang südlich von Cruet bestellen, und zwar seit 1840, obwohl sie schon seit 1640 hier ansässig sind. Der Hang ist steil und der Boden tonkalkhaltig mit steinigem Geröll. Die Weine der Domäne gefallen: der fruchtige, sehr feine trockene weiße Jacquère mit delikaten Parfums von kleinen weißen Blüten; der feine, körperreiche und rassige weiße Roussette; oder aber der purpurrote Mondeuse, typisch, kräftigend, mit Düften von Veilchen, Himbeere und Heidelbeere; der Mondeuse Arbin schließlich, konzentriert, ge-

DOMAINE ANDRE ET MICHEL QUENARD
Torméry · F-73800 Chignin
(✆ 79 28 12 75)

EVP: FF 20,– bis 30,–

Ein 18 ha großer Weinberg mit steinigen Böden in steiler Hanglage (40-50 % Gefälle), dessen Rebstöcke in 250-350 m Höhe angepflanzt sind. Der hier erzeugte weiße Chignin ist ein trockener Wein mit schönem transparentem blaßgelbem Kleid und feinem Gepräge, der nach Haselnuß duftet. Was den Chignin-Bergeron anbelangt, so ist er generös, hat ein reiches Bukett, das mit seiner samtigen Würze verführt, und entwickelt während des Alterns seltene Düfte.

PRIEURE SAINT-CHRISTOPHE
Michel Grisard
F-73250 Fréterive · (✆ 79 28 62 10)

EVP: FF 45,– bis 70,–

Hinweise auf das Priorat Saint-Christophe finden sich im Jahre 750, es wird auch in den Bullen der Päpste Innozenz III. und IV., Urban IV. und Pius II. erwähnt. Der Weingarten ist auf abfallenden Hängen aus Tonkalkgeröll gelegen, er besteht aus sehr steinigem, tiefem, filtrierendem Boden, auf dem auch Mandel- und Feigenbäume wachsen. Hier entstehen 2 Weine: der Mondeuse, ein Rotwein mit

SAVOYEN – BUGEY

Düften von Brombeere, Heidelbeere, Schwarzer Johannisbeere oder Veilchen, der oft sehr würzig ist, ein beachtlicher Wein, der 15-20 Jahre altern kann; der Roussette de Savoie, ein feiner, eleganter, zarter Weißwein mit sehr blumigem Bukett und den Aromen sehr reifer Früchte wie die Birne, ein Wein, der nach 6monatigem Ausbau in Barriques nachhaltig am Gaumen wird durch das Tannin, das ihn auch nach Jahren angenehm erscheinen läßt.

den, Weingärten, Flüssen und Anhöhen mit Panoramablick umgebene Bugey (Geburtsort von Brillat-Savarin, Gastronom und Schriftsteller, um 1800) ist ein Gebiet mit ganz typischen Dörfern und von sympathischer Aufgeschlossenheit. Seit galloromanischer Zeit wird hier Wein angebaut. Heute erzeugt der Rebgarten V.D.Q.S.-Weine: oft frische, nervige und parfümierte, rassige, manchmal liebliche Weißweine; fruchtige und leichte Rosés; feine und kernige Rotweine.

LE VIGNERON SAVOYARD
Guy Jammaron
Route du Crozet · F-73190 Apremont
(ℰ 79 28 33 23 · Fax: 79 28 26 17)

EVP: FF 22,50 bis 24,50 inkl. Mwst; Gr: FF 14,90 bis 16,50 zuzügl. Mwst

Diese 8 Winzer umfassende Genossenschaft bewirtschaftet einen 40 ha großen Weinberg, der schon während der Römerzeit kultiviert wurde. Einige Rebstöcke sind 80 Jahre alt, was ebenso wie die mineralogischen Eigenschaften des Bodens, das vom Gebirge beeinflußte Mikroklima am 45. Breitenkreis sowie das Besäen der Rebflächen mit Gras zwecks Verbesserung des Bodens und des Gesundheitszustandes der Trauben zum besonderen Charakter der Weine beiträgt. Diese werden mit Niedrigtemperatur vinifiziert und auf Feinhefen im Keller ausgebaut. Der etwas perlende Weißwein ist leicht und fruchtig, enthält wenig Alkohol. Der rote "Mondeuse" ist sehr lange lagerfähig, wird Sie und Ihre Freunde verzaubern.

```
LE VIGNERON SAVOYARD
Hersteller savoyischer Weine
73190 Apremont ℰ 79283323 Fax: 79282617
```

BUGEY

Das von über 1 000 m hohen Bergen und abwechslungsreicher Landschaft mit Wäldern, Seen, Wei-

DOMAINE DE BANCET
Duport Frères
Pont Bancet · F-01680 Groslée
(ℰ 74 39 74 33)

EVP: FF 23,– bis 45,–; Gr: FF 13,– bis 23,– zuzügl. Mwst

Die 15 ha Rebflächen dieses Gutes bestehen aus Kalkschutt, weißem Ton und Kieselboden. Das Unkraut wird maschinell entfernt. Der vielfältige Rebsortenbestand umfaßt Gamay, Pinot noir und Chardonnay sowie die lokalen Sorten Jacquère, Molette, Mondeuse, Poulsard und Altesse. Zahlreich sind auch die auf dieser Domäne produzierten Weine: leichte und fruchtige Gamay, etwas liebliche und parfümierte Roussette, originelle, sehr alterungsfähige Mondeuse, perlende Weiß- und Roséweine wie der Cerdon und leichte, wenig alkoholhaltige Süßweine.

DOMAINE EUGENE MONIN ET SES FILS
F-01350 Vongnes · (ℰ 79 87 92 33)

Preise auf Anfrage

Die Monins, eine bis in das Jahr 1760 zurückreichende Familie mit Winzertradition, bewirtschaften einen 15 ha großen Rebgarten mit durchschnittlich 25 Jahre alten Weinstöcken, der bemerkenswerte Weine hervorbringt: einen Chardonnay von großer Finesse, sehr parfümiert, nachhaltig im Mund, trocken, ohne sauer zu sein; einen roten Gamay, schön in der Farbe, mit Violettreflexen, der köstliche Aromen von roten Früchten entfaltet.

SEYSSEL

Diese kleine savoyische Appellation überschreitet kaum 75 ha, auf denen weiße Still- und Schaumweine produziert werden: erstere aus der Chasselas-Rebe, letztere aus den regionalen Sorten Molette und Altesse, die bekanntermaßen den Weinen Bukettreichtum und große Finesse verleihen.

DOMAINE MOLLEX
Georges et René Mollex
F-01420 Corbonod · (✆ 50 56 12 20)

EVP: FF 23,35

Die seit 1359 in Seyssel ansässige Familie Mollex besitzt heute mit 25 ha den größten Weingarten der Appellation. Ihre Böden werden gepflügt, die Weinlese der durchschnittlich 40 Jahre alten, seltenen Rebsorte Altesse wird manuell durchgeführt. Die Vinifizierung vollzieht sich in Eichenfudern und rostfreien Tanks, worauf ein wärmeregulierter Ausbau der Weine folgt. Wer möchte ihn nicht probieren, den Seyssel mit seinen Blütenaromen (Veilchen) und dem Geschmack nach weißen Früchten (Birne und Pfirsich)?

BANDOL

Dieses Appellationsgebiet umfaßt 600 ha am Mittelmeer gelegener Terrassen. Ein wahres Amphitheater aus stufenförmig angelegten, oft sonnenüberfluteten Hügeln, die einen herrlichen Blick bieten. Schenkt man den Historikern Glauben, ist der Weingarten um 500 v. Chr. entstanden. Seit 1941 ist er im Besitz des A.O.C.-Siegels. Mourvèdre und Grenache beherrschen den Rebsortenbestand, aus dem Rosé-, Rot- und Weißweine gewonnen werden.

DOMAINE DE LA BASTIDE BLANCHE
Louis et Michel Bronzo
Sainte-Anne-du-Castellet
F-83330 Le Beausset

EVP: FF 41,– bis 51,–; Gr: FF 36,17 bis 39,13

Auf dem 28 ha großen, in 140-180 m Höhe gelegenen Rebgarten mit tiefem, steinigem oder kiesigem Tonkalkboden wird natürlicher Anbau betrieben: häufiges Hacken, organische Düngung, keinerlei Verwendung chemischer Unkrautvernichtungsmittel. Die Weinlesen erfolgen manuell. Bei der Weinbereitung dauern die Gärungsprozesse 10-12 Tage, wodurch gut strukturierte Weine mit dunkler Schattierung gewonnen werden. Die Rotweine reifen dann noch 18-30 Monate im Eichenfuder, was sie weich und ihr Bukett harmonisch macht. Die Rosés sind bemerkenswert wegen ihres für die Appellation typischen Rosenblattkleides, ihrer Geschmeidigkeit und Frucht, ihrer Finesse und Aromen. Was die trockenen und zugleich fruchtigen Weißweine anbelangt, so entwickeln sie ein subtiles Bukett.

DOMAINE DE LA LAIDIERE
S.C.E.A. Estienne
Sainte-Anne-d'Evenos · F-83330 Evenos
(✆ 94 90 37 07)

Preise auf Anfrage

Ein schöner, 25 ha großer Rebgarten auf ohne Düngerzusatz bestellten Mergel- Sandböden mit Weinen, die gefallen. Der 1990er Rotwein mit Granatschattierung, intensiv an der Nase mit vorherrschenden Düften von zerdrückten roten Früchten, mit einem Hauch Lakritze und Gewürznelke, einem harmonischen, runden Geschmack und durch ihre Finesse bemerkenswerten Tanninen; der Rosé im Pfingstrosenkleid, reich und ausdrucksvoll im Duft, Noten von Orange, Erdbeere und Tuya, im Mund eine mächtige, ausgewogene Würze mit vorherrschender Cremigkeit; der Weißwein, warm und fein im Duft, mit fruchtigen Noten von grüner Zitrone und Pampelmuse, Aromen von wilder Rose und Holunderblüte, mächtig und geschmeidig im Mund, mit frischem Finale.

DOMAINE DE LA NOBLESSE
Jean-Pierre Gaussen
1585, Chemin de l'Argile
F-83740 La Cadière-d'Azur
(✆ 94 98 75 54 · Fax: 94 98 65 34)

EVP: FF 48,–/68,– inkl. Mwst; Gr: FF 25,–/28,– zuzügl. Mwst

Auf dem sich über 27 ha ausdehnenden Weinberg mit Tonkalkböden werden die durchschnittlich 30 Jahre alten Rebsorten Mourvèdre, Grenache und Cinsault manuell geerntet. Jean-Pierre und Julia Gaussen bewirtschaften ihre bekannte Domäne allein. Die Weinbereitung führen sie mit Wärmeregulierung und Klimaanlage durch. Danach wird der Rotwein 18 Monate im Eichenfuder aufbewahrt, bevor er in Flaschen abgefüllt wird. Die Rosés und Weißweine werden dagegen auf Membranen gefiltert, die Flaschen in einer in den Fels gehauenen Grotte bei ganzjährig + 14°C gelagert. Sowohl die Bandol-Rotweine (von intensivem Ru-

binrot und gut ausgebaut) wie auch die Rosés (geschmeidig und frisch) und Weißweine (einmalig fruchtig im Geschmack) weisen danach auf das vollkommenste die charakteristischen Merkmale der Appellation auf.

Wir suchen deutschen Importeur, überzeugten Markenvertreter. Vorrang: Qualität
DOMAINE DE LA NOBLESSE
J.-P. Gaussen · 1585, Chemin de l'Argile
83740 La Cadière-d'Azur

CHATEAU DE PIBARNON
Henri et Eric de Saint-Victor
F-83740 La Cadière-d'Azur · (✆ 94 90 12 73)

EVP: FF 49,– bis 60,–

Pibarnon besteht aus Steinen und Felsen. Der einige hundert Millionen Jahre alte, von sehr hohem Kalkgehalt gekennzeichnete Boden bringt Weine von außergewöhnlicher Qualität hervor: einen vorn im Mund trockenen Weißwein, lieblich am Gaumen, mit subtilen Aromen, manchmal mit einer Note von Haselnuß, Mandel oder Jasmin, häufiger von Linde und Weißdorn; einen Rotwein, der nach 5-6 Jahren sehr voll, edel und rund ist, mit Aromen von schwarzen Früchten, von Kirsche, Brombeere, Heidelbeere, danach von Blüten, Pfingstrose, Heliotrop, im Mund Trüffel, Gewürze, Lakritze, Zimt, Moschus, ein Wein, der ganz allein eine Appellation, einen Clos, eine Lage bilden könnte.

CHATEAU LA ROUVIERE
P. Bunan
B.P. 17 · F-83740 La Cadière-d'Azur
(✆ 94 98 72 76)

Preise nicht genannt

Die Terrassen des Château La Rouvière befinden sich am Rande des mittelalterlichen Dorfes Castelet, dort, wo die Schiefer- und Kalkböden, bedingt durch das Mittelmeerklima, von maximaler Sonnenbestrahlung profitieren. Die Vinifizierung mit langer Maischegärung und ein 18monatiger Ausbau der roten A.O.C.'s in Fässern verbessern ihre Qualität. Die Gebrüder Budan offerieren einen roten Bandol "Château La Rouvière" mit ins Violette spielenden Reflexen, der an der Nase rustikal ist mit pfefferigen Nuancen, nach Trüffel und Unterholz duftet. Im Mund ist er gut strukturiert, hat generöse Tannine, die Aromen schmelzen zu einem Hauch Tabak, Lakritz und Pfeffer. Ein lange lagerfähiger Wein.

DOMAINE TEMPIER
G.A.E.C. Peyraud
F-83330 Le Plan du Castellet
(✆ 94 98 70 21)

EVP: FF 54,– bis 95,–; Gr: auf Anfrage

Hier ist alles an der Entstehung guter Weine beteiligt: der Tonkalkboden, das trockene und warme Klima, die Rebsorten (50 % Mourvèdre, 25 % Cinsault, 25 % Grenache) mit ihrem Durchschnittsalter von 25 Jahren, die Bodenverbesserung ohne Kunstdünger, der geringe Hektarertrag, das völlige Abbeeren bei der Vinifizierung, die wärmeregulierte Fermentation, der 20-36monatige Ausbau der Weine in Eichenfudern. Lucien Peyraud und seine beiden Söhne, Jean-Marie und François, stellen einen an der Nase blumigen, im Mund sehr fruchtigen Rosé her sowie einen Rotwein, der nach Himbeere und Heidelbeere duftet, im Geschmack kernig, aber elegant und geschmeidig ist. In seiner Jugend fruchtig, würzig in seiner Entwicklung, ist er dank des Mourvèdre ein sehr typischer Wein. Diese Bandol-Weine sind beispielhaft.

Wir suchen deutsche Importeure
GAEC PEYRAUD · DOMAINE TEMPIER
F-83330 Le Plan du Castellet

BELLET

CHATEAU DE CREMAT
Charles Bagnis
442, chemin de Crémat · Bellet
F-06200 Nice · (✆ 93 37 80 30)

EVP: FF 70,–; Gr: auf Anfrage

Das 1890 auf den Überresten einer noch existierenden römischen Galerie errichtete Château de Crémat hat für die Entstehung des Bellet-Weinbergs nach der Phylloxera-Katastrophe (1888) und später für die Anerkennung als A.O.C. (1941) gesorgt sowie 1951 für die Erhaltung der Appellation, als diese von der Zurückstufung bedroht war. Die Crémat-Weine sind in mehr als einer Hinsicht außergewöhnlich: der Weißwein hat Aromen von gebrannten Mandeln mit einer komplexen pflanzlichen Note von Linde, Ginsterblüte, wilder Minze, Pampelmusenhaut, einen lang anhaltenden Geschmack; der Rotwein weist komplexe Aromen auf von Veilchen, Himbeere, sehr reifer Kirsche, Vanille, die auch im Mund wiederkehren mit Unterholz-Humus und Trüffel, sowie einen sehr langen Nachgeschmack.

CASSIS

Das an der gleichnamigen Bucht gelegene Appellationsgebiet von Cassis erstreckt sich über etwa 200 ha auf schmalen und steilen Küstenfelsen, deren Füße im Mittelmeer baden. Die Weinstöcke - Ugni blanc, Clairette und Marsanne für die Weißweine, Grenache, Mourvèdre und Cinsault für die Rosé- und Rotweine - finden hier Vitalität und Charakter.

CLOS D'ALBIZZI
François Dumon
Ferme Saint-Vincent · F-13260 Cassis
(✆ 42 01 11 43)

CASSIS

EVP: FF 29,50 zuzügl. Mwst; Gr: FF 23,– zuzügl. Mwst

Der von einer mächtigen florentinischen Adelsfamilie abstammende Zanobi d'Albizzi ließ sich, des Unheils, das der Bürgerkrieg über Florenz brachte, überdrüssig, zu Beginn des 15. Jh. in Cassis nieder. Sein Sohn Antonio gründete die Domäne, die noch immer seinen Namen trägt und von seinen Nachkommen bewirtschaftet wird. Die mineralogische Beschaffenheit der Böden und das Mikroklima lassen beachtliche Cassis-Weine entstehen: einen leuchtend gelben Weißwein aus Ugni blanc, Clairette und Marsanne, nach Ginster und frischen Zitrusfrüchten duftend, weich, von gewisser Lieblichkeit, mit delikatem Nachgeschmack; einen in seiner blumigen Würze köstlichen Rosé aus Cinsault und Mourvèdre. Anzumerken ist das gute Qualitäts-Preis-Verhältnis der Weine, die man gern probiert und auf den Tisch stellt.

bar Lebensfreude zirpen. In Cassis fällt die höchste Steilküste Frankreichs, das Cap Canaille, in die unveränderlich mittelmeerblaue See hinab. Eine Bucht, eine Reihe von Anhöhen, Felsmauern, von hügeligen Hängen flankiert ... Genau dort treibt der cassidische Weinberg die Wurzeln seiner Stöcke tief in den Kalk aus der Kreidezeit, um von dem Wasser zu schöpfen, das in den Untergrund einsickert. Es wird behauptet, daß die Segobriden 6 Jahrhunderte v.Chr. schon Weine aus Cassis getrunken haben. Im 16. Jh. waren es dann die in der Provence niedergelassenen Florentiner, die den etwas vernachlässigten cassidischen Weinberg wiederherstellten. Von 1895-97 vernichtete die Phylloxera den größten Teil der Weinstöcke. 3 Generationen hartnäckiger Winzer ließen den Rebgarten 1936 neu entstehen. Ihre Bemühungen wurden belohnt durch die Bestätigung als Appellation, eine der 3 ersten Anerkennungen durch das Institut National des Appellations d'Origine (INAO).

CLOS D'ALBIZZI

**seit 1523 im Besitz derselben Familie.
Die unmittelbare Nähe des Meeres und
hohe Steilküsten, die das Gebiet einfassen, wie auch die ausgezeichnete
Sonneneinstrahlung verleihen unseren
Weißweinen einen Jodcharakter mit
Finesse und Abrundung.**

**CLOS D'ALBIZZI
13260 Cassis
✆ 42 01 11 43**

Die Cassis-Weine

UND DIE GESCHICHTE

Ein Weingarten an außergewöhnlicher Stätte, wo seit vielen Jahrgängen Zikaden unüberhör-

CLOS SAINTE-MAGDELEINE

G. et F. Sack-Zafiropulo
**Avenue du Revestel · F-13260 Cassis
(✆ 42 01 70 28)**

EVP: FF 50,– inkl. Mwst; Gr: auf Anfrage

Auf dem Clos Sainte-Magdeleine erlauben alte und sehr große, zum Teil unterirdische Keller eine Weinbereitung und -lagerung unter bestmöglichen natürlichen Bedingungen. Ein weiterer Vorteil ist die Lage des ohne Dünge- und Unkrautvernichtungsmittel bearbeiteten Weinbergs am Meeresrand. Die Weine danken es: Der hellgelbe Weißwein hat Aromen von Mandel und Honig, ist harmonisch im Mund, fruchtig, weich und frisch, von einer gewissen Lieblichkeit und delikatem Nachhaltigkeit. Der Rosé, mit blumigen Düften und Noten von Pfirsich, Vanille und Heidelbeere, ist geschmeidig und fein im Geschmack.

COTEAUX D'AIX-EN-PROVENCE

Diese A.O.C.-Fläche zieht sich vom Lauf der Durance am Côtes-du-Lubéron-Gebiet entlang bis zum Mittelmeer, von Arles bis zur Grenze des Var, um den Etang de Berre herum. Seine rund 3 000 ha Rebflächen bestehen aus mehr oder weniger steinigem, tonkalkhaltigem Boden, sind mit Clairette, Ugni und Grenache blanc für die Weißweine sowie mit Grenache, Mourvèdre, Syrah, Cournoise, Cabernet Sauvignon für die Rosé- und Rotweine bestockt. Es werden durchschnittlich 150 000 hl Weine erzeugt, deren Anhängerschaft seit 1985, als die V.D.Q.S. Coteaux-d'Aix-en-Provence das A.O.C.-Prädikat erhielten, immer zahlreicher wird.

CHATEAU DE BEAUPRE
Le Baron Double
F-13760 Saint-Cannat · (✆ 42 57 23 83)

EVP: FF 21,– bis 49,–

Seit 1890 befinden sich im Keller dieses Châteaus Eichenfuder zur Lagerung des Rotweins. Der Tonkalkboden von Beaupré läßt mächtige und kernige Rotweine entstehen, fruchtige, delikate leuchtende Weißweine sowie sehr leckere, äußerst vollmundige Rosés von nachhaltiger Fruchtigkeit.

CHATEAU DE FONSCOLOMBE
Le Marquis de Saporta
F-13610 Le Puy-Sainte-Réparade
(✆ 42 61 89 62)

EVP: FF 21,–; Gr: FF 12,30 bis 17,05

Das Château, einer der schönsten Sitze in der Region um Aix, ging im Jahre 1810 durch Heirat an die Familie Saporta. Es ist von 200 ha Rebflächen umgeben, die dem frischen Wind des Durance-Tals ausgesetzt sind. Hier entstehen typische Coteaux d'Aix-en-Provence: nach roten Früchten und Sauerkirsche duftender Rotwein, im Mund ein Anflug von Lakritze und Himbeere, dessen feiner Gerbstoff ihn 3-4 Jahre lagerfähig macht; ein weicher, eleganter, fruchtiger Rosé, im Duft ein Hauch von englischen Bonbons; der Weißwein mit exotischen Aromen von Litchi und Passionsblume sowie einem Hauch von Blättern der Schwarzen Johannisbeere.

CHATEAU DU SEUIL
Ph. et J. Carreau Gaschereau
F-13540 Puyricard · (✆ 42 92 15 99)

EVP: FF 30,–; Gr: FF 16,–

Die Domäne, ein Herrensitz aus dem 13. Jh., produziert bemerkenswerte Coteaux d'Aix-en-Provence: der 1989er Rotwein hat ein intensives, delikates Vanillebukett, eine füllige, komplexe Struktur, er ist lange lagerfähig; den 1992er Weißwein mit seinem leuchtenden Kleid und Goldreflexen machen die Finesse des Buketts und die Komplexität seiner Aromen zu einem außergewöhnlichen Wein.

DOMAINE DES TERRES BLANCHES
G.F.A. Les Tessonnières
F-13210 Saint-Rémy-de-Provence
(✆ 90 95 91 66)

Preise auf Anfrage

Die Weine stammen ausschließlich aus biologischem Anbau, bei dem weder Kunstdünger noch chemische Zusätze verwendet werden. Weine, die ihren ganz besonderen Charakter haben, Böden und klimatische Bedingungen bestens wiedergeben: die Rosés vereinigen Finesse, Eleganz, Harmonie und Ausgewogenheit der Aromen; die Weißweine, von blumigem Aussehen, lassen die Komplexität und richtige Dichte vielfältiger Düfte hervortreten; die gut lagerfähigen Rotweine geben die

COTEAUX D'AIX-EN-PROVENCE – COTEAUX VAROIS
COTES DE PROVENCE

warmen Böden der Provence wieder: Humus, Thymian, immergrüne Strauchheide, Pfeffer, Lakritze, Fenchel ...

CHATEAU VIGNELAURE
Route de Jouques · B.P. 1
F-83560 Rians · (✆ 94 80 31 93)

EVP: FF 49,–; Gr: FF 30,–

Ein Weingarten, in dem der Fels Skelettböden entstehen ließ, auf denen sich Kalk und Lehm mit Schotter vermischen, etwas weiter hinten Meere von Steinen, ein Paradies für die Rebsorten und eine Garantie für Qualitätsweine: der 86er, an der Nase Unterholz, ein wenig Leder, ein leicht animalischer Duft und etwas Schwarze Johannisbeere an der Luft, ein Wein von guter Struktur, mit angenehmem Gerbstoff, schön nachhaltig; der 87er, mit intensivem pflanzlichen Duft, ein Hauch von Wild, ein harmonischer Wein mit recht ausgewogenem Tannin; der 88er, nach Vanille, Trüffel, Leder und Unterholz duftend, mit präsenten Tanninen, die gemildert werden durch die Fülle dieses reichhaltigen Weins mit schönem Kern.

COTEAUX VAROIS

Diese recht neue V.D.Q.S.-Appellation erstreckt sich über etwa 1 200 ha, verteilt sich über rund 30 Gemeinden, in denen der Cabernet Sauvignon König ist. Die mineralogischen und klimatischen Verhältnisse entsprechen vielfach denen der Appellation Côtes de Provence, die hier oft ausschließlich produziert wird. Die am häufigsten hergestellten Rotweine und auch die Rosés gefallen vor allem durch ihre Frucht und Leichtigkeit. Auch die lange unterschätzten und getrennt als V.D.Q.S. klassifizierten Weißweine finden immer mehr Liebhaber.

DOMAINE SAINT-JEAN-DE-VILLECROZE
F-83690 Villecroze · (✆ 94 70 63 07)

EVP: FF 30,– bis 45,–; Gr: FF 16,– bis 29,–

Dieser nach Südwesten ausgerichtete Weinberg setzt sich aus einer Reihe bewaldeter Hügel und bepflanzter Terrassen mit Tonkalkboden zusammen. Es wird biologischer Anbau betrieben, ohne Kunstdünger, Unkrautvernichtungs- und Schädlingsbekämpfungsmittel. Erzeugt werden Appellations- und Rebsortenweine: der Alegoris 1988 hat Aromen von Vanille und Zimt, er ist wohl ausgewogen und lagerfähig, hat sehr präsente Tannine und eine schöne Fülle im Mund; der Chardonnay de Bourgogne, ein tanninhaltiger trockener Wein, ist an der Nase sehr mächtig, schön ausgeglichen, frisch und rund im Mund.

COTES DE PROVENCE

Das 18 000 ha große Anbaugebiet, dessen Zentrum das Granitmassiv der sich von Fréjus bis nach Toulon erstreckenden Maures bildet, setzt sich fort in einem der Nationalstraße 7 folgenden Kalkplateau und dem Arc-Hochtal. Die Böden und Lagen sind sehr verschiedenartig, so daß es eine große Anzahl an Weinen mit völlig unterschiedlichen Merkmalen gibt, was einen Teil ihrer Originalität ausmacht. Zahlreich sind die verwendeten Rebenarten: Clairette, Rolle, Sémillon, Ugni blanc für die Weißweine; Cabernet Sauvignon, Carignan, Cinsault, Grenache, Mourvèdre, Syrah, Tibouren für die Rosé- und Rotweine. Die schon von den Römern geschätzten Côtes de Provence waren stets sehr beliebt, wurden aber erst 1977 als A.O.C. anerkannt.

CHATEAU BARBEYROLLES
Régine Sumeire
Presqu'île de Saint-Tropez
F-83580 Gassin · (✆ 94 56 33 58)

EVP: FF 34,– bis 49,–

Der im Gebiet der Collines des Maures gelegene Weinberg profitiert von den aus der Primärzeit stammenden Schieferböden, die den A.O.C.'s Charakter und Mächtigkeit geben. Der rote "Habillage noir et or" ist ausgewogen, nachhaltig im Mund, er hat die Aromen von roten Früchten, von Gewürz und Vanille; der Blanc de Blancs mit blumigen Aromen begeistert bei Fischgerichten und Krustentieren.

La Bastide des Bertrands ist ein noch junges Gut, sehr schön gelegen, im Herzen der Appellation der Côtes de Provence + wenige Kilometer von St Tropez entfernt. Es bietet seinen Kunden eine große Auswahl an Weinen.

Bastide des Bertrands Diffusion
F-83340 Le Cannet-des-Maures
✆ 0033-9473024 · Fax: 0033-94731763

LA BASTIDE DES BERTRANDS
Société Civile du Domaine des Bertrands
F-83340 Le Cannet-des-Maures
(✆ 94 73 02 94 · Fax: 94 73 17 63)

EVP: FF 27,– bis 40,–; Gr: FF 12,– bis 19,– zuzügl. Mwst

Im Herzen der Appellation profitiert dieser 120 ha große Rebgarten von seinen Tonkieselböden und dem sonnigen, warmen Klima, das vom kalten und trockenen Mistral gemäßigt wird. Die Vielfalt des Rebsortenbestands und beträchtliche Lagerkapazität geben der Domäne die Möglichkeit, ein vollständiges Sortiment anbieten zu können, von A.O.C.-Weinen "Cuvée de Prestige" bis hin zu Maures- Landweinen. Der Prestige-Rotwein duftet nach Unterholz, unter diese Note mischen sich Aromen von Vanille, getrocknetem Leder, kandierten Früchten, er hat wohl wahrnehmbare Gerbstoffe, ein langes, anhaltendes Finale. Der weiße Prestige mit seinem schönen Duft von weißen Blüten ist trocken, nervös und rassig, weist das typische Feuersteinfinale des Gebiets auf. Der rosé Prestige ist an der Nase elegant von wilden Rosen und kleinen roten Früchten, nachhaltig im Mund, frisch und geschmeidig. In diesen Weinen finden sich die Sonne und Heiterkeit der Provence wieder.

DOMAINE LA BERNARDE
Meunart Père et Fils · F-83340 Le Luc
(✆ 94 60 71 31)

EVP: FF 55,–

Die 85 ha große Domäne an einem Stück, die aus tiefen, überwiegend kalkhaltigen Böden besteht, produziert typische Côtes de Provence: einen rubinfarbenen Rotwein mit viel Bukett, harmonisch, maskulin, mit elegantem Gerbstoff, je nach Jahrgang 8-15 Jahre lagerfähig, er entfaltet seineTertiäraromen (Trüffel) nur langsam; einen Rosé Clos Bernard Saint-Germain, rassig, feminin, elegant, mit gut entwickelten komplexen blumigen und fruchtigen Düften; einen nervösen trockenen Blanc de Blancs, nach Blüten und Früchten duftend, von großer Finesse, der in den ersten 3 Jahren getrunken werden sollte.

DOMAINES DE BERTAUD-BELIEU
Presqu'île de Saint-Tropez
F-83580 Gassin · (✆ 94 56 40 56)

Preise auf Anfrage

Gastronomie, Badekur und Weinanbau, all dies in einem verschwenderischen Rahmen. Da erwartet man viel: die lagerfähige rote Cuvée Prestige beispielsweise ist stoffreich, tanninhaltig und elegant, sie reift in neuen Eichenbarriques; der feine, im

COTES DE PROVENCE

Mund delikate, feminine Rosé ist von guter Ausgewogenheit, Frische und Abrundung; der Weißwein ist weich, angenehm und rassig.

CHATEAU DES GARCINIERES
Famille Valentin
F-83310 Cogolin · (✆ 94 56 02 85)

EVP: FF 28,– bis 40,–

DOMAINE DE CUREBEASSE
Jean Paquette
Route de Bagnols · F-83600 Fréjus
(✆ 94 40 87 90)

Preise auf Anfrage

Die Böden des 18 ha umfassenden Rebgartens sind vielfältig: Sandstein, Lehm, Sand, vulkanische Lava. Es herrscht hier ein vom Meereswind gemäßigtes Mittelmeerklima, das ebenso wie der Kalk- und Stalldungzusatz zum Boden bei der Entstehung der sehr vollen, körperreichen Côtes de Provence mit ihren delikaten Aromen mitwirkt. Die eleganten Weine sind außerdem gut lagerfähig.

Dieser elegante, majestätische Sitz wurde im 12. Jh. von Zisterziensermönchen errichtet, die sich dem Wein- und Olivenanbau widmeten. Der 18 ha große Rebgarten profitiert von kieselhaltigem Schieferboden, der organisch gedüngt wird, und dem durch den Golf von Saint-Tropez gemäßigten Mittelmeerklima. Seine Weine konnten daher die besten Tafeln französischer Gastronomie erobern: der rubinfarbene Rotwein mit einem Duft von Waldfrüchten und Leder; der Rosé mit Düften frischer Früchte; der in seinem strohgelben Kleid angenehme Weißwein mit den Aromen von Kiefer und Harz.

DOMAINES GAVOTY
Pierre et Bernard Gavoty
Le Grand Campdumy · F-83340 Cabasse
(✆ 94 69 72 39)

EVP: FF 43,– (Cuvée Clarendon); Gr: FF 27,– (dieselbe Cuvée)

Der 55 ha umfassende Weingarten vereint mehrere Domänen, die der Familie Gavoty seit 1806 gehören. Berühmtestes Mitglied der Familie ist Bernard Gavoty. Seine Musikrubriken im Figaro sind eine Empfehlung, und sein Pseudonym "Clarendon" soll auf die besten Cuvées der Domäne hinweisen. Diese werden, wie beispielsweise die 1991er Cuvée, aus dem besten Wein des Jahres ausgewählt, der sich durch Feinheit, Ausgewogenheit und Charakter hervortut. Dieser Jahrgang, von leuchtender, klarer rosa Farbe, ist intensiv und komplex an der Nase, elegant und fruchtig, knackig, lebhaft und voll. Die Empfindungen der Nase finden sich im Mund wieder. Lange und nachhaltige Fruchtaromen (Erdbeere, Banane, Birne) machen den Wein zu einem guten Begleiter.

DOMAINE LES FOUQUES
Michèle et Yves Gros
Les Borrels · F-83400 Hyères
(✆ 94 65 68 19)

EVP: FF 22,– inkl. Mwst; Gr: FF 13,60 zuzügl. Mwst

Der auf den ersten Ausläufern des Massif des Maures gelegene, 15 ha umfassende Weinberg mit schiefrigem Tonboden wird nach der biodynamischen Methode von R. Steiner bestellt. Es werden typische Côtes de Provence produziert (diese gefielen den Deutschen im letzten Krieg so gut, daß sie die Domäne zum Sitz der Kommandantur machten): intensivfarbene Rosés, frisch im Duft, von angenehmem Charakter; fruchtige, mächtige und dennoch geschmeidige Rotweine; die rote "Cuvée de l'Aubigue", eine Auswahl der ältesten Reben, mit Aromen von kandierten Früchten und verpackten Tanninen, nachhaltig im Geschmack und lange haltbar. Urlauber finden einen Landgasthof und Fremdenzimmer vor Ort.

COTES DE PROVENCE

DOMAINE DE L'ILE
Sébastien Le Ber
F-83400 Ile de Porquerolles

Preis für Gr: FF 29,–

Alles begann 1910, in dem Jahr, als der Großvater des heutigen Besitzers die Insel Porquerolles kaufte und hier eine riesige Domäne gründete mit 170 ha Rebflächen. Dann verstarb er, es kamen Kriege und Teilungen. Heute hat Sébastien Le Ber damit begonnen, das 35 ha große Weingut wieder zu vereinen. Seine Weine sind sehr aromatisch, besonders der Rosé ist für seinen nur ihm eigenen Geschmack bekannt, der wahrscheinlich vom Boden und dem insularen Charakter Porquerolles herrührt.

LES MAITRES-VIGNERONS DE SAINT-TROPEZ
La Foux · F-83580 Gassin
(✆ 94 56 32 04)

EVP: FF 21,09 bis 39,60 inkl. Mwst

Die Maîtres-Vignerons bewirtschaften 600 ha tonkalkhaltigen und gneisartigen, granitenen Boden. Sie produzieren 25 000 hl Côtes de Provence: den Rotwein "Lettres de mon Moulin", mit Purpurkleid und Himbeerreflexen, nach Kirsche und Schwarzer Johannisbeere duftend, ein Hauch von Vanille und Pfeffer, im Mund schön rund, samtig und konzentriert zugleich; den Weißwein "Cuvée Prestige de la Chasse", etwas spitz, aber elegant und anhaltend im Mund; schließlich die rote "Cuvée Prestige de la Chasse", in deren Duft Schwarze Johannisbeere und Veilchen im Unterholz vorherrschen, sie ist gut gebaut, generös, harmonisch und anhaltend im Mund.

CHATEAU REAL-MARTIN
Jacques Clotilde
Route de Barjols · F-83143 Le Val
(✆ 94 86 40 90)

EVP: FF 50,–

Dieses Château erstreckt sich über 200 ha in natürlicher Umgebung. Die guten Klimaverhältnisse erlauben späte Weinlesen - Ende September bis Anfang November. Nach der Vinifizierung werden die Weine 18-36 Monate gealtert. So sind die Côtes de Provence gute Vertreter ihrer Appellation, insbesondere der Blanc de Blancs, goldfarben mit grünlichem Schimmer, duftreich, fruchtig, intensiv, geschmeidig, wuchtig, elegant.

CHATEAU REILLANNE
Le Comte G. de Chevron Villette
Route de Saint-Tropez
F-83340 Le Cannet-des-Maures
(✆ 94 60 73 31)

EVP: FF 28,– inkl. Mwst

Die 80 ha große Domäne profitiert von ihrer idealen Lage am Fuße des Massif des Maures. Auch das warme und trockene Klima sowie der Anbau ohne Düngemittelzufuhr wirken positiv auf die Herstellung der typischen Côtes de Provence: der Rotwein 1986 hat gut entwickelte Aromen von Schwarzer Johannisbeere und Vanille, er ist rund, kernig und mächtig; der 89er, mit schönen Düften von Schwarzer Johannisbeere, Vanille und getrocknetem Leder, ist körperreich, kernig und gut ausgeglichen; der Weißwein 1992 ist komplex an der Nase, hat originelle Aromen von Pfirsich und Zitrusfruchtschale mit einer Birnennote, er ist trocken, fein und dennoch leicht fett und cremig.

CHATEAU DU ROUET
Bernard Savatier
F-83490 Le Muy · (✆ 94 45 16 00)

EVP: FF 21,50 bis 40,– inkl. Mwst; Gr: FF 12,50 bis 22,–

Das Château du Rouët, einst Lieferant am Hofe Ludwig XVI., verfügt über 70 ha Rebflächen auf dem mageren, sauren Waldboden des Estérel-Ausläufers. Seine Südlage, reiner Mist zur Bodenverbesserung sowie der Ausbau der Weine im neuen

Barrique garantieren die Erzeugung von Weinen, die zur Spitze der Appellation gehören.

CHATEAU DE SAINT-BAILLON
Hervé Goudard
R.N. 7 · F-83340 Flassans-sur-Issole

EVP: FF 32,– bis 60,– inkl. Mwst; Gr: FF 20,– bis 40,– zuzügl. Mwst

Der Weingarten mit sehr steinigem Tonkalkboden profitiert vom Mittelmeerklima, das durch die Höhenlage (350 m) gemäßigt wird. Ein römisches Oppidum überragt das Gut, auf dessen Erde, die reichlich Fossilien enthält, seit Jahrhunderten Rebstöcke und Olivenbäume wachsen. Der hier erzeugte rote Côtes de Provence ist intensiv an der Nase, im Mund füllig, mit einer Note von Holz, Vanille und Kakao, schließlich schwarze Früchte und Himbeere. Der Weißwein duftet fein säuerlich, weist Noten von weißen Blüten und Zitrusfrüchten auf. Der Rosé duftet nach roten Früchten.

DOMAINE DE LA SOURCE-SAINTE-MARGUERITE
J.P. Fayard
F-83250 La-Londe-des-Maures
(✆ 94 66 81 46)

Preise auf Anfrage

Der Weinberg dieser Domäne, einstiger Besitz des bekannten Konzertpianisten André Chevillon, befindet sich auf magerem tonkieselhaltigem Boden, der traditionellen Anbau und manuelle Weinlesen erfordert. Der Ertrag liegt bei nur 35 hl/ha. Das Bemühen der Eigentümer um hohe Qualität, sowohl beim Rebsortenbestand wie beim Weingerät, entsprechen ihrem Ehrgeiz, ihren Weinen den Rang eines Cru classé zu verleihen. Die Côtes de Provence leisten dazu ihren Beitrag. Zum Beispiel ein rosenblattfarbener Rosé mit den Aromen von gebrannter Mandel und Passionsfrucht sowie ein rubinfarbener Rotwein mit Aromen von roten Früchten.

PALETTE

Eine winzige, mitten im Reich des Riesen Provence angesiedelte Appellation. Es gibt jetzt zwei Erzeuger, die den Namen des Dörfleins Palette tragen: das Château Crémade mit 6 ha und das ältere Château Simone, der Wegbereiter dieses Weins, dessen 17 ha auf den malerischen Anhöhen des Montaiguet gelegen sind, nur wenige Kilometer von Aix-en-Provence entfernt.

CHATEAU CREMADE
Antoinette Vidalin
F-13100 Le Tholonet · (✆ 42 66 92 66)

Preise auf Anfrage

Obwohl die Ursprünge dieses Weinbergs bis ins frühe Altertum zurückreichen, wurde die Domäne erst 1948, im Jahr der Entstehung der Appellation, vollständig neu bepflanzt. Auf der 6 ha umfassenden Anbaufläche in Nordwestlage wachsen die heute durchschnittlich 40 Jahre alten Rebstöcke auf rissigen lutetiumdurchsetzten Kalkböden. Es entstehen außergewöhnliche Weine. Die Rotweine sind ebenso wie die weiße "Cuvée Antoinette" 10-15 Jahre lagerfähig. Der Weißwein hat ein kräftig goldenes Kleid, er ist fein im Duft mit Noten von Minze und Gegrilltem, im Mund ehrlich und elegant, er endet in einem würzigen und dennoch milden Finale; der rubinfarbene Rotwein hat Aromen von Schwarzer Johannis- und Brombeere, die sich im Mund nachhaltig in reifen Früchten fortsetzen.

CHATEAU SIMONE
Famille Rougier
F-13590 Meyreuil · (✆ 42 66 92 58)

EVP: FF 70,– bis 85,–; Gr: FF 55,– bis 58,–

Dieses Château ist zweifelsfrei ein Juwel der Appellation und wird aufgrund seiner begrenzten Produktion von Kennern gefragt sein. 17 ha Kalkschutt in 150-250 m Höhe profitieren vom außergewöhnlichen Mikroklima. Die Familie Rougier, seit rund 2 Jahrhunderten Eigentümer der Domäne, bebaut das Gut ohne Kunstdünger und meidet Methoden, die das ökologische Gleichgewicht außer acht lassen. In bemerkenswerten, im 16. Jh. von Mönchen in den Fels geschlagenen Kellergewölben können die Weine unter natürlichen Bedingungen aufbewahrt werden: Warme, körperreiche Rotweine, von schönem dunklen Rubin, ein strukturierter Kern in edlen Tanninen, die sie lange lagerfähig machen, mit Aromen von sehr reifen Früchten, von Backpflaume, Harz, Zimt, Trüffel, Gewürzen. Weißweine von höchster Eleganz, die in reiferem Alter eine altgoldene Färbung annehmen und ein mächtiges Bukett entwickeln von Aprikose, Walnuß, Harz, gebrannter Mandel, Honig; sie können sehr alt werden ... Und Rosés ... eine wahre Alchimie des Weins.

AJACCIO

Die Rebflächen dieser Appellation erstrecken sich über die überwiegend granitenen Hügel von Ajaccio in einem Umkreis von etwa 10 km. Hier entstehen Weine, die ihre Klassifizierung der sehr alten Tradition, dem frischen, günstigen Klima und der seltenen Rebsorte Sciaccarellu (für die Rot- und Roséweine) verdanken. Am berühmtesten ist der Rotwein: Er begeistert durch Geschmack und feines Parfum, ist intensiv und samtig, trocken und weich, er entfaltet sich, erhält dann eine vielfältige Würze, wobei Pfirsich und Mandel vorherrschen.

CLOS CAPITORO
Bianchetti Frères et Fils
F-20166 Porticcio · (✆ 95 25 19 61)

Preise auf Anfrage

Der 26 ha große, auf Quarzsandhängen gelegene Clos betreibt traditionellen Anbau: Pflügen, Auflockern des Bodens, Hacken mit der Hand, keinerlei Verwendung von Unkrautvernichtungsmitteln. Die Rebsorten Sciaccarellu und Grenache werden separat verarbeitet, im März zusammengefügt und danach 2-3 Jahre im Tank ausgebaut. Sämtliche Weine sind von einer Qualität, die Kennern schon seit langem bekannt ist.

DOMAINE ALAIN COURREGES
A Cantina
F-20123 Cognocoli · (✆ 95 24 35 54)

EVP: FF 22,– bis 56,–; Gr: 10 %

Dieser 27 ha große Weinberg befindet sich in guter Lage auf einer Granitarena, in der das Mittelmeerklima dem Rebsortenbestand Kraft und Würze verleiht. Beackerung und Unkrautentfernung sind als Pflege ausreichend. Die Weinlesen werden manuell durchgeführt. Nach der Vinifizierung altern die Weine in Fässern und Flaschen in einem in den Fels geschlagenen Keller. Der so gewonnene Ajaccio erfreut den Kenner. Er ist angenehm fruchtig, vollmundig und verdankt seinem Nerv den Tonus. Ein Wein zum Ausprobieren.

PATRIMONIO

Der A.O.C., der die Wasser des Golfs von Saint-Florent beherrscht, umfaßt zwei ideale Regionen: die um das bezaubernde Dorf Patrimonio herum gelegenen kalkhaltigen Hügel und Bergkuppen von Conca d'Oru und, weiter südlich, die Ecailles de Saint-Florent mit ihrer ungewöhnlichen geologischen Struktur, bei der Schiefer und Molasse mit Kalkschutt einhergehen. Der sehr reiche Boden und das warme Klima mit geringen Niederschlägen bieten den Reben dort, insbesondere der berühmten Nielluccio, von jeher außergewöhnliche Bedingungen. Das 1968 als A.O.C. anerkannte Gebiet fand 1984 seine Bestätigung durch die Auszeichnung mit der lokalen Appellation Patrimonio.

CAVE DES VIGNERONS DE PATRIMONIO
B.P. No. 5 · F-20253 Patrimonio
(✆ 95 37 00 92)

PATRIMONIO – VIN DE CORSE
BLANQUETTE DE LIMOUX

EVP: FF 20,– bis 25,–; Gr: FF 18,– bis 23,–

In Patrimonio, erste Appellation Korsikas, bietet ein mildes Klima mit seltenen Niederschlägen den Rebstöcken außergewöhnliche Bedingungen. Der Wein war schon zu einer Zeit berühmt, als Korsika unter dem Protektorat des Vatikans stand, bevor er 1968 als erster das Prädikat A.O.C. erwarb. Die Weine dieser 110 ha bearbeitenden Genossenschaft sind einzig in ihrer Art: körperreiche und generöse rote Lagerweine; frische und sonnige Rosés; trockene und fruchtige Weißweine. Nicht zu vergessen: der natürliche Muskat-Süßwein, dessen sanfte Nachhaltigkeit verzaubert.

DOMAINE DE CATARELLI
R. Le Stunff
Marine de Farinole
F-20253 Patrimonio · (☎ 95 37 02 84)

Preise auf Anfrage

Der sich am Strand hinziehende 12 ha große Rebgarten dieser Domäne wird seit Jahrhunderten von den Le Stunffs bebaut. Er wirkt mit bei der Erzeugung rassiger Weine, die mit Temperaturkontrolle bereitet werden und deren Ausbau minutiös überwacht wird: ein körperreicher, lange haltbarer Rotwein; ein frischer und fruchtiger Rosé, angenehm am Gaumen; ein trockener und kräftiger Weißwein; ein mächtiger und vollmundiger Muskat. Korsische Weine voller Temperament und Freude.

VIN DE CORSE

DOMAINE COLOMBU
Etienne Suzzoni
Chemin de la Chapelle · San-Petru
F-20260 Lumio · (☎ 95 60 70 68)

Preise auf Anfrage

Der Quarzsand- bzw. Löß-Ton-Boden, der gut aufgeteilte Rebsortenbestand, der natürliche Anbau mit überwiegend organischer Düngung, die wärmeregulierte Vinifizierung und der lange Weinausbau geben diesen korsischen Weinen aus Calvi Qualität und Charakter. Der hell lachsfarbene Rosé ist fruchtig und blumig; der Rotwein tanninhaltig, mächtig und buketreich. Weine für charaktervolle Tafeln zum Probieren.

DOMAINE DE FONTANELLA
Santa-Barba
F-20100 Sartène · (☎ 95 77 01 05)

EVP: FF 20,–

Die Genossenschaft von Sartène verfügt über 110 ha, die jährlich 4 000 hl A.O.C. hervorbringen. Der Granit- oder saure Kieselboden sowie das typische Mittelmeerklima mit starkem Licht und langer Sommertrockenheit geben dem Produkt der Rebstöcke - darunter viele regionale Arten wie Scocarello, Nielluccio, Barbarossa, Aléatica - Würze und Kraft, eine Garantie für gute Weine mit intensiven und samtigen Aromen.

BLANQUETTE DE LIMOUX

Es heißt, der Blanquette de Limoux, der schon 1532 von den Mönchen hergestellt wurde, sei der älteste Schaumwein der Welt. Sein Anbaugebiet erstreckt sich über Tonkalkhügel zu beiden Seiten des Aude und genießt ideales Klima. Der nach dem Champagnerverfahren hergestellte Wein stammt hauptsächlich aus der Mauzac-Rebe, die einen kernigen, körperreichen und fruchtigen Weißwein gibt. Heute wird er durch einen geringen Anteil Chenin- und Chardonnay-Trauben verfeinert, die ihm Bukett, Finesse und Frische verleihen. Auf der 14 000 ha großen Anbaufläche werden rund 80 000 hl Wein erzeugt.

BLANQUETTE DE LIMOUX – CLAIRETTE DE BELLEGARDE
CORBIERES

LES CAVES DU SIEUR D'ARQUES
Avenue du Mauzac · B.P. 98
F-11305 Limoux Cedex · (✆ 68 31 14 59)

EVP: FF 42,–

Dieser älteste Brut der Welt besteht aus 20 % Chardonnay, 20 % Chenin und 60 % Mauzac. Nach mindestens 3jähriger Alterung auf Latten enthüllt er ein blaßgelbes Kleid von leuchtendem Aussehen, einen frischen und fruchtigen Duft, Aromen von Akazie und Pampelmuse.

DOMAINE DE MARTINOLLES
Domaine de Martinolles
F-11250 Saint-Hilaire

EVP: FF 25,– bis 40,–; Gr: FF 15,40 bis 24,40

Der 65 ha große Weingarten, begünstigt durch mediterranes Klima, wird organisch gedüngt. Auf der Domäne werden jährlich durchschnittlich 240 000 Flaschen Schaumwein und 120 000 Flaschen Stillwein produziert. Die Herstellung des Weißweins erfolgt mittels traditioneller Vinifizierung und Zweitgärung in der Flasche. So entsteht ein Wein mit schöner hellgelber Robe und Grünreflexen, der leicht nach Zitrone schmeckt, sehr aromatisch und elegant im Mund ist mit einem frischen Finale.

DOMAINE DE ROBINSON
Jean-Jacques Siesse
F-11300 Cournanel · (✆ 68 31 12 02)

EVP: FF 43,–/45,–

Die Jahresproduktion beläuft sich auf 100 000 Flaschen. Auf dem 16 ha großen Weinberg triumphiert der Mauzac (60 %) über den Chardonnay (20 %) und den Chenin (20 %). Der Crémant de Limoux der Domäne, der vor dem Degorgieren 3 Jahre auf Latten im klimatisierten Keller gealtert wird, begeistert mit blaßgelbem Kleid, seinem Leuchten, dem sehr feinen Schaum, dem Aroma von Weiß-

dorn und Akazie sowie der Harmonie seiner Finesse im Mund.

CLAIRETTE DE BELLEGARDE

Dieser trockene Weißwein, der den Namen seiner Rebe, der Clairette, trägt, gehört seit 1949 zu den A.O.C.-Weinen. Er wird auf dem Plateau-de- Costières erzeugt, wo auch die Gemeinde Bellegarde liegt, auf einem Boden mit einer über 10 m dicken Kieselsteinschicht. Seine Trauben werden geerntet, bevor sie reif sind. Der Wein zeichnet sich durch Aroma, Frische und Ausgewogenheit aus, ist geprägt von einem für die Rebenart spezifischen Charakter und kann vom ersten Jahr an getrunken werden.

CHATEAU SAINT-LOUIS LA PERDRIX
Famille Lamour
F-30127 Bellegarde · (✆ 66 01 13 58)

Preise auf Anfrage

Das Gut an der Stätte, an der eine der berühmten Erzählungen Alphonse Daudets spielt, bietet einen Clairette de Bellegarde mit schöner Robe mit Goldreflexen, eleganten und feinen, blumigen Aromen an, der eine - bei dieser Weinart recht seltenen - außergewöhnliche Nachhaltigkeit im Mund aufweist.

CORBIERES

Das mitten im Departement Aude gelegene Gebiet der Corbières, ein großes Bergmassiv, wird im Norden vom Flusse Aude, im Osten durch das Mittelmeer, im Süden von einer die Grenze zum Roussillon markierenden Höhenlinie und im Westen von dem Mouthoumet-Massiv und der Montagne d'Alaric begrenzt. Von diesem ausgedehnten, 200 000 ha umfassenden Viereck sind nur 40 000 ha anbaufähig und mit Weinreben bepflanzt. Die geolo-

CORBIERES

gische Beschaffenheit der Güter ist recht unterschiedlich: schiefrig, kalkhaltig, steinige Terrassen, Anschwemmungen. Diese Vielfalt findet sich in der Lagebeschreibung wieder: eine zerklüftete Erhebung verleiht der Landschaft ihr Gepräge. Die Corbières genießen mediterranes Klima mit Trockenheit und Sommerhitze, im Westteil des Bergmassivs macht sich Atlantikeinfluß bemerkbar. Sie werden von der Sonne, vom Wind und von der Dürre des Bodens beherrscht: ideale Voraussetzungen für den Weinanbau.

GROUPEMENT COOPERATIF "LA CAVE"
1, route de Sérignan · F-34500 Béziers
(✆ 67 28 71 57)

EVP: FF 18,– bis 28,–; Gr: FF 7,– bis 15,–

La Cave ist die Vereinigung der Genossenschaften der Corbières Maritimes, die die Keller von Sigean, Portel des Corbières und Peyriac de Mer vereint, was ihr erlaubt, mehrere Appellationen abzudecken, u.a. auch den A.O.C. Corbières, dessen Merkmale sie voll zur Geltung zu bringen versteht: der sehr farbkräftige Rotwein 1990 ist fruchtig und gut ausgewogen; der Rosé 1991 ist nervös und elegant; der Weißwein 1991 ist leicht und sehr fruchtig; bei dem Corbières Macération 1990 schließlich handelt es sich um einen sehr reichen, vollmundigen, gut alternden Wein.

S.C.V. CASTELMAURE
F-11360 Embres et Castelmaure · (✆ 68 45 91 83)

EVP: FF 18,– bis 30,–; Gr: FF 10,– bis 17,–

Embres und Castelmaure sind zwei Dörfer in der typischen Landschaft der Hautes Corbières. In dem Genossenschaftskeller sind 125 Mitglieder organisiert, die 285 ha Rebflächen bebauen und größtenteils Corbières erzeugen, auch einen Landwein "Vallée Paradis": ein 1991er weißer Corbières, blaßgrünfarben mit einem Hauch Gold, frisch und nach Blüten duftend, mit Nuancen von Rebblüten,

Linde sowie Frühjahrsblumen, gut ausgewogen im Mund. Der 1991er rote Corbières, von intensiver Purpurfarbe, besitzt Aromen von reifen Trauben und Früchten (Erdbeere und Schwarze Johannisbeere), er ist seidig, voll und weich im Geschmack.

CHATEAU GLEON-MONTANIE
Jean-Pierre et Philippe Gléon-Montanié
F-11360 Durban · (✆ 68 48 28 25)

Gr: FF 13,50 bis 23,60

Galloromanische und westgotische Überreste erinnern an den Ursprung dieser Domäne. Ihr 50 ha großer Rebgarten erstreckt sich über Hänge mit Tonkalkboden aus dem Sekundär (jurassisch und triassisch). Dank der hervorragenden Qualität des Gebiets und des Klimas, dank des geringen Ertrags, der Sorgfalt bei Vinifizierung und Lagerung der Weine sowie der Liebe, die die Montaniés seit Generationen ihren Böden und Weinen schenken, haben sie Erfolg. Ihr Rotwein Sélection 1990 ist intensiv im Duft (Schwarze Johannisbeere, Pilze, Unterholz), vorn im Mund weich und hat ein warmes Lakritzfinale; der Rosé 1991 besitzt Aromakraft (Schwarze Johannisbeere, Himbeere), er ist leicht säuerlich und schön ausgeglichen; der weiße Corbières, mit goldenem Kleid, ist an der Nase fruchtig (Pfirsich), von angenehmer Würze. 3 Weine, die wiederum ihre Empfehlung verdienen.

DOMAINE SIMONE MARTINOLLE
Route de Narbonne
F-11200 Lézignan-Corbières
(✆ 68 27 10 45)

EVP: FF 18,– bis 22,– inkl. Mwst; Gr: FF 9,– bis 14,– zuzügl. Mwst

Diese Domäne erstreckt sich über eine rund 40 ha große Fläche mit sehr trockenen schiefrigen, tonhaltigen Hängen, die vom trockenen und warmen Mittelmeerklima profitieren. Der durchschnittlich 50 Jahre alte Rebsortenbestand wird traditionell bestellt ohne Unkrautvernichtung und Kunstdünger. Die Vinifizierung erfolgt mit langer Maischegärung. Die typischen Corbières mit Granatfärbung, ab einem gewissen Alter dann ziegelrot, mit Aromen von schönen reifen Früchten, sind feste Lagerweine, deren ausgezeichnetes Qualität-Preis-Verhältnis hervorzuheben ist.

DOMAINE PIQUE ROUGE
Pierre et Claudette Hodara
F-11330 Maisons · (✆ 68 70 01 96)

EVP: FF 20,– bis 38,50

Der im Herzen der gebirgigen Landschaft gelegene Weingarten ist der höchstgelegene der Corbières. Die Rebstöcke wachsen auf Schieferhängen in besten Lagen, dort, wo das durch die Höhe gemäßigte Mittelmeerklima eine langsame Reifung der Beeren erlaubt. Die Weinlese wird manuell durchgeführt, um die Weinbeeren nicht zu beschädigen. Sie werden in ganzen Trauben 8-20 Tage, je nach Rebsorte und Jahrgang, vinifiziert. Danach wird der Wein mehrere Monate in Eichenbarriques ausgebaut. So auch der Pique Rouge Tradition, ein rubinfarbener Corbières, der nach kleinen würzigen Früchten duftet.

DOMAINE DU REVEREND
Le Cellier du Grand Corbières
F-11350 Cucugnan · (✆ 56 39 35 29)

Preise auf Anfrage

Diese Domäne bietet 2 Qualitäts-Corbières an: Der rote Révérend ist ein elegant strukturierter Wein, der sich 3-4 Jahre nach der Lese auf seinem Höhepunkt befindet. Der weiße Révérend soll am besten jung getrunken werden. Seine Komplexität und Struktur verleihen ihm jedoch ebenfalls eine gute Lagerfähigkeit.

DOMAINE DU TRILLOL
Famille Sichel
F-11350 Rouffiac-des-Corbières

Preise auf Anfrage

Die Lehm-Kalkböden dieser Domäne geben den Weinen ihre ganz eigenständige Persönlichkeit. Der rare Trillot hat einen komplexen Duft von wildwachsenden Brombeeren und Vanille, im Mund ist er ausgeglichen und fein, mit einem leichten Holzton. Der Weißwein hat eine schöne blaßgelbe Robe, lebhafte Aromen und ist im Mund herrlich elegant und rund. Während der Rotwein 5-7 Jahre lagerfähig ist, erreicht der Weißwein seine Reife im Alter von 4 Jahren.

LES VIGNERONS DE CAMPLONG
F-11200 Camplong-d'Aude · (✆ 68 43 60 86)

EVP: FF 30,–; Gr: FF 17,– zuzügl. Mwst

In diesem 1932 gegründeten Genossenschaftskeller sind 40 Mitglieder organisiert, darunter 6 Erzeuger mit 80 % der Produktion. 250 ha Rebflächen mit steinigem Tonkalkboden profitieren vom Mittelmeerklima. Die durchschnittlich 20 Jahre alten Rebstöcke teilen sich wie folgt auf: 25 % Grenache, 50 % Carignan, 5 % Mourvèdre, 10 % Syrah und 10 % Cinsault. Es werden Corbières- und Aude-Landweine erzeugt, z.B. der 1990er "Fontbories" mit seiner schönen Granatfarbe und Vanillebukett, ein lagerfähiger Wein, der auf besten Tafeln stehen kann.

COSTIERES DE NIMES

Der Weingarten der Costières-de-Nîmes erstreckt sich über mehr als 10 000 ha, wird von der Rhône, der Stadt Nîmes und der Camargue eingefaßt und besteht aus einer Reihe von Hügeln mit Kieselsteinboden. Es herrscht hier Mittelmeerklima, doch wird durch den Einfluß des Mistrals die für den Weinanbau oft ungünstige Feuchtigkeit hinweggeblasen. Für die Rotweine und Rosés werden Grenache, Syrah, Cinsault, Carignan und Mourvèdre angebaut; für die Weißweine Grenache blanc, Clairette, Ugni blanc, Bourboulenc sowie einige Zusatzreben: Marsanne, Roussanne, Rolle und Macabeo. Die seit dem Mittelalter bekannten und im

Papstpalast von Avignon vorrätigen Costières-Weine waren schon im 18. Jh. angesehen. In dem Weingarten erinnert die romanische Abtei von Saint-Gilles mit ihrer Pracht an die einstige Anwesenheit der Grafen von Toulouse, die Freunde großer Weine und prächtiger Baudenkmäler waren.

MAS AUPELLIERE
Leo Grootemaat
F-30600 Gallician · (✆ 66 73 30 75)

EVP: FF 24,– bis 50,–

Die Rhône-Sandsteinböden und das vom Mistral geprägte Mittelmeerklima gefallen den 40-50 Jahre alten Rebstöcken: Die Sorten Syrah und Mourvèdre überwiegen mit Grenache, werden ergänzt um Cinsault und dem sehr alten Carignan (70 Jahre). Der im Holzfuder ausgebaute Costières de Nîmes ist ein Lagerwein, der seine Sekundäraromen nach 5-6 Jahren ausströmt, seinen Verkoster jedoch noch nach 10 und mehr Jahren erfreut.

CHATEAU DE BELLE COSTE
Anne-Marie et Bertrand du Tremblay
F-30132 Caissargues · (✆ 66 20 26 48)

EVP: FF 22,– bis 35,–

Auf dem Château de Belle Coste, das sich seit über einem Jahrhundert im Familienbesitz befindet, gewährleisten der humusarme Boden aus Feuersteinkieseln und der niedrige Ertrag einwandfreie und beständige Qualität. Zum Beispiel der 1990er, ein leuchtender Rotwein, der mächtig im Duft ist, animalische Noten und solche von Gewürzen und reifen Früchten aufweist, vorn im Mund lieblich ist, mit einer Präsenz von Lakritze, und von guter Nachhaltigkeit; der Rosé 1992 ist an der Nase typisch durch diePrimäraromen des Grenache, er hat eine leichte Note von Schwarzer Johannisbeere, ist im Mund sehr füllig, wohl ausgewogen und anhaltend; der 1992er Weißwein hat einen intensiven Duft, Aromen von Blüten und Früchten (Aprikose, Brombeere), er ist im Mund füllig und von sehr guter aromatischer Nachhaltigkeit.

DOMAINE BELLEFONTAINE
Thierry de Combarieu
Route de Générac · Franquevaux
F-30640 Beauvoisin · (✆ 66 73 34 72)

Gr: FF 12,–/12,10 zuzügl. Mwst

Die Domäne wurde 1988 von einem jungen Landwirt, der aus einem Winzergeschlecht stammt, übernommen. Der 78 ha große Weinberg ist von guter Qualität: "Gress", Kieselfelder, warmes und trockenes Mittelmeerklima, Rebstöcke mit einem Durchschnittsalter von 37 Jahren. So enttäuschen die ersten von Thierry de Combarieu hergestellten Weine nicht. Zum Beispiel ein 2-3 Jahre lagerfähiger Rotwein, lebhaft und kräftig, mit reich entwickeltem Bukett, füllig, lang anhaltend im Mund.

CHATEAU DE CAMPUGET
Jean-Lin Dalle
D. 403 · F-30129 Manduel
(✆ 66 20 20 15 · Fax: 66 20 60 57)

EVP: FF 18,45 bis 23,10; Gr: FF 16,12 bis 18,–

Eine der ältesten Domänen des Landes, ein früheres Lehnsgut, das 1226 an Frankreich angeschlossen wurde. Ihr Rebgarten, die natürliche Verlängerung des Rhônetals, besteht aus Kieselsteinen, die die Sonne in sich aufnehmen; der Boden wird weder kultiviert noch gedüngt. Die hergestellten Costières de Nîmes werden in Tanks und Barriques gealtert, was man ihnen anmerkt. Der dunkelgranatfarbene Rotwein ist an der Nase füllig und komplex, erinnert an Himbeere und Schwarze Johannisbeere, Düfte, die sich mit würzigeren von Lakritze und grünem Pfeffer verbinden, im Mund generös und geschmeidig, mit den schon an der Nase wahrgenommenen pfefferigen Noten seines Tannins; der Weißwein, mit Blumendüften von Geißblatt und Akazie, unter die sich Aromen von

Honig mischen, ist ein harmonischer, komplexer, origineller Wein.

Wir suchen deutsche Importeure

CHATEAU DE CAMPUGET

**AOC Costières de Nîmes
ein großer Wein aus dem Rhônetal
auf dem Château auf Flaschen gefüllt
CHATEAU DE CAMPUGET
F-30129 Manduel**

CHATEAU VESSIERE
**Philippe Teulon
F-30800 Saint-Gilles · (✆ 66 73 30 66)**

EVP: FF 18,– bis 25,–; Gr: FF 13,– bis 16,50

Das 65 ha große Weingut erstreckt sich über Rhône-Terrassen, dem Balkon der Kleinen Camargue. Es ist mit Kieselsteinen übersät. Der Mistral fegt darüber hinweg. Die hier produzierten Costières de Nîmes werden im Eichenfuder gealtert: z.B. der 1989er Rotwein mit einem wunderschönen Kleid von intensiver, dunkler Farbe, reich an Aromastoffen von Schwarzer Johannisbeere, Pfeffer und Hölzern, der sich auf der Zunge mächtig entfaltet, da er mit einer besonderen Gerbsäure und Würze versehen ist.

COTEAUX DU LANGUEDOC

Diese Appellation bildet ein riesiges 50 000 ha großes Amphitheater und erstreckt sich von Narbonne bis Nîmes entweder auf einem Boden aus Primärschiefer, der generöse und körperreiche Weine gibt, oder aus Kalkschotter, auf dem die Edelreben prächtig gedeihen und fruchtige, rundere und lieblichere Weine erzeugen. Die Rotweine der Regionalappellation werden traditionell oder mittels Kohlensäuremaischung vinifiziert, die Rosés entstehen durch Ausbluten. Das Anbaugebiet umfaßt auch noch andere Gewächse, deren bekannteste Faugères und Saint-Chinian sind. In dem gesamten Weingarten werden viele Rebenarten verwendet: Grenache, Syrah, Mourvèdre, Carignan, Cinsault, Clairette, Bourboulenc, Picpoul, Marsanne, Roussanne und Rolle.

DOMAINE DE L'ABBAYE DE VALMAGNE
**Le Baron de Gaudart d'Allaines
B.P. No. 1 · F-34140 Mèze · (✆ 67 78 06 09)**

EVP: FF 32,–; Gr: FF 16,–

Eine von den großen Kathedralen im Norden Frankreichs inspirierte Kirche von 83 m Länge und 23 m Höhe dient dem Wein von Valmagne als Alterungskeller. Dieser kann ebenso wie das Kloster mit Kapitelsaal (12. Jh.) seit 1975 besichtigt werden. Auf dem Weinberg, den die Zisterziensermönche schon im 12. Jh. bebaut haben, entstehen 3 führende Coteaux du Languedoc: ein gut strukturierter, eleganter, feiner Rotwein, ein Weißwein von beachtlicher aromatischer Finesse sowie ein Rosé mit charakteristischem Himbeerduft.

CHATEAU DE L'ENGARRAN
**Alain Grill
F-34880 Lavérune · (✆ 67 27 60 89)**

Gr: FF 15,15/16,15

Dieses Château, ein "Lustschlößchen" von Anfang des 18. Jh., steht unter Denkmalschutz. Es ist von den 50 ha seines Weinbergs umgeben, der alljährlich überwiegend Saint-Georges d'Orques Coteaux du Languedoc-Rotweine erzeugt, die dem steinigen Boden und der traditionellen Vinifizierung mit einem Verweilen im Eichenfuder ihre Farbe und Alterungsfähigkeit (8-10 Jahre) verdanken. Die auch hergestellten weißen und rosé A.O.C.'s sind bekannt für Frische und Fruchtigkeit.

COTEAUX DU LANGUEDOC

DOMAINE DE L'ESCATTES
S.N.C. Robelin Père et Fils
F-30420 Calvisson · (✆ 66 01 40 58)

EVP: FF 25,– inkl. Mwst; Gr: FF 16,– zuzügl. Mwst

Diese 40 ha große Domäne verdankt ihre Eigenart den unterirdischen Quellen, die ihr den Namen gegeben haben. (Escattes stammt vom lateinischen "escatarire", was hervorquellen, hervorsprudeln bedeutet.) Dank seines Tonkalk- und Sandsteinbodens und des Mittelmeer-Mikroklimas können gute Coteaux du Languedoc und Costières de Nîmes erzeugt werden. Der rote Coteaux du Languedoc hat eine sehr farbkräftige Robe, ist fein, fruchtig und anhaltend im Mund; der rote Costières de Nîmes ist intensivfarben, duftet nach roten Früchten, ist ziemlich rund, mit Gewürznoten, von mittlerer Nachhaltigkeit.

Ein Gut sehr alten Ursprungs: zwei Drittel des auf Hängen mit Gletscherschotter angelegten, 20 ha großen Weingartens waren im 12. Jh. Sitz des Hospitalordens, woher der Name der Domäne rührt. Das auf dem Etikett abgebildete Gebäude wurde zwischen dem 13. und 18. Jh. errichtet. Das Gebiet Saint-Christol ist seit 1778 berühmt, als eine Marke zur Versiegelung der Fässer zur Wahrung des Rufs der Weine gegründet wurde. Die außergewöhnlichen Eigenschaften des Boden ergänzt ein Klima mit starker Sonnenbestrahlung und wenig Niederschlägen in der Vor- und Nachsaison. Die Weine werden je nach Rebsorte und Parzelle unterschiedlich mit Wärmeregulierung vinifiziert und teilweise in neuen Eichenbarriques ausgebaut. Die natürlichen Weine sind je nach Jahrgang und Cuvée sehr parfümiert und geschmeidig, oft lange lagerfähig. Empfehlenswert.

COOPERATIVE LA GRAVETTE
F-30260 Corconne · (✆ 66 77 32 75)

EVP: FF 14,– und 24,– inkl. Mwst; Gr: FF 9,28 und 15,–

La Gravette vereinigt seit 1939 mehr als 100 Winzer, die 525 ha in 4 Gemeinden bestellen, darunter das durch seine natürlichen Felsumwallungen in Form von Orgelpfeifen geschützte Corconne. Die Beschaffenheit des Bodens (Kalk auf rotem Ton) und das sehr trockene Klima begünstigen die Produktion ausdrucksvoller A.O.C.'s. Der Rotwein hat ein Aroma von Veilchen und immergrüner Strauchheide, der Rosé Düfte von roten Früchten und weißen Blüten.

CHATEAU DES HOSPITALIERS
Domaine Serge et Gabriel Martin-Pierrat
F-34400 Saint-Christol · (✆ 67 86 01 15)

EVP: FF 12,– bis 35,– inkl. Mwst; Gr: FF 10,– bis 16,– zuzügl. Mwst

MAS JULLIEN
Olivier Jullien
F-34275 Jonquières · (✆ 67 96 60 04)

Preise nicht genannt

Olivier Jullien, außergewöhnlicher Winzer dieser ausgedehnten Appellation, erzeugt Coteaux du Languedoc-Rotweine sowie Weißweine von einer erstaunlichen Qualität, die ihm Bekanntheit verschaffte. Der Weißwein ist im Duft delikat, hat einen ausgewogenen Geschmack mit einem langen Finale; der Rotwein besitzt mächtige Tannine, ist im Mund sehr lang, mit reichen Noten. Die charakteristischen Weine sind der Stolz der Domäne und der Appellation.

DOMAINE DE RIVIERE LE HAUT
Jean Segura
F-11560 Fleury-d'Aude · (✆ 68 33 61 33)

EVP: FF 18,– bis 24,–; Gr: abzügl. 30 %, zuzügl. Mwst

Kieselkalkboden, Mikroklima unter maritimem Einfluß, organische Düngung, malolaktische Gärung sowie der 12monatige Ausbau machen den Coteaux du Languedoc La Clape dieser Domäne zu einem Wein, den eine Ähnlichkeit mit gewissen Bourgognes auszeichnet. Beim Verkosten des Weißweins entdeckt man einen leicht pfefferigen Geschmack und einen Duft von Lakritze vor einem Zitrusfruchthintergrund.

CHATEAU LA ROQUE
Jack Boutin
F-34270 Fontanès · (✆ 67 55 34 47)

EVP: FF 10,– bis 19,50

Dieses im 13. Jh. von den Benediktinermönchen der Abtei von Maguelone gegründete Weingut und sein Keller produzieren seit 7 Jahrhunderten ohne Unterbrechung eines der besten Gewächse des Pic Saint-Loup: in neuen Eichenbarriques gealterte Rotweine, rubinfarben, mit delikaten Aromen von Schwarzer Johannisbeere und Himbeere, nachhaltig im Mund; Weißweine mit Aromen von Veilchen und Rosen. Der Verzicht auf Düngemittel und jegliche chemische Zusätze läßt natürliche Weine entstehen.

DOMAINE VAILLE-COUTELOU
Paul Gabriel Vaille
F-34700 Salelles-du-Bosc · (✆ 67 44 70 67)

EVP: FF 12,– bis 20,–

Die schon seit 1771 existierende Domäne blühte vor gut einem Jahrhundert auf, als der Keller, einst als Kathedrale bezeichnet, in den Felsen gehauen wurde. Heute ist der auf diesem Gut erzeug-

te vollmundige Wein mit seiner dunklen, blutroten Robe, an der Nase aromatisch und intensiv durch Noten von Schwarzer Johannisbeere, Kakao, Leder und Lakritze, bekannt für seine gleichmäßige Qualität, unabhängig von den besonderen Merkmalen eines jeden Jahres. Man trinkt den charaktervollen Coteaux du Languedoc mit 16-18°C zu rotem Fleisch, Großwild und Blauschimmelkäse.

FAUGERES

Der 5 500 ha große Weingarten von Faugères ist auf den ersten Cevennen-Ausläufern gelegen, auf bis zu 600 m hohen Hügeln mit schifrigen, oftmals steilen, zerklüfteten Hängen. Der Schiefer glitzert in der Sonne, unendlich vielen Silberblitzen gleich. Er prägt die Rebstöcke, die Merkmale aufweisen, wie man sie in anderen Gebieten selten antrifft. Im Jahre 1982 trat das nördlich von Béziers gelegene Dorf Faugères mit 7 weiteren Gemeinden dem Kreis der A.O.C. bei. Die Anbaufläche bringt jährlich 55 000 hl generöse, alterungsfähige Rotweine und Rosés hervor.

CHATEAU DES ESTANILLES
Michel Louison
Lenthéric · F-34480 Cabrerolles
(✆ 67 90 29 25)

Preise nicht genannt

Gute Faugères: Rotweine mit Aromen von reifen Früchten (Kirsche, Heidelbeere), vom Holz, mit einem Hauch von Vanille und Gewürz; Rosés mit Orangetönen, fruchtigen Aromen mit einem mineralischen Anstrich. Bemerkenswerte weiße Coteaux du Languedoc mit goldenem Kleid, Aromen von Menthol, Pfirsich, Mirabelle, fett im Geschmack.

CHATEAU DE LA LIQUIERE
Bernard Vidal
La Liquière · F-34480 Cabrerolles
(✆ 67 90 29 20)

FAUGERES – FITOU

EVP: FF 22,– bis 40,–; Gr: FF 13,– bis 22,–

Ein schöner, 65 ha großer Rebgarten auf schiefrigen und steinigen Hängen, die vom Mikroklima und organischer Düngung profitieren. Auf der Domäne - Besitztum einer seit dem 17. Jh. im Dienste des Weinbergs stehenden Familie - werden Faugères von hohem Ruf hergestellt: der 1990er Rotwein mit Granatrobe und ins Violette spielenden Reflexen, im Duft füllig und komplex, mit Aromen von immergrüner Strauchheide und reifen Früchten, im Mund feste, aber geschmolzene Gerbstoffe, ein Vanille- und leichter Holzgeschmack; der 1991er Rosé mit Aromen von Frühlingsblumen und Zitrusfrüchten, einem Geschmack von Akazie und Ginster; der feine und blumige "Blanc des Schistes", ein erstaunliches und angenehmes Abbild des Gebiets.

DOMAINE DU ROUGE GORGE
Alain Borda
Domaine Les Affanies · F-33480 Magalas
(✆ 67 36 22 86)

EVP: FF 15,– bis 30,–; Gr: FF 8,– bis 16,–

Die Schiefer- und Tonkalkböden werden häufig gehackt und nur mit organischem Dünger angereichert. Das sehr sonnige und trockene Mittelmeerklima trägt ebenso wie Alain Bordas perfekte Beherrschung der Vinifizierung und des Weinausbaus zu einer Produktion von großer Qualität bei: ein körperreicher und ausgewogener lagerfähiger Faugères, ein warmer, eleganter und feiner Hérault-Landwein mit Bukett, gut alternd; ein trockener und fruchtiger Blanc de Blancs.

FITOU

Der südöstlich des Corbières-Massivs gelegene Fitou-Weingarten erstreckt sich über zwei unterschiedliche Zonen: die der Hautes Corbières, gebirgig, mit schiefrigen, tonkalthaltigen Böden und trockenem Klima, 4 Gemeinden einschließend; sowie die maritime, steinige, 5 Gemeinden umfassende Zone mit milden Wintern und sehr trockenen Sommern. Die erstgenannte produziert mächtige und körperreiche Weine von kräftiger Eigenart, die zweite geschmeidige, füllige und würzige. Diese älteste Appellation des Languedoc-Roussillon verfügt über eine Anbaufläche von 2 000 ha. Die alterungsfähigen Rotweine erreichen ihre volle Entfaltung nach 5-6 Jahren dank eines 9monatigen Ausbaus in Eichenfässern.

CHATEAU ABELANET
Régis Abelanet
7, avenue des Corbières · F-11510 Fitou
(✆ 68 45 79 76)

EVP: FF 20,–

1697 erwarb die Familie Abelanet diese Domäne, die einst Postkutschenstation an der Straße nach Spanien war. Der auf einem Weinberg mit schiefrigem und tonkalkhaltigem Boden bei Mittelmeerklima wachsende Fitou wird in neuen Eichenfässern ausgebaut: ein sehr angenehmer Wein mit dunkler Robe, blumigem Duft, gewürzig, ein wenig animalisch und sehr nachhaltig im Mund, eine würdige Spitzenappellation.

CHATEAU LES FENALS
Madame Roustan-Fontanel
F-11510 Fitou · (✆ 68 65 71 94)

EVP: FF 23,– bis 38,–; Gr: FF 15,– bis 22,– zuzügl. Mwst

Les Fenals, von 1389 bis 1589 Landhaus, dann Schloß, das bis zur Revolution der Familie Aragons gehört hat, danach zerstört und als Languedoc-Bauernhaus wiederaufgebaut, wurde vom Neffen Voltaires verwaltet. Die Weine waren unter Ludwig XV. am Hofe bekannt (Brief Voltaires vom 12.11.1770). Heute bringt der 25 ha große Rebgarten mit sehr steinigem Tonkalkboden, der vom sonnigen Klima mit vorherrschendem Nordwind profitiert und ausschließlich organisch gedüngt wird (ohne toxische oder umweltschädliche Stoffe), ausdrucksvolle Weine hervor von Böden mit noch ursprünglicher Natur: tanninhaltige und warme Rotweine, trockene und fruchtige Weißweine, nach Weinblüte duftende Muskatweine.

Ursprüngliche, rassige Weine, Abbild des Bodens: Fitou, Corbières, Rivesaltes v.
Château Les Fenals, Fitou/Aude
Bezug über: Fischhaus ZOO, Rethelstr. 144, 40237 Düsseldorf 1, ✆ 4931172

CAVE DES PRODUCTEURS DE FITOU
Bernadette Loubatière
R.N. 9 · Les Cabanes de Fitou
F-11510 Fitou · (✆ 68 45 71 41)

EVP: FF 32,–; Gr: FF 25,–

500 ha Rebflächen mit Carignan noir (70 %), Grenache noir (25 %) und Mourvèdre (5 %) genießen das Mittelmeerklima, das dem mit Hilfe traditioneller Vinifizierung und Kohlensäuremaischung produzierten Fitou die guten Eigenschaften verleiht, die seinen Ruf ausmachen: Rubinkleid, an der Nase rote Früchte, harmonisch im Mund mit einem fetten und langen Finale.

LES PRODUCTEURS DU MONT TAUCH
F-11350 Tuchan · (✆ 68 45 40 13)

EVP: FF 45,–

Spitzenmarke der Producteurs du Mont Tauch ist das "Château de Ségure", ein Gut aus dem 11. Jh., das 1986 von der Genossenschaft aufgekauft wurde. Die 20 ha dieser Domäne, wilder Fels in immergrüner Strauchheide, erstrecken sich im Herzen eines Massivs. Hier entsteht ein Fitou, der ein schönes Granatkleid besitzt, an der Nase sehr komplex ist, ein Gemisch von Wildbret, Gewürzen und einem Hauch von Vanille, im Mund sehr voll, körperreich und harmonisch, mit einem langen und eleganten Finale.

CHATEAU DE NOUVELLES
Robert Daurat-Fort
F-11350 Tuchan

EVP: FF 43,– inkl. Mwst; Gr: FF 27,60 zuzügl. Mwst

Die ehemalige römische Villa hatte berühmte Eigentümer: Kardinal Arnaud de Novelli, Papst Benedikt XII. sowie einflußreiche Angehörige des lokalen Adels. Robert Daurat-Fort hat es verstanden, seine 75 ha Rebflächen mit Tonkalk-, Schiefer- und Kiesboden durch Beackerung und organische Düngung zu verbessern und zu einem Lieblingsboden für die Rebstöcke seines Fitou zu machen. Sein 1986er Wein, mit Aromen von Lakritze und Holz, besitzt ein leuchtendes Granatkleid und präsente, aber nicht aggressive Tannine.

CABARDES

Dieser Aude-Weingarten, der sich über die Berghänge vor den Toren der Stadt Carcassonne erstreckt, genießt Mittelmeerklima, das von Atlantikeinflüssen geprägt ist. Man trifft hier zwei Bodenarten an: Kalkhaltige (Kalkschotter-Hänge) und schiefrige Gebiete (eine steinige Terrasse aus dem Quartär, eine Mischung aus Quarz-Kieselsteinen und Sandstein aus feiner Lehmsanderde). Diese Zusammensetzung führt zur Herstellung origineller Weine: rote und rosé, echte Bindeglieder zwischen dem Bordelais und dem Languedoc. 14 Gemeinden des Departements Aude gehören der V.D.Q.S.-Appellation an. Auf 3 600 ha werden durchschnittlich 15 000 hl Weine produziert, die schon 1812 sehr bekannt waren, als der Baron Trouvé, Präfekt im Ersten Kaiserreich, in einem Bericht erwähnte, daß die Hügel des Cabardès sehr beliebte Weine erzeugten.

CHATEAU DE BRAU

Wenny et Gabriel Tari
F-11620 Villemoustaussou
(✆ 68 72 31 92)

EVP: 16,– bis 35,–; Gr: FF 8,– bis 17,–

Auf diesem 25 ha großen Gut wird biologischer Anbau betrieben. Die hier hergestellten V.D.Q.S. Carbadès sind gute Vertreter der Appellation: die Cuvée Bleue hat einen mediterranen Ausdruck; die Cuvée Première stellt eine glückliche Verbindung zwischen südlichen und südwestlichen Rebsorten dar; die Cuvée Exquise ist ein voller, komplexer Wein, in neuen Eichenholzfässern gereift.

DOMAINE LOUPIA

Les Albarels
F-11610 Pennautier
(✆ 68 24 91 77 · Fax: 68 24 81 61)

EVP: FF 14,– bis 26,–; Gr: FF 10,50 bis 18,–

Die seit 2 Jahrhunderten im Besitz derselben Familie befindliche Domäne, eine der kleinsten der Region, stellt eine Qualitätsgarantie dar. Ihr 5,5 ha umfassender Rebgarten mit Tonkalkboden ist zu 70 % mit Merlot, zu 20 % mit Grenache und zu 10 % mit Cinsault bepflanzt. Seit 20 Jahren wird hier biologischer Anbau betrieben. Die im rostfreien Tank und in Eichenfässern gereiften Weine sind besonders alterungsfähig: Cabardès von sehr schönem lebhaften Rot, klar, an der Nase warm, ein gut strukturierter Wein mit Noten von kleinen roten Früchten. Wer den Cabardès noch nicht kennt, sollte ihn probieren. Er verdient es, an Ihre Tafel geladen zu werden.

Domaine Loupia · seit 1974 Bio-Anbau
VDQS Cabardès · Rote + Rosé-Landweine
Coteaux de la Cité de Carcassonne
Loupia · Les Albarels · 11610 Pennautier
✆ 68249177 · Fax: 68248161

MINERVOIS

Dank der Erbauung der Siedlung Minerva wirkten die Römer schon am Erfolg eines ganz dem Wein geweihten Gebiets mit. Aus damaliger Zeit existieren nur noch Amphorenscherben und Überreste alter Weinkeller, die die Vorrangstellung des Weins in dieser Region belegen. Aber dort, wo die Zeit den Stein abgeschliffen hat, stärkte sie den Wein und das Wissen der Winzer, deren Glaube und Leidenschaft sich heute in den Reben des Minervois wiederfinden. Die Region mit ihren 18 000 ha ausgesuchter Rebflächen gehört nun auch dem Club der A.O.C.-Weine an; eine ermutigende Auszeichnung zu einem Zeitpunkt, da sich der europäische Markt mehr und mehr ausweitet.

DOMAINE CAMPAGNE DE CENTEILLES

Patricia Boyer-Domergue
F-34210 Siran · (✆ 68 91 52 18)

EVP: FF 30,– bis 50,– inkl. Mwst; Gr: FF 20,21 bis 33,50 zuzügl. Mwst

Der sehr originelle Weingarten, ein von Trockenmauerwerk umgebener Clos mit einer mittelalterlichen Kirche aus dem 12. Jh. inmitten der Rebflächen,verfügt über sehr verschiedenartige Böden: Tonkalk auf Kieselerde oder diluvium-saure Terrassen. Der Rebsortenbestand mit einem Durchschnittsalter von 18-50 Jahren erlaubt die Herstellung von Spitzen-Minervois, die im emaillierten Stahltank und danach 12-24 Monate in Bordeaux-Barriques ausgebaut werden. Die Weine sind intensiv und fruchtig im Duft, gut strukturiert und fein.

CHATEAU COUPE ROSES

Jacqueline et Françoise Le Calvez
F-34210 La Caunette
(✆ 68 91 23 12)

EVP: FF 22,– + 24,–; Gr: auf Anfrage

Den Le Calvez, einer seit 1614 in La Caunette ansässigen Familie mit alter Winzertradition, ist es ein Anliegen, natürliche Weine zu produzieren. Durch die Achtung des Naturzyklus, die Verwendung organischer Düngemittel, ihren besonderen Schnitt der Rebstöcke zur Bewahrung des Aromareichtums und wärmeregulierte Maischegärungen erhalten sie typische Minervois: der Rotwein hat feine und harmonische Duftnoten, ausgeprägte Fruchtaromen von Brombeere, Kirsche und Pflaume; der Rosé weist diskrete Fruchtnoten von Himbeere, Kirsche und geröstetem Brot auf; der Weißwein ist rassig, lebendig, erfrischend im Duft.

DOMAINE DES HOMS
Bernard de Crozals
F-11160 Rieux-Minervois
(✆ 68 78 10 51)

EVP: FF 23,–/25,–; Gr: abzügl. 25 %

Auf den steinigen Terrassen dieses Weingartens profitieren die durchschnittlich 40 Jahre alten Rebsorten vom Mittelmeerklima und dem Anbau ohne Unkrautvernichtungsmittel. Manuelle Weinlesen und eine lange Maischegärung der nicht abgebeerten Trauben lassen einen Minervois entstehen mit schöner dunkler Rubinrobe, der an der Nase gut entwickelt ist, Aromen von kleinen reifen Früchten aufweist, ein runder, geschmeidiger und feiner Wein, der sich 7 Jahre hält und die besten Menüs erfreuen wird.

CELLIER LAURAN CABARET
Société Coopérative de Vinification
F-11800 Laure-Minervois
(✆ 68 78 12 12)

EVP: FF 15,– bis 40,– inkl. Mwst; Gr: FF 8,– bis 15,– zuzügl. Mwst

1 300 ha Rebflächen mit einem durchschnittlich 35 Jahre alten Rebsortenbestand (Carignan, Grenache, Syrah und Cinsault), der vom Tonkalkboden und Mittelmeerklima profitiert, erlauben der

1929 gegründeten Genossenschaft die Herstellung von Minervois-Qualitätsweinen: die Rotweine kennzeichnet ihr geringer Säuregrad, sie sind rund, von der Syrah geprägt; die Rosés und Weißweine sind frisch und fruchtig. Hervorzuheben ist das Qualität-Preis-Verhältnis.

SAINT-CHINIAN

Das Anbaugebiet befindet sich zu beiden Seiten des Flusses Orb, der in den Cevennen entspringt. Im Norden grenzt es an die Espinouse-Berge, im Osten an das Faugerois, im Westen an das Minervois und im Süden an die Languedoc- Ebene. Es erfreut sich eines Mikroklimas, in dem Mimosen und Orangen wachsen und Weinreben sich entfalten können. Ungefähr 100 000 hl Wein werden im Jahr hergestellt. Der Ertrag beläuft sich auf durchschnittlich 50 hl/ha. Das Gebiet umfaßt 20 Gemeinden, die, obwohl sie alle demselben mediterranen Einfluß unterliegen, sich die geologische Vielfalt der Böden, mal Schiefer, mal Tonkalk, zunutze machen. Daher hat jede Gemeinde ihre Eigenart, die in Bodenabstufungen oder aromatischen Nuancen zum Ausdruck kommt.

CHATEAU COUJAN
Solange Peyre et François Guy
F-34490 Murviel · (✆ 67 37 80 00)

EVP: FF 29,–; Gr: FF 15,95

Qualitätswein ist hier Tradition: Schon im 18. Jh. schätzte der Marquis de Spinola, Baron des Languedoc und Oberleutnant des Königs, die Coujan-Weine so sehr, daß er alljährlich ein 700 l-Faß vom besten auf sein Schloß von Murviel kommen ließ. Der schöne, 100 ha große Weingarten, seit 1868 im Besitz der Familie Guy, profitiert von Tonkalkböden auf einem Sockel versteinerter Koralle, vom Mittelmeerklima und dem Rebsortenbestand (Mourvèdre und Syrah zu gleichen Teilen) mit einem Durchschnittsalter von 25 Jahren wie auch von der 10jährigen Erholungspause der Böden - eine sehr außergewöhnliche Maßnahme. Die wärmeregulierte Weinbereitung und der 1jährige Ausbau in Eichenfudern ergänzen diese Vorzüge. Das Ergebnis ist ein intensivroter Saint-Chinian, nach reifen roten Früchten und schwarzen Kirschen schmeckend, füllig, mit feinen Tanninen und einem würzigen Finale. Im Keller aufzubewahren.

CAVE DES VIGNERONS DE SAINT-CHINIAN
Route de Sorteilho
F-34360 Saint-Chinian · (✆ 67 38 00 31)

EVP: FF 24,–; Gr: FF 12,50 zuzügl. Mwst

Seit einem Jahrzehnt investiert die 400 ha bewirtschaftende Genossenschaft in die Umstrukturierung und Modernisierung ihrer Kellerei. Der beständigen Qualität ihrer Produktion nach zu urteilen, werden ihre Bemühungen belohnt. Ihre Cuvées gefallen: "Abbatiale", ein kerniger, alterungsfähiger Rotwein mit Granatkleid, an der Nase leicht gewürzt, im Mund geschmeidig, mit milden Gerbstoffen, nachhaltig und würzig; der rote "Tradition" mit komplexen Aromen von reifen Früchten, aromatischen Pflanzen, Thymian, im Mund eine Fruchtigkeit, die sich - gestützt von noch präsenten Tanninen - zu einer Ledernote hin entwickelt; "Renaud de Valon", eine in Eichenfässern ausgebaute rote Cuvée, im Duft mächtig, mit Parfums von Vanille, Lebkuchen, Honig, Tabak, einem dezenten Holzgeruch, im Mund vorn geschmeidig, milde Gerbstoffe und ein sehr langer Nachgeschmack.

CAVE LES VINS DE ROQUEBRUN
F-34460 Roquebrun · (✆ 67 89 64 35)

Gr: FF 11,80 bis 19,80

Das Prunkstück dieser Genossenschaft ist sein Kohlensäuremaischungs-Plateau mit einem Fassungsvermögen von 32 Gärbehältern. Es erlaubt die Vinifizierung durch Maischung der per Hand gelesenen ganzen Weintrauben auf dem Gut, wo

sich seit mehr als 2 000 Jahren Rebstöcke, Mimosen und Orangen entfalten. Die erzeugten Saint-Chinians geben die klimatischen Vorzüge auf ihre Weise zurück: ein 1990er Rotwein, komplex, würzig und seidig an der Nase, mit Aromen von Lakritze, ein vollmundiger Wein, von großer Nachhaltigkeit beim Abgang; ein 1991er, leicht animalisch duftend, vorn im Mund ausgeprägte Noten von roten Früchten, mit gutem aromatischem Nachgeschmack.

COLLIOURE

Auf dem letzten Pyrenäenausläufer, der sich 25 km entlang der Felsenküste hinzieht, erzeugen die Winzer schon von jeher einen Collioure; seit 1971 besitzt er das A.O.C.-Prädikat. Die Produktion des trockenen Rotweins ist streng begrenzt auf die Gemeinden Collioure, Port-Vendres, Banyuls und Cerbère. 175 ha Rebflächen ziehen sich über sehr schmale Terrassen mit sauren, armen Schieferböden hin. Rund 6 000 hl Collioure werden überwiegend aus der Grenache noir-Traube, aber auch aus Carignan, Mourvèdre und Cinsault hergestellt. Die Weine müssen mindestens 3 Monate in Eichenfässern altern, bevor sie in Flaschen in klimatisierten Weinlagern verfeinert werden.

CELLIER DES TEMPLIERS
Route du Mas-Reig
F-66650 Banyuls-sur-Mer · (✆ 68 88 31 59)

Preise auf Anfrage

Die Weinbauern des Cellier des Templiers sind sich bewußt, wie recht sie hatten, auf die Qualität der Collioure-Weine zu vertrauen, zu einer Zeit, als deren Erzeugung ständig zurückging und sie unter dem kommerziellen Erfolg der Banyuls-Weine litten. Erzeuger, die ähnlich dachten wie jene aus dem Cellier, führten den Collioure dann an seinen rechtmäßigen Platz zurück. Dabei halfen ihnen der außergewöhnliche Boden und ein Rebsortenbestand, der sonst nirgendwo anzutreffen ist. Heute bietet der Keller gute, in ihrem Charakter einmalige Weine an: einen 1989er Domaine du Roumanie, von lebhaftem Rot mit Violettnuancen, an der Nase reife rote Früchte wie die Johannisbeere und Himbeere, auf der Zunge vorn lebhaft, gut ausgeglichen, nachhaltig, mit milden Tanninen; einen 1989er Collioure, Abbaye de Valbonne, mit kräftiger Rubinrobe, an der Nase die Aromen von Holz und reifen roten Früchten, eine Zitrusnote, an der Zungenspitze mild, ein eleganter, reicher, gut ausgewogener Lagerwein.

DOMAINE LA TOUR VIEILLE

Vincent Cantié et Christine Campadieu
3, avenue du Mirador · F-66190 Collioure
(✆ 68 82 42 20)

EVP: FF 34,– bis 38,–; Gr: auf Anfrage

Die Collioures dieser Domäne, die von Parzellen mit blättrigem Schieferboden stammen, auf dem die Erde so dünn ist, daß die Weinstöcke nahezu direkt in das Muttergestein gepflanzt sind, haben Gerbstoffe mit sehr feinem Kern. Die typischen und schon in den ersten Monaten aromatischen Rotweine, festigen sich und entwickeln nach 3-4 Jahren Lagerung würzige und pfefferige Noten. Was die Rosés anbelangt, so besitzen diese fruchtigen, aber gut strukturierten Weine die Körpereigenschaften der Rotweine. Die ausgewähltenWeine für ausgewählte Tafeln werden Ihre Gäste nicht enttäuschen.

COTES DU ROUSSILLON

Die Böden dieses 1977 als A.O.C. anerkannten Weins sind sehr dürr, die Weingärten häufig auf Abhängen oder in Terrassen angelegt. Sie erstrecken sich nördlich der Têt, einer Wasserstraße des Departements Pyrénées-Orientales, bis hin zu den Vorbergen des Massivs der Corbières. Zahlreich sind die für die Herstellung der Rot-, Rosé- und Weißweine verwendeten Rebenarten: Cari-

gnan, Grenache, Lladoner-Pelut, Cinsault, Syrah und Mourvèdre für die Rosé- und Rotweine; Macabeo, Malvoisie-du-Roussillon, Rolle oder Vermentino, Roussanne und Marsanne für die Weißweine. Der Ertrag ist gering; obwohl 45 hl pro ha erlaubt sind, übersteigt er nie 40 hl.

CHATEAU DE CORNEILLA

Philippe Jonquères d'Oriola
3, rue du Château · F-66200 Corneilla del Vercol
(✆ 68 22 12 56)

EVP: FF 22,50 bis 39,–; Gr: FF 13,20 bis 28,–

Tonkalkböden, Mittelmeerklima, Rebstöcke mit einem Durchschnittsalter von 38 Jahren an Spalieren, zwischen den Reihen gehackt, auf den Reihen gejätet, reduzierter Hektarertrag, Auswahl der Säfte während der Vinifizierung: dies sind beste Voraussetzungen zur Erlangung hochwertiger Côtes du Roussillons, körperreiche, aber nicht schwere Weine, bei jeder Gelegenheit angenehm zu trinken. Gleiche Qualität findet sich in den Muscats und Rivesaltes der Domäne.

CHATEAU DE JAU

R.N. 117 · F-66600 Cases-de-Pène
(✆ 68 38 90 10)

Preise nicht genannt

Auf dem Château de Jau existierte zuerst das Thermalwasser. Warme Quellen und alte Marmor-Badewannen erinnern an römische Bäder. Heute befindet sich ein 134 ha großer Weingarten neben den Ruinen der alten Kapelle. Tiefe Böden mit Schiefer, Flußkieseln und Kalkfelsen geben den Rebstöcken Kraft. Es werden Côtes du Roussillon hergestellt mit würzigen Aromen, die sich langsam in Düfte von Unterholz und roten Früchten verwandeln, sehr kernige Weine von großer Reichhaltigkeit und aromatischer Komplexität.

COTES DU ROUSSILLON
COTES DU ROUSSILLON-VILLAGES

DOMAINE DU MAS ROUS
José Pujol
F-66740 Montesquieu · (✆ 68 89 64 91)

EVP: FF 20,– bis 31,–

Das Gut erstreckt sich über 50 ha am Fuße des Massivs der Albères, deren Anschwemmungen den Boden aus Schiefer, Granit und Lehm bilden. Die verschiedenen Rebsorten profitieren allerdings überwiegend von der idealen Lage, die ihnen Finesse und Frucht verleiht. Der Côtes du Roussillon, Krönung der Domäne, macht 59 % der Produktion aus. Der granatfarbene 1991er hat die Fruchtigkeit von roter Kirsche, leicht würziger Agrumen, er ist pfefferig mit einem Hauch von Wildbret, vollmundig und hat jetzt seine aromatische Reichhaltigkeit voll ausgebildet; der 1990er mit Aromen von Konfitüre roter Früchte, den leichten Düften von Holz und Vanille, ist im Mund harmonisch ausgewogen zwischen Tanninen und Fett.

DOMAINE SALVAT
Pont-Neuf
F-66610 Villeneuve-la-Rivière
(✆ 68 92 17 96)

EVP: FF 24,– bis 36,–; Gr: FF 13,80 bis 27,–

Die sympathische Domäne, einst galloromanischer Bauernhof, verfügt über einen Rebgarten mit Quarzsand- oder Kiesellehmboden, der sich in 400 m Höhe erstreckt. Das im Sommer besonders warme und trockene Klima sagt den durchschnittlich 22 Jahre alten Rebstöcken ebenso zu wie die Anbaumethode (Beackerung und organische Düngung). Es werden Côtes du Roussillon-Weißweine hergestellt mit feinen und intensiven Zitronenaromen, nervös im Mund; gut nachhaltige Rotweine mit Aromen von reifen Früchten, intensiv und gewürzt; auch Rivesaltes sowie fruchtige und delikate Weine der Coteaux de Fenouillèdes.

DOMAINE SALVAT
Weine des Roussillon
weiße · rote · Muskat
Eigenanbau
F-66610 Villeneuve-Rivière

COTES DU ROUSSILLON-VILLAGES

Die Côtes du Roussillon-Villages, seit 1977 mit A.O.C.-Prädikat, erzeugen Rotweine auf der Basis von Carignan, Grenache, Lladoner-Pelut, Cinsault, Syrah und Mourvèdre. Die 2 000 ha Anbaufläche auf einem dürren Abhang erlaubt die Herstellung von jährlich 80 000 hl Weinen, die, je nach Cuvée, mehr oder weniger komplexe Aromen entwickeln, ein charakteristisches Bukett haben, wenn sie in Eichenfässern ausgebaut werden, ausgewogen warm und mächtig sind. Die Gemeinden Caramay und Latour-de-France dürfen übrigens ihren Namen an den der Appellation anfügen. Erstere wegen der Besonderheit ihres Schieferbodens, letztere, weil 50 % ihrer Produktion mittels Kohlensäuremaischung vinifiziert wird.

CHATEAU DONA BAISSAS
Baissas et Fils
48, rue du Dr. Torreilles · F-66310 Estagel
(✆ 68 29 10 50)

EVP: FF 20,– bis 38,–; Gr: FF 9,– bis 16,50

Die am Fuße von Forca Réal in 200 m Höhe auf den letzten Pyrenäenausläufern zum Mittelmeer hin gelegene, 65 ha große Domäne verfügt über schwarzen Schieferboden, auf dem sich die Carignan- und Syrahrebstöcke voll entfalten können. Ihre Côtes du Roussillon Villages, die ein Jahr lang im unterirdischen Tank und danach 9 Monate im Eichenbarrique ausgebaut werden, erfreuen sich einer samtigen rubinroten Robe, an der Nase sind sie fein entwickelt, duften nach Holz, im Mund sind sie angenehm, fett und würzig, Lagerweine par excellence.

CAVE JEAN LOUIS LAFAGE
13, rue Frédéric Pougault · F-66460 Maury
(✆ 68 59 12 66)

EVP: FF 43,– inkl. Mwst; Gr: abzügl. 20 %

Ein körperreicher Côtes du Roussillon Villages mit komplexen Düften, ausgewogen, warm und mächtig im Mund, mit reichhaltigen Noten, die sich ziemlich schnell entwickeln.

LES VIGNERONS DE MAURY
128, avenue Jean-Jaurès · F-66460 Maury
(✆ 68 59 00 95)

Preise auf Anfrage

Die Weinbereitung erfolgt teils mittels traditioneller Maischegärung, teils mit unversehrten Trauben, der Weinausbau im Tank und Eichenbarrique. Der dunkle Rotwein ist an der Nase komplex, duftet nach reifen Früchten, Pilzen, Unterholz, im Mund hat er die Ausgeglichenheit eines warmen und mächtigen Weins, seine volle Entfaltung wird er nach 2 Jahren erreichen.

BANYULS

Die Banyuls, die aus den Rebsorten Grenache noir und gris hergestellt werden mit einem geringen Anteil alter Carignan-Trauben, werden mittels Maischegärung vinifiziert. Zuweilen wird die Gärung durch Zusatz von Alkohol unterbrochen, um so den Beeren das Äußerste an Aromen und Farbstoffen zu entziehen. Der Ausbau erfolgt lange Monate hindurch in der Sonne ausgesetzten Fudern. Manchmal schließt sich eine Zeit der Verfeinerung in der Flasche an. Der Banyuls-Grand-Cru, der einen höheren Anteil an Grenache noir hat, muß mindestens 5 Tage maischen und mindestens 30 Monate in Eichenfudern ausgebaut werden. Das A.O.C.-Anbaugebiet ist gekennzeichnet durch einen wenig tiefen, dürren, armen, schiefrigen Boden; die terrassenförmige Anlage gestaltet den Anbau schwierig und undankbar. Etwa 2 500 ha erzeugen 40-50 000 hl.

DOMAINE DU MAS BLANC
9, avenue du Général-de-Gaulle
F-66650 Banyuls-sur-Mer · (✆ 68 88 32 12)

Preise auf Anfrage

Seit 1625 bewirtschaften die Parcé-Vilarems, heute Dr. Parcé mit seinen Söhnen, den Rebgarten der Domaine du Mas Blanc, der auf für den Weinanbau sehr geeignetem präkambrischen Schieferboden liegt. Erzeugt werden ein Collioure-Wein von hoher Qualität, besonders zu rotem Fleisch und Wild geschätzt, und ein Banyuls von leuchtend roter Farbe mit intensivem Bukett, feinen und seidigen Tanninen, ein alterungsfähiger Wein.

DOMAINE LA TOUR VIEILLE
Cantié-Campadieu
3, avenue du Mirador · F-66190 Collioure
(✆ 68 82 42 20)

EVP: FF 45,– bis 120,–; Gr: auf Anfrage

Die Domäne umfaßt 10 ha steile, das Meer überragende Hänge, ein Gebiet, das keiner Maschine zugänglich ist, Terrassen, auf denen der Rebsortenbestand 40 Jahre alt wird. Aus 90 % Grenache Noir und 10 % Carignan wird der Banyuls Tradition "Cuvée Francis Cantié" gewonnen, dessen erster Ausbau in Glasballons im Freien durchgeführt wird. Dann folgt die endgültige Mischung und ein manchmal mehrjähriger Verbleib in Eichenfässern. Das Resultat ist ein Banyuls mit Noten von gerösteten Früchten, Mokka und Tabak, das Ergebnis großer, einzigartiger Anstrengungen, deren "Seele und Philosophie" auf La Tour Vieille fortbestehen sollen. Einer der besten Banyuls!

MAURY

MAURY

Die A.O.C.-Fläche beschränkt sich auf die Ortschaft Maury und einige Parzellen der angrenzenden Gemeinden. Das im Herzen des Agly-Tals gelegene Gebiet ist gekennzeichnet durch schiefrige Anhöhen mit wenig bebaubarer Erde. Der Grenache noir findet in Maury seinen Lieblingsboden. Außerdem werden Grenache gris- und blanc-, Macabeo- und Carignan-Trauben angepflanzt. Auf 1 780 ha entstehen rund 42 000 hl Wein, was 5,6 Millionen Flaschen entspricht. Der traditionell durch Maischegärung hergestellte Maury ist sehr aroma- und gerbstoffreich sowie farbintensiv.

CAVE JEAN-LOUIS LAFAGE
13, rue Frédéric Pougault · F-66460 Maury
(✆ 68 59 12 66)

EVP: FF 43,– inkl. Mwst; Gr: abzügl. 20 %

Der Schieferboden, der durchschnittlich 30 Jahre alte, vom sonnigen Klima profitierende Rebsortenbestand und der sehr sorgsame Weinausbau in Tanks und Holzfässern machen die Maurys dieser Domäne zu typischen Vertretern der Appellation. Zum Beispiel der 1985er Rancio, von samtiger Färbung mit Purpurreflexen, er hat einen komplexen Holzduft, ist aromatisch, mächtig und kernig im Geschmack, den Lafages würdig, die seit vielen Generationen den Winzerberuf vom Vater auf den Sohn vererben.

Cave Jean-Louis LAFAGE
Erzeuger

VDN A.O.C. Maury, Muscat de Rivesaltes
A.O.C. Côtes du Roussillon Villages
A.O.C. Côtes du Roussillon
(rot, weiß, rosé)
auf dem Gut vinifiziert, gealtert
und in Flaschen abgefüllt · Kellerei:
29, Av. J.-Jaurès · F-66460 Maury

DOMAINE DU MAS AMIEL
Jérémie Gaïk
F-66460 Maury · (✆ 68 29 01 02)

Preise nicht genannt

Der 155 ha große Weingarten liegt in einem Gebiet steiniger Hänge, angeschmiegt an die Ausläufer der Pyrenäen, am Fuße des Château de Queribus, letzte Hochburg der Katharerbastionen. Die hier erzeugten natürlichen Süßweine sind die besten der Appellation: ein Réserve, bernstein- ziegelfarben, mit Aromen von edlen Gewürzen, im Mund rund, generös, von sanfter Geschmeidigkeit, mit einem Finale von Milchkaffee; ein 15 Jahre alter Wein mit prächtigem Bukett von verbrannter Erde, Kakao, Gewürzen (Zimt, Vanille), Walnuß, Café, im Mund fett, rund und lang anhaltend, 10-50 Jahre lagerfähig.

LES VIGNERONS DE MAURY
128, Avenue Jean-Jaurès · F-66460 Maury
(✆ 68 59 00 95)

EVP: FF 25,– bis 30,– zuzügl. Mwst; Gr: abzügl. 10 und 15 %

Der 1910 gegründete zweitgrößte Genossenschaftskeller des Departements Pyrénées Orientales bewirtschaftet über 1 700 ha Rebflächen mit schiefrigem Mergelboden, deren Rebsortenbestand (zu 80 % Grenache noir, der hier seinen Lieblingsboden vorfindet) ein Durchschnittsalter von 35 Jahren aufweist. Der Anbau erfolgt einzig durch Beackerung und Unkrautbeseitigung. Der traditionellen Maischegärung folgt ein Weinausbau von 2 Jahren im Tank, danach von 3-15 Jahren in Holzfudern oder -fässern. Das Ergebnis ist ein Maury mit leicht ziegelroter Mahagonischattierung, mit Aromen von Backpflaumen, Café und altem Leder. Ein harmonischer Maury, wie ihn Kenner lieben.

MAURY – MUSCAT DE BEAUMES-DE-VENISE MUSCAT DE FRONTIGNAN

Der Maury-Weinberg breitet sich im Herzen des Vallée de l'Agly aus, 30 km von Perpignan Die mächtigen, kernigen, aroma- + tannin-reichen, farbprächtigen Mauryweine mit typischen Cau-Aromen von Café, Tee, reifen Früchten sollten Sie probieren, gekühlt zum Aperitif oder Dessert. Besuchen Sie uns oder bestellen Sie unsere Weine. Sie werden es nicht bereuen.

SCAV Les Vignerons de Maury
128, Av. Jean-Jaurès · 66460 Maury

DOMAINE DE VOLONTAT-ESTEVE
F-66460 Maury

Preise auf Anfrage

Der 25 ha große Weinberg, auf dem der Grenache vom Mittelmeerklima profitiert, erstreckt sich in einer Region steiniger Hügel auf Hängen der von den Côtes d'Agly eingefaßten Anhöhen. Wärmeregulierte Vinifizierung und 2jähriger Weinausbau im Tank vor einer langen Alterung in Eichenfudern bringen einen nur aus der Grenache-Traube hergestellten Maury hervor, der eine bernsteinfarbene Schattierung und Aromen von Gewürzen aufweist, ein runder, geschmeidiger und generöser Wein mit schönem Finale. Die Spezialität dieser Domäne sind sehr seltene Jahrgänge. (Übrigens: der Urgroßvater der heutigen Besitzerin war der erste, der in dieser Region nach dem Phylloxerabefall den reblausresistenten amerikanischen Setzling anpflanzte.) Eine hervorragende Adresse für Liebhaber beachtlicher Maury-Weine.

Maurydoré · natürlicher Süßwein
66460 Maury
Wir suchen deutsche Importeure

MUSCAT DE BEAUMES-DE-VENISE

SOCIETE COOPERATIVE DES VIGNERONS DE BEAUMES-DE-VENISE
F-84190 Beaumes-de-Venise
(✆ 90 62 94 45)

EVP: FF 32,90 + 37,40; Gr: FF 31,10 + 34,20

Der 1957 gegründete Genossenschaftskeller produziert heute außer Côtes-du- Rhône Villages und Côtes du Ventoux 9 000 hl Muscat de Beaumes-de-Venise aus der Rebsorte Muscat blanc à petits grains, ein goldfarbener Süßwein, an der Nase eine sehr reichhaltige Palette an Frucht- und Blütenaromen, wohl ausgewogen im Geschmack, frisch und generös, ziemlich fett, mit anhaltenden Fruchtnoten, die an Zitrone erinnern, ein Wein, der jung getrunken werden sollte, um all die Nuancen dieses Muscat genießen zu können.

MUSCAT DE FRONTIGNAN

Die Herkunft des Muscat de Frontignan ist ungewiß. Man weiß allerdings, daß dieser berühmte, früher sehr likörige Wein im Laufe der Jahrhunderte immer wieder zitiert wurde: Gegen Ende des 14. Jh. durch den Arzt der Päpste Klemens VI. und Urban V., der ihn als Stärkungsmittel verordnete; 1532 von Rabelais, der im Pantagruel seine Figur Panurge nach dem "guten, in Frontignan wachsenden Languedoc-Wein" verlangen läßt; von dem berühmten Agrarwissenschaftler Olivier de Serres, der die Qualität dieses sehr fruchtigen Weins in Erinnerung rief. Vom 16.-18. Jh. entwickelte er sich weiter. Er überschritt die nationalen Grenzen, eroberte England, Holland und Deutschland, wohin man ihn im Jahre 1747 auf dem Seeweg transportierte, u.a. nach Lübeck, Bremen und Hamburg. Die Hanseaten mochten diesen Wein, der an Pfirsich, Aprikose und kandierte Früchte erinnert.

MUSCAT DE FRONTIGNAN – MUSCAT DE LUNEL
MUSCAT DE MIREVAL

Heute ist er weniger likörig und findet daher eine breitere Abnehmerschaft.

S.C.A. DU MUSCAT DE FRONTIGNAN
B.P. 136 · F-34112 Frontignan
(✆ 67 48 12 26)

Preise auf Anfrage

Die Genossenschaft stellt ungefähr 90 % der Gesamtproduktion her. 800 ha Rebflächen, die zwischen dem Meer und steinigen Hügeln mit Tonkalkboden angelegt sind, erzeugen durchschnittlich 20 000 hl eines hochwertigen Muskatweins. Beispielsweise die Cuvée Grande Tradition, eine Mischung der beiden jeweils letzten Ernten, die 4 Monate in Eichenfudern ausgebaut wird. Sie ist mächtig an der Nase, wo Honig vorherrscht und sich Aromen von getrockneten Früchten (z.B. Korinthen) zeigen, zum Schluß dann Vanilledüfte. Im Mund spürt man das gute Zucker-Alkohol-Säure-Gleichgewicht, vorn überlagern sich die Noten. Der Muscat de Frontignan ist ein sehr fetter Wein mit einem Abgang von Honig und Vanille.

CHATEAU DE STONY
Frédéric & Henri Nodet
F-34110 Frontignan · (✆ 67 48 85 79)

EVP: FF 39,–; Gr: FF 27,–

Die 1850 gegründete Familiendomäne verfügt über einen rund 13 ha umfassenden Weingarten mit armem kreidigen Boden, der traditionell bestellt wird (Beackerung und organische Düngung). Die Qualitätserde, das Mikroklima, geringer Ertrag und manuelle Weinlese bringen einen Muscat de Frontignan hervor von sehr heller Farbe mit Grünreflexen, sehr typisch, sehr frisch und elegant, mit Aromen von Blüte und frischer Frucht. Mit zunehmendem Alter entfalten sich langsam seine Düfte, erinnern an kandierte Früchte, Weintraube oder getrocknete Aprikose.

MUSCAT DE LUNEL

Die Anbaufläche des Muscat de Lunel, eine der Kantonshauptstädte des Hérault, befindet sich zwischen Montpellier und Nîmes auf kieselhaltigem Gebiet, reich an Kieselsteinen aus dem alpinen Diluvium. Der Muskatwein wird aus den Rebsorten Muscat à petits grains und Muscat d'Alexandrie gewonnen.

S.C.A. DU MUSCAT DE LUNEL
F-34400 Vérargues · (✆ 67 86 00 09)

Preise auf Anfrage

Die Landwirtschaftsgenossenschaft von Lunel wurde 1956 in Vérargues gegründet, dem Zentrum der 4 Gemeinden Lunel, Lunel-Vieil, Saturargues und Vérargues. Die Winzer sollten von den modernen Vinifizierungsverfahren profitieren, und das Produkt sollte vereinheitlicht werden. Heute vereinigt sie 73 Winzer, die 250 ha Rebflächen besitzen und jährlich 8 000 hl Wein erzeugen. Beachtlich ist der 1987er Château de la Devèze, der durch Vorklären mit Kälte und Fermentation mit Temperaturregelung vinifiziert wird. Er besitzt eine hellgelbe, klare, leuchtende Robe, Düfte von Honig, Bienenwachs, Muskatbeeren in Alkohol, gebrannten Mandeln, im Mund zeigt er viel Kraft.

MUSCAT DE MIREVAL

Das A.O.C.-Anbaugebiet Muscat de Mireval befindet sich nördlich von Frontignan, am Saume der immergrünen Strauchheide, dort, wo die Sonne und die Beschaffenheit des jurassischen, kalkdurchsetzten Bodens den Trauben eine besondere Würze verleihen. Der schon unter Franz I. berühmte, von Rabelais im Pantagruel erwähnte Muscat de Mireval wird trotz Wahrung der Tradition mittels moderner Vinifizierungsverfahren hergestellt. Die mit Muscat à petits grains bestockten Rebflächen erzeugen 6 000 hl Muskatwein.

DOMAINE DU MOULINAS
Les Fils Aymés
B.P. No 1 · F-34840 Mireval
(✆ 67 78 13 97)

Preise auf Anfrage

Der Weinberg der Domaine du Moulinas liegt am Rande des Südhangs der Collines de la Gardiole auf tonkalkhaltigem, sehr steinigem Boden. Er ist vor 45 Jahren mit den ersten Muskatreben mit kleinen Beeren bepflanzt worden. Sie werden heute im Keller vinifiziert, der mit modernem Gerät (Emailletanks, Kühlanlage für die Gärung mit Temperaturregelung) ausgestattet ist. Mit Hilfe dieser Verfahren entsteht ein Muskatwein mit blaßgoldenem Kleid, blumigem, mächtigem und komplexem Duft, im Mund dominieren Ausgewogenheit, runde Harmonie, nachhaltige Pfirsich- und Honigaromen.

MUSCAT DE RIVESALTES

Die Appellation Muscat de Rivesaltes erstreckt sich über Banyuls, Maury und Rivesaltes: 4 500 ha Rebflächen, die einen Muskatwein einzig aus den Rebsorten Muscat à petits grains und Muscat d'Alexandrie erzeugen, der hauptsächlich nach dem Weißweinverfahren, aber auch mit kurzer Maischegärung hergestellt wird.

CHATEAU DE JAU
F-66600 Cases-de-Pène

Preise nicht genannt

75 % Muscat à petits grains sind auf dem Schiefermergel im Vallée de l'Agly angepflanzt, 25 % Muscat d'Alexandrie bevorzugen Kalkböden. Daraus entsteht ein Muscat de Rivesaltes mit blaßgoldener Robe, einem Bukett von Blüten (Weißdorn, Ginster, Zitrone), der Nachhaltigkeit der Muskatbeere vor einem Hintergrund von wildem Honig.

CAVE JEAN-LOUIS LAFAGE
13, rue Frédéric Pougault · F-66460 Maury
(✆ 68 59 12 66)

Preise auf Anfrage

Ein Muskatwein mit einer besonderen, sehr blumigen und einschmeichelnden Note, von schöner Aromakraft und bemerkenswerter Fruchtigkeit.

CHATEAU ROUSSILLON
Laporte Producteur
Route de Canet · F-66000 Perpignan
(✆ 68 50 06 53)

EVP: FF 42,– bis 58,–; Gr: FF 25,20 bis 34,70

Diese Domäne, im 13. Jh. Hospitaliter-Komturei, ist über eine ehemalige Römerstraße zu erreichen. Ihr 50 ha großer Weinberg befindet sich auf einer hohen Terrasse mit mageren Böden und unter dem Einfluß des extremen Mittelmeerklimas, das den angepflanzten Rebsorten sehr zusagt. Die hier produzierten Côtes du Roussillon und Rivesaltes bezeugen dies: der Muscat de Rivesaltes mit seinem leuchtenden Kleid ist an der Nase fein und elegant, im Mund sehr fruchtig, mit einem köstlichen Finale; ein alter fülliger Rivesaltes, klar und goldglänzend, der angenehm nach Trockenfrüchten duftet,ist füllig, harmonisch und gut geschmolzen im Mund.

S.C.A.V. LES VIGNERONS DE MAURY
128, avenue Jean-Jaurès F-66460 Maury
(✆ 68 59 00 95)

EVP: FF 25,– bis 130,– zuzügl. Mwst; Gr: abzügl. 10 und 15 %

Dieser Muscat de Rivesaltes wird mittels kurzer Maischegärung hergestellt, um das Beste aus den Trauben herauszuholen: ein besonderes, sehr blumiges und liebliches Aroma, das der Rebsorte zu verdanken ist. Ein Wein, dessen Charme in seiner

MUSCAT DE RIVESALTES
MUSCAT SAINT-JEAN-DE-MINERVOIS – RASTEAU

Jugend liegt. Er sollte 1-2 Jahre nach der Ernte verkostet werden.

MUSCAT SAINT-JEAN-DE-MINERVOIS

Der Weingarten liegt in einer rauhen Klimazone in 200 m Höhe inmitten von Olivenbäumen und Steineichen. Die Appellation zeichnet sich durch ihre besonderen Eigenschaften aus. Ihre Weine sind ausgewogen, voller Finesse, außergewöhnlich fruchtig und fett und verdienen einen ganz besonderen Platz unter den Vins doux naturels.

DOMAINE SIMON
Henri et Marie-Françoise Simon
Cave des Quatre Vents · F-33460 Saint-Chinian
(✆ 67 93 61 63)

Preise auf Anfrage

Zu einer Zeit, als weder Vinifizierung noch Vermarktung in der Region durchorganisiert waren, begann Henri Simon damit, seine Erzeugnisse direkt vom Gut aus zu verkaufen. Er hatte sich verführen lassen von einem Gebiet aus Dornengestrüpp, Wacholdersträuchern und Krüppeleichen, und hatte die Domaine Simon in Saint-Jean-de-Minervois gegründet. Heute fühlen sich die Muscat-Reben herrlich wohl in ihrem Bett und geben einen Muskatwein mit blaßgelber, leuchtender, goldener Robe, sehr aromatisch, mit Parfums von Honig, kandierten Orangen und Weißdorn, einen sehr subtilen, rassigen, am Gaumen nachhaltigen Wein.

RASTEAU

Der nordöstlich von Avignon und nahe bei Vaison-la-Romaine gelegene A.O.C.-Weingarten Rasteau bedeckt steinige Anhöhen mit tonkalkhaltigem Bo-

den. Das Mittelmeerklima sagt den Reben zu: Grenache für den vin doux naturel; Mourvèdre, Syrah und Cinsault, aus denen Côtes-du-Rhône-Villages erzeugt werden. Rasteau gehört zu den 17 Gemeinden, die ihre Weine unter dieser Appellation in den Handel bringen können.

DOMAINE BEAU MISTRAL
Jean-Marc Brun
Place de la Poste · F-84110 Rasteau
(✆ 90 46 10 80 · Fax: 90 46 17 30)

EVP: bis FF 39,–; Gr: abzügl. 10 %

Dieser natürliche Süßwein Rasteau stammt von alten Rebstöcken - von denen einige 60-80 Jahre zählen -, die sich an die Flanken von Hügeln mit steinigen und tonkalkhaltigen Böden klammern. Den goldglänzenden weißen Süßwein prägen seine Düfte von Gewürz und Backpflaume. Wenn Sie den viele Jahre überdauernden Wein einmal probiert haben, werden Sie ihn regelmäßig auf den Tisch stellen.

DOMAINE BEAU MISTRAL
Côtes du Rhône Villages
Vin doux naturel Rasteau
auf der Domäne ausgebaut
und in Flaschen abgefüllt
Place du Village
F-84110 Rasteau

DOMAINE LA SOUMADE
André Romero
F-84110 Rasteau · (✆ 90 46 11 26)

EVP: FF 27,– bis 52,–; Gr: auf Anfrage

Die Domäne mit ihrem durchschnittlich 40 Jahre alten Rebsortenbestand, die natürlichen Anbaumittel (organische Düngung), lange Gärungen und der sorgsame Weinausbau gewährleisten die Herstellung typischer Weine, u.a. einen Rasteau- Rotwein, der lange Alterung verspricht, geprägt ist von würzigen Düften, von Backpflaume und Lorbeer. Hinweisen möchten wir auch auf den mächtigen, warmen, soliden Côtes-du-Rhône Villages, der sich der Zeit widersetzt.

nes Massivs am äußersten Ende der Pyrenäen auf einem von den Albères angeschwemmten Boden. Dieser verleiht den aus verschiedenen Rebenarten erzeugten 1 800 hl Weinen Finesse und Fruchtigkeit. Ihr roter Rivesaltes mit kräftiger dunkler Granatfärbung, an der Nase komplex und pfefferig, besitzt sehr gute Tannine, ist von ausgezeichneter Harmonie und sehr langlebig.

RIVESALTES

Das Rivesaltes-Gebiet umfaßt 24 000 ha in 86 Gemeinden der Pyrénées-Orientales und 9 Gemeinden des Departements Aude. Seine sehr vielfältigen Böden sind mit Grenache noir, gris und blanc, Macabeo und Malvoisie bepflanzt. Die in offenen Tanks oder in alten Eichenfudern ausgebauten Weine können als Weißweine oder mittels Maischegärung vinifiziert werden.

DOMAINES CAZES
4, rue Francisco-Ferrer · F-66600 Rivesaltes
(✆ 68 64 08 26)

Preise auf Anfrage

Die 150 ha umfassenden Weinberge der Gebrüder Cazes dehnen sich über die steinigen Lehmterrassen der Roussillon-Ebene aus. In ihrem reichen Angebot an Appellationsweinen, die in den Kellern der Domäne hergestellt werden, findet sich ein 1978er Rivesaltes, vor der Abfüllung in Flaschen 10 Jahre in alten Holzfudern gealtert, mit goldener Robe, intensiven und komplexen Aromen von Honig, Trockenobst und Geröstetem.

DOMAINE DU MAS ROUS
José Pujol
F-66740 Montesquieu · (✆ 68 89 64 91)

Preise auf Anfrage

Der 50 ha umfassende Weingarten der Domaine du Mas Rous erstreckt sich über die steilen Hänge ei-

COTES DE BUZET

Diese Appellation war noch nicht ganz erloschen, hin und wieder erinnerte ein Aufbäumen an ihr Dasein, aber es ging ihr sehr schlecht ... bis Ende der 50er Jahre die Winzergenossenschaft der Côtes de Buzet gegründet wurde. Am linken Garonne-Ufer, nördlich von Agen, erstreckt sich die Appellationsfläche über 1 300 ha. Ihr Wein findet allmählich wieder seinen Platz an den besten Tafeln in Frankreich und auch anderswo. Während die weißen Buzet-Weine hauptsächlich aus der Sémillon (90 %), der Sauvignon und Muscadelle erzeugt werden, zieht man die Rosés aus Merlot- und Cabernet-Trauben. Die Rotweine werden aus Merlot, Cabernets Franc und Sauvignon hergestellt.

LES VIGNERONS REUNIS DE BUZET
B.P. 17 · F-47160 Buzet-sur-Baïse
(✆ 53 84 74 30)

Preise auf Anfrage

Diese 1958 gegründete Genossenschaft, die heute 4 000 Barriques und 6 Millionen Flaschen lagert, bietet Buzet-Qualitätsweine an: einen Rosé 1989 von heller Lachsfarbe mit Granatreflexen, im Duft mächtig von reifen Früchten, die nacheinander an Quitte und Erdbeere erinnern, vorn im Mund sehr füllig und rund, mit feinem und dezentem Tannin, einem seidigen und fruchtigen Abgang; einen roten Château de Gueyze 1987 mit Rubinkleid, an der Nase würzige Holznuancen, eine Note von Honigkuchen, die mit einem pflanzlichen Stoff ausklingt, im Mund anfänglich rund und füllig.

mehreren Stationen im Burgund, in Bordeaux und den Vereinigten Staaten übernommen haben.

CAHORS

Das Weinbaugebiet von Cahors (3 500 ha) befindet sich gleich weit vom Atlantik, vom Mittelmeer und den Pyrenäen entfernt, abseits von atlantischer Feuchtigkeit und mediterranen Niederschlägen, jedoch mit sonnigem Spätherbst. Zwei Bodenarten werden hier unterschieden: das Lot-Tal, dessen Terrassen aus kalkhaltigem Untergrund bestehen und mit altem Quarzgeröll-, Kiessand- und Schotteranschwemmungen angereichert sind, sowie das Kalkplateau aus dem Mesozoikum, das aus tonvermischtem grobem Kies gebildet wird. Hauptrebenart ist der Cot Noir oder Auxerrois; die auf 30 % des Rebsortenbestandes begrenzten Zusatzreben sind: Merlot Noir, Tannat, Jurançon Noir oder Dame Noire. Der Cahors, einer der ältesten Weine Frankreichs, verfolgte den Lauf der Geschichte von den römischen Kaisern bis hin zum Zaren Peter dem Großen.

CHATEAU DU CEDRE
Verhaeghe & Fils
F-46700 Vire-sur-Lot · (✆ 65 36 53 87)

Preise auf Anfrage

Bei Cèdre sind alle Voraussetzungen für die Herstellung guter Cahors-Weine gegeben: beste Bodenarten, ideales Klima, Anbau ohne Düngemittel, 12-18monatiger Weinausbau in Eichenfudern. Das Ergebnis ist ein Cahors von schöner schwarzvioletter Färbung, an der Nase intensiv von sehr reifen Früchten (wilde Beeren, Brombeeren, Schlehen) und Gewürznoten, elegant und konzentriert im Mund, mit saftigem, reichem Körper, von gutem Holz. Ein Wein, der den Verhaeghes alle Ehre erweist, Charles und seinen beiden Söhnen, Pascal und Jean-Marc, die das Château de Cèdre nach

CHATEAU DE CHAMBERT
Marc Delgoulet
F-46700 Floressas · (✆ 65 31 95 75)

EVP: FF 33,30 bis 35,80 zuzügl. Mwst; Gr: auf Anfrage

Der Rebgarten des Château de Chambert, praktisch 60 ha an einem Stück in Ost- bis Westlage, ist inmitten des steinigen Bodens angelegt. Er wird mit dem Pflug ohne Unkrautvertilgungsmittel bestellt und mit Kompost, Mist und Meeresalgen angereichert. Manuelle Weinlese, wärmeregulierte Gärung, 1jähriger Verbleib im rostfreien Tank und 1jährige Alterung in Eichenbarriques machen den kräftigen rubinfarbenen, leicht goldbraunen Cahors außergewöhnlich. Feine Fruchtaromen und eine leichte Eichennote, von delikaten Tanninen zur Geltung gebracht, vollenden das Werk mit einer Langlebigkeit von 10-15 Jahren.

CHATEAU LA COUSTARELLE
Michel et Nadine Cassot
La Coustarelle · F-46220 Prayssac
(✆ 65 22 40 10 · Fax: 65 30 62 46)

EVP: FF 20,– bis 35,– zuzügl. Mwst; Gr: FF 13,– bis 18,– zuzügl. Mwst

Der Weingarten, der sich auf Terrassen und in Mittelhanglage an einer der Schleifen des von Hügeln eingefaßten Lot befindet, besteht aus Tonkiesel- und Tonkalkböden, die vom atlantischen Klima profitieren. Der Rebsortenbestand mit einem Durchschnittsalter von 25 Jahren, der Anbau auf der Basis von organischem Dünger, die wärmeregulierte Weinbereitung und der Ausbau in Barriques und Fudern aus Eiche lassen einen Cahors von seltener Charakteristik entstehen. Der Wein, mit ins Violette spielender Purpurrobe, der mächtige Aromen von roten Früchten enthüllt, ist nicht extrem gerbstoffhaltig, füllig und anhaltend im Geschmack, er verfeinert sich beim Altern, wird samtig und bringt feine, komplexe Aromen (Vanille, Lakritze) zum Ausdruck.

Wir suchen deutsche Importeure
Michel und Nadine Cassot
Eigenanbau
Château La Coustarelle · 46220 Prayssac
✆ 65224010 · Fax: 65306246

CLOS LA COUTALE
Philippe Bernède
F-46700 Vire-sur-Lot · (✆ 65 36 51 47)

EVP: FF 28,–; Gr: FF 20,– zuzügl. Mwst

Der Tonkalkboden, das Mikroklima, das die Frühreife der Trauben fördert (70 % Malbec, 15 % Merlot und 15 % Tannat), die wärmeregulierte Weinbereitung und der Ausbau im Barrique geben dem Cahors des Clos La Coutale Charakter und Lagerkraft. Der Wein mit einem Aroma von Vanille und Leder ist geschmeidig, weich und fruchtig, füllig im Geschmack.

CHATEAU EUGENIE
Jean et Claude Couture
Rivière Haute · F-46140 Albas
(✆ 65 30 73 51)

EVP: FF 24,– bis 39,–; Gr: FF 16,– bis 29,–

Auf diesem Weinberg, auf dem die klimatischen Bedingungen, die Beschaffenheit des Bodens sowie die Zufuhr organischer Düngemittel den Rebsorten Kraft verleihen, entsteht ein Cahors, der 12-24 Monate in Eichenbarriques ausgebaut wird. Er ist mächtig, robust, gehaltvoll und aromatisch, im Mund rund, füllig und lang. Viele Hoteliers und Gastronome haben den ausgezeichneten Lagerwein auf ihrer Karte stehen.

VON CÄSAR BIS ZU DEN DE MONPEZAT

War Julius Cäsar der erste berühmte Liebhaber des Cahors-Weins? Nach seinem Sieg von Uxellodunum gegen die Kachuten hatte er jedenfalls Zeit, um von dem feurigen Saft zu kosten. Papst Johannes XXII., in Cahors geboren, konnte nicht anders als in Avignon einige Morgen mit diesen Weinstöcken zu bepflanzen. Später setzten Franz I., dann Heinrich IV. den Cahors-Wein am Hofe durch. Und Peter der Große ließ die Stöcke auf der Krim wachsen, wo sie den berühmten Caorskoie Vino hervorbrachten. Alexandre Dumas sagte von dem Wein, daß er generös und samtig sei. Eine Meinung, die Präsident Pompidou teilte. Noch heute besitzt der Cahors eine Botschafterin erster Klasse: ihre Majestät die Königin von Dänemark, Ehefrau von Prinz Henri de Monpezat, dessen Familie mehrere berühmte Cahors-Rebgärten besitzt.

CHATEAU DE HAUTE-SERRE
Georges Vigouroux
F-46230 Cieurac · (✆ 65 22 30 20)

EVP: FF 42,–; Gr: FF 24,– bis 28,–

Dieser Weingarten, der sich im Mittelalter über nahezu 1 000 ha erstreckte, wurde durch die Phylloxera vernichtet und dann aufgegeben. Zu Beginn der 70er Jahre hat ihn Georges Vigouroux wieder entdeckt. Die außergewöhnliche Stätte, von der aus man bei klarem Wetter sowohl die Pyrenäen wie die Ausläufer der Auvergne sehen kann, verführte ihn. Heute entsteht hier ein nach roten, manchmal auch nach kandierten Früchten duftender Cahors, zu dessen Aromen sich noch Muskat, Zimt und Holz gesellen, ein Wein, der jung bleibt, auch wenn er mit der Zeit fülliger und delikat wird, im Mund an Länge gewinnt, runde Gerbstoffe bekommt ... ein Wein, der in die Geschichte eingehen wird.

CAHORS

CHATEAU LAMARTINE

Alain Gayraud
F-46700 Soturac
(✆ 65 36 54 14 · Fax: 65 24 65 31)

EVP: FF 30,– bis 45,–; Gr: FF 17,– bis 26,–

Hier wurde 2 Jahre lang der Wein für den Elysée bzw. den Präsidenten produziert. Das Familiengut, das zu den ältesten des Cahors zählt, verfügt über einen bedeutenden Weinberg, der ohne Kunstdünger bestellt wird und vom atlantischsten Klima der Appellation profitiert. Alain Gayraud, ein feiner Kenner, erfahrener und großer Meister, der über den Charakter eines jeden Bodens Bescheid weiß, stellt beachtliche Cahors-Weine her: der rote 1990er ist weinig an der Nase, mit leichtem Holz, Noten von Backpflaume und Lakritze, mächtig, aber fett im Mund, ein Wein, der lange Lagerfähigkeit verspricht; der 1989er, voller Macht, Ausgewogenheit und Konzentration, besitzt viel Reife; der 1987er mit intensiven fruchtigen Nuancen, wie Lakritze, Lorbeer und reife Früchte, ist rund und zugänglich.

CHATEAU DE MERCUES

F-46090 Mercuès · (✆ 65 20 80 80)

EVP: FF 44,–; Gr: FF 24,– bis 28,–

Ein wunderschönes Château aus dem 13. Jh., dessen Geschichte mit der der Region und seiner Bewohner verbunden ist. Um das Gebäude herum erstrecken sich 40 ha Rebflächen über kiesige Hügel.

Sie profitieren von einem Mikroklima. Die Krönung des Ganzen, wenn es denn einer solchen bedarf, ein Cahors mit komplexen Düften von roten Früchten, wie Johannisbeere und Himbeere, die mit den Tanninen des Bodens harmonieren, ein gehaltvoller, im Mund anhaltender Wein, der sich von der Stärke zur Eleganz entwickelt.

DOMAINE DE PAILLAS

SCEA de Saint-Robert
F-46700 Floressas · (✆ 65 21 34 42)

EVP: FF 28,– bis 45,– inkl. Mwst; Gr: FF 17,60 bis 21,20 zuzügl. Mwst

Cot noir (82 %), Merlot (16 %) und Tannat (2 %) bilden den Rebsortenbestand dieses Weingartens, der mit einem Minimum an Mineraldünger bearbeitet wird. Die in rostfreien Tanks ausgebauten Cahors haben eine schöne Purpurrobe, kräftige Aromen, ein mächtiges Bukett, im Mund sind sie körperreich, lieblich, mit feinen Tanninen.

DOMAINE PINERAIE

Jean-Luc Burc
Leygues · F-46700 Puy-L'Evêque
(✆ 65 30 82 07)

EVP: FF 35,–; Gr: FF 20,–

Eine sehr alte Domäne, denn Pergamenturkunden bezeugen ihre Existenz in den Jahren 1445, 1600 und 1800. Der durchschnittlich 30 Jahre alte Rebsortenbestand, die wärmeregulierte Vinifizierung und Alterung der Weine in Eichenfässern, von denen 30 % jährlich erneuert werden, geben einen intensivfarbenen Cahors mit Aromen von kandierten Früchten und einer leichten Holznote, von mächtiger Struktur, der jung verkostet werden kann, aber im 3. Jahr, wenn sich sein Bukett verfeinert hat, oder im 4. Jahr, wenn sich seine Klasse gefestigt hat, angenehm schmeckt.

CHATEAU LE POUJOL
Antoine et Dominique Perez
Le Poujol · F-46800 Fargues
(✆ 65 36 93 04)

EVP: FF 32,–; Gr: auf Anfrage

Die 1980 von Antoine und Dominique Perez gegründete Domäne überrascht angenehm mit ihrem Cahors, der mittels wärmeregulierter Vinifizierung und 1jährigem Ausbau hergestellt wird: er hat eine schöne schwarzrote Färbung, einen dichten und reichen Duft von roten Früchten, ist im Mund gut strukturiert, gehaltvoll, mit reifen Tanninen, ein runder und wohl ausgewogener Wein, der zur Verkostung in jungen Jahren auffordert.

CHATEAU TRIGUEDINA
Jean-Luc Baldès
F-46700 Puy-L'Evêque · (✆ 65 21 30 81)

EVP: FF 34,– bis 58,–; Gr: auf Anfrage

Dieser 46 ha umfassende Weinberg, dessen erste Parzellen ein gewisser Baldès im Jahre 1830 erwarb, liegt im Schutze eines Mikroklimas. Er wird von den Schleifen des Lot umschlungen und besteht aus tonkieselhaltigen Terrassen, einem Lieblingsboden für gute Weine. Diese sind in ihrer Jugend von klarem Purpurrot, duften fein nach roten und schwarzen Früchten, nach Veilchen. Es sind typische, authentische Weine mit präsenten, aber gut gereiften Tanninen von großer Feinheit.

COTES DU BRULHOIS

Der Weingarten der V.D.Q.S. Côtes du Brulhois erstreckt sich über 10 000 ha, verstreut über 42 Gemeinden, fast alle am linken Ufer der Garonne gelegen. Das Produktionspotential ist bedeutend: zur Zeit werden jährlich 12 000 hl Wein hergestellt mit steigender Tendenz. Die Böden werden aus Terrassen und fluviatilen Anhöhen gebildet, die mitunter dürr, oft steinig, im Sommer immer sehr trocken

sind. Auf diesen Flächen, deren Untergrund aus grobem Kies besteht, reifen unter dem milden aquitanischen Klima die Basisreben Tannat, Cabernet Franc, Cabernet Sauvignon und Merlot; hinzu kommen Cot und Fer-Servadou wegen ihres typischen Aromas. Der Weinberg war von der galloromanischen Epoche bis ins 18. Jh. bekannt, verlor danach an Bedeutung, bis dem Winzerverband ein teilweiser Wiederaufbau der besten Flächen gelang. Die Anstrengungen wurden 1984 durch die Anerkennung als V.D.Q.S. belohnt.

CAVE COOPERATIVE
DU CANTON D'AUVILLAR
F-83240 Donzac · (✆ 63 39 91 92)

Preise auf Anfrage

Während die Appellationsfläche des Genossenschaftsguts 1985 nur 102 ha betrug, umfaßt sie heute über 150 ha und bringt rund 7 000 hl V.D.Q.S. hervor. Die Weine weisen nicht zu leugnende Qualitäten auf: der rote Côtes-du-Brulhois 1988 ist kernig und voll zugleich, von offener Eleganz, nachhaltig am Gaumen, seine sehr typische dunkle Robe verleiht ihm eine seltene Noblesse, die durch sein feines samtiges Aussehen noch unterstrichen wird; ein fein gemischter Rosé, der mittels Abtropfenlassen schwarzer Beeren vor der Gärung hergestellt wird, zeigt elegante, subtile Ausgewogenheit.

Schwarze Weine von einem alten Boden

Schon im 13. Jh. holten die Monarchen des englischen Hofes, die große Schlemmer und feine Zecher waren, die ihrer Festessen angemessensten Gewächse bisweilen von weit her. Die berühmten Weine des Brulhois nahmen so den Weg zu den englischen Palästen, fuhren in Fässern aus Eichenrohdauben die Garonne hinunter und über den Ozean. "Long était le périple, mais tel était le bon plaisir du Roy" (= lang währte die Reise, aber auch das Vergnügen des Königs), der diesen seltenen Wein mit seinen heiteren Eigenschaften zu schätzen wußte. Das war viel Ehre für die Winzer des Brulhois, die diesen Ruhm bis heute bewahren, indem sie für den kostbaren Wein schon weit vor der Ernte ihr Bestes geben. Der stolze Botschafter der urwüchsigen Gascogne verlangt den Menschen viel Aufmerksamkeit ab, sie müssen auf den leisesten Hauch der Zeit hören, auf die geringste Veränderung der generösen und vergänglichen Erde achten.

COTES DU FRONTONNAIS

Am linken Tarn-Ufer, 25 km nördlich von Toulouse, beschränkt sich die A.O.C.-Fläche der Côtes du Frontonnais auf drei Schwemmland-Terrassen, die aus Kiessand, tonhaltigem Sand und feinem Schlick bestehen und ein Klima mit Atlantik- und Mittelmeereinflüssen genießen. Die Bedingungen sind günstig für den Rebbestand, der aus 50-70 % Négrette besteht sowie den Zusatzreben Cinsault, Syrah, Cabernet Franc, Cabernet Sauvignon, Gamay noir, Jurançon noir, Mérille, mit einem Anteil von jeweils höchstens 25 %. Übrigens: die Côtes du Frontonnais sind 1975 aus der Vereinigung der sehr alten, schon zur Römerzeit angelegten Weinberge von Fronton und Villaudric hervorgegangen.

CHATEAU BELLEVUE LA FORET
Diane et Patrick Germain
F-31620 Fronton · (✆ 61 82 43 21)

EVP: FF 25,20 bis 59,–

Diese Domäne, die zu 2/3 auf einer hohen Terrasse liegt, besteht aus Anschwemmungen und Kiessand. Sie genießt im Sommer warmes und trockenes Klima, was die volle Entfaltung der Rebsorten fördert: 25 % Cabernet Franc und Cabernet Sauvignon, 16 % Syrah, 7 % Gamay noir und 52 % Négrette. Boden, Klima, Bepflanzung, moderne Vinifizierung und Alterung in Eichenfässern geben dem Château Bellevue La Forêt seine Eigenart: er ist sehr aromatisch mit Düften von Blumen (Veilchen) und roten Früchten, im Mund vermischen sich Frucht und Lakritze zu einem harmonischen, geschmeidigen, runden Komplex voller Charme mit einem leicht rauchigen, für die Rebsorte Négrette typischen Finale.

CHATEAU CAHUZAC
Ferran Père et Fils
F-82170 Fabas · (✆ 63 64 10 15)

EVP: FF 22,50; Gr: FF 12,25

Diese Hochburg der Appellation erzeugt Spitzenweine. Der 1990er rote Côtes du Frontonnais, mit Rubinschattierung und violetten Nuancen, intensiv, komplex und fein, hat eine Spur roter Früchte an der Nase, ist vorn im Mund geschmeidig, fruchtig, harmonisch, wohl ausgewogen, mit langem und angenehmem Finale; der hellrosa leuchtende Rosé, fein und von ausgeprägter Aromakraft, nach exotischer Frucht duftend, ist seidig, fruchtig, lang, wohl ausgewogen und frisch im Geschmack. Weine für Kenner und Liebhaber. Sie machen der seit 10 Generationen im Besitz der Familie Ferran-Cahuzac befindlichen Domäne alle Ehre.

DOMAINE DE CALLORY
F. Montels et G. Perez
F-82370 Labastide Saint-Pierre
(✆ 63 30 50 30)

EVP: FF 21,–; Gr: FF 13,50

Der Sand- und feine Schlickboden, die wärmeregulierte Vinifizierung und der 2jährige Weinausbau in Fässern tragen mit zur Herstellung eines rubinfarbenen Côtes du Frontonnais bei, der rassig und fruchtig ist, mit einem Duft von Schwarzer Johannisbeere, lang im Mund, mit einem Finale runder

Tannine. Der Wein kann sofort getrunken werden, sich aber auch mit den Jahren entwickeln.

CHATEAU LA COLOMBIERE
Le Baron François de Driésen
F-31620 Villaudric · (✆ 61 82 44 05)

EVP: FF 29,–/30,–

Es werden Rotweine und Vins gris erzeugt, letztere durch direktes Keltern der Traubenernte, ohne Maischegärung. Sie unterscheiden sich nur durch ihre blaßrosa Farbe vom Weißwein, sind delikat und reich an Primäraromen der Trauben. Der rote Château La Colombière mit Jahrgangsangabe ist durschnittlich lagerfähig (5-7 Jahre), er enthält viel Négrette, weist die besondere Note und aromatische Eleganz des Gewächses auf.

CHATEAU JOLIET
François Daubert
Route de Grisolles · F-31620 Fronton
(✆ 61 82 46 02)

EVP: FF 22,50 und 28,– inkl. Mwst; Gr: FF 12,90 und 14,50 zuzügl. Mwst

Das Familienunternehmen wird von Marie-Claire und François Daubert leidenschaftlich geführt. Sie haben es zu einem Prunkstück der Appellation gemacht, indem sie die einmalige Note der Rebsorte La Négrette zur Geltung brachten. Die aus den letzten Weinlesen erzeugte "Cuvée Négrette rouge", die hauptsächlich aus dieser Rebenart hergestellt wurde, ist, jung verkostet, sehr angenehm im Geschmack. Sie hat ein verführerisches kirschrotes Kleid und entwickelt Aromen von kleinen roten Früchten sowie Veilchen.

COTES DU MARMANDAIS

Durch die Anerkennung als A.O.C. wurde den Côtes du Marmandais Anfang 1990 auch offiziell ihre Winzertradition bescheinigt, die zur Zeit der Römer entstanden ist und von den Normannen fortgesetzt wurde. 1955 erhielten sie ihre erste amtliche Bestätigung als V.D.Q.S.. Die Anbaufläche dieses neuen A.O.C.-Weins besteht aus den Hügeln beiderseits der Garonne, die die reiche Ebene überragen und zwei Weinbausektoren voneinander trennen. Während die Hügel des rechten Ufers tonkalkhaltig sind, verfügen die des linken Ufers über Kiesboden, der sich aus Kieseln, Quarzgeröll und grobem Sand zusammensetzt. In dieser vom Atlantik beeinflußten Region werden Rosé-, Rot- und Weißweine erzeugt. Für die Weißweine wird hauptsächlich die Sauvignon-Rebe verwendet, unter Zusatz von Sémillon, Muscadelle und Ugni-Blanc; für die Rotweine Merlot, Cabernet Franc und Cabernet Sauvignon, die mit Gamay, Malbec, Abouriou, Fer-Servadou und Syrah vermischt werden.

CAVE COOPERATIVE INTERCOMMUNALE DE COCUMONT
F-47250 Cocumont · (✆ 53 94 50 21)

Preise auf Anfrage

Dieser Genossenschaftskeller stellt über die Hälfte der Côtes du Marmandais-Weine her. Seine 310 Winzer bewirtschaften 1 000 ha Rebflächen, erzeugen jährlich 140 000 hl Weine, die für ihre Harmonie und Fruchtigkeit bekannt sind: ein aromatischer und fruchtiger trockener Weißwein; ein vollmundiger Rosé; sehr geschmeidige Rotweine, im Duft fruchtig, würzig und blumig, von lebhaft leuchtendem Rot, geschmacklich ansprechend und nachhaltig.

DOMAINE DES GEAIS
Cathelicq
F-33190 Saint-Michel-de-Lapujade
(✆ 56 61 72 14)

Preise für Grossisten auf Anfrage

Der 6 ha umfassende Weinberg mit Tonkalkboden erlaubt die Herstellung eines Côtes du Marmandais von intensivem Rot, im Duft frisch und fruchtig, im Geschmack angenehm, mit komplexen Aromen aufgrund der Vielfalt der Rebsorten, aus denen er gewonnen wird. Auch wenn man diesen Wein jung trinken kann, gibt ihm der Cabernet Sauvignon ein gutes Lagerungspotential.

GAILLAC

Der im Departement Tarn, nordöstlich von Toulouse gelegene Gaillac-Weingarten erstreckt sich an beiden Ufern des Tarn. Während sich der kiesige und arme Boden des linken Ufers vorzüglich für die Rotweinproduktion eignet, gibt das am rechten Ufer gelegene sehr verschiedenartige Gebiet, von Molasse aus dem Tertiär bis hin zu Granithügeln, dem Weißwein das Bukett. Die extreme Vielfalt von Boden, Rebsorten und Mikroklimazonen führt zu einem außergewöhnlich reichen Angebot für einen Weinberg von 11 000 ha Größe, der 800 000 hl Wein produziert, davon 70 % Rotwein.

CHATEAU DE LASTOURS
H. et P. de Faramond
F-81310 Lisle-sur-Tarn · (✆ 63 57 07 09)

EVP: FF 19,– bis 24,–; Gr: auf Anfrage

Dieses Château und seine Weine bilden seit über 500 Jahren eine Einheit. Auf Lastours ergänzt sich alles und harmoniert miteinander: Der Boden, auf dem sich Kies, Sand und Kiesel vermischen, das Mikroklima mit Mittelmeereinflüssen, der gesunde Anbau der mit der Hand beschnittenen Rebstöcke, die besonders sorgfältige Vinifizierung und der Ausbau der Weine. Die Gaillacs sind das Ergebnis dieser Harmonie: ein typischer, fruchtiger, feiner, runder und ausgeglichener Rotwein von guter Alterungsfähigkeit (3-5 Jahre); der Weißwein voller Finesse und Parfüms, gehaltvoll, leicht und frisch; der Brut oder Demi-sec nach Champagner-Verfahren mit der Finesse, Frische und dem Gehalt eines Weins für Festtage.

DOMAINE DE PIALENTOU
Jean-Louis Ailloud
F-81600 Brens

EVP: FF 25,– bis 35,–; Gr: FF 15,– bis 18,–

Kieselkies der Tarn-Terrassen bildet den Boden dieses 12 ha großen Weinbergs, der vom Mikroklima und von der organischen Düngung profitiert. Der hier angepflanzte Cabernet Sauvignon zeigt beachtliche Ergebnisse: z.B. der dunkelrubinfarbene Gaillac mit Aromen von kandierten Früchten und Backpflaumen, einem Geschmack von konzentrierten Früchten, von Schwarzer Johannisbeere bis zur Brombeere, ein Lagerwein, den man eine gewisse Zeit im Keller vergessen kann.

DOMAINE DES TERRISSES
GAEC Cazottes et Fils
F-81600 Gaillac · (✆ 63 57 16 80)

Preise auf Anfrage

Die 25 ha Rebflächen der Domaine des Terrisses sind auf den vordersten die Stadt Gaillac überragenden Hügeln gelegen. Sie weisen tonkalkhaltige Böden auf, genießen ein mildes, vom Atlantik beeinflußtes gemäßigtes Mittelmeerklima. Ideale Bedingungen für die Herstellung der Gaillac-Weine: ein trockener Weißwein, fruchtig und nervig; ein geschmeidiger lieblicher Weißwein mit großem Aromareichtum; ein leichter und fruchtiger Rosé; ein milder halbtrockener Brut mit einem Maximum an Aroma, Finesse und Leichtigkeit; ein Gaillac-Rotwein, der aus alten Reben gezogen wird, wie dem Duras mit seinem feinwürzigen Geschmack, dem rustikalen, im Aroma kräftigen Braucol und der Syrah, die ihm Rundung verleiht.

IROULEGUY

Diese 102 ha umfassende A.O.C.-Anbaufläche, im 13. Jh. Weingarten der Mönche von Roncevaux, erstreckt sich 50 km südöstlich von Bayonne über

9 Gemeinden. Die durch eine Gebirgskette vor den Nord- und den Atlantikwinden geschützte Region genießt ein Mikroklima mit Herbsttagen von seltener Schönheit. Durch den Bau von Terrassen können auch Hänge mit über 50 % Gefälle bearbeitet werden. Auf den kleinen Parzellen sind die Cabernet- und Tannatreben für die Rosé- und Rotweine optimaler Sonnenbestrahlung ausgesetzt. Die Genossenschaft der Maîtres Vignerons de l'Irouléguy vinifiziert die gesamte Produktion, und zwar je nach Herkunft, Parzelle und Boden getrennt.

CAVE COOPERATIVE DES VINS D'IROULEGUY ET DU PAYS BASQUE
F-64430 Saint-Etienne-de-Baigorry
(✆ 59 37 41 33)

Preise auf Anfrage

In diesem Keller des Basse-Navarre, wo die baskische Seele lebt, entstehen charaktervolle Weine: die Cuvée Réserve Premia, ein purpurfarbener Wein mit Rubinreflexen und einer Spur Bernstein, einem Bukett von Früchten und Vanille, harmonisch auf der Zunge, der Geschmack wird von dem aromatischen Cabernet beherrscht, leicht körperreich und warm, ein Wein, der nach 3 Jahren seine Vollendung erreicht; die rosé Cuvée Réservée, mit leuchtend korallen- und hell rubinfarbenem Kleid, an der Nase offen, mit sehr fruchtigem Bukett, einem guten Biß, nervig und harmonisch im Mund, mit gutem Säuregrad und recht nachhaltig, mit 9-10°C innerhalb eines Jahres zu trinken; der aus mindestens 25 Jahre alten Reben erzeugte, 10 Jahre alterungsfähige rote Château de Leizarate mit dunkler Purpurrobe und granatfarbenen Reflexen, entwickelt an der Nase reife Früchte, Düfte von Veilchen und Zimt, ist im Mund besonders fruchtig durch den Tannat, von rundem, glyzerinartigem Geschmack, ein gerbstoff- und körperreicher, kerniger Wein, der seinen Höhepunkt nach 5-7 Jahren erreicht.

JURANÇON

Dieser Gebirgsweingarten in 600 m Höhe, vor den Toren des Schlosses von Pau, schmiegt sich in die Mulden der sonnenbeschienenen Berge, steigt, von Grün umgeben, zwischen Palmen und Bananenstauden stufenförmig an. Das Gebiet an der grünen Grenze der Pyrenäen besteht aus geröllreichen, tonkieselhaltigen Böden. Es profitiert von einem außergewöhnlichen Mikroklima, das die Rauheit des Gebirges mit atlantischer Milde und südlicher Wärme verbindet. Den Rebsortenbestand bilden Gros Manseng, Petit Manseng und Courbu für den trockenen und lieblichen weißen Jurançon, Cabernet, Manseng noir und Tannat für den roten Béarn. Die Appellation erhielt 1936 das A.O.C.-Prädikat.

DOMAINE BELLEGARDE
Pascal Labasse
F-64360 Monein · (✆ 59 21 33 17)

EVP: FF 32,– u. 49,– zuzügl. Mwst; Gr: auf Anfrage

Der 1992er liebliche Jurançon aus einem Gemisch ausgewählter Petit Manseng und Gros Manseng ist der Domäne würdig. Seine Lebendigkeit und Frische von vollreifen Zitrusfrüchten verdankt er dem Gros Manseng. Eine Note Vornehmheit und Reife, die dem Jurançon die notwendige Abgerundetheit geben, hat er vom Petit Manseng. Ein Wein, den jeder probieren sollte, der ihn noch nicht auf dem Tisch stehen hat.

DOMAINE CAUHAPE
Henri Ramonteu
F-64360 Monein · (✆ 59 21 33 02)

EVP: FF 40,– bis 120,– inkl. Mwst; Gr: FF 30,50 bis 75,– zuzügl. Mwst

3 Jurançon-Weine von Qualität: der 1990er "Noblesse du Petit Manseng", 18 Monate im Faß ausgebaut, ein äußerst komplexer Wein von großer Lagerfähigkeit; der "Vendange tardive" 1990, 1

Jahr im Barrique ausgebaut, fein, lebendig, rassig, von exotischer Frucht; der 1992er "Jurançon doux traditionnel", mit einer bei aller Finesse und Frische beträchtlichen Fülle an Aromen, der aus Freude an der Frucht in den ersten 5 Jahren verkostet werden sollte.

letzten "Schluck" Sonne Anfang Oktober die Weinlesen, die manchmal erst Ende November enden, wenn die Seele des Weins den winterlichen Voraussetzungen Platz macht.

CAVE DES PRODUCTEURS DE JURANÇON
53, avenue Henri IV · F-64290 Gan
(✆ 59 21 57 03)

Preise auf Anfrage

Die Kellerei wurde 1950 von 320 Weinbauern gegründet, die heute 400 ha A.O.C.-Rebflächen bewirtschaften. Sie bringt jährlich 15 verschiedene Weine, 2,4 Millionen Flaschen, in den Handel. Für die Qualität steht der 1987er Jurançon Prestige, der, aus ausgesuchten edlen Trauben der Rebenart Petit Manseng gezogen, eine goldgelbe Robe mit Bernsteinnuance besitzt, an der Nase federleicht ist, geprägt von vielfältigen Düften von reifen Früchten, Pfirsich und Rosinen; auf der Zungenspitze ist er weich und lebhaft, likörartig. Seine Abge rundetheit und Ausgewogenheit machen ihn zu einem generösen, eleganten Wein mit Quittengeschmack.

Bergweine

In den Coteaux de Jurançon, reiche, unebene Erhebungen, gelangt man in kurzer Zeit von 170 auf 350 m Höhe, allerdings nicht zu Fuß. Dies ist einzig in der Sohle des Tals möglich, wo auf den Kämmen Maisanbau und Rinderzucht miteinander im Wettstreit liegen. Hänge in besten Lagen und Terrassen sind mit Reben bestockt. Von den Béarnais-Gewächsen ist der Jurançon der beste Kletterer mit seinen oft weit über hundert Jahre alten Weinstöcken, die sich an Abhänge mit 50 % Gefälle klammern. Auf diesen steinigen, teils kalk-, teils tonhaltigen Flanken beginnen beim

JURANÇON SEC

DOMAINE BELLEGARDE
Pascal Labasse
F-64360 Monein · (✆ 59 21 33 17)

EVP: FF 22,– + 28,–; Gr: auf Anfrage

Der trockene 1992er Jurançon der Domaine Bellegarde, aus einem 7 ha umfassenden Rebgarten mit jungen Gros Manseng-Reben (5-20 Jahre alt) hervorgegangen, ist ein leichter, erlesener und delikater Wein, der einen Pampelmusenduft entfaltet, der sich an der Luft hin zu Noten von weißen Blüten und Pfirsich entwickelt. Im Mund macht sich der Pfirsich erneut bemerkbar und verfärbt sich mit einem Hauch Schwarzer Johannisbeere. Ein Jurançon von Qualität für anspruchsvolle Tafeln.

DOMAINE CASTERA
Christian Lihour
Quartier Uchaa · F-64360 Monein
(✆ 59 21 34 98)

EVP: FF 50,– bis 60,–

Seit mehreren Generationen stellen die Lihours Weine aus den lokalen Rebenarten Gros Manseng und Petit Manseng her. Originelle, in Holzfässern gealterte Weine: einen trockenen Jurançon mit goldenem, grünschattiertem Gewand, der in seiner Jugend blumige Aromen (Ginster, Akazie, Passionsfrucht) entfaltet, später dann die Düfte von gebrannten Mandeln und Trockenobst annimmt, im Mund rund, saftig und nachhaltig ist; einen lieblichen, süßen Jurançon, nervig und kernig, an der Nase weiße Blüten, Honig und kandierte Früchte.

DOMAINE CAUHAPE
Henri Ramonteu
F-64360 Monein · (✆ 59 21 33 02)

EVP: FF 40,– bis 120,– inkl. Mwst; Gr: FF 30,50 bis 75,– zuzügl. Mwst

Eine Domäne, deren Weine nicht enttäuschen: der edle 1990er "Jurançon sec Vieilles Vignes" mit sehr schönen exotischen Aromen, füllig im Mund; der trockene 1992er mit aromatischem Charakter, fein, lebhaft und elegant; der "Noblesse du Petit Manseng", der die Mächtigkeit und Anmut der Rebsorte wiedergibt und schön lang im Mund ist, ein rassiger Wein zum Altern, vom Fachmann, für große Tafeln.

MADIRAN

Der im 2. Jh. gegründete, 1948 als A.O.C. klassifizierte Weingarten von Madiran erstreckt sich heute über 1 300 ha im Béarn, nördlich von Pau, und erzeugt 55-60 000 hl kernige Rotweine. Er liegt auf einer Reihe von Terrassen vor der Pyrenäenkette, hat überwiegend ton- und tonkieshaltige Böden, ist mit Tannat und Cabernet bestockt, die den warmen, trockenen Sommer, den sonnigen Herbst und recht strengen Winter gut vertragen.

CHATEAU BARREJAT
Maurice Capmartin
F-32400 Maumusson
(✆ 62 69 74 92 · Fax: 62 69 77 54)

EVP: FF 17,50 zuzügl. Mwst; Gr: FF 15,– zuzügl. Mwst

Die nach Süden ausgerichteten Hänge, der Löß-Sandboden mit schwarzem Kies, der durchschnittlich 35 Jahre alte Rebsortenbestand mit Parzellen,

die aus dem Anfang dieses Jahrhunderts stammen - eine ist gar über 200 Jahre alt und hat der Reblaus widerstanden -, manuelle Weinlesen mit Sortierung am Rebstock, 18-21 Tage während Gärung und der Weinausbau in Eichenfudern machen den Madiran Château Barréjat zu einem typischen Wein der Appellation. Er ist dunkelfarben, besitzt gefällige Aromen von roten Früchten, ist mächtig, körperreich und kernig im Geschmack. Der Lagerwein kann schon in den ersten Jahren getrunken werden, nach einer Alterung von 8-10 Jahren jedoch Bewunderung hervorrufen. Ein Wein, dessen hervorragende Eigenschaften größten Bekanntheitsgrad verdienen.

---

*

CHATEAU BARREJAT

**von einem Weinberg mit alten Rebstöcken, bepflanzt mit
60 % Tannat + 40 % Cabernet.
Traditionelle Weinbereitung
mit langer Maischegärung.
Dunkle Robe
Aromen von roten Früchten
mächtig, körperreich + kernig
ein Lagerwein
Maurice Capmartin**

*

DOMAINE DE LA CHAPELLE LENCLOS
Patrick Ducournau
F-32400 Maumusson-Laguian
(✆ 62 69 78 11 · Fax: 62 69 75 87)

EVP: FF 42,–; Gr: auf Anfrage

Die 35 ha Rebflächen mit Tonkalkboden, vom Atlantikklima begünstigt, mit durchschnittlich 22 Jahre alten Rebstöcken (60 % Tannat und 40 % Cabernet Franc) bepflanzt, werden weder beackert noch gedüngt. Mittels 3wöchiger malolaktischer

MADIRAN – PACHERENC DU VIC-BILH

Gärung in Barriques entsteht auf Chapelle Lenclos ein Madiran, der im Holz ausgebaut wird. Er ist dunkelrot, sehr konzentriert, hat Noten von roten Früchten und Gewürzen. Der Lagerwein mit seinen sehr präsenten Gerbstoffen ist bekannt als ein vollkommener Vertreter seiner Appellation, die sich auf einem im 2. Jh. angebauten Weinberg befindet. Man sollte diesen Madiran kosten, sofern man ihn noch nicht kennt.

CHAPELLE LENCLOS
PATRICK DUCOURNAU
✆ 62 69 78 11 · Fax: 62 69 75 87

CHATEAU LAFFITTE-TESTON
Jean-Marc Laffitte
F-32400 Maumusson · (✆ 62 69 74 58)

EVP: FF 25,– bis 38,– inkl. Mwst; Gr: FF 16,– bis 26,30 zuzügl. Mwst

Jean-Marc Laffitte bietet 2 beachtliche Madirans an: die 1991er Cuvée Tradition von 10-50 Jahre alten Rebstöcken, mit kräftiger Färbung und besonders in ihrer Jugend ins Violette spielenden Reflexen, an der Nase elegant, offen und fruchtig (Schwarze Johannisbeere, Himbeere), im Mund sehr ausgewogen, ein eleganter, mächtiger, charakteristischer Lagerwein. Der Madiran Vieilles Vignes von nahezu 70 Jahre alten Weinstöcken mit geringem Ertrag besitzt ein kräftiges Granatkleid, ist dank seines Ausbaus in neuen Fässern fein und harmonisch im Duft mit Aromen von Vanille und Backpflaume, von der Zungenspitze bis in die Kehle konzentriert und körperreich, mit einem sehr schönen Finale.

CHATEAU PICHARD
Tachouères-Vigneau
F-65700 Soublecause · (✆ 62 96 35 73)

EVP: FF 28,–; Gr: FF 18,80

Die vernachlässigte Domäne, seit 1955 von A. Vigneau wiederbelebt, verfügt über einen mageren Ton-Kiesel-Boden, der nur geringe Erträge ermöglicht. Die in Eichenfudern ausgebauten und auf dem Gut in Flaschen abgefüllten Weine sind gut alterungsfähig. In ihrer Jugend etwas hart und rustikal, überraschen sie nach 5 Jahren in der Flasche durch ihre Komplexität und ihr Bukett sowie die Finesse im Mund. Die Domäne bietet ein Sortiment von bis zu 10 Jahrgängen mit unterschiedlichen Charakteren an. Man sollte diesen Madiran probieren.

DOMAINE SERGENT
Gilbert Dousseau
F-32400 Maumusson · (✆ 62 69 74 93)

EVP: FF 35,– inkl. Mwst; Gr: auf Anfrage

Diese Domäne ist auf einem nach Süden ausgerichteten Hang, der Pyrenäenkette gegenüber gelegen. Sie besteht aus 13 ha Rebflächen mit einem Boden aus Sand und feinem Schlick auf schwarzem Kiesuntergrund und ist mit durchschnittlich 30 Jahre alten Tannat-, Cabernet Franc-, Cabernet Sauvignon-, Fer Servadou- und Pinenc-Rebstöcken bepflanzt. Hergestellt wird ein Madiran, dessen Aromen von schwarzen und roten Früchten in seiner Jugend mit den Tanninen kontrastieren. Der Wein verlangt Alterung, um die Gerbstoffe zu verfeinern und die Aromen von Gewürzen und Weizen zu enthüllen.

PACHERENC DU VIC-BILH

Diese A.O.C.-Fläche liegt in demselben Gebiet wie der Madiran. Sie war lange Zeit wenig bekannt und wenig produktiv. Heute jedoch breiten sich die angebauten Flächen angesichts des Erfolges der trockenen und lieblichen Weißweine mehr und mehr aus: 50 ha sind mit Arrufiac, Gros Manseng, Courbu und Petit Manseng, Sémillon und Sauvignon bestockt.

CHATEAU BARREJAT
Maurice Capmartin
F-32400 Maumusson · (℗ 62 69 74 92)

EVP: FF 17,50 zuzügl. Mwst; Gr: FF 15,– zuzügl. Mwst

Maurice Capmartin, der aus einer Familie stammt, deren Winzertradition bis ins Jahr 1870 zurückreicht, stellt außer dem Madiran auch einen Pacherenc du Vic-Bilh hauptsächlich aus Sauvignon-Trauben her. Der trockene Weißwein ist sehr fruchtig und voller Frische, hat ein leicht mineralisches, sehr angenehmes Finale. Ein Wein für Sommerfeste und gesellige Tafeln.

DOMAINE GILBERT DOUSSEAU
F-32400 Maumusson · (℗ 62 69 74 93)

Preise auf Anfrage

Die Domäne bietet einen sehr typischen Pacherenc du Vic-Bilh an, mit mächtigen Aromen, bei denen exotische Früchte dominieren, ergänzt werden sie von Akazienblüte und Gewürz. Dieser Weißwein von der kleinen Geheim-Appellation erstaunt durch seine Qualität.

TURSAN

Der 250 ha umfassende V.D.Q.S.-Weingarten von Tursan, ehemalige Domäne der Eleonore von Aquitanien, erstreckt sich an der Grenze der Departements Landes und Gers auf den ersten Pyrenäenausläufern mit kalkhaltigem Molasse- und Steinschutt-Untergrund. Sonneneinstrahlung und die durch den nahen Atlantik gemilderte Vorgebirgsrauheit bilden ein Mikroklima, das die Reifung der Trauben begünstigt: Barroque für die Weißweine; Tannat, Cabernet Franc und Sauvignon für die Rotweine; Cabernet Sauvignon und Cabernet Franc für die wenigen Rosés.

DOMAINE DE BACHEN
Michel Guérard
F-40800 Duhort-Bachen · (℗ 58 71 76 76)

Preise auf Anfrage

Eine im 17. Jh. wieder aufgebaute Baronie aus dem 13. Jh. Sie ist von Rebflächen umgeben, deren aus großen Kieseln bestehender Boden auf Ton, Molasse, Sand, feinem Schlick und Kies ruht. Die Rebsorten Barroque, Petit und Gros Manseng sowie Sauvignon finden hier Kraft und Charakter, die sie an den erzeugten Tursan weitergeben: hell bernsteinfarben, nach Vanille, Birne, grüner Zitrone und Ginsterblüte duftend, am Gaumen sinnlich, lang, nervig, mit Noten von pfefferiger Wiese, ein Wein für Liebhaber.

LES VIGNERONS DU TURSAN
F-40320 Geaune · (℗ 58 44 51 25)

Preise auf Anfrage

Typische Weine werden hier angeboten: ein Rotwein mit den charakteristischen Aromen von roten Früchten, fein strukturiert und gut lagerfähig; ein Weißwein, der einen Hauch Aroma des Sauvignon mit der sehr fruchtigen Abgerundetheit der Barroque-Rebe vereinigt; ein aromareicher, im Mund warmer Rosé. Die Carte Noire-Palette hat ihr Ziel, die Appellation bestmöglich zum Ausdruck zu bringen, längst erreicht.

MARCILLAC

Die etwa 100 ha umfassende Appellation des Aveyron, die sich rund 20 km von Rodez entfernt erstreckt, hat nunmehr die Bedeutung erlangt, die sie verdient, und sie ist dabei, eine neue Klientel von Kennern zu erobern. Der aus der Fer Servadou-Rebsorte (mehr als 3/4 der Produktion) hergestellte Rotwein hat hervorragende Eigenschaften: intensive Aromen, Finesse, Charakter und Gerbstoffreichtum, die den Wein "unverwechselbar" machen. Aber auch die Rosés sind eine Kostprobe wert.

DOMAINE DU CROS
Philippe Teulier
F-12390 Goutrens · (✆ 65 72 71 77)

EVP: FF 22,– bis 35,–

Der Boden aus Kalkgeröll, das Mikroklima und die Fer Servadou-Rebe mit einem Durchschnittsalter von rund 30 Jahren geben dem hier hergestellten Marcillac eine nicht zu leugnende Qualität. Winzer Philipp Teulier hat im Jahre 1964 mit 1 ha angefangen, heute bestellt er einen 13 ha großen Weinberg. Durch Abbeeren, eine lange Maischegärung von 25 Tagen sowie einen 6-18monatigen Ausbau im Eichenfuder erhält sein Wein Eigenschaften, die nicht gleichgültig lassen: eine dunkle Purpurrobe, an der Nase Schwarze Johannis- und Himbeere, die sich im Mund wiederfinden. Ein empfehlenswerter Wein zu sehr erschwinglichem Preis.

DOMAINE MATHA
Bruejouls
F-12330 Clairvaux

EVP: FF 18,– bis 35,–; Gr: FF 16,–

Die Rebsorte Fer Servadou mag den Tonkalkboden dieses 11 ha umfassenden Weingartens, der beackert und mit organischem Dünger bestellt wird. Der in alten Fässern gereifte Marcillac besitzt Charakter, ist tanninhaltig, fruchtig und reich an pflanzlichen Düften.

BERGERAC

Die Bergerac-Anbaufläche umfaßt 22 000 ha, ist auf Terrassen gelegen, die die Ufer der Dordogne beherrschen und sehr unterschiedliche Böden besitzen: teils tonhaltige Anschwemmungen, teils mit tonkalkhaltigen Steinen übersäte Gebiete. Es werden größtenteils trockene und liebliche weiße, aber auch rosé und rote Weine erzeugt. Seit 1966 wurde die Rotweinproduktion auf über die Hälfte des Gesamtertrages gesteigert. Während der Rotwein aus den Rebsorten Cabernet Franc, Cabernet Sauvignon, Merlot und Malbec gewonnen wird, werden für den Weißwein Sémillon, Sauvignon und Muscadelle verwendet, wobei für den trockenen Weißwein maximal 25% Ugni Blanc hinzukommen kann, bei einer gleichwertigen Menge an Sauvignon.

CHATEAU COURT-LES-MUTS
Pierre Sadoux
Razac-de-Saussignac
F-24240 Sigoulès · (✆ 53 27 92 17)

EVP: FF 30,– bis 40,–; Gr: FF 15,– bis 22,– zuzügl. Mwst

Volle, reiche Rotweine, die mindestens ein Jahr aufbewahrt werden können; liebliche, milde Weißweine; fette und im Mund anhaltende Aperitifweine, die ausgezeichnet zu Gänseleber munden. Große Bergeracs und ausgezeichnete Saussignacs.

DOMAINE DU FELIX
Guy Beylat
F-24240 Thénac · (✆ 53 58 41 84)

EVP: FF 20,– bis 24,– inkl. Mwst; Gr: abzügl. 10 % zuzügl. Mwst

Der Tonkalk- und Tonkieselboden, der Rebsortenbestand mit einem Durchschnittsalter von 30 Jahren, der natürliche Anbau ohne Kunstdünger und Unkrautvernichtungsmittel, der 18monatige Ausbau der Weine vor dem Abzug auf Flaschen machen die Bergeracs dieser Domäne empfehlenswert: die Rotweine sind fruchtig und generös, nach ein paar Jahren im Keller sehr geschmeidig; die roten Côtes de Bergerac sind körperreich, warm und generös; die trockenen weißen Bergeracs, fruchtig, nervig, buketthreich, sollten jung getrunken werden.

CHATEAU LAROQUE

Jacques de La Bardonnie
Laroque
F-24230 Saint-Antoine-de-Breuilh

EVP: FF 26,–/28,–; Gr: FF 16,44 bis 17,70

Die Böden dieses 10 ha großen Weingartens wurden niemals mit Unkrautvernichtungs- oder Insektenvertilgungsmitteln, sondern stets wie in alter Zeit ohne chemische Düngung, nach biodynamischer Methode unter Verwendung sehr geringer Dosen an Kupfer und Schwefel bearbeitet. Man merkt es den Weinen an. Zum Beispiel der 1990er mit dunkelrotem Kleid, der sehr kernig und parfümiert sowie anhaltend im Mund ist. Die Weine haben viel Ähnlichkeit mit ihren Nachbarn, den Côtes de Castillons und Saint-Emilions - dank eines beispielhaften Winzers.

CHATEAU LA RESSAUDIE

Evelyne et Jean Rebeyrolle
F-33220 Port-Sainte-Foy · (✆ 52 24 71 48)

EVP: FF 18,– bis 45,– inkl. Mwst

Erzeugt werden Qualitäts-Bergeracs aus Reben mit einem Durchschnittsalter von 15 Jahren (alljährlich wird 1 ha erneuert). Der Boden wird mit organischem Dünger bearbeitet. Einen Teil der Produktion vertreibt der Handel. Lieferungen nach Deutschland sind möglich.

CAVE COOPERATIVE DE SIGOULES

F-24240 Sigoulès · (✆ 53 58 40 18)

EVP: FF 10,– bis 15,–

In diesem Genossenschaftskeller sind 300 Mitglieder mit 1 200 ha organisiert. Es werden je nach Klimaverhältnissen 70-80 000 hl Wein jährlich hergestellt. Der überwiegende Teil der Produktion ist dem Bergerac (Rotwein, Rosé, trockener und lieblicher Weißwein) vorbehalten. Es sind gute Weine. Der Rotwein, von schönem dunklen Purpur, ist vorn im Mund samtig und hat ein langes Finale; der blaßgoldene trockene Weißwein ist an der Nase komplex, anhaltend, fein und elegant, er sollte innerhalb von 2 Jahren getrunken werden.

COTES DE BERGERAC

Die Côtes de Bergerac-Rotweine werden aus vollreif gelesenen Trauben ertragsarmer Rebstöcke gewonnen. Sie werden ausschließlich auf dem Gut in Flaschen abgefüllt und erst nach über einem Jahr Ausbau in den Handel gebracht. Vollmundige, reiche und alterungsfähige Weine. Die lieblichen Côtes de Bergerac-Weißweine werden im allgemeinen aus der Sémillon-Rebe gezogen. Sie sind bekannt für ihre Frische und Mächtigkeit am Gaumen, können jung getrunken werden, sind aber auch eine gewisse Zeit lagerfähig.

CHATEAU BELINGARD

Le Comte de Bosredon
F-24240 Pomport · (✆ 53 38 28 03)

Preise auf Anfrage

Die das Dordogne-Tal überragenden Rebflächen der de Bosredons (85 ha) liegen nicht weit entfernt von einem Felsen, der einst Opferstätte der Druiden war. Sie bringen hervorragende, größtenteils für den Export bestimmte Weine, darunter Côtes de Bergeracs, hervor: einen fruchtigen, ausschließlich aus der Sémillon-Rebe hergestellten Weißwein von bemerkenswert seidiger Ausgewogenheit und großer Frische; einen sehr lange ausgebauten Rotwein, der nach 5-7 Jahren genossen wird, sich durch seine Aromen von roten Früchten, das liebliche Bukett und seinen langen Nachgeschmack auszeichnet.

COTES DE BERGERAC – COTES DE BERGERAC MOELLEUX COTES DE DURAS

CHATEAU LE CHABRIER
Pierre Carle
F-24240 Razac-de-Saussignac
(✆ 53 27 92 73)

EVP: FF 20,– bis 60,–; Gr: FF 9,– bis 20,– zuzügl. Mwst

Die 20 ha umfassende schöne Domäne, seit dem Mittelalter dem Weinanbau geweiht, hatte ein wechselhaftes Schicksal, bevor sie zusammen mit dem sehr alten Schloß von Pierre Carle, dem Angehörigen einer alten Familie aus der Gegend von Bordeaux und Saint-Emilion, erworben wurde. Mit ihm wurden die Rotweine wieder in Barriques ausgebaut und die trockenen und edelsüßen Weißweine in Fässern vinifiziert. Die Domäne - die einen Panoramablick auf Weinberge, Obstgärten und das Schloß von Saussignac bietet - steht in dem Ruf, rote Côtes de Bergerac herzustellen, die aus langen Gärungen stammen, aromatisch sind und den Périgord-Boden zum Ausdruck bringen. Die im Holz ausgebauten Weißweine haben komplexe Aromen, viel Finesse und Nachhaltigkeit im Mund.

| CHATEAU LE CHABRIER |
| AOC Côtes de Bergerac und Saussignac |
| F-24240 Razac-de-Saussignac |

COTES DE BERGERAC MOELLEUX

Die Weine dieser regionalen Appellation, hergestellt aus Sémillon, Sauvignon und Muscadelle, sind rund, geschmeidig und bukettreich. Sie können ziemlich jung getrunken werden oder aber nach ein paar Jahren in der Flasche an Qualität gewinnen, sie werden dann lieblich und reich, vereinen Nerv mit Weichheit und Eleganz, nehmen unterschiedliche Noten an je nach Lage und mineralogischer Beschaffenheit des Bodens.

DOMAINE DE L'ANCIENNE CURE
Christian Roche
F-24560 Colombier · (✆ 53 58 27 90)

Preise auf Anfrage

Die 30 ha Rebflächen der Domaine de l'Ancienne Cure mit tonkalkhaltigem Boden befinden sich 10 km von Bergerac entfernt. Sie genießen ein gemäßigtes Klima, das den Weinen sehr förderlich ist: u.a. dem Côtes de Bergerac moelleux, leicht süß und fruchtig, mit köstlichem Bukett, der vorzüglich zum Dessert paßt.

CHATEAU LA MOULIERE
Colette Fournier
F-24240 Gageac et Rouillac · (✆ 57 84 12 18)

Preise auf Anfrage

70 % Sémillon, 20 % Sauvignon und 10 % Muscadelle ergeben einen Château La Moulière Moelleux, der, teilweise im Eichenfaß gealtert sich den besten der Appellation als würdig erweist: der 1988er, sehr fein, elegant, rund und kernig, mit Noten von Zitrus- und kandierten Früchten; der 1989er, mit dezent blumigem Bukett, im Mund vorn füllig und lieblich, in der Folge lang und nachhaltig; der 1990er mit Düften von reifen Früchten, Noten von Gegrilltem und Rauch, Butter, Haselnuß, Vanille, im Mund vorn lieblich und rund, mit einem körperreichen Finale, 2-5 Jahre alterungsfähig, gegenwärtig gut zu trinken.

COTES DE DURAS

Ein sehr kleines Gebiet. Das Entkorken einer Flasche Côtes de Duras, seit 1937 A.O.C., bedeutet daher immer ein seltenes Glück. Die etwa 2 000 ha große Anbaufläche wurde im Nordwesten des Departements, vor den Toren der Guyenne, zwischen Gironde und Périgord angelegt. Sie beschränkt sich auf 15 Gemeinden und erzeugt jährlich 100 000 hl Côtes de Duras. Zwar wurde der Weingarten unter

Ludwig XIV. erweitert, doch scheint er über seine heutige Fläche nicht hinausgehen zu wollen. Groß ist er durch seinen Ruf, der Jahrhunderte überdauert und Grenzen überschritten hat. Zwei Drittel seiner Weine sind weiß und werden aus Bordeaux-Reben hergestellt.

DOMAINE AMBLARD
Guy Pauvert
F-47120 Saint-Sernin-de-Duras
(✆ 53 94 77 92)

EVP: FF 17,50 inkl. Mwst; Gr: FF 12,– zuzügl. Mwst

Auf diesem großen Gut mit Tonkalkboden unter atlantischem Klima-Einfluß hat man sich für die Entfernung des Unkrauts auf den Rebflächen entschieden, was den Rebsorten gefällt. Es werden gute Côtes de Duras hergestellt: trockene Weißweine, die bekannt sind für ihre Delikatesse und Frucht, innerhalb von 3 Jahren zu verkosten; schöne dunkelfarbene Rotweine, gehaltvoll und rund, deren Gerbstoffgehalt sie zu Lagerweinen macht, die erst nach mehr als 3 Jahren im Keller ihre Reife erlangen und dabei Geschmeidigkeit, Frucht und Leichtigkeit bewahren. Man sollte die relativ junge Domäne, die 1975 von Guy Pauvert restrukturiert wurde, nicht vergessen - und auch das gute Qualität- Preis-Verhältnis nicht.

DOMAINE DES COURS
Régis Lusoli
F-47120 Sainte-Colombe-de-Duras
(✆ 53 83 74 35)

EVP: FF 15,–/16,– zuzügl. Mwst; Gr: FF 10,–/11,– zuzügl. Mwst

Die 17 ha große Domäne mit alter Winzertradition liegt auf Tonkalk- und Tonkieselhügeln, in einer Höhe von 95-115 m, keinen Kilometer von den Appellationen Bordeaux und Entre-Deux-Mers entfernt. Der hier erzeugte rote Côtes de Duras ist ansprechend und gefällig, beliebt wegen seines fruchtigen Charakters und der delikaten Aromen von roten Früchten. Der trockene Weißwein ist rassig und nervig, hat einen eigentümlichen Duft.

EIN GROSSES GEBIET: NICHT GRÖSSER ALS EINE HAND

2 000 ha Rebflächen: Eine Art historische Einfriedung, vor den Toren der Guyenne zwischen Gironde und Périgord gelegen, dort, wo Jean-Baptiste Dufort, Marschall von Frankreich und Herzog von Duras, unter Ludwig XIV. die Anpflanzung ausbaute. Wenig zu produzieren bedeutet, sich die nötige Zeit nehmen zu können, um gut zu produzieren. In Duras sind ultramoderne Techniken überflüssig. Der Wein wird mit dem ruhigen, wirkungsvollen und heiteren Rhythmus desjenigen hergestellt, der weiß, daß der wichtigste Bestandteil eines seines Namens würdigen Weins die Zeit ist. Wie man sich eine Flasche Côtes de Duras besorgen kann? Am besten, indem man sich direkt an den Erzeuger wendet.

DOMAINE DE LAULAN
Gilbert Geoffroy
Petit-Sainte-Foy · F-47120 Duras
(✆ 53 83 73 69)

EVP: FF 20,–; Gr: FF 14,–

Die 20 ha Rebflächen mit Tonkalkboden sind vorteilhaft nach Süden ausgerichtet, so daß sie voll von den warmen und trockenen Sommern profitieren. Die Tatsache, daß der Boden überhaupt nicht gedüngt wird, die Wärmeregulierung bei der Vinifizierung und eine angemessene Alterung der Weine lassen einen fruchtigen, sehr aromatischen, im Mund nachhaltigen Weißwein entstehen. Der Rotwein hat Aromen von roten Früchten, er ist rund, fett, sehr füllig und besitzt eine Lagerfähigkeit von 5-10 Jahren.

lationen: ein Monbazillac mit Aromen von Trockenobst und Honig; ein lieblicher, leicht süßer und fruchtiger Côtes de Bergerac mit angenehmem Bukett; ein kräftigfarbener, kerniger, im Mund nachhaltiger Pécharmant; ein im Mund runder roter Bergerac mit den Aromen von roten Früchten; ein trockener rosé Bergerac, dem all die aromatische Finesse des Cabernet zugute kommt.

MONBAZILLAC

Ein Grandseigneur aus dem Périgord. Wenn Sie diesen Wein durch einen unglücklichen Zufall noch nicht kennen sollten, müssen Sie wissen, daß er seinen Verehrern Finesse, leichte Ironie und beredten Schwung verleiht, aber auch geradliniges Urteilsvermögen und einen wachen Sinn für Realität. Eigenschaften, die Montaigne verkörperte, der einige Meilen von Monbazillac entfernt geboren wurde. Er nannte diesen Wein "einen Gott, dessen Vorzüge man nicht einschränken dürfe". Die Appellationsfläche erstreckt sich über 5 Gemeinden und 2 700 ha mit hauptsächlich tonkalkhaltigem Boden. Sie ist umrahmt von den Tälern der Dordogne und Gardonnette. Drei Edelreben verleihen ihr Qualität: Sémillon, Sauvignon und Muscadelle. Morgendliche Herbstnebel und mittägliche Sonne begünstigen die Überreife der Trauben sowie die Entstehung des Botrytis Cinerea (Edelfäulepilz). Die Haut der Beeren wird welk und ihr Volumen reduziert sich durch Wasserverdunstung. Dadurch steigt ihr Zuckergehalt an, was zur Entfaltung von Aromen und Bukett führt. Ein großer Wein bereitet sich auf seine Entstehung vor.

DOMAINE DE L'ANCIENNE CURE
Christian Roche
F-24560 Colombier · (✆ 53 58 27 90)

EVP: FF 22,– bis 55,–

Dieser 30 ha große Weinberg mit Tonkalkboden, der Atlantikklima genießt, besitzt einen Rebsortenbestand mit einem Durchschnittsalter von 25 Jahren. Seine Vielfältigkeit erlaubt die Herstellung verschiedener für ihre Qualität anerkannter Appel-

CHATEAU LE MAYNE
J.P. Martrenchard & Fils
F-24240 Sigoulès · (✆ 53 58 40 01)

EVP: FF 20,– bis 30,–; Gr: FF 13,– bis 15,–

Auf diesem 70 ha umfassenden Weingarten mit durchschnittlich 25 Jahre alten Rebstöcken wird jeweils eine Reihe bearbeitet, während die zweite grasbesät bleibt. Diese Art des Anbaus, die Beschaffenheit des Tonkalkbodens sowie das atlantische Klima sagen den Rebsorten Sauvignon blanc, Sémillon und Muscadelle für den Monbazillac, einem guten Vertreter der Appellation, ebenso zu wie dem Merlot und Cabernet Sauvignon für die Côtes de Bergerac, fette, tanninhaltige und fruchtige Weine.

CHATEAU PEROUDIER
C. Loisy
F-24240 Monbazillac
(✆ 53 58 30 04 · 53 58 34 76)

Preise auf Anfrage

Das Château Péroudier gehört seit den Religionskriegen ein und derselben Familie. Damals gingen 40 000 Protestanten nach England und Holland ins Exil. Der Ruf des Monbazillac, Madeira des Périgord genannt, war ihnen bereits vorausgeeilt. Die in der Heimat Zurückgebliebenen machten ihre Verwandten zu Repräsentanten ihrer Weine. So kam es, daß, den Wünschen der neuen ausländischen Kunden entsprechend, jeder Besitzer seine besondere Weinmarke hatte. Die holländischen Marken wurden gegründet. Heute stellen die Loisys auf ihren 40 ha

Rebflächen qualitativ hervorragende Bergeracs und Monbazillacs her: u.a. einen süßen, körperreichen Monbazillac mit sehr angenehmem Bukett und Saft, feinem typischem Geschmack.

CHATEAU PEROUDIER
C. Loisy · 24240 Monbazillac

**sein edelsüßer Weißwein Monbazillac,
getrunken zu Gänseleber, Käse,
wenig gesüßtem Dessert oder als Apéritif;
sein trockener weißer Bergerac Sauvignon,
den Austern trinken würden;
sein Rosé Bergerac, ein schmucker Wein
auf der Basis von Cabernet,
aus dem Cyrano seinen Mut schöpfte;
seine roten Bergeracs,
körperreich, fruchtig, alterungsfähig**

MONTRAVEL

Das Anbaugebiet von Montravel liegt auf Anhöhen im äußersten Westen der Region Bergerac, dem südlichsten Teil des Périgord, an der Grenze zur Gironde. Die Erzeugung von Montravelweinen ist begrenzt: 50 000 hl, das sind etwa 7 Millionen Flaschen trockener Montravel, lieblicher (halbtrockener) Côtes-de-Montravel und Haut-Montravel, Weißweine aus einem Gemisch von Sémillon, Sauvignon und Muscadelle. Die oft hoch gelegenen, breiten Rebflächen werden fast alle nach modernen Methoden bebaut: über die Hälfte der Weinlesen erfolgt mit Erntemaschinen. Man bedient sich immer mehr neuerer Technologien (Temperaturüberwachung, Kältebehandlung, Zentrifugieren, Konservieren unter Stickstoff), um gute Bedingungen für den Ausbau und die Alterung der Weine zu schaffen.

CHATEAU LAROQUE
Jacques de La Bardonnie
F-24230 Saint-Antoine-de-Breuilh
(✆ 53 24 81 43)

Preise auf Anfrage

Der Weinberg von Laroque liegt auf jenen Hügeln, die das rechte Ufer der Dordogne beherrschen, an der Grenze des Departements Gironde. Seine tonkalkhaltigen Böden werden biologisch bebaut, was die Rebstöcke besonders robust macht und die Erzeugung natürlicher Weine ermöglicht, die önologisch überwacht werden: ein Haut-Montravel, lieblich, ohne likörig zu sein, frisch und blumig, sehr parfümiert, bemerkenswert rund und voller Finesse; ein roter Bergerac mit den Merkmalen des Gebiets und schöner Rubinrobe, lange haltbar, ebenfalls sehr parfümiert, körperreich und nachhaltig im Mund. Die natürlichen charaktervollen Weine verdienen große Tafeln.

DOMAINE DE ROQUE-PEYRE
F-33220 Fougueyrolles · (✆ 53 24 77 98)

Preise auf Anfrage

Aus dem Erntegut des 40 ha großen Rebgartens von Roque-Peyre werden Montravel- und Bergerac-Weine erzeugt: ein süßer Haut-Montravel, der ausschließlich aus der Sémillon-Rebe, und ein trockener Montravel, der nur aus dem Sauvignon gewonnen wird; ein roter Bergerac, der zu 2/3 aus Merlot und zu 1/3 aus Cabernet Sauvignon besteht. Die günstigen klimatischen Bedingungen und die tonkalkhaltige Bodenbeschaffenheit machen die mit großer Sorgfalt auf traditionelle Weise vinifizierten Weine hochwertig. Ihre gleichbleibende Qualität, unabhängig vom Jahrgang, ist ihr stärkster Trumpf.

PECHARMANT

Das Appellationsgebiet Pécharmant liegt an Südhängen am rechten Dordogne-Ufer. Es ist begrenzt

PECHARMANT

auf 4 Gemeinden, die sich halbkreisförmig um Bergerac gruppieren. Auf 170 ha wachsen Cabernet Franc, Cabernet Sauvignon, Merlot und Malbec für die Rotweinerzeugung. Der sehr spezifische Boden dieser Zone setzt sich aus verschiedenen Stoffen zusammen, die durch die Transformation der Felsen des Zentralmassivs entstanden sind; diese führte zur Bildung des Périgord-Sandes und -Kieses. Die manuelle Weinlese erlaubt eine Sortierung des Lesegutes und die Auswahl ausschließlich reifer und gesunder Trauben. Der geringe Ertrag, manchmal unter 40 hl/ha, sowie die Bebauung des Weinbergs auf den Anhöhen mit 5 000 Stöcken pro Hektar bilden die Grundlage für den Charakter und die Qualität des Gewächses.

DOMAINE DES BERTRANOUX
Guy Pécou
F-24100 Creysse · (✆ 53 57 29 00)

EVP: FF 40,– u. 45,–; Gr: auf Anfrage

Der auf sonnigen Hängen gelegene, leicht kiesige, eisenhaltige Tonkalkboden, die ohne Düngezusatz beackerten Rebflächen, die lange wärmeregulierte Maischegärung und der Weinausbau in neuen Eichenbarriques führen zur Herstellung eines generösen, körperreichen, gut strukturierten und sehr tanninreichen Pécharmants mit dunkelroter Robe, der sich erst in seinem 3. Jahr voll entfaltet. Ein Wein, den Ihre Gäste sich gut schmecken lassen werden.

CHATEAU CHAMPAREL
François Bouché
Pécharmant · F-24100 Bergerac
(✆ 53 57 34 76)

EVP: FF 36,–; Gr: FF 26,– zuzügl. Mwst

Oben am Südhang einer Anhöhe sichern 60 % Merlot und 40 % Cabernet die Jahresproduktion von 250 hl Pécharmant. Sein dunkles Gewand, der elegante, ausdrucksvolle Geschmack, die Duftintensität, die Tanninstruktur mit guter aromatischer Nachhaltigkeit machen ihn beliebt. Ein Lagerwein par excellence.

DOMAINE DU HAUT-PECHARMANT
Michel Roches
Peyrelevade · F-24100 Bergerac
(✆ 53 57 29 50)

EVP: FF 38,–; Gr: FF 19,50 bis 26,–

Dieser 23 ha große Weingarten mit Sand- und Périgord-Kiesboden auf grauem und rotem Ton mit Eisenkonkretionen liegt nach Süden ausgerichtet auf dem höchsten Hügel der Appellation. Der Wein der Domäne wird nach langem Gärungsprozeß mit Temperaturkontrolle 3 Jahre ausgebaut und dann ohne Filterung in Flaschen abgefüllt. Die auf diese Weise hergestellten Pécharmants begeistern: ein feiner, runder und eleganter "Clos Peyrelevade 1988", bei dem rote Früchte und Vanille-Tannine vollkommen miteinander harmonieren; ein sehr intensiv granatfarbener "Domaine du Haut Pécharmant 1989", der die Würze des Bodens zum Ausdruck bringt, elegant an der Nase ist, mit Düften von Kernobst, im Mund offen mit mächtigen und komplexen Gerbstoffen, die beim Verkosten verzaubern.

CHATEAU DE TIREGAND
La Comtesse Françoise de Saint-Exupéry
F-24100 Creysse · (✆ 53 23 21 08)

EVP: FF 40,– inkl. Mwst; Gr: FF 21,50 zuzügl. Mwst

Die ehemalige Seigneurie, im 13. Jh. von einem unehelichen Sohn Heinrich III. von England, Edward Tyrgans, gegründet, gehörte bis ins 18. Jh. den Herren von Tiregand. Die Familie der heutigen Besitzerin, Gräfin de Saint-Exupéry, erwarb das Château im Jahre 1826. Sein sehr alter Weinberg war immer höchst angesehen. Die auf diesem Gut hergestellten Pécharmants sind äußerst kennzeichnend für die Appellation: der 1988er hat ein offenes Bukett, Noten von Leder und Orangenschale, er ist reich und lang im Mund, wo die Aromen wieder gut zum Vorschein kommen; der ausdrucksvolle 1989er hat seidige verschmolzene Tannine; der 1990er ruft an der Nase die Frische von reifer roter Frucht hervor, ist elegant, mit weichen Gerbstoffen im Mund, ein Wein, der noch altern kann.

SAUSSIGNAC

Dieses kleine Appellationsgebiet erstreckt sich zwischen Monbazillac und den Premières-Côtes-de-Bordeaux auf einer Hochebene, die die Ufer der Dordogne überragt, die Hügel terrassiert und in sanft abfallenden Hängen endet, an denen alte Anschwemmungen der Dordogne sich mit Erosionsprodukten der Hügel vermischt haben. Dieser Weingarten, in dem der Sémillon König ist, gibt liebliche Weißweine mit einschmeichelndem, feinem Bukett, Weine, die mit dem Alter an Effekt gewinnen. Eine Referenz: Rabelais hat sie Pantagruel zu trinken gegeben.

CHATEAU COURT-LES-MUTS
Pierre-Jean Sadoux
F-24240 Razac-de-Saussignac
(✆ 53 27 92 17)

Preise auf Anfrage

Die 56 ha Rebflächen des Château Court-les-Mûts auf tonkalkhaltigen, mit alten Anschwemmungen vermischten Böden bringen Weine hervor, die mit großer Sorgfalt hergestellt werden: u.a. einen Saussignac aus überreifen Sémillon- Trauben, der leichter ist als ein Likörwein, fett, mit reichem Bukett (Haselnuß, Lindenblüte, Honig), nachhaltig und köstlich.

DOMAINE DE RICHARD
R.M. et R. Doughty
Croix-Blanche · F-24240 Monestier
(✆ 53 58 49 13)

Preise auf Anfrage

Richard Doughty, ein junger Anglo-Franzose, bietet einen fruchtigen Saussignac an, rund und fett, subtil süß, in Eichenfässern gereift.

COTEAUX D'ANCENIS

Dieser Weingarten im Pays Nantais, V.D.Q.S.-Gebiet im Departement Loire-Atlantique, befindet sich 38 km von Nantes entfernt auf überwiegend am linken Loire-Ufer gelegenen Anhöhen. Hier werden Rosé- und Rotweine, seltener Weißweine erzeugt. Den Rebsortenbestand bilden Gamay und Cabernet für die Rosé- und Rotweine, Chenin und Pineau gris für die lieblich trockenen Weißweine.

DOMAINE DES GENAUDIERES
Les Genaudières
F-44850 Le Cellier · (✆ 40 25 40 27)

EVP: FF 13,50 bis 18,–; Gr: FF 13,25 bis 14,75

Diese Domäne bietet einen Panoramablick auf die Loire. Ihre Coteaux d'Ancenis haben zahlreiche Abnehmer, die den Gamay gern haben mit seinem intensiven Duft von kleinen roten Früchten, den nachhaltigen Noten, ausgezeichnet auf der Zungenspitze wahrnehmbar; der schmucke rubinrote Cabernet duftet nach Himbeere und Schwarzer Johannisbeere; der rosé Cabernet schließlich ist fruchtig an der Nase mit Aromen von Apfel und Aprikose. Die leichten und weichen Weine verdienen es, probiert und zu besten Menüs gereicht zu werden.

DOMAINE JACQUES GUINDON
La Couleuverdière
F-44150 Saint-Géréon · (✆ 40 83 18 96)

Preise auf Anfrage

Die auf den letzten Ausläufern des Armoricain-Massivs gelegene Rebfläche profitiert vom schiefrig-tonhaltigen Boden, der 4 Coteaux-d'Ancenis

COTEAUX D'ANCENIS – CREMANT DE LOIRE
GROS PLANT

hervorbringt: einen rosé Gamay mit köstlichem Himbeerbukett; einen roten Gamay mit sehr feinen Aromen von Himbeere und Schwarzer Johannisbeere; einen Cabernet mit mächtigem Duft von roten Früchten sowie den sehr persönlichen Malvoisie, ein verführerischer, gut alternder Pinot mit goldglänzender Robe.

CREMANT DE LOIRE

Diese Appellation, die in den Gebieten Anjou, Saumur, Touraine, Maine-et-Loire und Indre-et-Loire erzeugt wird, profitiert von einem kreidigen Untergrund, dem Kalktuff der Loire, sowie von einem großen Angebot an schwarzen und weißen Rebsorten: Pinot noir, die Cabernets Franc und Sauvignon, Pinot d'Aunis, Grolleau noir und gris für die Rotweine; Chardonnay, Chenin de la Loire und Arbois für die Weißweine. Der auf 50 hl begrenzte Hektarertrag, manuelle Weinlesen, das Keltern nach Champagnerverfahren, ein mindestens 9monatiger Verbleib auf Hefebodensatz und mindestens 1jährige Kellerlagerung in Flaschen sind Vorschriften, die die Qualität dieser feinschaumigen Weine, die sich mehrere Monate halten, sicherstellen.

DOMAINE DES BAUMARD
Jean & Florent Baumard
8, rue de l'Abbaye · F-49190 Rochefort-sur-Loire
(✆ 41 78 70 03)

Preise auf Anfrage

Der Crémant de Loire hat einen feinen, üppigen Schaum und ein delikates Parfum von ausgesuchter Frische. Der lebendige, leichte Perlwein verführt an sommerlichen Tafeln, bei Diners zu zweit und zu allen Zeiten, wo Fröhlichkeit angesagt ist.

DOMAINE JEAN DAVID
F-49560 Passavant-sur-Layon
(Fax: 41 59 57 91)

EVP: FF 38,–

Das auf den sanften Schieferhängen zu beiden Seiten des Layon angelegte Weingut wird mit Geschick von J.N. David geführt. Er praktiziert kurzen Rebschnitt, besät die Flächen mit Gras, bei der Ernte werden die Beeren verlesen. Sein Crémant de Loire ist bemerkenswert: gute Präsenz der Perlen, fein und anhaltend, an der Nase kraftvolle Aromen von Chenin, Linde und säuerlicher Aprikose, die die blumigen Zitronenkrautaromen des Chardonnay ergänzen, eine Komplexität von Trockenfrucht und Brioche, im Mund vorn lebhaft, in der Folge Noten von weißen Früchten, Mandelpaste und Vanille.

DOMAINE DE NERLEUX
Régis Neau
4, rue de la Paleine
F-49260 Saint-Cyr-en-Bourg
(✆ 41 51 61 04)

EVP: FF 33,–; Gr: FF 23,50

Ein beachtlicher Vorzug: Unter diesem Gut wurden zahlreiche Stollen in den Kalktuff gehauen, die dank der konstanten Temperatur von 12°C die Alterung der Weine unter vollkommenen Bedingungen erlauben. Der mittels Zweitgärung in der Flasche und Degorgieren nach frühestens 1 Jahr, meistens aber erst nach 2 Jahren, hergestellte Crémant de Loire ist beliebt wegen seines sehr feinen Schaums und seines intensiven blumigen Parfums. Ein Traumwein, der, wie Régis Neau versichert, "die Nacht heller und lauer macht".

GROS PLANT

Dieser Wein, seit 1954 V.D.Q.S., wird auf 3 000 ha im gesamten Nantes-Weingarten produziert. Gewonnen wird er aus der in der Charente beheimateten Rebsorte La Folle Blanche. Der trockene Weißwein ist frisch und leicht, von durchschnittlicher Struktur, mineralisch an der Nase, trocken und nervig im Mund.

DOMAINE A. ATHIMON
F-44850 Le Cellier · (✆ 40 25 40 27)

EVP: FF 14,–; Gr: FF 11,75

Seit 1635 sind die Athimons Winzer auf demselben die Loire überragenden Hang, eine Stätte, an der Mönche während der Renaissance den Weinanbau einführten. Die Domäne bietet u.a. einen Gros Plant mit sehr heller Robe und leichten Grünreflexen an, an der Nase dezente Aromen, von durchschnittlicher Struktur, mineralisch, im Mund trocken und nervös, frisch und erquickend.

LES JARDINS DES AMIRAUX
Christian Maillard
Le Montru · F-44330 La Chapelle-Heulin
(✆ 40 06 72 43)

EVP: FF 19,50 inkl. Mwst; Gr: FF 14,50 zuzügl. Mwst

Der Gros Plant du Pays Nantais dieser Domäne ist ein guter Vertreter seiner Appellation. Er gefällt mit der sehr blassen Färbung und den ins Grüne spielenden Reflexen, seinen sehr feinen Düften und der mineralischen Struktur, mit seinem trockenen Jodgeschmack. Ein nervöser, frischer und Durst stillender Wein.

CLOS DES ROSIERS
Philippe Laure
Les Rosiers · F-44330 Vallet
(✆ 40 33 91 83)

Preise auf Anfrage

Generation auf Generation bewirtschaften die Laures, Joseph, Fernand, Philippe, ihre im Herzen einer Hügellandschaft gelegene Domäne. Ihr Weinberg erstreckt sich über Hänge, auf denen die Folle

Blanche-Rebe ihren Lieblingsboden findet. Der hier entstehende Gros Plant bezaubert mit seiner blassen Färbung, den dezenten Aromen, seinem mineralischen Charakter, dem nervösen und frischen Geschmack.

MUSCADET DES COTEAUX DE LA LOIRE

Dieser Wein wird auf 500 ha, westlich von Nantes an den Ufern der Loire, in 6 Kantonen, darunter Ancenis, angebaut. Der schon im 17. Jh. angepflanzte Melon, aus dem er hergestellt wird, bringt trockene weiße A.O.C.-Weine hervor mit einem Alkoholgehalt von maximal 12 %. Man sollte sie am besten innerhalb von 3 Jahren nach der Ernte verkosten.

DOMAINE DES GENAUDIERES
A. Athimon
F-44850 Le Cellier · (✆ 40 25 40 27)

EVP: FF 14,50 bis 19,–; Gr: FF 12,– bis 15,–

Die Athimons, die seit 1635 auf demselben Boden den Winzerberuf vom Vater auf den Sohn weitervererben, bewirtschaften kiesel-tonhaltige Rebflächen in gut ausgerichteter Hanglage an der südlichen Loire. Der Rebsortenbestand von Melon, Gamay, Cabernet, Pinot und Gros-Plant bringt fruchtige und leichte Weine hervor. Ihr Muscadet 1992 ist angenehm lebhaft im Mund, ihr Gamay duftet nach wilden Erdbeeren, der Cabernet hat Johannisbeeraromen.

MUSCADET DE SEVRE-ET-MAINE

Dieser Wein, seit 1936 A.O.C., ist der meistproduzierte der 3 Muscadet-Appellationen: 600 000 hl kommen von einem rund 11 000 ha großen Weingarten auf Hügeln, von denen nur wenige über 50 m

MUSCADET DE SEVRE-ET-MAINE

hoch sind. Ihr Boden besteht aus alten, mit Eruptivgestein vermischten Formationen. Das außergewöhnlich milde Klima, das der Golfstrom der Region verleiht, wirkt sich zusammen mit den mineralogischen Merkmalen günstig auf die allein verwendete Rebenart aus: den Melon-de-Bourgogne.

DOMAINE A.-MICHEL BREGEON
Les Guisseaux · F-44190 Gorges
(✆ 40 06 93 19)

Preise für Gr: FF 15,40 bis 25,–

Sonniges Mikroklima, Ton-Kieselboden, ausgewählte Rebsorten (Melon de Bourgogne, Folle Blanche und Cabernet), Bodenverbesserung auf der Basis organischer Düngemittel und zerkleinerter Weinranken wirken mit bei der Qualität der erzeugten Weine: ein Muscadet de Sèvre-et-Maine mit blaßgoldener Robe und Grünreflexen, an der Nase fein und typisch, harmonisch und elegant im Mund; auch ein Gros Plant du Pays Nantais sowie ein Landwein des Jardin de la France.

DOMAINE DE L'ECU
Guy Bossard
La Bretonnière · F-44430 Le Landreau
(✆ 40 06 40 91)

EVP: FF 22,– bis 25,–; Gr: FF 15,– bis 19,–

Die Domäne, seit 5 Generationen im Familienbesitz, umfaßt 18 ha Rebflächen auf Kiesel-Ton-Hängen, die biologisch bestellt werden. Ihr Muscadet de Sèvre-et-Maine wird bis zum Abziehen in unterirdischen Tanks auf Hefe ausgebaut. Der Wein duftet intensiv nach weißen Blüten, später entwickelt er mineralogische Aromen, er hat ein komplexes und strukturiertes Finale. Ein lagerfähiger Wein.

DOMAINE LA HAUTE FEVRIE
Claude Branger
La Févrie · F-44690 Maisdon-sur-Sèvre
(✆ 40 36 90 41)

EVP: FF 20,– bis 24,– inkl. Mwst; Gr: FF 15,– bis 19,– zuzügl. Mwst

Der durchschnittlich 35 Jahre alte Rebsortenbestand von Melon de Bourgogne, der auf steinigen und tonkieselhaltigen Böden wächst, wo gemäßigtes Klima herrscht, der traditionelle Anbau auf der Basis von Kompost und organischen Düngemitteln, die manuellen Weinlesen, die Kontrolle der Gärungstemperaturen ... und das Talent des Winzers Claude Branger lassen Muscadets entstehen von blaßgoldener Schattierung, gekennzeichnet von Finesse, Fruchtigkeit und einem mineralischen Bukett. Sehr empfehlenswert: "L'Excellence Haute Févrie", eine Cuvée aus sehr alten Rebstöcken, die auf den besten Böden der Domäne wachsen.

DOMAINE DES HERBAUGES
Luc Choblet et Pascal Fouchault
Les Herbauges · F-44830 Bouaye
(✆ 40 65 44 92)

Preise für Gr: FF 13,50 bis 17,40

Diese auf den Nordosthängen an einem See gelegene Domäne erzeugt auf rund 30 ha einen Muscadet, der auf Hefe ausgebaut wird, ein Vinifizierungsverfahren, bei dem man den Wein auf dem natürlichen Fermentationsbodensatz reifen läßt, wodurch er, einmal in der Flasche, all seine Frucht und seine leichten Perlen bewahrt, Frische und Jugend garantiert.

DOMAINE LES JARDINS DES AMIRAUX
Christian Maillard
Le Montru · F-44330 La Chapelle-Heulin
✆ 40 06 72 43)

EVP: FF 19,50 inkl. Mwst; Gr: FF 14,50 zuzügl. Mwst

Christian Maillard, Abkomme einer Familie mit alter Winzertradition (ein Vorfahr war schon im 16.

Jh. Winzer in La Chapelle-Heulin), führt sein Familien-Weingut mit viel Geschick. Der angebaute Melon de Bourgogne, aus dem der Muscadet de Sèvre-et-Maine hergestellt wird, mag den glimmerschiefrigen, grobsandigen Boden und bringt einen im Duft fülligen, blumigen, mineralischen Wein hervor, voller Finesse und Harmonie, gekennzeichnet durch einen dank der mineralischen Noten aromatischen Nachgeschmack.

DOMAINE DE LA LOUVETRIE
Pierre et Joseph Landron
Les Brandières · F-44690 La Haye-Fouassière
(✆ 40 54 83 27)

Preise auf Anfrage

Die Muscadets bewahren die Identität ihrer jeweiligen Bodenart, deren Ausdruck sich dank der Drosselung des Ertrages noch verstärkt. Die Weine sind aromatisch, sie duften nach Zitrusfrüchten und weißen Blüten, sind lebhaft, fruchtig, zart, sehr fein, mächtig an der Nase, rauchig, mineralisch, mitunter weisen sie eine leicht wilde Note auf ... vielleicht, weil die letzten Wölfe der Region an dieser Stätte getötet wurden, woher auch der Name der Domäne rührt.

DOMAINE DES REBOURGERES
Jean Lebas
F-44690 Maisdon-sur-Sèvre · (✆ 40 54 60 78)

Preise auf Anfrage

Ihre 12 ha erstrecken sich über Tonkiesel-Hänge zwischen Sèvre-et-Maine. Auf diesem Gut wird ein feiner und leichter, eleganter und raffinierter Domaine des Rebourgères sur lie produziert, der zum Apéritif getrunken wird, auch ein angenehmer und harmonischer, fülliger und samtiger Clos du Moulin la Gustais, der zwischen den Mahlzeiten schmeckt. Seit 1770 ist der Name der Lebas mit dem Weingarten und der Qualität seiner Weine verbunden.

DOMAINE DE LA ROCHERIE
Denise et Daniel Gratas
La Rocherie · F-44430 Le Landreau
(✆ 40 06 41 55)

Preise für Gr: unter FF 20,–

Der 14 ha umfassende Weingarten mit Kiesel-Tonboden ist vollständig mit der berühmten Rebsorte Melon de Bourgogne bepflanzt. Das Durchschnittsalter der Rebstöcke beträgt 20 Jahre. Es werden Muscadet Sèvre-et-Maine sur lie und Gros Plant du Pays Nantais produziert. Luftdruckpressen und Temperaturkontrolle während der Gärung bestimmen die Vinifizierung. Der Ausbau der Weine erfolgt in unterirdischen Glaskufen. Das Ergebnis ist ein fruchtiger und frischer Muscadet Sèvre-et-Maine sur lie von guter Nachhaltigkeit im Mund. Wer ihn noch nicht kennt, sollte ihn probieren.

CLOS DES ROSIERS
Philippe Laure
Les Rosiers · F-44330 Vallet
(✆ 40 33 91 83)

EVP: FF 20,– inkl. Mwst; Gr: FF 14,– zuzügl. Mwst

Natürlich bestellte Tonschieferböden, mildes, gemäßigtes Klima und gut über das Jahr verteilte Niederschläge, ein sehr robuster Rebsortenbestand, wärmeregulierte Weinbereitung und 6-8monatiger Ausbau auf Hefe im Faß und unterirdischen Tank geben dem Muscadet sur Lie des Clos des Rosiers seinen typischen Charakter, seine subtilen, eleganten, fruchtigen und blumigen Aromen, seinen so frischen und feinen Geschmack.

DOMAINE DE LA TOURLAUDIERE
Petiteau-Gaubert E.A.R.L.
La Tourlaudière · F-44330 Vallet
(✆ 40 36 24 86 · Fax: 40 36 29 72)

Preise auf Anfrage

MUSCADET DE SEVRE-ET-MAINE
ROSE DE LOIRE – FIEFS VENDEENS

Melon de Bourgogne und Folle Blanche, 2 Rebsorten, die die Nantes-Weine berühmt gemacht haben, mögen den glimmerschiefrigen alten, mit Eruptivgestein versetzten Boden, auf dem sich der 26 ha große Weinberg mit durchschnittlich 25 Jahre alten Rebstöcken befindet. Die Petiteau-Gauberts bebauen die Rebflächen, die nur mit natürlichem Kompost gedüngt werden, seit 1746. Ihr Gros Plant ist leicht und erfrischend, eine Freude an Sommertafeln. Am Muscadet de Sèvre-et-Maine schätzt man das helle grüngelbe Kleid, die mineralischen Düfte, die Noten von Rauch und Toastbrot, der ausgewogene Wein bewahrt seine Qualitäten 2-3 Jahre und wird all jene überraschen, die ihn auf ihrer Tafel zum Begleiter haben.

Domaine de la Tourlaudière
Muscadet de Sèvre-et-Maine-sur-lie
EARL Petiteau-Gaubert
La Tourlaudière · 44330 Vallet
✆ 40362486 · Fax: 40362972

ROSE DE LOIRE

Der Rosé de Loire, seit 1974 A.O.C., wird auf dem gesamten Appellationsgebiet des Anjou produziert. Die jährlich erzeugten 20 000 hl werden aus den Rebsorten Cabernet (mindestens 30 %), Groslot, Gamay, Côt und Pineau d'Aunis gewonnen. Frische, Frucht und Leichtigkeit charakterisieren den ausschließlich trockenen Wein.

DOMAINE DES BAUMARD
Jean & Florent Baumard
8, rue de l'Abbaye · F-49190 Rochefort-sur-Loire
(✆ 41 78 70 03)

Preise auf Anfrage

Der trockene Rosé, gefällig anzusehen, mit angenehmem Parfum, ist voller Frische und Fruchtigkeit, vollmundig, mit den charakteristischen Aromen des Cabernet Franc an der Nase, ein Freund gesunder Lebensweise und sommerlicher Stunden.

DOMAINE DE MONTGILET
Victor et Vincent Lebreton
F-49610 Juigné-sur-Loire · (✆ 41 91 90 48)

EVP: FF 20,– inkl. Mwst; Gr: FF 13,50 zuzügl. Mwst

Grolleau Noir (60 %) und Gris (10 %) sowie Cabernet Franc (15 %) und Sauvignon (15 %) bringen einen Rosé de Loire hervor, der nach 48stündigem Ausbluten mit Wärmeregulierung vergoren wird. Er besitzt eine schöne Farbe, ein volles Bukett, dessen Noten sich am Gaumen wiederfinden. Der offene und leichte Wein mit frischer Würze bietet sich vor allem für gesellige Stunden im Sommer an.

DOMAINE LA SEIGNEURIE
G. Leduc
F-49540 Soussigné · (✆ 41 59 43 32)

Preise auf Anfrage

Der Rosé de Loire dieser Domäne ist voller Frische und Fruchtigkeit, leicht und vollmundig, er enttäuscht den Gaumen nicht. An der Nase wetteifern die rebsortencharakteristischen Düfte von Cabernet, Groslot, Gamay, Côt und Pineau d'Aunis miteinander. Ein idealer Freund einfacher, gesunder Gerichte mit Produkten aus der Region.

FIEFS VENDEENS

Wenn die ersten Lehnsgüter (Fiefs) dieser Region aus dem 9. Jh. auch eine lange Blütezeit erlebten, so existieren heute nur noch 4 von ihnen: Pays de Brem, de Mareuil, de Vix und de Pissotte. Sie erstrecken sich mit ihrer interessanten Rebenvielfalt über etwa 100 ha. Produziert werden weiße, rosé und rote sehr charakteristische leichte V.D.Q.S.-Weine, die zu jeder Jahreszeit kühl getrunken werden können. Die Weinprobe beim Erzeuger, bei dem die Wärme des Empfangs und die Kühle des Kellers miteinander im Wettstreit stehen, ist einen Versuch wert. Aus den 4 Gebieten haben wir Pissotte ausgewählt mit seinem einzigen Weinbauern (Monopol): Xavier Coirier.

DOMAINE LA PETITE GROIE
Xavier Coirier
F-85200 Pissotte · (✆ 51 69 40 98)

Preise auf Anfrage

Dieser 18 ha umfassende Rebgarten liegt auf den ersten Ausläufern des Bocage Vendéen mit Kieseltonboden. Die Mehrzahl der Weinstöcke ist über 20, einige sind über 60 Jahre alt. Durch mäßige organische Düngung werden jegliche chemische Stickstoffzusätze vermieden, die die Qualität der Weine beeinträchtigen würden. Der Weißwein überrascht durch die Intensität seiner Parfums, wobei der Ginster dominiert, er ist nervig, fein und elegant, als Frucht herrscht der grüne Apfel vor. Der Rosé mit Erdbeeraroma ist fein und fruchtig, nachhaltig im Mund. Der Rotwein hat einen dezenten Geschmack von Himbeere und Schwarzer Johannisbeere, er hält sich 4 Jahre.

ANJOU ROUGE

Dieser südlich von Angers am Ufer der Loire und seiner Nebenflüsse angelegte Weinberg, häufig am Fuße von Hügeln und Plateaus, profitiert von Tonschieferböden und vom Atlantik hervorgerufener klimatischer Milde. Die aus den Cabernets Franc und Sauvignon sowie Pineau d'Aunis hergestellten roten Anjou-Weine sind leicht und frisch, besitzen ein ausgeprägtes Himbeeraroma. Sie stellen zwar nur 15 % der Anjou-Weinerzeugung (85 000 hl) dar, ihre Produktion steigt seit einem Jahrzehnt jedoch stetig. Und dies zum großen Vergnügen der Liebhaber der Weine, die jung getrunken werden

können, obwohl bestimmte Jahrgänge eine 3-6jährige Alterung benötigen.

DOMAINE DE FLINES
Chantal Motheron
102, rue d'Anjou · F-49540 Martigné-Briand
(✆ 41 59 42 78)

EVP: FF 15,– bis 25,–

Der 50 ha umfassende Weingarten profitiert vom Tonkalkboden und leicht atlantischem Klima mit Golfstromeinfluß. 25 Jahre alte Bepflanzung, gedrosselter Ertrag und den Rebsorten Cabernet Franc, Gamay, Grolleau, Chenin und Chardonnay angepaßte Vinifizierungsverfahren gewährleisten die Herstellung von Qualitätsweinen. Hervorzuheben ist ein sehr charaktervoller Chardonnay, der dennoch elegant, fett und nicht aggressiv ist.

DOMAINE DU PETIT CLOCHER
Antoine et Jean-Noël Denis
3, rue du Layon
F-49560 Cléré-sur-Layon (✆ 41 59 54 47)

EVP: FF 18,50 bis 22,–; Gr: FF 14,– bis 16,–

Die 50 ha Ton- und Schieferrebflächen sind mit Cabernet Franc bepflanzt, der im Durchschnitt 33 Jahre alt ist. Die Hauptproduktion, roter Anjou, ist auch am renommiertesten, zum Beispiel ein 92er, fruchtig, frisch, vollmundig und offen.

DOMAINE DE TOUCHE NOIRE
Thierry Templai
Millé · F-49380 Chavagne-les-Eaux
(✆ 41 54 31 26)

EVP: FF 20,– bis 31,–; Gr: FF 15,10 bis 23,60

Bei vollkommener Reife gelesene Trauben, ein gedrosselter Ertrag pro Hektar, sehr gute Böden und ein Klima mit gleichmäßiger Sonnenbestrahlung führen zu einer sehr beständigen Qualität der auf

ANJOU ROUGE – ANJOU BLANC – ANJOU-VILLAGES

Touche Noir hergestellten Weine: ein Anjou mit sehr kräftigem Kleid, purpurviolettem Schimmer, einem intensiven Bukett von roten Früchten mit einigen Gewürznoten, sehr ausgewogen, anhaltend im Mund, alterungsfähig; ein Coteau du Layon, der seiner Appellation keinen Schaden zufügen kann.

ANJOU BLANC

Die südlich von Angers gelegene Anbaufläche bedeckt 1 000 ha Schiefer- oder Ton-Schiefer-Böden. Der aus der traditionellen Loire-Rebe, dem Chenin, produzierte Wein kann mit maximal 20 % Sauvignon oder Chardonnay gemischt werden. 2 Sorten werden hergestellt: trockener und halbtrockener Weißwein. Ersterer zeichnet sich durch aromatische Nachhaltigkeit aus, letzterer durch liebliche Würze und Abgerundetheit im Mund. Während der trockene Wein jung getrunken werden sollte, ist der halbtrockene nach einigen Jahren in der Flasche am besten.

DOMAINE DE MONTGILET
Victor et Vincent Lebreton
F-49610 Juigné-sur-Loire · (✆ 41 01 90 48)

EVP: FF 22,–; Gr: FF 14,60 zuzügl. Mwst

Das tiefe, tonhaltige Gebiet, das Verziehen der Reben im August, die Weinlese in 2 Durchgängen (60 % Edelfäule, der Rest überreife Trauben) führen zur Herstellung eines vollen und fetten weißen Anjou, der lieblich an der Nase und rund im Mund ist. Wird er nach ein paar Jahren in der Flasche serviert, weist er erstaunliche Qualitäten auf. Ein Wein, den man unverzüglich probieren sollte.

DOMAINE DA LA SEIGNEURIE
Madame G. Leduc et ses Enfants
Soussigné · F-49540 Martigné-Briand
(✆ 41 59 43 32)

Preise auf Anfrage

An dieser malerischen Stätte mit Überresten von zahlreichen in das Sedimentgestein gegrabenen Felsenwohnungen wächst der Chenin auf Muschelerde mit reichem Untergrund. Er wird ohne Kunstdünger angebaut, gibt dem trockenen weißen Anjou seinen Charakter und seine Frucht, Festigkeit und Rasse. Jung serviert, würzt er die besten Menüs.

ANJOU-VILLAGES

Diese neue Appellation wird auf einem Gebiet erzeugt, das 48 Gemeinden umfaßt. Auf schiefrigem und kalkhaltigem Untergrund bringen die Rebsorten Cabernet Franc und/oder Sauvignon 15 000 hl Rotwein hervor, der erst nach einjähriger Alterung im Tank oder Faß vermarktet werden kann, was ihm feine, geschmolzene Tannine und einen entwickelteren Charakter gibt. Von guter Alterungsfähigkeit, bestätigt er die Qualität der roten Anjou-Weine.

DOMAINE DITTIERE
1, chemin de la Grouas · F-49320 Vauchrétien
(✆ 41 91 23 78)

EVP: FF 20,– bis 50,– inkl. Mwst; Gr: FF 13,– bis 40,– zuzügl. Mwst

Der 32 ha große Weinberg mit schiefrigem Löß-Sandboden erlaubt die Herstellung mehrerer Anjou-Appellationen, u.a. eines Anjou-Villages, gekennzeichnet von Frucht und Abgerundetheit, Samtigkeit und natürlichen Eigenschaften für gutes Altern.

DOMAINE DE MONTGILET
Victor et Vincent Lebreton
F-49610 Juigné-sur-Loire
(✆ 41 01 90 48)

EVP: FF 25,– bis 30,–; Gr: FF 17,– bis 19,– zuzügl. Mwst

ANJOU-VILLAGES – CABERNET D'ANJOU
ROSE D'ANJOU

Die harten Böden eines Schiefermassivs, das Verziehen der Reben zur Ertragsbegrenzung, das Abbeeren des Ernteguts, lange wärmeregulierte Maischegärung und der Ausbau des Weins in Sandsteinkufen vor seinem Abzug auf Flaschen geben dem Anjou-Villages eine gefestigte Persönlichkeit, einen harmonischen Charakter, dessen Tannine verschmelzen mit den Aromen von roten Früchten, die typisch sind für den Cabernet Franc und Sauvignon, aus dem er hergestellt wird. Dieses Produkt einer relativ neuen Appellation verdient beste Tafeln.

CABERNET D'ANJOU

Obwohl es den Cabernet seit mehreren Jahrhunderten im Anjou gibt, wurde er erst 1905 zu Rosé verarbeitet, und er eroberte das Paris der Belle Epoque, dann ganz Frankreich. 1950 reichte seine Produktion nicht aus. Die Anbaufläche wurde ausgeweitet. Heute werden jährlich 120 000 hl hergestellt. Die von schiefrigem, ton- und kalkhaltigem Boden stammenden Weine sind je nach Region fein und fruchtig, körperreich, elegant und leicht, lieblich. Manche können außerdem einige Jahre altern.

DOMAINE MADAME GEORGES LEDUC
F-49540 Martigné-Briand
(✆ 41 59 43 32)

Preise auf Anfrage

Dieser fruchtige, elegante, in Purpur gewandete Rosé, angenehm nach Himbeere duftend, ist bekannt für seine Finesse und Lieblichkeit. Er stammt von schiefrigen und tonhaltigen Böden, gibt die Aromen des Cabernet Franc und Sauvignon wieder.

DOMAINE J. et Ch. MOTHERON
F-49540 Martigné-Briand
(Fax: 41 59 45 60)

EVP: FF 15,– bis 25,–

Der Erfolg dieser Domäne: ein Cabernet in hellrotem Kleid, mit vollem Himbeerbukett, ein fruchtiger und vornehmer Wein, den man gern in geselligen Stunden serviert.

ROSE D'ANJOU

Mit 280 000 hl pro Jahr zählt der Rosé d'Anjou zu den wichtigsten Weinbauerzeugnissen des Anjou. Groslot, Cabernet, Gamay und Côt, die auf Kies sowie kiesel- und kalkhaltigem Sand wachsen und deren Beeren bei Vollreife gepflückt und nur wenige Stunden gemaischt werden, bringen einen fruchtigen und herrlich erfrischenden halbtrockenen Rosé hervor, der eine junge Kundschaft sowie neue Konsumenten anzieht ... und all jene, die ihn einmal gekostet haben und ihm natürlich treu geblieben sind.

DOMAINE DE FLINES
Chantal Motheron
102, rue d'Anjou · F-49540 Martigné-Briand
(✆ 41 59 42 78)

EVP: FF 15,– bis 25,–; Gr: auf Anfrage

Diese Domäne bietet unter ihrer bedeutenden Produktion von Anjou-Weinen einen halbtrockenen Rosé d'Anjou an, fruchtig und durststillend, ein Wein für alle Tageszeiten, insbesondere für Sommertage.

DOMAINE LEDUC-FROUIN
Soussigné · F-49540 Martigné-Briand
(✆ 41 59 42 83)

EVP: FF 20,– inkl. Mwst; Gr: FF 15,– zuzügl. Mwst

Der halbtrockene Rosé d'Anjou dieser seit 1873 von derselben Familie bewirtschafteten Domäne hat eine gefällige Färbung, er ist fruchtig,

ROSE D'ANJOU – BONNEZEAUX
COTEAUX DE L'AUBANCE

verlockend, angenehm erquickend, von unvergleichlicher Frische. Der Wein für alle Gelegenheiten hat seinen Platz auf geselligen Tafeln.

BONNEZEAUX

Die A.O.C.-Fläche am rechten Layon-Ufer, im Herzen der Weinberge der Coteaux-du-Layon, bedeckt die Gipfel von drei imposanten Anhöhen über 2,8 km Länge und 500 m Breite. Auf den 90-100 m hohen Hängen mit 15-20 %igem Gefälle fördern die steinigen, schiefrig-tonhaltigen Böden die Überreife der Chenin blanc-Trauben. Sie bringen ca. 1 800 hl eines Weins von seltener Eleganz hervor, mit sehr markantem Bukett, golden und cremig, von bemerkenswerter Fruchtigkeit, frisch und nachhaltig im Mund.

CHATEAU DE FESLES
Jacques Boivin
F-49380 Thouarcé-Bonnezeaux
(℡ 41 54 14 32)

Preise auf Anfrage

Der schon 1701 bewirtschaftete Weingarten, der dieses 1070 errichtete Schloß umgibt, umfaßt 33 ha, die auf einem nach Süden ausgerichteten Hügel mit schiefrigen Böden gelegen sind. Sie sind mit Chenin blanc für die Bonnezeaux bepflanzt, deren größter und bekanntester Vertreter der Boivin-Wein ist. Dieser in guten Jahren mit einem Sauternes vergleichbare Bonnezeaux ist goldfarben, kernig, nachhaltig im Mund, hat einen subtilen und sehr fruchtigen Geschmack, geprägt von einer Verbindung reifer Früchte mit blumigem Charakter, der Akazienblüte nahekommend.

COTEAUX DE L'AUBANCE

Auf den Anhöhen, die den Loire-Nebenfluß Aubance beherrschen, befindet sich das A.O.C.-Gebiet

dieses sehr kleinen Anjou-Weinberges. Hier profitieren die Chenin blanc-Reben von Schlicksandböden, bei denen der Schiefersockel zutage tritt. Es entsteht ein halbtrockener oder lieblicher Weißwein, der beim Altern in der Flasche seine Reichhaltigkeit entfaltet. Der ausgezeichnete Aperitif harmoniert, gekühlt serviert, auch mit vielen Fleischsorten und Fisch.

DOMAINE DE BABLUT
S.C.E.A. Daviau
F-49320 Brissac-Quincé · (℡ 41 91 22 59)

Preise auf Anfrage

Die Daviaus sind seit 1546 Weinbauern in Brissac. Heute bewirtschaften sie 85 ha Rebflächen, davon 29 ha auf dem Château de Brissac. Sie stellen einen Coteaux-de-l'Aubance sowie einen roten und weißen Anjou her. Der Coteaux- de-l'Aubance ist leuchtend gelb in der Farbe, duftet nach Zitronenkraut, Weinblüte, Linde, kandierten Früchten, von der Edelfäule hervorgerufen, ist im Mund fett, lieblich, nachhaltig mit denselben Aromen wie an der Nase, gewinnt mit dem Alter die mineralische Note des Chenin blanc. Der Anjou-Weißwein mit seinem gelben Kleid mit Grünreflexen hat fruchtige (Aprikose, Quitte) und mineralische, von Rauch- und Grillaromen gestützte Noten, ist sehr reichhaltig, fett im Mund, die an der Nase wahrgenommenen Aromen halten noch lange nach der Verkostung an. Der rubinfarbene rote Anjou, von mittlerer Haltbarkeit, duftet nach Himbeere, Kirsche und Veilchen, sein Bukett nimmt im Alter balsamische, lakritzartige Nuancen an, ein Wein mit seidigen Gerbstoffen, der sich vom 2. Jahr an zur Verkostung anbietet.

Domaine de Bablut + Château de Brissac
Daviau · Vignerons
F-49320 Brissac-Quincé

SANFTE NERVOSITÄT

Der Schiefer, die Weinernten in mehreren Lesedurchgängen, Überreife und die geistige Verfassung der Coteaux de l'Aubance machen sie zu Weinen ohnegleichen. Während in schwierigen Jahren weiße Blüten von Akazie, Weinrebe, Weißdorn, mit Merkmalen von Passionsfrucht, Papaya und Ananas zum Ausdruck kommen, überwiegt in Jahren ohne Überreife eine pflanzliche Note in Verbindung mit Linde, Verbene, grüner Aprikose und Zitronenkraut. Bei Jahrgängen, die aufgrund guter Klimaverhältnisse höhere Qualität aufweisen, herrschen kandierte Aprikose, Pfirsich, Quittengelee, Zitrusfrüchte - von der Pampelmuse bis zur kandierten Orange - vor. Mit der Edelfäule entsteht eine erstaunliche Aromafülle, in der der Boden seinen sehr originellen mineralischen Aspekt hervorbringt, den Duft von nassem Schiefer sowie mehr oder weniger ausgeprägte Noten von Kampfer. Auch leicht animalische Nuancen sowie Aromen von Unterholz und kandierten Zitrusfrüchten rufen auf immer intensivere Weise die warmen und verführerischen Merkmale alter Madeira oder Curaçao hervor.

DOMAINE DE MONTGILET
Victor et Vincent Lebreton
F-49610 Juigné-sur-Loire · (Tel: 41 91 90 48)

EVP: FF 33,– bis 65,–; Gr: FF 30,– bis 46,– zuzügl. Mwst

Tonschlickboden auf hartem Schiefer, 32 Jahre alter Rebsortenbestand, Weinlese in mehreren Lesedurchgängen (5 in 1992), 60 % edelfaule und 40 % gelbe Trauben, ein Ertrag von 20 hl/ha, langes und langsames Keltern, um Säfte bester Qualität herauszupressen, sowie wärmeregulierte 4wöchige Gärung ohne Hefezusatz bringen einen 1992er Coteaux de l'Aubance hervor, der an kandierte Früchte erinnert, eine Akazienhonig-Note aufweist. Er

gewinnt ab dem Frühjahr nach der Ernte bemerkenswerte aromatische Komplexität, in der der Aubance-Boden wunderbar zum Ausdruck kommt.

COTEAUX DU LAYON

Der Layon, ein Nebenfluß der Loire, bildet die Mittellinie dieses 3 000 ha großen Rebgartens, der sich über 25 Gemeinden verteilt, von denen 6 ihren Namen an den der Appellation anfügen dürfen. Die sehr mageren Böden des Gebiets ermöglichen nur sehr geringe Erträge. Sie sind einzig mit Chenin blanc bestockt, Trauben, die, wenn sie am Stamm Überreife erlangt haben, dank ihrer Edelfäule, je nach Jahrgang, einen großen lieblichen oder likörigen Wein hervorbringen. Er muß einige Jahre in der Flasche altern, um seinen Höhepunkt zu erreichen.

DOMAINE LEDUC-FROUIN
Madame Georges Leduc
Soussigné · F-49540 Martigné-Briand
(✆ 41 59 47 90)

EVP: FF 20,– bis 80,– inkl. Mwst; Gr: FF 15,– bis 50,– zuzügl. Mwst

Die Anpflanzung auf einem sanften, südlich ausgerichteten Abhang mit Tonkieselboden auf Schiefer- und weißem Lehmuntergrund, das gemäßigte Klima, der Rebsortenbestand mit einem Durchschnittsalter von 30-35 Jahren, der natürliche Anbau ohne chemische Düngemittel sowie die Ernte in mehreren Lesedurchgängen (2-4) machen den Coteaux du Layon dieser Domäne zu einem für die Appellation typischen Wein. Elegant, fruchtig und fett, wird er nach 10 Jahren Lagerung prachtvoll.

DOMAINE J. NOUTEAU-CERISIER
Le Verger · F-49380 Faye-d'Anjou
(✆ 41 54 31 40)

Preise auf Anfrage

COTEAUX DU LAYON – QUARTS DE CHAUME

Dieses alte Familiengut wird wie früher bearbeitet: ohne chemische Düngung und ohne Insektenvertilgungs- und Unkrautvernichtungsmittel. Die Weinlesen erfolgen manuell. Dem Wein werden keinerlei Modifikationsmittel beigesetzt. Er wird in Eichenfässern ausgebaut, durch Abstich von seinem Hefebodensatz getrennt, bevor er auf dem Gut in Flaschen abgefüllt wird. Der lange lagerfähige Coteaux du Layon ist angenehm und fruchtig und hat einen sehr präsenten Traubengeschmack.

CHATEAU DE PASSAVANT
Famille David-Lecomte
F-49560 Passavant-sur-Layon
(✆ 41 59 53 96)

EVP: FF 30,– bis 45,–

Das im 12. Jh. errichtete Château beherrscht den Fluß Layon, dessen Hänge bekannt sind für große Weine ... und den Coteaux du Layon der Domaine de Passavant: mit funkelnder Robe, goldgelbfarben mit Bronzereflexen, an der Nase der Reichtum der verlesenen Beeren, Noten von Aprikose, Quitte und Linde vermischen sich mit einem erfrischenden Hauch Menthol, im Mund ist der Wein vorn offen und schön aromatisch in der Folge.

QUARTS DE CHAUME

Der 70 km lange Layon, der sich östlich von Angers in die Loire ergießt, verfolgt an seinem rechten Ufer auf einer Hügelkette, die durch die Erosion eines nach Süden ausgerichteten Plateaus entstanden ist, die Entwicklung des kleinen Quarts de Chaume-Weingartens, der in seiner Größe so bescheiden ist, daß er nur 850 hl hervorbringt. Der Wein, goldgewandet mit grünen Reflexen, fülligen, delikaten Aromen und einer Spur ihm eigener Bitterkeit ist von erstaunlicher Langlebigkeit: im Augenblick werden die Flaschen aus dem vergangenen Jahrhundert verkostet.

DOMAINE DES BAUMARD
Jean & Florent Baumard
8, rue de l'Abbaye · F-49190 Rochefort-sur-Loire
(✆ 41 78 70 03)

EVP: bis FF 140,– inkl. Mwst; Gr: auf Anfrage

Böden aus Schiefer, Ton und sich zersetzendem Sandstein von geringer Stärke, die die Cheninreben zwingen, ihren Charakter aus dem Untergrund zu schöpfen, die Weinernte in mehreren Lesedurchgängen, die Gärung, die lange Monate dauern kann, die önologischen Kenntnisse und viel Geduld führen zur Herstellung des großen Quarts de Chaume, der mit den Jahren Düfte von Quitte, Linde, Pfirsich, Aprikose, Weihrauch und ein Gemisch aus Wachs und Honig entwickelt. Ein Wein von eleganter, erlesener Süße, die sich am Gaumen ausbreitet, ohne diesen zu ermüden, der seine Qualitäten je nach Jahrgang über ein Jahrhundert hinaus entfalten kann. Da dem Verkoster ein gleiches nicht möglich ist, muß er wissen, daß das Goldene Zeitalter des Quarts de Chaume zwischen 20 und 30 Jahren liegt. Dieser Wein ist ein Kunstwerk.

CHATEAU BELLERIVE
Jacques Lalanne
F-49190 Rochefort-sur-Loire
(✆ 41 78 33 66)

Preise auf Anfrage

Das Weingut mit dem Lieblingsboden für Reben weißer Qualitätsweine profitiert von einem Mikroklima, das besonders günstig ist für die Bildung von Edelfäule, einem Pilz, der die Traube "kandiert" und mit natürlichem Zucker anreichert. Das Ergebnis ist ein goldfarbener Quarts de Chaume Moelleux mit Grünreflexen, sehr reich an Düften, fein, füllig, eine Spur bitter, was charakteristisch für ihn ist. Er erreicht seinen Höhepunkt nach etwa 15 Jahren und ist 20-50 Jahre haltbar.

CHATEAU PIERRE BISE
Claude Papin
F-49570 Beaulieu-sur-Layon
(✆ 41 78 31 44)

EVP: FF 55,– bis 150,–; Gr: FF 32,– bis 75,–

47 ha Rebflächen mit einem Boden aus Schiefer, Sandstein und vulkanischem Gestein genießen ein mildes Klima mit Herbstnebeln, die den Edelfäulebefall der Reben begünstigen. Das Durchschnittsalter der Rebsorten Chenin und Cabernet, das Besäen der Rebflächen mit Gras sowie der Zusatz von Spurenelementen tragen zur Qualität der Quarts de Chaume bei, die reich, delikat und nuanciert sind. Die ebenfalls produzierten Savennières sind rassig, gehaltvoll und lagerfähig, sie zählen zu den berühmtesten Frankreichs.

SAVENNIERES

Dieser sich ausweitende, mit den besten Anjou-Gewächsen bepflanzte A.O.C.-Weinberg umfaßt zur Zeit über 60 ha Anbaufläche. Er erstreckt sich über 4 Hügel, Felsvorsprünge, die bis an die Loire reichen, von rund 6 000 m Länge und 500 m Breite. Die Böden bestehen aus Schiefer, Granitfelsen und Sandstein. Zwei Grands Crus haben den Ruf dieses A.O.C. begründet: La Roche-aux-Moines (10 ha) und La Coulée-de-Serrant (7 ha). Die trockenen Savennières-Weißweine dürfen nur aus gut ausgereiften und in mehreren Lesedurchgängen geernteten Chenin blanc-Trauben hergestellt werden. (Die Rotweine werden unter der Appellation Anjou-Villages verkauft.)

DOMAINE DES BAUMARD
Jean et Florent Baumard
8, rue de l'Abbaye
F-49190 Rochefort-sur-Loire
(✆ 41 78 70 03)

EVP: bis FF 140,– inkl. Mwst; Gr: auf Anfrage

Der Boden aus Schiefer und sich zersetzendem Sandstein, dem der Wein zum Teil seine Rasse und Eigenart verdankt, das gemäßigte Atlantikklima, der kräftige Chenin blanc, der auf Unkrautentfernung und Zusatz organischen Düngers beruhende Anbau, die manuelle Weinlese bei maximaler Reife, häufig in mehreren Lesedurchgängen, sorgsame wärmeregulierte Vinifizierung, der Weinausbau in rostfreiem Gärgerät und der Geist des Mannes, der den Wein aufzieht, bringen einen bemerkenswerten Savennières hervor. In seiner Jugend ist er blaßgold, hat grüne Reflexe, während der Alterung wird er goldglänzender. Der 1984er ist aromatisch im Duft und Geschmack, der 1986er voller Geschmeidigkeit und Abgerundetheit, der 1988er, harmonisch trotz seiner Mächtigkeit, hat sehr feine Aromen, kann jetzt getrunken, aber auch gelagert werden, wenn man, wie viele Liebhaber, gern einen alten Jahrgang aufbewahrt, wobei man wissen muß, daß sich der jugendliche Charakter des Savennières 1-5 Jahre hält.

DOMAINE DU CLOSEL
Mme de Jessey
F-49170 Savennières · (✆ 41 72 81 00)

EVP: FF 50,– bis 70,–; Gr: FF 28,– bis 38,– zuzügl. Mwst

Der ausgedehnte Rebgarten auf Ton-Schiefer-Sandsteinboden mit Sandablagerungen durch den Wind befindet sich seit 1750 im Besitz der de Jesseys. Das Gut produziert einen trockenen, manchmal halbtrockenen Savennières, der sehr fein und elegant ist, Aromen von Früchten aufweist, ein bißchen Linde, Honig, bittere Mandel, ein Hauch mineralisch ist von den Schieferminen in der Nähe des Weingartens. Der im Mund nachhaltige Wein hält dem strengsten Urteil seiner Liebhaber stand. Ein beachtlicher Wein für große Tafeln.

CHATEAU D'EPIRE
Luc Bizard
F-49170 Savennières · (✆ 41 77 16 23)

SAVENNIERES – SAVENNIERES COULEE-DE-SERRANT
SAUMUR

EVP: FF 55,– bis 58,–; Gr: FF 29,– bis 30,–

Das Château d'Epiré, seit dem 17. Jh. im Familienbesitz, ist allein einen Besuch wert: das in der alten Kirche (12. Jh.) der Gemeinde befindliche Weinlager ist einzig in seiner Art. Was den Savennières angeht, so wächst er auf 11 ha Schiefer und profitiert vom milden Anjou-Klima mit atlantischem Einfluß. Seit langem befindet er sich an der Spitze der Appellation und scheint dort auch zu bleiben. Traditionelle Bodenbestellung, organische Düngung, Gärung in kleinen rostfreien Tanks (32 hl) vor dem Ausbau im Kastanienfaß tragen zur langen, bei einem Weißwein seltenen Lagerfähigkeit bei. Er besitzt eine intensive Goldrobe, Aromen von Quitte und Linde, eine kräftige Struktur und ist sehr nachhaltig im Geschmack.

Dieser vor 8 Jahrhunderten von den Zisterziensermönchen angelegte Weinberg ist seither ständig mit Reben bepflanzt. Das alte Kloster und das 1230 errichtete Château de la Roche-aux-Moines stehen unter Denkmalschutz. Der die Loire überragende Weingarten mit seinen sehr steilen Hängen kann nur mit der Hand und dem Pferd bearbeitet werden. Die Weine gehören - wie der Romanée Conti und der Château-Grillet - zu einem der drei Weingüter Frankreichs, deren Appellation nur einen Besitzer zählt. Durch biochemischen Anbau, einen Ertrag von 30 hl/ha und Vinifizierung in alten Eichenfässern ("die Qualität des Weins ist vom Kunstgriff Holz nicht abhängig", N. Joly) wird ein Coulée-de-Serrant erzeugt, der zu den 3 oder 5 besten Weinen der Welt gerechnet wird.

SAVENNIERES COULEE-DE-SERRANT

Ganz in der Nähe von Angers - "eine Stadt, die Bacchus mit seinen Gaben überhäuft hat" - erstreckt sich auf vier Hügeln, wahre Felsvorsprünge zur Loire hin, der Rebgarten von Savennières mit Böden aus Sandstein, Schiefer und Fels. Er umfaßt die 7 ha der Monopol-Appellation "Savennières Coulée-de-Serrant" in außergewöhnlicher Lage. Der im 12. Jh. von den Zisterziensermönchen angelegte Weinberg steht seither ununterbrochen unter Reben. Die Klostergebäude der ehemaligen Anlage stehen noch. Etwa in dieselbe Zeit fällt der Baubeginn des Château de la Roche-aux-Moines, das nur etwa 100 m entfernt davon ebenfalls auf dem Grund und Boden des Gutes liegt.

CLOS DE LA COULEE-DE-SERRANT
Château de la Roche-aux-Moines
Nicolas Joly
F-49170 Savennières · (✆ 41 72 22 32)

EVP Coulée-de-Serrant: FF 150,–, Roche-aux-Moines: FF 80,–, Savennières: FF 60,–

SAUMUR

Der weiße Saumur wird auf der gesamten A.O.C.-Fläche, d.h. in 37 Gemeinden südlich und östlich von Saumur, erzeugt. Wie sämtliche Weißweine der Region wird er aus der Chenin blanc, zuweilen in Verbindung mit dem Chardonnay oder dem Sauvignon gewonnen. Der rote Saumur entsteht auf den Coteaux-de-la-Dive und du-Thouet und wird aus Cabernet Franc und Cabernet Sauvignon hergestellt. Der Saumur-Schaumwein wird jedes Jahr in großer Menge im Inland vertrieben und ins Ausland verschickt. Seinen Erfolg verdankt er seiner leichten Schaumbildung in den Saumurkellern, die außerdem ideale Bedingungen für seine Reifung bieten.

DOMAINE DES HAUTES VIGNES
Fourrier et Fils
F-49400 Distré · (✆ 41 50 21 96)

EVP: FF 26,– + 31,– inkl. Mwst; Gr: FF 19,50 + 16,–

Auf der 30 ha großen Familiendomäne werden Weine hergestellt, die sowohl in der Gastronomie als auch bei Privatkunden und Exporteuren beliebt sind: der sehr aromatische und recht kernige rote

Saumur mit gutem Gerbstoff beim Abgang, der mit 13°C verkostet wird, Aromen von Himbeere und Schwarzer Johannisbeere entwickelt; der sehr aromatische und kernige weiße Saumur; der finessereiche, sehr aromatische und schön füllige Crémant de Loire.

CHATEAU DE MONTREUIL-BELLAY
Mme de Thuy
F-49260 Montreuil-Bellay · (✆ 41 52 33 06)

Preise auf Anfrage

Von dem um 1025 errichteten Feudalschloß sind noch das Vorwerk, Wassergräben und Befestigungsanlagen, die unterirdischen Gewölbe und die Küche mit Zentralfeuerung erhalten. Das neue Schloß und die Stiftskirche, die Unterkunft der Domherren, die Schwitzbäder und das Oratorium mit Musikfresken stammen aus dem 15. und 16. Jh.. Der Komplex, der übrigens besichtigt werden kann, scheint über den Weinberg zu wachen. Sein tonkalkhaltiger Boden ist mit Cabernet Franc und Chenin bestockt. Die Trauben werden mit Temperaturkontrolle vinifiziert und dann in Eichenfässern ausgebaut: ein roter Saumur mit dunkler Rubinrobe, einem Bukett von Himbeere oder Veilchen, fruchtig und generös, nachhaltig im Mund; ein trockener, weißer Saumur, sehr leicht, fruchtig und elegant.

DOMAINE DE NERLEUX
Régis Neau
4, rue de la Paleine
F-49260 Saint-Cyr-en-Bourg
(✆ 41 51 61 04)

EVP: FF 33,–; Gr: FF 23,50

Die Neaus, Winzer seit 5 Generationen, verstehen es, die Merkmale einer jeden Rebsorte und eines jeden Jahrgangs zur Geltung zu bringen. Der Chenin profitiert auf den Tonkalkhängen seines Weingartens sowohl von den mineralogischen und klimatischen Qualitäten als auch vom natürlichen

Anbau. Der hier produzierte Saumur trägt diese Reichtümer in sich, hat ein frisches, sehr entwickeltes Parfüm, Eigenschaften, die sich 2-3 Jahre halten.

DOMAINE DE LA RENIERE
René-Hugues Gay
Les Caves · F-49260 Le Puy-Notre-Dame
(✆ 41 52 26 31)

EVP: FF 22,– bis 25,–; Gr: auf Anfrage

Die Gays, bei denen sich seit etwa 4 Jahrhunderten der Winzerberuf vom Vater auf den Sohn vererbt, tragen stets den Vornamen René - daher der Name der Domäne. Ihr 18 ha umfassender Rebgarten erstreckt sich am Fuße der Collégiale und ihres "Goûtier" aus dem 11. Jh. Der mit natürlichem, organischem Dünger verbesserte Tonkalkboden erlaubt die Herstellung eines Saumur, der je nach Charakter und Qualität eines Jahres vinifiziert und danach entweder in rostfreien Tanks, in Fudern oder aber neuen Barriques ausgebaut wird. Eine sehr gute Bodenkenntnis und das Erspüren der Merkmale des Jahrgangs prägen die Arbeitsweise von der Weinlese bis hin zum fertigen Wein, den sich R.-H. Gay "rein, reich und anständig" wünscht. Sein dunkelrubinroter Saumur ist an der Nase blumig von intensiven roten Früchten, er hat vorn im Mund einen guten Geschmack, ist geschmeidig und rund. In den Weinen dieser Domäne spiegelt sich das Talent des Meisters.

RENE-HUGUES GAY, Winzer
Domaine de la Renière
49260 Le Puy-Notre-Dame

SAUMUR-CHAMPIGNY

Die rund 600 ha umfassende Anbaufläche besteht aus einem Boden, in dem der weiße und harte Kalk unter einer Schicht aus Humus und feinem

Sand die Wärme der Sommertage speichert, um sie des Nachts wieder abzugeben. Sie ist mit Cabernet Franc bestockt, der einzigen Rebenart, die für diesen Rotwein verwendet wird, ein typischer fruchtiger Wein, der in Kellern, die in den Kalktuff gegraben wurden, altert.

DOMAINE RENE-NOEL LEGRAND
13, rue des Rogelins
F-49400 Varrains · (✆ 41 52 94 11)

EVP: FF 35,– inkl. Mwst; Gr: FF 25,–

Die Cabernet Franc- und Chenin-Rebstöcke profitieren vom Kalktuffboden, der durch vollständige Unkrautbeseitigung und kontrolliertes Besäen mit Gras instandgehalten wird. Wärmegeregelte Vinifizierung und der zeitweilige Verbleib eines Großteils der hergestellten Weine im Faß sagen den Saumur-Champignys besonders zu: ein dunkler 1990er Rotwein ist körperreich, er duftet nach Schwarzer Johannisbeere und Unterholz, ist 10 und mehr Jahre lagerfähig; ein lebhafter, leichter 1992er Rotwein mit Aromen von roten Früchten kann ab sofort getrunken werden.

DOMAINE DE NERLEUX
Régis Neau
4, rue de la Paleine
F-49260 Saint-Cyr-en-Bourg · (✆ 41 51 61 04)

EVP: FF 33,–; Gr: FF 23,50

Auf den Kalkhängen, die das Renommée der Saumur-Weine ausmachen, erstrecken sich die Rebflächen dieser Domäne, die ohne Düngemittel bestellt werden und vom immer sehr sonnigen Herbst profitieren. Sie erlauben die Produktion eines leichten, aber gut strukturierten Saumur Champigny mit einem Duft von roten Früchten und ausgeprägten, geschmolzenen Gerbstoffen. Ein typischer Wein, der im Alter von 2-5 Jahren serviert wird

CHATEAU TARGE
Edouard Pisani-Ferry
F-49730 Parnay · (✆ 41 38 11 50)

EVP: FF 40,–; Gr: FF 28,80 zuzügl. Mwst

Die einstige Jagdresidenz des Privatsekretärs Ludwigs XIV. diente später Gambetta und Jules Ferry als Wohnsitz. Ferrys Nachkommen bauten einen Teil ihres Weins in Eichenfudern aus. Der Targé, der nach einigen Monaten Ruhe in der Flasche zum Verkauf angeboten wird, ist leicht, er besitzt einen guten Tanningehalt, eine Rubinrobe und Aromen von kleinen Früchten (Himbeere, Kirsche). Der Wein für Feinschmecker paßt zu feiner und leichter Küche.

CHATEAU DE VILLENEUVE
S.C.A. Chevallier Père et Fils
F-49400 Souzay-Champigny · (✆ 41 51 14 04)

EVP: FF 25,– bis 35,–; Gr: FF 16,– bis 25,–

20 ha sind mit den durchschnittlich 30 Jahre alten Cabernet Franc-Rebstöcken für den Saumur Champigny bepflanzt. Der Weinberg wird mit Viehgras besät, was die Reifung der Trauben unterstützen soll. Zum Zeitpunkt der Reife werden die Pflanzen beschnitten, um damit den noch verbleibenden Trauben maximale Reifemöglichkeit zu geben. Das Ergebnis ist ein Saumur Champigny mit klassischem Duft von kleinen roten Früchten (Walderdbeere, Brombeere, Schwarze Johannisbeere), Lakritze und in manchen Jahren Paprika. Die Gerbstoffe sind reif, geschmeidig, seidig und elegant, die Aromen sehr fein.

TOURAINE

Die Touraine ist bekannt für ihre außerordentlich reiche Geschichte, aber auch für ihren Weingarten, der zwei Departements bedeckt: Loir-et-Cher und Indre-et-Loire. Man findet in beiden sehr ähnliche Böden, tonkalkhaltige Plateaus und Hänge, manchmal terrassiert, die zur Loire abfallen. Das Atlantikklima mit leicht kontinentalem Einfluß und wechselhafter Nachsaison, jedoch ohne allzugroße Unwetter, sichert den zahlreichen Reben - Chenin blanc, Pineau rouge und gris, Cabernet Franc, Gamay, Sauvignon, Côt, Cabernet - Gesundheit und Langlebigkeit. Die Weine mit ihrem spezifischen Charakter begeistern die Kenner und diejenigen, die sie erstmals probieren. Ebenso begeistert die Landschaft an den Ufern der Loire und des Cher.

DOMAINE DE LA CHARMOISE
Henry Marionnet
F-41230 Soings · (✆ 54 98 70 73)

EVP: FF 30,–

Lehmboden mit Feuerstein, gemäßigtes Klima, durchschnittlich 17 Jahre alte Rebstöcke (35 % Sauvignon, 65 % Gamay), Weinberge, die nicht bearbeitet werden und nur wenig Düngemittelzusatz erhalten, manuelle Weinlese und eine spezielle Vinifizierungstechnik mit anschließendem Ausbau des Weins im rostfreien Tank: all dies ergibt mit all jenem, was der kluge Henry Marionnet verschweigt, leichte aromatische und fruchtige Weine von großer Fülle, die jung getrunken werden. Die Domäne ist bekannt für ihre zur Zeit sehr gefragten natürlichen Weine.

DOMAINE DES CORBILLIERES
Maurice et Dominique Barbou
F-41700 Oisly

EVP: FF 24,–

Die Domäne wurde vom Großvater des Maurice Barbou gegründet, der den Sauvignon in der Region anbaute und zu denen gehörte, die sich für Qualität und die Anerkennung der Appellation Touraine eingesetzt haben. Der 22 ha umfassende Weinberg (Sandboden auf Lehm), der weder beackert, noch gedüngt wird, ist heute zu 65 % mit Sauvignon-Rebstöcken bepflanzt, die durchschnittlich 25 Jahre alt sind. Sie produzieren fruchtige,

leicht zu trinkende Weine, die jedes Gericht begleiten können. Man sollte sie erproben.

CAVE DE LA GRANDE BROSSE
Dominique et Philippe Oudin
25, rue Nationale · F-41700 Chemery
(✆ 54 71 81 03 · Fax: 54 71 76 67)

EVP: FF 20,– bis 25,– inkl. Mwst; Gr: FF 14,– bis 16,– zuzügl. Mwst

Wenn der 25 ha große Weingarten auch erst seit 3 Generationen bebaut wird, so reicht der Ursprung der Cave de la Grande Brosse doch ins 11. Jh. zurück, denn damals wurde der Stein für den Bau der Basilika Saint-Laumer in Blois abgetragen wie auch für die Fundamente der Schlösser von Chambord und Cheverny im 16. Jh. Durch die aus dem Untergrund herausgeschlagenen und durch einen Schacht an die Oberfläche gehievten Steinblöcke entstand die Vielzahl der über 3 km langen, in etwa 40 m Tiefe befindlichen Stollen, in denen heute die Weine bei gleichbleibender Temperatur aufbewahrt und auch zur Verkostung angeboten werden. Historische und gastronomische Interessen lassen sich hier angenehm miteinander verbinden: Es werden Essen angeboten, die Gamay und Cabernet Sauvignon verfeinern.

LES VIGNERONS DE LA VALLEE DU CHER
Le Bourg · F-41400 Thenay

Gr: FF 12,– bis 15,– zuzügl. Mwst

Die Rebsorten Sauvignon blanc und Gamay, durchschnittlich 25 Jahre alt, erlauben dieser Vereinigung eine Jahresproduktion von 300 000 Flaschen Touraine. Die Weine mit heller, leuchtender Robe sind beliebt wegen ihrer Fruchtigkeit, ihrer Leichtigkeit und aromatischen Qualitäten.

CONFRERIE DES VIGNERONS
DE OISLY ET THESEE
Cidex 112 · F-41700 Oisly

EVP: FF 20,– bis 25,– inkl. Mwst; Gr: FF 12,– bis 17,– zuzügl. Mwst

Diese Genossenschaft verfügt über 400 ha Rebflächen mit Tonkalk- und Kieselboden. In den 70er Jahren war sie die erste Kellerei, die mit kleinen (80 hl) wärmeregulierten Tanks ausgerüstet war, um der Erzeugung eines jeden Winzers gerecht zu werden. Die traditionell mit Temperaturüberwachung vinifizierten weißen Touraineweine, die 6 Monate nach der Ernte in Flaschen abgefüllt werden, haben heute eine bedeutende Anhängerschaft, Kunden, die die leuchtende Robe und die blumigen Aromen lieben.

TOURAINE-AMBOISE

Durch eine Anordnung Ludwigs XI. wurde der Weinanbau in Amboise regelrecht angekurbelt. Er schätzte diese guten Weine so sehr, daß er im Jahre 1463 verfügte, man möge sie vor allen anderen auf dem Markt von Tours verkaufen. Diese Weine, die Zugang zum Hofe fanden, als der Ort Hauptstadt des Königreichs war, haben seither nicht aufgehört, die Menschen zu verführen. Der oberhalb von Tours gelegene, 200 ha große Weingarten erstreckt sich auf steinigen oder sandigen Böden, die mit Pineau de Loire, Gamay, Cabernet und Côt, auch Malbec genannt, bestockt sind. Erzeugt werden jährlich 11 000 hl, davon 75 % Rotweine, die für ihre vielfältigen Aromen bekannt sind: Paprika, Rose, Veilchen, Kirsche, Himbeere, Cashew, Schwarze Johannisbeere und Brombeere.

DOMAINE DUTERTRE
Place du Tertre 20-21, rue d'Enfer
F-37530 Amboise · (℡ 47 30 10 69)

EVP: FF 20,– bis 46,–; Gr: FF 14,80 bis 29,–

Die Domäne wird seit mehreren Generationen bewirtschaftet. Gutes Qualitäts-Preis-Verhältnis. Die Weine sind vollkommene Vertreter ihrer Appellation: roter Touraine-Amboise, Lagerwein, recht tanninhaltig und kernig, Duft und Geschmack von roten Früchten; roter Touraine-Amboise, Cuvée François Ier, ein angenehmer, runder, subtiler, leicht pfefferiger Wein, der einige Jahre altern kann; weißer Touraine-Amboise, ein sehr charakteristischer Wein, anhaltend im Mund, Düfte und Geschmack von verschiedenen Blumen oder Honig.

DOMAINE CATHERINE MOREAU
Fleuray · F-37530 Cangey
(℡ 47 30 18 82)

EVP: FF 20,– bis 35,–; Gr: FF 15,– bis 30,–

12 ha auf Tonkieselboden. Günstige klimatische Bedingungen: weder Morgen- noch Herbstnebel, zwar nach Norden ausgerichtete Rebflächen, aber Böden, die sich im Sommer schnell erwärmen. Sie werden übrigens nur organisch gedüngt. Catherine Moreau liebt ihren Beruf. Man merkt es ihren Weinen an: rubinfarbene Rotweine mit Aromen von roten Früchten und mit Gerbstoffen, die die Weine nicht zu schwer machen; geschmeidige weiße Chenin-Lagerweine aus Sauvignon-Trauben, lebhaft und fruchtig, mit Mandelaromen, ab sofort trinkbar, obwohl manche 10-15 Jahre aufbewahrt werden können. Qualitätsweine zu vernünftigen Preisen.

VIGNOBLE DES QUATRE ROUES
Florent Catroux
F-37530 Pocé-sur-Cisse

EVP: FF 20,–

Natürliche Behandlung des 10 ha großen Weinbergs auf Ton-Kieselboden (Beackerung, organische Düngung und Düngung mit Weinranken), eine gute Lage. Die von Florent Catroux angebotenen Weine werden in Tanks und Fässern ausgebaut, sie sind leicht, aromatisch und sehr fruchtig. Die Cuvée François I., ein Gemisch aus drei Rotweinrebsorten - Gamay, Cabernet Franc und Côt -, zählt zu den besten Vertretern der Domäne.

der die besten Gerichte begleitet. Der Rosé ist leicht und fruchtig, mit Aromen von Himbeere und Rose; der Weißwein ist fein, fruchtig, rund und altert sehr gut.

TOURAINE-AZAY-LE-RIDEAU

Die rund 100 ha umfassende Appellationsfläche liegt an den Ufern des Indre, einem linken Zufluß der Loire. Die meist tonkieselhaltigen Böden und semi-atlantisches Klima sagen den Rebenarten sehr zu: Chenin für die Weißweine, Grolleau de Cinq-Mars und Cabernet Franc für den Rosé.

LA CAVE DES VALLEES
Marc Badiller
Le Bourg · F-37190 Cheillé
(✆ 47 45 24 37)

EVP: FF 22,–; Gr: FF 16,– bis 20,–

Eine Familie, deren Winzertradition bis ins 17. Jh. zurückreicht. Die Badillers haben es gelernt, das Beste aus ihrem Weinberg in Hanglage herauszuholen. Das Gut, das organischen Anbau betreibt, profitiert von dem Mikroklima des Loire-Tals. Hinzu kommt die Aufbewahrung der Weine in Kalktuffkellern, was ihren Touraine-Azay-le-Rideaus die sie auszeichnende Fruchtigkeit und den blumigen Charakter verleihen. Hervorzuheben sind auch ihre guten Touraines, die die besten Menüs erfreuen.

DOMAINE PIBALEAU
Luré · F-37190 Azay-le-Rideau
(✆ 47 45 41 41)

EVP: FF 22,– + 26,–; Gr: FF 13,– + 18,–

Gute Kiesel-Lehmböden, traditioneller Anbau, bei dem die Reihen in üppigen Jahren ausgelichtet werden, sowie die wärmeregulierte Vinifizierung lassen einen Touraine-Azay-le-Rideau entstehen,

TOURAINE-MESLAND

Das Anbaugebiet Touraine-Mesland, seit 1955 A.O.C., umfaßt 5 Gemeinden auf einer 270 ha großen Fläche. Auf einem bis an die Loire heranreichenden Plateau genießt der Weingarten semi-atlantisches Klima mit mildem Winter, sonnigem Herbst und mittelwarmem Sommer, so daß die lokalen Rebsorten gut Wurzeln fassen und diejenigen anderer Herkunft sich anpassen können. 8 000 hl Rotwein, 1 000 hl Weißwein und 1 500 hl Rosé kommen jährlich aus diesem Gebiet, dessen Weinbautradition bis ins 11. Jh. zurückreicht.

CLOS DE LA BRIDERIE
Jeannine et François Girault
7, quai des Violettes · F-37400 Amboise
(✆ 47 57 07 71)

EVP: FF 26,– + 30,–; Gr: auf Anfrage

Dieser Weinberg, der sich 1059 im Besitz des Grafen von Blois, Odo II., befand, wird biodynamisch bebaut, ohne Dünger und ohne Unkrautvernichtungsmittel. Cabernet Franc, Côt, Malbec, Gamay, Chardonnay und Pineau de la Loire finden hier ihre ganze Kraft. Es werden Touraine-Mesland-Rotweine hergestellt mit delikaten Aromen von roten Früchten wie Kirsche, Johannisbeere, Maulbeere. Die Weißweine haben Aromen von Honig, Birne und Quitte. Es sind gute Weine für gute Tafeln.

DOMAINE DU CHEMIN DE RABELAIS
José Chollet
23, chemin de Rabelais · F-41150 Onzain
(✆ 54 20 79 50)

EVP: FF 20,– inkl. Mwst; Gr: auf Anfrage

Die Chollets, eine Familie, in der sich der Winzerberuf seit 1720 vom Vater auf den Sohn vererbt, zeichnen sich bei der Herstellung von Touraine-Meslands aus: Ihr Rotwein besitzt feine Gerbstoffe, eine große Finesse der Aromen, kann mehrere Jahre warten, um - ohne etwas von seiner Kraft einzubüßen - an Vollmundigkeit zu gewinnen; der Rosé hat subtile Reflexe, ist voller Frische; der trockene und seidige Weißwein ist lange haltbar. Gute Weine für Sommertafeln und gesellige Stunden.

BOURGUEIL

Die 1 200 ha umfassende Appellationsfläche von Bourgueil umschließt 7 Gemeinden. Es wird praktisch nur eine einzige Rebenart angepflanzt: der Cabernet Franc. Die Rebflächen bestehen aus Kalkgeröll und alten Anschwemmungen aus Sand und Kieselsteinen. Sie sind nach Süden ausgerichtet und durch einen Wald gut vor den Nordwinden geschützt. Die Winzer bebauen sie mit modernem Gerät unter Wahrung der jahrhundertealten Traditionen. Dieser Weinberg, der im Jahresdurchschnitt 50 000 hl Wein erzeugt, verdankt seine Existenz der im Jahre 990 gegründeten Abtei von Bourgueil, deren Mönche die ersten Rebflächen anlegten.

DOMAINE CHRISTOPHE CHASLE
F-37130 Saint-Patrice

EVP: FF 32,– bis 42,–

Ein neuer Name. Das Weingut wurde 1979 gegründet. Erste Ernte: 1982. 7 ha auf tonkalk- und tonkieselhaltigen Kiesböden sind bestockt mit einer einzigen Rebsorte: dem Cabernet Franc. Ein erster Allgemeineindruck, unterstützt durch gute Absichten, läßt eine erfolgreiche Zukunft erwarten.

DOMAINE DES GELERIES
Madame Rouzier-Meslet
Les Géleries · F-37140 Bourgueil
(✆ 47 97 72 83)

EVP: FF 29,–/31,–

Zwei Weingärten: 6 ha in Bourgueil mit Lehmkiesel- und Tonkalkböden, 5 ha Sand und Kalktuff in Chinon. Anfang März werden beide Weine in Fässer gefüllt und in den Kalktuffkellern aufbewahrt. Nach der Flaschenabfüllung, etwa im Juni und September, verfeinern sich die Weine in der Flasche. Das Ergebnis ist ein sehr kerniger und fruchtiger Chinon mit Veilchenbukett; ein intensivfarbener Bourgueil, aromatisch, mit vorherrschender Himbeere.

DOMAINE DU GRAND CLOS
Audebert et Fils
Avenue Jean Causeret · F-37140 Bourgueil
(✆ 47 97 70 06)

EVP: FF 34,– bis 44,–

Die Rebflächen liegen in der wärmsten Region des Loiretals, sie profitieren außerdem von einem Tonkalkboden aus Kies und Sand, den der durchschnittlich 25 Jahre alte Cabernet Franc sehr schätzt. Es wird ein köstlich fruchtiger und frischer Bourgueil mit Aromen von roten Früchten (Himbeere und Erdbeere) hergestellt, ein tanninhaltiger Wein, der lange haltbar ist (10-25 Jahre je nach Keller und Jahrgang).

DOMAINE THOUET-BOSSEAU
L'Humelaye · F-37140 Bourgueil
(✆ 47 97 73 51)

EVP: FF 32,– inkl. Mwst

Dieser 6 ha umfassende Weinberg - von dem 2 ha mit alten Rebstöcken bepflanzt sind, die auf kieseloder tonkalkhaltigen Böden auf Plateaus oder in Mittelhanglagen wachsen - wird mit Rindermist gedüngt. Er befindet sich seit 6 Generationen in derselben Familie. Es wird ein typischer, leicht würziger Bourgueil mit Aromen von roten Früchten hergestellt.

CHINON

Der südwestlich des Departements Indre-et-Loire gelegene Weingarten von Chinon erstreckt sich an beiden Ufern der Vienne über 1 800 ha. Auf dem von einer dünnen Tonschicht überzogenen kalkhaltigen Boden gestalten die Cabernet Franc-Weinstöcke die einförmig grüne Landschaft. Dies ist hier die am häufigsten angepflanzte Rebsorte, außerdem sind für die Herstellung des A.O.C. 25 % Cabernet Sauvignon gestattet. Rabelais, der nahe von Chinon geboren wurde, tat für diesen Wein einst mehr als heutzutage kostspielige Werbekampagnen vermögen.

CLOS DE L'ECHO
S.C.A. Couly-Dutheil Père & Fils
12, rue Diderot · B.P. 234
F-37502 Chinon Cedex · (© 47 93 05 84)

EVP: FF 48,– bis 75,–

Dieser an einem Hang gelegene Clos, ehemaliger Besitz der Familie Rabelais', verdankt seinen Namen dem berühmten Echo, hervorgerufen durch die gegenüberliegenden Gemäuer des Schlosses von Chinon. Der hier erzeugte Chinon ist körperreich und bedarf einer langen Reifung im Holz, um sein Bukett von roten Früchten in jungen Jahren, später dann von Unterholz und Trüffel zu enthüllen. Sein solider Kern und seine Geradheit verleihen ihm einen ganz besonderen Charakter.

CHATEAU DE LA GRILLE
Antoine Gosset
B.P. 205 · F-37502 Chinon
(© 47 93 01 95)

EVP: FF 63,– inkl. Mwst

Dieses Château, Anfang des 19. Jh. Besitztum der Marquis de Cougny, gehört seit 1950 der Familie Gosset (Champagne Gosset in Aÿ), die Weinberg und Gebäude instand gesetzt hat und den Chinon neben ihrem Champagner im In- und Ausland vertreibt. Der Chinon wird nach einem Verbleib von 16-22 Monaten im Eichenfaß in den Kellern der Domäne auf Flaschen gezogen. Es ist ein dunkelfarbener, seidenweicher, reicher Lagerwein mit Aromen von roten Früchten (Kirsche). Er erfreut sich zahlreicher Kenner.

DOMAINE CHARLES JOGUET
F-37220 Sazilly · (© 47 58 55 53)

Preise auf Anfrage

Und wieder bietet Charles Joguet Chinon-Cuvées an, die den Kenner erfreuen: "Le Clos de la Cure" mit schönem zinnoberrotem Kleid, Backpflaume und Jod an der Nase, Biskuit und Johannisbeere im Mund; "Les Varennes du Grand Clos", leuchtend und von leichtem karmesinrot, fein und elegant, nach Veilchen, überreifer Feige und Levkoje duftend, nach Sauerkirsche und Honigwabe schmeckend; "Le Clos du Chêne Vert" mit Aromen von Thymian, Lorbeer, Gewürznelke und ausgeprägtem Fleischgeschmack, mit 10-15 Jahren gut lagerfähig. Alle drei Cuvées sind ab 1993 verfügbar.

MONTLOUIS

Die Anbaufläche von Montlouis, seit 1938 A.O.C., erstreckt sich zwischen Loire und Cher über 400 ha. Als einzige Rebenart wird der Chenin blanc auf den nach Süden ausgerichteten Hängen angepflanzt. Zwei Bodenarten, die sich hervorragend für den Weinanbau eignen, treffen hier aufeinander: jüngere Sandanschwemmungen und tonkieselhaltige Steine. Sehr früh schon erwarb der Chenin blanc zu beiden Seiten der Loire, oberhalb von Tours, einen großen Bekanntheitsgrad. Franz I. begab sich oft in die Nähe von Montlouis, um diesen berühmten Wein zu verkosten. Sein getreuer Schüler Heinrich IV. ging später denselben Weg, um seinerseits das göttliche Getränk zu genießen und bei dieser Gelegenheit die Tugenden der schönen Gabrielle d'Estrées zu brechen, die ihm schließlich drei Kinder gebar, was den Ruf der Weine von Montlouis, ob nun Still- oder Schaumwein, nur noch aufbessern konnte.

DOMAINE DELETANG
19, rue d'Amboise · F-37270 Saint-Martin-le-Beau
(✆ 47 50 67 25)

FF 21,50 bis 123,–

Seit vier Generationen bewirtschaften die Deletangs ihren 23 ha großen Weinberg. Die besonders steinigen Kalk- und Kiesel-Tonböden erlauben den Ausbau sehr blumiger Weine mit Aromen von Akazienblüte, leckerer Frucht sowie einer Apfel- und Quittennote. Die Weine, die das ganze Jahr über in Felskellern im Kalktuff bei einer Temperatur von 12°C ausgebaut werden, sind der besten Tafeln würdig.

CAVE DES VIGNERONS DE MONTLOUIS
2, place Courtemanche
F-37270 Montlouis · (✆ 47 45 18 19)

Preise auf Anfrage

Die Winzer des Ortes bieten in diesem in den Kalktuff der Loire-Ufer gehauenen Keller die Möglichkeit, ihre Weine zu kosten und zu kaufen: Still-Weine und Schaumweine, trocken, halbtrocken oder lieblich, mit Fruchtaromen (Traube, Apfel, Quitte). Leichte und delikate Weine in schöner goldglänzender Robe, so wie sie schon die Postillione liebten, als sie mit den Pferdewagen von Amboise nach Tours fuhren.

SAINT-NICOLAS-DE-BOURGUEIL

Die meisten Rebflächen dieser Appellation erstrecken sich auf den Hängen eines Hügels, dessen bewaldete Krone sie vor den kalten Nordwinden schützt. In dem tonhaltigen Boden, dort, wo der Kalk zutage tritt, sind früher Steinbrüche für den Bau von Häusern angelegt worden. Jetzt werden sie, tief und frisch, als Keller genutzt, in denen die Weine die besten Bedingungen für ihre Reifung und Haltbarkeit vorfinden. Die Anbaufläche von Saint-Nicolas-de-Bourgueil, seit 1937 A.O.C., umfaßt zur Zeit 680 ha, auf denen im Jahresdurchschnitt 30 000 hl Wein erzeugt werden.

DOMAINE DU BOURG
Odette et Jean-Paul Mabileau
Le Bourg
F-37140 Saint-Nicolas-de-Bourgueil
(✆ 47 97 82 02)

EVP: FF 30,– bis 50,–; Gr: FF 23,– bis 35,–

Das Gebiet "Les Graviers" bildet den größten Teil dieses Weinbergs, der aus Sand und Kies besteht, Böden die den Weinen die für die Domäne sehr typische Leichtigkeit, Geschmeidigkeit und Frucht verleihen. Die "Cuvée Clos Lorieux", die nach langer Verfeinerung in den Kalktuffkellern in Flaschen abgefüllt wird, ist sehr weich, charaktervoll und reich an Sekundäraromen. Die Weine, von warmer Bernsteinfarbe, sind komplex und können viele Jahre im Keller vergessen werden, verfeinert, durch eine langsame Entwicklung in der Flasche veredelt, entdeckt man sie dann wieder.

VIGNOBLE DE LA CONTRIE
Domaine Jean-Claude Audebert
B.P. 39 · F-37140 Bourgueil
(✆ 47 97 70 06)

EVP: FF 34,– bis 44,–

Dieser 4 ha große Rebgarten liegt auf sehr filtrierenden Böden, die die Erzeugung von Saint-Nicolas-de-Bourgueils erlauben. Die Weine werden mit Wärmeregulation vinifiziert und 2 Monate im Faß ausgebaut, bevor man sie im Frühjahr in Flaschen abfüllt. Es sind geschmeidige und fruchtige Weine mit einem Lagerpotential von 5-10 Jahren je nach Keller und Jahrgang, gute Vertreter der Appellation.

VIGNOBLE DE LA JARNOTERIE
Jean-Claude Mabileau
F-37140 Saint-Nicolas-de-Bourgueil
(✆ 47 97 75 49)

EVP: FF 30,–; Gr: FF 20,50 zuzügl. Mwst

Gute Saint-Nicolas-de-Bourgueils, die in Kalktuffkellern im Eichenfaß reifen. Sie sind von leuchtendem Rubinrot, weisen an der Nase und im Mund Noten von Johannisbeere und Himbeere auf. Man kann sie jung verkosten oder aber mehrere Jahrzehnte - je nach Jahrgang - aufbewahren. Weine, die nicht enttäuschen, unabhängig von den Merkmalen eines jeden Jahres.

DOMAINE PASCAL LORIEUX
Le Bourg
F-37140 Saint-Nicolas-de-Bourgueil
(✆ 47 97 92 93)

Preise auf Anfrage

Sand- und Kiesboden, nördliches Klima mit atlantischem Einfluß, aber auch der traditionelle Anbau der am Spalier festgebundenen Reben sowie der Ausbau der Weine in rostfreien Tanks - damit sie den Charakter des Bodens bewahren - haben ihren Anteil an der Erzeugung der Saint-Nicolas-de-Bourgueils. Da ist zum Beispiel der Jahrgang 1992 mit seiner hübschen leuchtend roten Robe und seinen Fruchtaromen, ein sehr feiner Wein.

VOUVRAY

Die Appellationsfläche Vouvray erstreckt sich über 8 Gemeinden, die sich vor den Toren der Stadt Tours über 20 km nach Osten hinziehen. Ihre 1 800 ha dehnen sich über die Nordhänge der Loire und die Hänge der zahllosen kleinen, die Hochebene durchfurchenden Täler aus. Die weißen Vouvray-Still- und Schaumweine werden ausschließlich aus der Chenin-Rebe hergestellt. Um maximale Qualität zu erhalten, warten übrigens viele Winzer mit der Ernte, bis die überreifen Trauben von Edelfäule befallen sind, die dem Wein außerordentlichen Reichtum verleiht.

DOMAINE MARC BREDIF
87, quai de la Loire · F-37210 Vouvray

Preise nicht genannt

Dieses Haus, Ursprung perlenden Vouvrays, gehört zu den ältesten der Appellation. Als Nummer 1 auf manchen Tafeln besitzen diese Schaumweine außergewöhnliche Qualitäten.

DOMAINE GEORGES BRUNET
12, rue de la Croix Mariotte
F-37210 Vouvray · (✆ 47 52 60 36)

EVP: FF 25,– bis 150,–; Gr: auf Anfrage

Auf dieser Domäne, ein traditioneller Familienbetrieb, werden die nur mit organischem Dünger verbesserten Rebflächen beackert und die Weinlesen manuell durchgeführt, die Vinifizierung erfolgt wie in alter Zeit. Das Gut ist bekannt für seine ausgezeichneten Vouvrays, die immer elegant sind, unabhängig vom Jahrgang, nachhaltig, rund, ausgewogen und die selbstverständlich gut altern. Der Stillwein mit goldenem Kleid, lebhaft, fruchtig, voller Kraft, erstaunlich frisch, entwickelt ein subtiles Bukett von Quitte, Mandel, Honig, Lavendel und Akazie. Lassen Sie diese Weine in Ihren Keller kommen und vergessen Sie sie dort 10, 20 oder 100 Jahre, wenn es gute Jahrgänge sind (1921, 1947, 1959, 1989).

DOMAINE GEORGES BRUNET

**Auf dem Hang am Ufer der Loire gelegen,
7 km von Tours entfernt.
Die Rebflächen werden beackert,
die Weinlesen manuell durchgeführt.
Die Weinbereitung erfolgt wie in alten Zeiten
Geschmack des Weins:
Honig · Akazie · Mandel
Weine erhielten
nationale und internationale
Medaillen & Urkunden.**

12, rue de la Croix Mariotte
37210 Vouvray

DOMAINE REGIS FORTINEAU
4, rue de la Croix Marlotte
F-37210 Vouvray · (✆ 47 52 63 62)

EVP: FF 27,– zuzügl. Mwst; Gr: FF 23,–

Auf den 9 ha Rebflächen mit Tonkalkboden, der direkt auf dem Kalktuff ruht, profitiert der durchschnittlich 20 Jahre alte Rebsortenbestand von Chenin blanc und Pineau de la Loire von dem gemäßigten Atlantikklima und der organischen Düngung. Die Vinifizierung sowie der Ausbau der Weine in Kastanienfässern haben großen Anteil an der Qualität der Vouvrays: die lieblichen Schaumweine, reich an Aromen von frischen Trauben, reifen Quitten oder Akazie, sind sehr typisch für das Gebiet.

DOMAINE JEAN-PIERRE LAISEMENT
15 et 22, rue de la Vallée Coquette
F-37210 Vouvray
(✆ 47 52 74 47 · Fax: 47 52 65 03)

EVP: FF 28,– bis 80,–; Gr: FF 22,– bis 56,–

Der auf den Hängen am Ufer der Loire gelegene Weingarten umfaßt einen durchschnittlich 35 Jahre alten Rebsortenbestand: Chenin und Pineau de

la Loire mögen den Tonkalkboden, die klimatischen Bedingungen und den traditionellen Anbau mit organischer Düngung. Manuelle Weinlesen, Vinifizierung und Gärung in Eichenfässern, Flaschenabfüllung in Kellern, die in den Kalktuff gehauen wurden, tragen zu den guten Eigenschaften der Weine bei: der Vouvray-Stillwein nimmt mit dem Alter Aromen von reifen Quitten und Akazie an, er ist bodenspezifisch, fruchtig, vollmundig und lange haltbar, große Jahrgänge können hundert Jahre alt werden; der typische Schaumwein ist leicht und frisch. Weine für Freude und Feste.

Deutscher Importeur/Vertreter gesucht
Domaine Jean-Pierre Laisement
Vallée Coquette · 37210 Vouvray

CHEVERNY

Im Herzen des Loir-et-Cher breitet sich zwischen Loire und Sologne der 320 ha große Weingarten von Cheverny mit tonkieselhaltigen Böden auf kalkhaltigem Untergrund aus. Er umfaßt und verbindet 23 Gemeinden, ist mit roten und weißen Reben bestockt und schuldet Franz I. viel Dank: Dieser führte den Romorantin ein, ließ 80 000 Setzlinge dieser Rebsorte um das Schloß von Cheverny herum anpflanzen. Seither hat der Weinberg mehrere Edelreben hinzugewonnen, die die Vielfalt der Weine dieser V.D.Q.S.-Appellation ausmachen, die höherwertiger ist, was einige Spezialisten seit langem erkannt haben.

DOMAINE LE PETIT CHAMBORD
Claudie et François Cazin
F-41700 Cheverny
(✆ 54 79 93 75 · Fax: 54 79 27 89)

EVP: FF 20,– bis 25,–; Gr: FF 16,–/17,–

Das Familiengut, das seit Anfang dieses Jahrhunderts vom Vater auf den Sohn übertragen wurde, genießt zu Recht den Ruf, gute Cheverny-Weine zu produzieren. Sie kommen von Tonkiesel- und Kalkflächen, die nach Bodenanalysen nur organisch gedüngt werden. Der

CHEVERNY

Sauvignon besitzt einen charakteristischen Duft, der an die Blätter der Schwarzen Johannisbeere erinnert; der lagerfähige trockene weiße Romorantin nimmt beim Altern die Würze von Honig und Akazie an; der rote Petit Chambord, bei dem die Subtilität des Pinot noir hervorsticht, ist ein körperreicher und leicht tanninhaltiger Wein; der Cheverny Brut, Blanc de Blancs, hat delikate Perlen und ist von großer Finesse.

LE PETIT CHAMBORD

im Herzen des Weinbergs
AOC Cheverny
in der Nähe des Schlosses von Cheverny
frische und aromatische Weine
weißer und roter Cheverny
sowie ein weißer Lagerwein:
Cour-Cheverny (Romorantin)

François Cazin · Le Petit Chambord
F-41700 Cheverny · Fax: 54 79 27 89

LES VIGNERONS DE MONT-PRES-CHAMBORD
816, la Petite Rue
F-41250 Mont-Près-Chambord
(✆ 54 70 71 15)

EVP: FF 18,–/20,–; Gr: FF 12,– zuzügl. Mwst

Die 1931 gegründete Gesellschaft verfügt heute über 100 ha Rebflächen mit Tonkalk- und Sandboden, bepflanzt mit Gamay, Pinot noir, Sauvignon und Chardonnay. Die Weißweine werden kalt mit Temperaturkontrolle vinifiziert, die Rotweine traditionell. Die gerbstoffhaltigen Weine des Val de Loire sind leicht, fruchtig und von schöner Frische. Der ebenfalls hergestellte Cour Cheverny aus der Romorantin-Rebe, die nur in dieser Region angebaut wird, ist ein sehr typischer Wein mit reiner Robe, Honig an der Nase, lebhaft und geschmeidig zugleich.

DOMAINE SAUGER ET FILS
Les Touches · F-41700 Fresnes
(✆ 54 79 58 45 · Fax: 54 79 03 35)

EVP: FF 22,– bis 25,– inkl. Mwst; Gr: FF 17,– zuzügl. Mwst

Diese Domäne verfügt über einen ausgedehnten 20 ha großen Rebgarten mit Tonkalkboden, der vom gemäßigten Klima dieser schon im Mittelalter bekannten Weinbauregion profitiert. Die natürlichen Anbaumethoden, sorgsame Vinifizierung und der Weinausbau in Tanks und Eichenfässern geben den erzeugten Chevernys die für die Appellation typischen Merkmale: Der Sauvignon mit charakteristischem, sehr entwickeltem Parfum; der weiße Chardonnay sehr rund, fein, geschmeidig, generös und von großer Finesse; der Pinot voller Finesse, Vornehmheit und Klasse; der Gamay, leicht und von delikater Fruchtigkeit. Weine für gesellige Stunden oder Sommeressen, für ein ganzes Menü geeignet. Gutes Qualität-Preis-Verhältnis.

DOMAINE SAUGER ET FILS

auf Tonkalkböden
sehr kernige Weine
insbesondere Rotweine
Wir produzieren weiße, rote + rosé
AOC Cheverny
Die Rebsorten Côt, Cabernet + Pinot noir
werden im Bordeaux- + Burgunderfaß
ausgebaut. · Familie, in der
sich der Winzerberuf seit 1870
vom Vater auf den Sohn vererbt

Domaine Sauger et Fils
Les Touches · 41700 Fresnes
✆ 54.79.58.45

Wir suchen Importeure

COTEAUX DU LOIR ET JASNIERES

An den Ufern des Loir, südwestlich des Pariser Beckens, erstreckt sich die Appellation Coteaux du Loir. Sie besteht aus einer Vielzahl kleiner Weingüter, die ausgezeichnete Weine erzeugen, überwiegend für den regionalen oder eigenen Verbrauch. Nur wenige werden in Flaschen abgefüllt, die meisten lose verkauft. Die aus den Rebsorten Pineau de la Loire, Pineau d'Aunis und Gamay hergestellten Weine können eine mit den renommiertesten Gewächsen vergleichbare Qualität erreichen. Die Gebiete dieser Appellation bestehen aus Kreide-Kalktuff-Untergrund, sind von tonkalkhaltiger Erde überdeckt, auf der Feuerstein-Ton zutage tritt. Die Parzellen der Appellation Jasnières liegen - abgesehen von schönen Rebflächen auf einem breiten Hügel - sehr verstreut. Bodenbeschaffenheit und Rebsortenbestand gleichen dem Zwillingsgebiet Coteaux du Loir. Beide erzeugen sehr lang lagerfähige, hundertjährige Weine, wie einige Winzer behaupten.

DOMAINE ABEL GENTIL
La Marcellière · F-72340 Marçon
(Tel: 43 44 45 38)

Preise auf Anfrage

Abel Gentil, eine der beherrschenden Figuren der Appellation Coteaux du Loir, kann nur unverfälschte Weine produzieren, die an den unverfälschten Boden erinnern, mit unverfälschten Düften, ungefilterte Weine. Wenn Sie natürliche Weine suchen und an den Coteaux du Loir vorbeikommen: sein Rotwein mit Pfefferaroma ist nach einigen Jahren im Eichenfaß vorzüglich; sein Weißwein ist außerordentlich geschmeidig und nachhaltig im Mund; was den Rosé anbelangt, so ist dieser noch weicher als der Weißwein.

DOMAINE AUBERT DE RYCKE
La Pointe · F-72340 Marçon
(✆ 43 44 46 33)

Preise auf Anfrage

Die von Aubert de Rycke produzierten Weine aus Trauben von steilen, nach Süden ausgerichteten Hängen fallen aus dem Rahmen. Mit ihrem strahlenden Gewand sind die trockenen und halbtrockenen Weißweine fruchtig, haben einen Feuersteingeschmack, sind sehr lange haltbar, elegant, frisch und mineralisch. Die Rotweine aus der Pineau d'Aunis, einer Lieblingsrebe des Gebiets, sind leicht und haben den typischen Pfeffergeschmack. Auch sie sind lange haltbar.

VALENÇAY

Der auf den Hängen zu beiden Seiten des Cher und seiner Nebenflüsse angelegte Valençay-Weinberg bedeckt 14 Gemeinden und 750 ha - Böden aus Ton mit hellem Feuerstein sowie aus weichem Kalk, der den Ruf der Touraine-Weine begründet hat. Die roten V.D.Q.S.-Weine werden aus Gamay noir, Côt und Pinot noir hergestellt, die Rosés aus Gamay noir, Côt, Cabernet und Pineau d'Aunis, die Weißweine aus Sauvignon, Chardonnay und Menu Pineau.

LES VIGNERONS REUNIS
Fontguenand · F-36600 Valençay
(✆ 54 00 16 11)

EVP: FF 18,–/19,– inkl. Mwst; Gr: FF 13,65/14,40 zuzügl. Mwst

In dem Genossenschaftskeller sind 70 Winzer organisiert, die sich über die gesamte Appellation verteilen. Durch kollektive Investitionen und eine Politik der Qualität erlangten die Valençay-Weine eine nicht unerhebliche Bedeutung. Sie können jung getrunken werden, sind trocken, aromatisch und fruchtig.

HAUT-POITOU

Die Weine dieses im Departement Vienne gelegenen V.D.Q.S.-Gebiets waren mehrere Jahrhunderte lang im In- und Ausland berühmt. Dann gerieten sie fast in Vergessenheit, denn der Weinanbau im Süden wurde zu mächtig. Dennoch machten einige idealistische Winzer weiter, einige Kalktuffkeller wurden nicht für immer geleert. Von Marigny-Brizay (früher das berühmteste Gewächs des Haut-Poitou) bis nach Avanton und Saint-Georges-les-Baillangeaux verhelfen Winzer und eine Genossenschaft dem Gebiet zur Blüte. Etwas über 1 000 ha werden wieder bebaut und sind überwiegend mit Sauvignon, Chardonnay, Gamay und Cabernet bepflanzt.

DOMAINE DE LA ROTISSERIE
Gérard Descoux
F-86380 Marigny-Brizay · (✆ 49 52 09 02)

Preise auf Anfrage

Diese Domäne bietet charaktervolle Weine an: einen trockenen weißen Sauvignon mit blaßgoldener Robe und Grünreflexen, dessen besonderes Aroma subtile und nachhaltige Empfindungen auslöst; einen weißen Chardonnay, rassig, elegant, kernig und harmonisch, mit diskretem Parfum, der seine ganze Noblesse nach 2 bis 3 Jahren erhält; einen Gamay, lebhaft rubinfarben, leicht und sehr fruchtig, der von frühester Jugend an getrunken werden kann; einen sehr eleganten karminroten Cabernet mit dem Duft der gut gereiften roten Frucht, die im Mund durch harmonischen Gerbstoff lange nachwirkt. Nach 2-3 Jahren können seine Qualitäten voll genossen werden, obwohl er sich noch 6-8 Jahre verbessern kann.

COTEAUX DU GIENNOIS

Der Weingarten der Coteaux du Giennois erstreckt sich zu beiden Seiten der Loire von Dordive über Montargis, Gien, Châtillon-sur-Loire bis nach Cosne-sur-Loire. Einem kleinen Kreis von Kennern ist bekannt, daß an diesen Loire-Hängen gute Rot- und Roséweine aus Gamay- und Pinot-Reben gewonnen werden, die die Eigenschaften dieses Gewächses

spritzig offenbaren. Die Rotweine sind leicht und fruchtig, die Rosés frisch und vollmundig. Mit ihrem V.D.Q.S.-Label fügen sie sich harmonisch ein in die gastronomischen Spezialitäten der Region und bereichern die Tafeln, an denen Frische und Entspannung gefragt sind.

DOMAINE ALAIN PAULAT
Villemoison · F-58200 Saint-Père
(✆ 86 28 22 39)

EVP: FF 23,–/26,–; Gr: FF 21,–/24,–

Dieser etwas über 5 ha große Weinberg, der biologisch angebaut wird (Trockendünger + Bodenbearbeitung), ist zu 75 % mit Gamay und 25 % mit Pinot bepflanzt. Die Rebstöcke sind im Durchschnitt 20 Jahre alt und erlauben die Herstellung von Qualitätsweinen wie die roten Coteaux du Giennois. Sie werden in Eichenfässern ausgebaut, besitzen eine schöne kräftige Rubinrobe, duften nach Schwarzer Johannisbeere und Kirschen, haben einen Holzgeschmack.

DOMAINE POUPAT ET FILS
49, rue Georges Clémenceau
F-45500 Gien · (✆ 38 67 03 54)

EVP: FF 22,– bis 25,–; Gr: auf Anfrage

Die Poupats - ein Familienunternehmen seit 4 Generationen - widmen sich der Vinifizierung von Weinen, die den spezifischen Charakter des Bodens entfalten. Beweis für ihren Erfolg sind die Weißweine, die fruchtigen, weichen, frischen Rosés, typische Vertreter der Loire-Weine, sowie die rubinfarbenen, kernigen und vollmundigen Rotweine, die schon die einheimischen Menüs erfreuen.

COTES D'AUVERGNE

Der im Departement Puy-de-Dôme gelegene V.D.Q.S.-Weingarten erstreckt sich zu beiden Seiten des Flusses Allier in 370-480 m Höhe auf den überwiegend tonkalkhaltigen Hängen der Puys oder den Lavaströmen. Seine 500 ha sind zu 95 % mit dem Gamay noir à jus blanc bepflanzt, der gelegentlich mit Pinot noir und Chardonnay gemischt wird.

DOMAINE MICHEL BELLARD
B.P. 27 · F-63540 Romagnat
(✆ 73 62 66 69 · Fax: 73 62 09 22)

EVP: FF 20,– bis 25,–; Gr: FF 13,– bis 15,–

In der Altstadt von Romagnat, am Fuße der Auvergne-Vulkane, nahe dem Plateau de Gergovie, wo Vercingetorix im Jahre 52 v. Chr. Cäsar besiegte, fühlt man sich der Asterix-Figur viel näher, die, ein drohendes Messer in der einen Hand, ein Glas kräftigen Rotweins in der anderen, auf dem Etikett der Cuvée des Gaulois abgebildet ist. Michel Bellard und sein Wein sind so überzeugend, daß selbst Pierre Troisgros seinen Kunden den typischen Côtes d'Auvergne serviert. Alle Weine, die Bellard in seinen Kellern aus dem 12. Jh. verkosten läßt, haben Charakter: Kräftigfarbene Rotweine, die geschmeidig und dabei nicht flach sind, deren Frucht an die roten Früchte der Region erinnert; aromatische Rosés, nuanciert und füllig; körperreiche Côtes d'Auvergnes, Chanturgues und Châteaugays, mit mächtigen Aromen, sehr nachhaltig im Mund, erstere 5 Jahre haltbar, letztere sollten innerhalb von 2 Jahren nach der Ernte getrunken werden. Neuerdings können die Weine des Michel Bellard auch in Paris verkostet werden, wo er einen Keller eröffnet hat: Cave du Bel'Art, 31, rue de Montpensier, im 1. Arrondissement.

MICHEL BELLARD
Weine der Auvergne
Chanturgue · Châteaugay · Côtes d'Auvergne
Saint-Pourçain
B.P.27 · F-63540 Romagnat · ✆ 73626669

COTES DU FOREZ

Östlich des Zentralmassivs erstreckt sich im Loiretal zwischen Roanne und Saint-Etienne der Weinberg der kleinen V.D.Q.S.-Appellation von knapp 200 ha, die sich über 20 Dörfer erstreckt. Die Appellation verdankt ihr Überleben nur wenigen Winzern und ihrer Genossenschaft. Den Gamay hat es hier schon immer gegeben auf den steinigen Hängen, die dank ihrer mineralogischen Beschaffenheit und ihrer Höhe Weintrauben von Qualität hervorbringen, zwar geringe Erträge (7 000 hl), die aber die Herstellung einer Reihe von hochwertigen Weinen (im Export sehr beliebte Rosé- und Rotweine) ermöglichen. Eine sympathische Appellation, die man erproben und beobachten sollte.

LES VIGNERONS FOREZIENS
Société Coopérative des Côtes du Forez
F-41230 Trelins · (✆ 77 24 00 12)

EVP: FF 16,50 bis 41,50

Die Genossenschaft wurde 1959, 9 Jahre nach der Entstehung der Appellation gegründet. Heute sind in ihr 200 Winzer organisiert, die 200 ha Rebflächen mit Granit- und Vulkanboden bewirtschaften. Diese werden mit Gras besät und natürlich gedüngt. Gamay und Chardonnay erreichen hier ein Durchschnittsalter von 25-30 Jahren. Die sehr fruchtigen und geschmeidigen Weine mit ihrem Aroma von roten Früchten, jung zu trinken, sind eine Kostprobe wert, besonders der vom Boden geprägte Gamay, dessen "Cuvée volcanique" an Feuerstein erinnert.

COTES ROANNAISES

Dieses nahe bei Roanne und den Gorges de la Loire, östlich der Monts du Beaujolais und südlich der Monts du Lyonnais gelegene V.D.Q.S.-Anbaugebiet ist im Laufe der letzten beiden Jahrhunderte ständig kleiner geworden. Kaum 50 Weinbauern - einer der bekanntesten unter ihnen ist Maurice Lutz - stellen die aus dem Gamay gezogenen Weine noch her.

DOMAINE DU PAVILLON
Maurice Lutz
F-42820 Ambierle · (✆ 77 65 64 35)

Preise auf Anfrage

Maurice Lutz' 5 ha umfassende Weinberge befinden sich auf den Quarzsandhügeln, die die Roanne-Ebene beherrschen. Die mineralogischen Bestandteile des Bodens sind für den hier angepflanzten Gamay besonders geeignet. Aus ihm werden Weine gewonnen, deren typische Merkmale ihr Renommee begründen. Sie passen mit ihrem schönen Rubinkleid, ihrem leichten und fruchtigen Charakter, der an rote Früchte erinnert, vorzüglich zu einer Vielzahl von Gerichten.

MENETOU-SALON

Die kleine Appellation befindet sich in der Nähe der Stadt Bourges, die hier schon immer ihre Weine eingekauft hat, in einem Gebiet, das sehr lange nur regionale Bedeutung hatte. Heutzutage ist das anders, da wird der A.O.C. an großen in- und ausländischen Tafeln serviert, renommierte Restaurants und Kenner haben dieses originelle Gewächs entdeckt. Es entsteht auf tonkalkhaltigem Boden aus Sauvignontrauben für die Weißweine und Pinot noir für die Rotweine.

DOMAINE DE CHATENOY
Bernard Clément et Fils
F-18510 Menetou-Salon · (✆ 48 64 80 25)

Preise auf Anfrage

Die Jahresproduktion beträgt 250 000 Flaschen vorzüglicher Weine: der 1992er weiße Menetou-Salon, 100 % Sauvignon, duftet sehr ausdrucksvoll nach der Blüte Schwarzer Johannisbeere, vereint

Frische und Nachhaltigkeit im Mund; der 1992er rote Menetou-Salon, 100 % Pinot noir, mit den typischen Aromen von roten Früchten, wie Himbeere, ist frisch und von schöner aromatischer Mächtigkeit, im Eichenfaß ausgebaut, ist er voller Finesse, 5-10 Jahre lagerfähig.

DOMAINE CHAVET
G. Chavet et ses Fils
Les Brangers · F-18510 Menetou-Salon
✆ 48 64 80 87 · Fax: 48 64 84 78

EVP: FF 30,–; Gr: auf Anfrage

Dieser Weinberg gehörte im Jahre 1450 Jacques Cœur, Finanzminister König Karl VII. Er erstreckt sich über 16 ha Kimmeridgienner Boden, der mit Stalldung und Traubentrester gedüngt wird. Seit dem 18. Jh., als die Chavets zu Winzern wurden, haben ihre Menetou-Salons die Tafeln, auf die sie geholt wurden, immer festlicher geschmückt: der sehr gefällige Rotwein, nach reifen roten Früchten duftend, gut verpackt und rund; der Rosé voller Frische und Frucht; ein lebhafter Weißwein, an der Nase sehr reife Orange, sogar grüne Mandel; ein weiterer Rosé von heller Lachsschattierung, mit Pfirsichduft, ein Wein voller Wärme. Sie alle seltene Spitzenweine der Appellation.

DOMAINE HENRY PELLE
Le Bourg · F-18220 Morogues
(✆ 48 64 42 48)

EVP: FF 35,– bis 45,–; Gr: FF 30,– bis 45,–

Das Kontinentalklima mit atlantischem Einfluß sowie der Kimmeridgienner Kalkboden bekommen dem angebauten Sauvignon blanc (100 %) und Pinot noir (100 %) ebenso gut wie die mechanische Bodenbearbeitung und organische Düngung. Auf der 40 ha großen Domäne ist man ständig bestrebt, der Kundschaft einen ausdrucksvollen Weißwein mit Mandelaroma, blumig und mineralisch, fett und anhaltend im Mund, anzubieten sowie einen Rotwein, dessen alljährlicher Charakter ihn schon zu einem großen der Appellation macht.

POUILLY-FUME

Die Anbaufläche bedeckt 650 ha am rechten Ufer der Loire, im Nièvre, einem Departement mit abwechslungsreicher, überwiegend hügeliger Oberflächengestaltung. Auf ihrem Boden dominiert der Kimmeridgien-Mergel, der dem Wein zusammen mit der Sauvignon-Rebe, hier Blanc-Fumé genannt, den typischen Feuersteingeschmack verleiht. Weil die Beeren zum Zeitpunkt der Weinlese von einer Art grauen Beschlag überzogen sind, der sie rauchgeschwärzt erscheinen läßt, erhielten die Weine den Namen Pouilly-Fumé.

DOMAINE LANDRAT-GUYOLLOT
Les Berthiers
F-58150 Saint-Andelain · (✆ 86 39 11 83)

EVP: FF 42,–; Gr: auf Anfrage

Die 1686 gegründete Domäne wurde seither von 10 Generationen Winzern geführt, denen am Herzen lag, Weine mit Charakter zu erzeugen und dabei dieEigenschaften eines jeden Jahrgangs zu erhalten und zur Entfaltung zu bringen. Dies ist ihnen gelungen, wie der "La Rambarde" (ein flaches Boot, das früher zur Beförderung der Weine auf der Loire benutzt wurde) beweist. Er ist von schönem grüngoldenen Aussehen, hat einen Duft vom Blatt der Schwarzen Johannisbeere, von Zitronenschale und Pfirsich, dieser Pouilly-Fumé entwickelt am Gaumen all seine Frucht und Köstlichkeit. Der Carte Noire Vieilles Vignes hat eine helle Färbung, an der Nase Stachelbeere, die an den frischen Sauvignon erinnert, er explodiert im Mund und entfaltet eine Moschus- und Gewürznote.

DOMAINE JOSEPH MELLOT
Route de Ménétréol · F-18300 Sancerre
(✆ 48 54 21 50)

Preise nicht genannt

Unter der bedeutenden Produktion dieses Hauses ist der Pouilly-Fumé 1991 "Cuvée de Troncsec" mit seinen schön konzentrierten Aromen von weißen Früchten, seiner Ausgewogenheit und aromatischen Nachhaltigkeit im Mund hervorzuheben, ein Wein, der seltene Finesse und Subtilität entwickelt, ein von Eleganz und Verführung gekennzeichneter Jahrgang.

CAVE DE POUILLY-SUR-LOIRE
Les Moulins-à-Vent
B.P. No. 9 · F-58150 Pouilly-sur-Loire
(✆ 86 39 10 99)

Preise auf Anfrage

Der 1948 gegründete Genossenschaftskeller produziert alljährlich rund 5 000 hl Pouilly-Fumé, Pouilly-sur-Loire und Coteaux du Giennois. Die Weine stammen von Rebflächen mit Kimmeridgienner Mergel und Lehmboden mit Feuerstein, die vom gemäßigten Klima mit kontinentalem Einfluß profitieren. Der durchschnittlich 30 Jahre alte Rebsortenbestand, die Vinifizierung mittels Gärung bei Niedrigtemperatur und der sorgsame Ausbau der Weine führen zu beachtlicher Qualität: Der Pouilly-Fumé hat blumige, saftige Düfte und ist 4- 5 Jahre lagerfähig; der Pouilly-sur-Loire, von heller Schattierung, hat Aromen von Haselnuß und frischen Pilzen; der Coteaux Giennois mit seinem Rubinkleid entfaltet Aromen von Blüten und roten Früchten.

POUILLY-SUR-LOIRE

Dieser Weingarten umfaßte im 17. Jh. 1 100 ha, davon 1 000 ha Chasselas-Reben, aus denen der Pouilly-sur-Loire erzeugt wurde. Infolge des Ausbaus der Eisenbahn und der damit verbesserten

Transportbedingungen wurde der Chasselas dieser Region zu einer Tafeltraube, die fast ausschließlich vom Pariser Markt aufgekauft wurde, bis die Reblaus den Weinberg befiel und zerstörte. Erst im Jahre 1900 brachten die auf amerikanische Setzlinge aufgepfropften Weinstöcke dann wieder eine brauchbare Ernte. Die Pariser hatten sich inzwischen jedoch den Trauben des Midi zugewandt. So mußten die Winzer von Pouilly die Weinbereitung wieder selbst in die Hand nehmen. Von da an überwog die Blanc Fumé-Rebe, aus der der Pouilly-Fumé erzeugt wird, so daß der Chasselas nun nur noch 20 % des Rebbestands ausmacht. Die im Nordwesten des Departements Nièvre an den Ufern der Loire gelegene Anbaufläche reduzierte sich auf heute 100 ha.

DOMAINE LANDRAT-GUYOLLOT
Les Berthiers
F-58150 Pouilly-sur-Loire

Preise für Gr: auf Anfrage

In Pouilly teilt sich die Loire in eine Vielzahl toter Arme, die Inseln und Röhrichte umspülen, die den verschiedensten Planzen- und Vogelarten Asyl gewähren. Als Huldigung der Loire hat diese Domäne ihren Pouilly-sur-Loire "La Roselière" (Röhricht) genannt: ein Wein von schöner blaßgoldener Färbung, an der Nase Düfte von Honig und trockenen Früchten (Walnuß, Haselnuß), im Mund eine delikate Würze, die an Wacholder erinnert. Die Tatsache, das nur ganz wenige Hektar des Pouilly-Weingartens mit der Chasselas-Rebe bepflanzt sind, macht diesen frischen und leichten Wein zu einem empfehlenswerten Geheimtip.

QUINCY

Das südlich des Pariser Beckens zwischen Bourges und Vierzon gelegene Weinbaugebiet von Quincy, seit 1936 A.O.C., umfaßt nicht einmal 150 ha. Die Gris Meunier-Rebe überwiegt auf dem Plateau am linken Cher-Ufer. Die Region besteht aus einer riesigen Kalkablagerung, die von mehr oder weniger kiesigem Sand überzogen ist, dazwischen eine nicht sehr dicke Tonschicht. Der Ursprung dieses Weingartens, der ausgezeichnete trockene, fruchtige, vollmundige Weine erzeugt, ist sehr alt: Die ersten Rebstöcke wurden von den Benediktinern des Citeaux-Ordens der Abtei de Beauvoir bei Quincy angepflanzt.

DOMAINE MEUNIER
F-18120 Quincy · (✆ 48 51 31 16)

Preise auf Anfrage

Der Rebgarten der Meuniers erstreckt sich auf dürrem Boden, der für den Weinanbau sehr geeignet ist und mehr noch als das Klima für die gleichbleibende Qualität des Weins sorgt, der im April in Flaschen abgefüllt wird. Dieser Quincy mit seinem leuchtenden Aussehen, nicht übertrieben fruchtig, ist trocken und vollmundig.

DOMAINE JACQUES ROUZE
F-18120 Brinay
(✆ 48 51 08 51 · Fax: 48 51 05 00)

EVP: FF 22,80 + 25,30 zuzügl. Mwst; Gr: FF 20,50 zuzügl. Mwst

Ein bescheidener Winzer, der Quincy-Weine von Qualität herstellt dank seines Weinbergs mit ausschließlich organisch gedüngtem Boden aus Kies und Sand auf Quarzbasis, dank der durchschnittlich 25 Jahre alten Sauvignon-Rebstöcke und der wärmeregulierten Gärung. Sie sind beliebt, diese typischen, trockenen und fruchtigen Weine mit ihrer sehr hellen Robe, wohl ausgewogen und angenehm im Mund. Man sollte sie probieren, um sie kennenzulernen.

QUINCY – REUILLY – SAINT-POURÇAIN

DOMAINE JACQUES ROUZE
AOC Quincy
auf Quarzsandboden:
trockener, fruchtiger,
wohl ausgewogener Sauvignon
F-18120 Brinay

REUILLY

Das A.O.C.-Gebiet von Reuilly im Zentrum Frankreichs erstreckt sich etwa über 75 ha westlich von Bourges in den Departements Indre und Cher. Es umfaßt 7 Gemeinden. Der schon seit ewigen Zeiten bekannte Weingarten erhielt 1937 die Berechtigung zur Appellation Contrôlée. Zwei Rebsorten begründen den Ruf seiner Weine: Sauvignon und Pinot noir.

DOMAINE GERARD CORDIER
La Ferté · F-36260 Reuilly
(✆ 54 49 25 47)

Preise auf Anfrage

Auf diesem Weingut mit sandigen, splittigen Böden und einem gemäßigten Klima werden charaktervolle Weine hergestellt. Ihre Qualität ist sowohl auf mineralogische und klimatische Vorzüge wie auf das önologische Talent Gérard Cordiers zurückzuführen, eine beherrschende Figur dieser Appellation. Sein weißer Reuilly ist sehr angenehm fruchtig und hat ein köstliches Bukett.

DOMAINE CLAUDE LAFOND
Le Bois Saint-Denis · F-36260 Reuilly

Preise auf Anfrage

Der 15 ha große Weinberg mit Kieselsand- und Tonkalkboden erstreckt sich über die Anhöhen am Arnon, einem Nebenfluß des Cher. Hier entsteht

roter, rosé und weißer Reuilly: der Rotwein, von heller Färbung, ist leicht tanninhaltig, hat fruchtige oder blumige Aromen, ist ziemlich körperreich mit einem deutlichen, aber delikaten Bukett; in der Blume des zwiebelschalenfarbenen Rosés vereinigen sich Finesse und Delikatesse, er ist trocken, aber weich und mächtig, im Gegensatz zum Rotwein verfügt er über gute Alterungsfähigkeit; der trockene Weißwein ist fruchtig und parfümiert, fein und anhaltend, mit nicht zu heftigen, für den Sauvignon charakteristischen Aromen.

SAINT-POURÇAIN

Die Phönizier pflanzten auf den Anhöhen dieser V.D.Q.S.-Appellation die ersten Reben an, die Römer führten den Anbau fort, und viele Winzergenerationen taten es ihnen im Laufe der Jahrhunderte gleich. Dann kam die Reblaus ... Heute umfaßt der früher 8 000 ha große Weingarten kaum mehr als 1 000 ha. Er erstreckt sich auf einem 5-7 km breiten Streifen in 250-400 m Höhe auf einer Reihe von Hügeln linksseitig der Flüsse Allier, Sioule und Bouble. 6 Rebsorten werden hier angebaut: Sacy, Chardonnay, Sauvignon und Aligoté für die Weißweine; Gamay und Pinot noir für die Rotweine.

DOMAINE DE BELLEVUE
Gérard et Jean-Louis Pétillat
Bellevue · F-03500 Meillard
(✆ 70 42 05 56 / 70 42 04 29)

EVP: FF 20,– bis 34,–; Gr: FF 14,85 bis 26,90 zuzügl. Mwst

Der seit 1922 von den Pétillats bearbeitete Rebgarten zählt über 15 ha und wurde in leichter Süd- und Ost-Hanglage angelegt, in der er von maximaler Sonnenbestrahlung profitiert. Als Düngemittel wird Rindermist verwendet. Die Granit- und Steinböden sind mit Pinot noir, Gamay, Chardonnay und Sauvignon bepflanzt, deren durchschnittlich

20 Jahre alten Rebstöcke geschmeidige und fruchtige Weine hervorbringen: der Weißwein ist trocken, frisch und bukettreich, der Rosé sehr fruchtig, der ziegelfarbene Rotwein fruchtig und vollmundig; körperreicher ist die rote Grande Réserve; die Schaumweine - der Blanc de Blancs Brut entsteht auf der Basis von Chardonnay, der Rosé auf der Basis von Gamay, der Rotwein auf der Basis von Pinot noir - sind alle ausgezeichnete Aperitifs mit einer Süße von Pfirsich oder Likör der Schwarzen Johannisbeere. Ein Sortiment an Qualitätsweinen zum Probieren und Sichverlieben.

SANCERRE

Das Gebiet von Sancerre befindet sich 200 km südlich von Paris an der Loire. Der zu 80 % mit der Sauvignon- und zu 20 % mit dem Pinot noir-Rebe bestockte Weingarten erstreckt sich über 1 600 ha. Auf dieser A.O.C.-Fläche, auf der der Sancerre das Leben von 14 Gemeinden und Dörfern bestimmt, bestehen die Hänge in Flußnähe aus Feuerstein auf Kalkmergel, die um den Piton-de-Sancerre herum liegenden Anhöhen dagegen aus Muschelkalk oder flachem Gestein. Die höheren Hügel, die das Weingut krönen, werden aus Kimmeridgien-Mergel gebildet.

Die Domaine de Bellevue,

seit 1922 von der Familie Pétillat geführt, bietet auf einem der besten Böden des Gebiets VDQS-Weine Saint-Pourçain an auf der Basis von Gamay (rot + rosé), von Pinot noir (rot), von Sauvignon + Chardonnay (weiß); rote, rosé, weiße Schaumweine traditioneller Methode

Preise auf Anfrage · ✆ 70420556
Fax: 70420975 · GAEC Pétillat Bellevue
03500 Meillard France

DOMAINE CROIX SAINT-URSIN
Jacques Bailly · F-18300 Bué

EVP: FF 40,– bis 59,–; Gr: FF 29,– bis 45,–

Sauvignon und Pinot noir profitieren vom sehr sonnigen Mikroklima und der kontrollierten organischen Düngung. Der Ertrag wird bewußt gedrosselt. So sind die Weine dieser Domäne, deren Rotweine zur Hälfte in Eichenfässern reifen, als gute Vertreter der Appellation anerkannt.

DOMAINE JOSEPH MELLOT
Route de Ménétréol
B.P. 13 · F-18300 Sancerre
(✆ 48 54 21 50)

Preise nicht genannt

Die Domäne steht in dem Ruf, Qualitätsweine herzustellen: Pouilly-Fumé, Quincy, Reuilly, Menetou-Salon, vor allem aber Sancerre: z.B. "La Châtelaine" 1990, eine sehr schöne Cuvée mit mächtigem, reichem Geschmack von erstaunlicher Länge, ein sehr harmonischer Duft-Geschmack-Kompromiß; "La Châtellenie" 1991 charakterisiert viel Finesse der Aromen, wobei sehr reife weiße Früchte vorherrschen, der Boden kommt mit seiner Feuersteinnote gut zum Ausdruck, im Mund harmonisch und nachhaltig.

DOMAINE JEAN ET FRANÇOIS RAY
F-03500 Saulcet · (✆ 70 45 35 46)

EVP: FF 20,–; Gr: FF 14,70 + 16,50

Der mit Gras besäte Tonkalk- und Granitboden, der überhaupt nicht gedüngt wird, wärmeregulierte Vinifizierung und ein Ausbau der Weine in emaillierten Stahltanks lassen Saint-Pourçains entstehen, die besonders in der Gastronomie geschätzt sind: leichte und fein fruchtige Rotweine; trockene Weißweine mit blumigen Aromen.

DOMAINE HENRY NATTER
F-18250 Montigny · (✆ 48 69 58 85)

Preise nicht genannt

Etwa 20 ha Rebflächen in guter Lage mit Kimmeridgienner Tonkalkboden, der organisch gedüngt, gehackt und gejätet wird, manuell durchgeführte Weinlesen, traditionelle Alterung der Weine in Eichen- oder Kastanienfudern tragen zur Produktion außergewöhnlicher Sancerres bei: trockene, blumige Weißweine, an der Nase Akazie, im Mund lebhaft; trockene und fruchtige Rotweine.

DOMAINE DE SAINT-PIERRE
Pierre Prieur et Fils
F-18300 Verdigny-en-Sancerre
(✆ 48 79 31 70)

Preise nicht genannt

Die Domäne besteht aus etwa 30 Parzellen, die im Laufe der Jahrhunderte ihrer Lage und Bodenbeschaffenheit wegen ausgewählt wurden. Steiniger, magerer, sehr kalkhaltiger Untergrund ergibt sehr fruchtige, feine, leichte Weine; Tonkalkboden macht sie sehr körperreich und kernig, mit einem Bukett, das erst später zum Ausdruck kommt. Die Sancerres können lange aufbewahrt werden: Rosés und Weißweine 3-4 Jahre, die in Eichenfässern vinifizierten Rotweine 5-10 Jahre.

DOMAINE DES VILLOTS
Jean Reverdy et Fils
F-18300 Verdigny (✆ 48 79 31 48)

Preise auf Anfrage

Das 12 ha umfassende Gut mit kiesel- und kalkhaltigen Böden ist zu 3/4 mit Sauvignon und 1/4 Pinot noir bepflanzt. Von den drei erzeugten Sancerres, Rot-, Rosé- und Weißwein, ist letzterer - samtig und fruchtig - besonders empfehlenswert.

VINS DE L'ORLEANAIS

Der Weingarten des Orléanais liegt im Loiret auf den Hochebenen über der Loire, zwischen Saint-Hilaire-Saint-Mesmin und Cléry-Saint-André. Leichte, frische und angenehme Weine werden aus den Rebsorten Gris Meunier, Cabernet, Pinot noir, Auvernat blanc, Gamay, Sauvignon und Chardonnay hergestellt. Diese V.D.Q.S.-Weine gehörten in der Geschichte Frankreichs einst zu den besten. Angesehene Persönlichkeiten schätzten bzw. erzeugten sie: von Karl dem Großen bis zu Ludwig XI., von den Königen von England bis zu Franz I. Heute sind sie in Frankreich mehr oder weniger verkannt, bereichern dennoch einheimische Tafeln oder erfreuen Liebhaber im In- und Ausland.

CAVE COOPERATIVE VINICOLE DE MAREAU-AUX-PRES
F-45370 Mareau-aux-Prés
(✆ 38 45 61 08)

Preise auf Anfrage

Diese Genossenschaft stellt von Kennern gefragte Qualitätsweine her: einen Rotwein Gris Meunier, rubinfarben, mit den Aromen von roten Früchten, fruchtig und angenehm, der seine Würze schon in frühester Jugend findet; einen tanninhaltigen, körperreichen roten Cabernet mit Bukett, Paprikaaroma, das sich im Mund durch eine Gewürznuance verstärkt, ein Lagerwein, der sich mit dem Alter verbessert; einen aus der Chardonnay-Rebe gezogenen Weißwein Auvernat schließlich, von großer Finesse, mit sehr subtilem Bukett, lieblich und sehr fruchtig.

CHAMPAGNE

Der Weingarten der Champagne umfaßt auf einer Fläche von 34 000 ha, von denen 25 000 ha mit Rebstöcken bepflanzt sind, 250 Gewächse. Die meisten befinden sich in Mittelhanglage auf einem

CHAMPAGNE

von einer dünnen Tonkieselschicht überzogenen tiefen Kreideboden, der die Rebwurzeln mit Nährstoffen versorgt und das Wasser dräniert, so daß die optimale Feuchtigkeit bewahrt und das vegetative Leben der Rebstöcke im Gleichgewicht gehalten wird. Diese müssen eine Jahresdurchschnittstemperatur von 10°C aushalten und Frostperioden im Frühjahr und zur Zeit der Blüte durchstehen. Drei Rebsorten vertragen diese klimatischen Bedingungen: Pinot noir, Chardonnay und Pinot meunier. Bei den manuellen Weinlesen Ende September, 100 Tage nach der Blüte, wird Traube um Traube geprüft, grüne oder verdorbene Beeren werden entfernt. 4 000 kg Weintrauben ergeben 2 666 l Traubensaft. Ist es mehr, hat der Saft kein Anrecht auf die Appellation. Unmittelbar nach der Kelterung bildet der Most 10-12 Stunden lang einen Niederschlag seiner Hauptverunreinigungen. Anschließend verbleibt er für die 1. Gärung mehrere Wochen im Faß. Sie wandelt den Traubensaft in Wein um, der danach geklärt und geprüft wird. Erst im Frühjahr beginnt der Ausbau des Champagners mit der Zubereitung der Cuvée, die aus verschiedenen Stillweinmischungen der Appellation Champagne besteht. Ist die Cuvée bereit, werden ihr Gärstoffe und eine geringe Menge Rohrzucker zugesetzt, um die 2. Gärung zu fördern. Danach wird der Wein auf Flaschen gezogen, verkorkt und 3 Jahre im Keller gelagert, bevor dann das von der 2. Gärung hervorgerufene Depot entfernt wird. Ein durch die Entfernung entstehendes Vakuum wird durch ein Gemisch von Rohrzucker und altem Wein aufgefüllt. Danach kann die Flasche endgültig verkorkt und mit einem Drahtkorb versehen werden.

AUDOIN DE DAMPIERRE
Le Comte Audoin de Dampierre
5, Grande Rue · F-51140 Chenay
(✆ 26 03 11 13)

EVP: FF 30,– bis 70,–; Gr: abzügl. 20 %

Ein Champagner-Etikett, das den Namen eines wirklichen Grafen trägt, der einer der ältesten Familien Frankreichs entstammt, die schon 1913 Beziehungen zu Deutschland unterhielt, als nämlich der Urgroßvater dort Botschafter war. So erstaunt es nicht, daß sich die Geschichte dieses großen Hauses auf einigen seiner Etiketten wiederfindet: Der "Champagne Elyane de Biron, Cuvée des Maréchaux" (die Namen Biron und Dampierre sind durch Familienbande zusammengeschweißt) ist sehr ausgeglichen und fein im Mund, voller Würze, was kein Hinderungsgrund für ein ausgezeichnetes Qualität-Preis-Verhältnis ist; die "Cuvée des Ambassadeurs", mit anhaltendem Schaum, von satter, harmonischer Schattierung, Finesse im Duft, mit dezenter Präsenz des Pinot noir, am Gaumen sehr schön ausgewogen, anhaltend frisch, ohne Aggressivität, ein Meisterwerk, das Audoin de Dampierres Stempel trägt.

CHAMPAGNE BARANCOURT
Place André Tritant · F-51150 Bouzy
(✆ 26 57 00 67)

EVP: FF 100,– bis 150,–; Gr: DM 36,–

Das 1966 gegründete Haus produziert heute 4 Millionen Flaschen Champagner jährlich, u.a. einen Brut Réserve, fruchtig, rund, geschmeidig und ausgewogen; einen Rosé Brut Grand Cru Millesime, der seine intensive Rubinfärbung der natürlichen Pigmentierung der Frucht verdankt, die Finesse seiner Perlen und die Delikatesse hat er vom Chardonnay, seine kernigen Aromen vom Pinot noir.

CHAMPAGNE BEAUMET
3, rue Malakoff · F-51207 Epernay Cedex
(✆ 26 54 53 34)

Preise nicht genannt

Das 1878 gegründete Haus profitiert von der idealen Lage seiner Rebflächen, die sich zu einem großen Teil an der Côte-des-Blancs erstrecken, was zum Renommée des Hauses im In- und Ausland beigetragen hat. Man schätzt den Blanc de Blancs 1982, die Cuvée Malakoff, mit ihrem goldgelben

Kleid und Grünreflexen, dem feinen Schaum, dem komplexen Duft mit Nuancen von Toastbrot, Haselnuß, Linde, seinen Geschmack voller Finesse und Nachhaltigkeit; die leicht zwiebelschalenfarbene Cuvée Malakoff rosé 1982, die an der Nase sehr komplex ist mit Düften von roten und von kandierten Früchten, im Mund vorn lebhaft und frisch, in der Folge von ausgezeichneter Struktur, weinig und kernig.

CHAMPAGNE BEAUMONT DES CRAYERES
Joseph Bérat
64, rue de la Liberté · F-51530 Mardeuil
(✆ 26 55 29 40)

EVP: FF 84,– bis 150,–; Gr: FF 64,–

Beaumont des Crayères ... das sind 200 Winzer, die 75 ha Rebflächen wie einen Garten bearbeiten. 75 ha für 200 Mitglieder, das bedeutet rund 35 Ar pro Weinbauer. Der durchschnittlich 24 Jahre alte Rebsortenbestand, die wärmeregulierte Vinifizierung, die Mischungen und der Weinausbau führen zu einem Qualitätsangebot: die Cuvée de Réserve Brut mit üppigem Schaum, vornehm und fein im Duft, elegant am Gaumen, verbunden mit feinen Noten von Johannis- und Himbeere; die Cuvée Spéciale Nostalgie Brut mit feinem Schaum, an der Nase offen, im Mund harmonisch mit einem Hauch Haselnuß und viel Frische - ein außergewöhnlicher Champagner.

MAISON DE CHAMPAGNE BESSERAT DE BELLEFON
19, avenue de Champagne · F-51200 Epernay
(✆ 26 59 51 00)

Preise nicht genannt

Das traditionelle Haus wurde 1843 in Aÿ gegründet. Besonders berühmt ist seine "Cuvée des Moines", Brut, ein Wein mit blaßgelber, leicht goldener Färbung, dessen sehr feine Perlen sich mit großer Anmut bilden, an der Nase entwickelt er ganz entfernt den zarten Duft von Zitrusfrüchten, am Gaumen ruft der geschmeidige und fruchtige Wein ein seltenes Geschmackserlebnis von Lieblich- und Leichtigkeit hervor, das er der feinen Verschmelzung der ihm eigenen Aromen verdankt.

MAISON DE CHAMPAGNE BILLECART-SALMON
Mareuil-sur-Aÿ · F-51160 Aÿ
(✆ 26 52 60 22)

Preise nicht genannt

Die seit dem 16. Jh. in Mareuil-sur-Aÿ angesiedelte Familie Billecart-Salmon belieferte im Laufe der Jahrhunderte die großen russischen Familien, die jungen Staaten von Amerika und später dann den Prinzen Karl aus Bayern. Ihr Renommee basiert heute auf vier Cuvées von großer Tradition: Champagner Brut, Cuvée N.F. Billecart Brut mit Jahrgangsangabe, Brut Rosé, Blanc de Blancs Brut "Vintage". Ludwig von Kaff aus Bremen vertritt dieses "sehr diskrete" Unternehmen in Deutschland.

MAISON DE CHAMPAGNE BOIZEL
14, rue de Bernon · F-51200 Epernay
(✆ 26 55 21 51)

EVP: FF 99,– inkl. Mwst

Das 1834 gegründete Familienunternehmen ist unabhängig geblieben. Heute wird es von der sympathischen Evelyne Roques-Boizel geleitet. Ihre Champagner (2 500 000 Flaschen jährlich) haben eine Kundschaft von Kennern gefunden, die ihnen treu bleibt auf Kosten bekannterer, aber weniger überzeugender Marken. Ein Spitzenprodukt: die Cuvée Brut Réserve von hellgoldenem Aussehen, mit feinen, anhaltenden Perlen, elegantem, blumigem Bukett, im Mund ausgewogen fruchtig und frisch, ein voll entwickelter Wein von schöner Nachhaltigkeit.

CHAMPAGNE

MAISON DE CHAMPAGNE BOLLINGER
16, rue Jules Lobet · B.P. No. 4
F-51160 Aÿ-Champagne (✆ 26 55 21 31)

Preise nicht genannt

Das 1829 von Jacques Bollinger gegründete Haus ist ein unabhängiger Familienbetrieb geblieben. Es werden jährlich 1 500 000 Flaschen auf der Basis von Pinot noir, Pinot meunier und Chardonnay hergestellt. Die Champagnerweine mit Jahrgangsangabe werden in Eichenfässern vergoren, alle anderen in Tanks. Laut dem Figaro "der Champagner von James Bond ... sowie der Königin von England".

CHAMPAGNE RAYMOND BOULARD
Famille Raymond Boulard et Fils
F-51480 La Neuville-aux-Larris
(✆ 26 58 12 08 · Fax: 26 58 13 02)

EVP: FF 80,– bis 150,–; Gr: ab FF 57,50

Dieses Haus verfügt über alle Voraussetzungen für die Herstellung eines Champagners von bemerkenswerter Qualität: einen Weinberg, der Parzellen besitzt mit Sedimenten auf Brie-Kalk (Marnetal), auf Kieselkalk-Schwemmland (Massif de Saint-Thierry) sowie auf einigen cm dickem Ackerboden mit Kreide-Untergrund (Côte des Grands Crus de Noirs). 10 ha, die ausschließlich organisch (Guano, Algen) gedüngt werden. Diese Vorzüge ergänzt die besondere Sorgfalt bei der Vinifizierung und dem Ausbau der Weine. Bei Boulard wird jegliche chemische Verarbeitung abgelehnt. Das Ergebnis sind Champagner aus schwarzen Trauben mit mehr oder weniger intensiver goldbrauner Färbung, einem Bukett von roten Früchten und Aromen von gerösteten Früchten, kernige, fette, körperreiche Champagner, die ziemlich schnell ihre volle Reife erreichen mit mächtigen Aromen, anhaltend im Mund. Seltene Champagner, deren beste Werbung ihre außergewöhnliche Qualität ist.

DAS ETIKETT BESCHEINIGT
DIE AUTHENTIZITÄT

Es umfaßt obligatorisch:

· die sichtbare Bezeichnung "Champagne"
· den Namen der Marke oder des Absenders
· die vom Comité Interprofessionnel du Vin de Champagne erteilte Immatrikulationsnummer, der die Initialen, die Auskunft über den Hersteller geben, vorangestellt sein müssen
· das Fassungsvermögen der Flasche

Dann folgen Hinweise über:

· den Ort, wo sich das Handelshaus oder die Produktionsstätte befindet

- gegebenenfalls den Jahrgang
- Besonderheiten der Cuvée wie "Blanc de Blancs" oder "Rosé"
- den Zuckergehalt, in ansteigender Reihenfolge: "brut", "extra-dry", "sec", "demi-sec".

MAISON DE CHAMPAGNE CATTIER
6 et 11, rue Dom-Pérignon · B.P. 15
F-51500 Chigny-les-Roses · (✆ 26 03 42 11)

EVP: FF 85,–

Das 1763 gegründete Familienunternehmen verfügt über einen 18 ha großen Weinberg, der sich über mehrere Lagen der Montagne de Reims erstreckt. Seine berühmteste Cuvée (der eigenen Werbung nach "der exklusivste Champagner der Welt") ist der "Clos du Moulin", mit blaßgoldenem Kleid, voller Finesse und Komplexität, mit delikaten und subtilen Aromen, dessen Kern und Leichtigkeit das Ergebnis der Verbindung von Pinot noir und Chardonnay sind. Bemerkenswert ist auch der Brut millésimé mit all seiner Finesse und Delikatesse, seinen feinen Aromen sowie der schönen Fülle im Mund.

CHAMPAGNE CHARLES DE CAZANOVE
1, rue des Cotelles · B.P. 118
F-51204 Epernay Cedex · (✆ 26 54 23 46)

Preise nicht genannt

Das 1811 gegründete Haus, 1958 von der Gruppe Martini und dann von Moët-Hennessy aufgekauft, wurde schließlich wieder von der Familie Lombard übernommen, die es verstanden hat, ihm die Eigenart und Originalität zurückzugeben, die es nahezu 1 1/2 Jahrhunderte lang geprägt haben. Unter seinen Cuvées zeichnet sich der Champagne Stradivarius besonders aus, ein außergewöhnlicher Wein mit Düften von reifen Früchten, Walnuß und Mandel, viel Fülle im Mund und Delikatesse, durch mindestens 6jährige Alterung im Keller verfeinert. Ein entdeckenswertes Haus, sofern man es

nicht schon kennt, und Champagner, die vergleichbar sind mit denen, die sich durch Werbekampagnen auf dem Markt durchgesetzt haben.

CHAMPAGNE CLERAMBAULT
122, Grande Rue
F-10250 Neuville-sur-Seine · (✆ 25 38 20 10)

EVP: FF 81,– bis 183,–

Berühmtester Unbekannter in der Welt des Champagners ist ein kleines Haus mit großem Ruf. Clérambault bemühte sich seit seiner Gründung um Qualitätsverbesserung, und es gelang ihm, sich bei einer Kundschaft von Kennern durchzusetzen. Der Clérambault ist im Handel nicht zu finden und somit vor allem eine Marke des Vertrauens, was ihm zum Vorteil gereicht, wenn man seine Champagner kennt: die Cuvée Tradition "Blanc de Noirs", mit ausdrucksvollem Bukett, ist lebhaft, munter und schön nachhaltig im Mund; der "Carte Noire", mit Aromen von Weißdornblüten, hat einen nervösen, anregenden Geschmack; der "Grande Epoque" ist im Mund offen, anhaltend, aber dennoch weich, seine Komplexität, Reichhaltigkeit und Ausgewogenheit offenbaren die vollendete Kunst der Kellermeister des Hauses.

CHAMPAGNE DELAMOTTE
Bertrand de Fleurian
B.P. No. 3 · F-51190 Le Mesnil-sur-Oger
(✆ 26 57 51 65)

EVP: FF 99,–; Gr: FF 30,–

Das 1760 gegründete Haus befindet sich auf einem schönen Besitz aus dem 18. Jh. mitten im Herzen der Rebflächen von Le Mesnil-sur-Oger an der Côte des Blancs. Zeitgenosse der Enzyklopädisten und mitten im Zeitalter der Aufklärung geboren, da ist es kein Zufall, daß es eine ganz besondere, für das Unternehmen sprechende Kundschaft hat, nämlich diejenige der Pariser Literaturcafés und die ausländische, an die die Hälfte der Produktion verkauft wird. Ihr Blanc de Blancs Jahrgang 1985 ist schön mächtig an der Nase mit Aromen von weißen Früchten (Pfirsich und Nektarine), von schöner Fülle und großer Frische; der "Nicolas Louis Delamotte", die Krönung des Sortiments, ist ein eleganter und feiner Blanc de Blancs, harmonische Illustration der Chardonnay-Trauben. Ein entdeckens- und liebenswertes Haus.

laubt der nur mit organischem Dünger verbesserte Weingarten der Grande Montagne de Reims die Produktion sehr geschmeidiger, wenig säurehaltiger Champagner mit einem leichten Haselnußgeschmack, recht körperreich und lang im Mund. Hervorzuheben ist die Cuvée Virginie, die Eleganz mit gutem Geschmack verbindet, ein im Jahre 1986 hergestelltes, aus 3 Rebsorten bestehendes Gemisch, heute am Höhepunkt angelangt. Sie wird in einer Spezialflasche präsentiert.

CHAMPAGNE DUVAL-LEROY
Carol Duval
69, Avenue de Bammental · B.P. 37
F-51130 Vertus · (✆ 26 52 10 75)

EVP: FF 102,–

Das 1859 gegründete Familienunternehmen, dem heute die junge Carol Duval vorsteht, verfügt über 130 ha Rebflächen mit Kreideboden und einem in die Kreide gegrabenen Alterungskeller für 12 Millionen Flaschen. Mit jährlich 470 000 in Deutschland verkauften Flaschen plaziert sich Duval-Leroy unter die bestvertretensten Champagner-Häuser. Ihre Cuvées verdienen es: Die "Fleur de Champagne Rosé" verführt durch die Eleganz ihrer Robe, den Charme ihres Buketts und die Aromen von roten Früchten; der "Blanc de Blancs de Chardonnay" erfreut durch seine Frische und die Finesse seines Buketts, seine subtilen und delikaten Aromen; "Lauréat" ist ein sehr ausgeglichener Champagner für Augenblicke der Freude.

CHAMPAGNE FRANÇOIS FAGOT ET FILS
26, rue Gambetta · F-51500 Rilly-la-Montagne
(✆ 26 03 42 56 · Fax: 26 03 42 56)

EVP: FF 70,– bis 90,–; Gr: FF 60,– bis 80,–

Vor über einem Jahrhundert war die Urgroßmutter in diesem Familienunternehmen in Rilly eine der ersten Frauen, die Gutsweine herstellte. Heute er-

MAISON DE CHAMPAGNE GOSSET
69, rue Jules Blondeau · B.P. 7
F-51160 Aÿ-Champagne (✆ 26 55 14 18)

EVP: FF 127,– inkl. Mwst

Das sehr alte Familienunternehmen, das 1584 noch vor der Erfindung des Champagners gegründet wurde, begann mit traditionellen Rotweinen. 1850 produzierte es dann lange gealterten Luxus-Champagner und präsentierte ihn in Spezialflakons. Heute werden auf dem 100 ha großen Besitz dank sehr ausgesuchter Mischungen jährlich 700 000 Flaschen weißen Champagners hergestellt, ein ausgewogener, voller, reifer, feiner Wein.

MAISON DE CHAMPAGNE ALFRED GRATIEN
30, rue Maurice Cerveaux · B.P. 3
F-51201 Epernay Cedex · (✆ 26 54 38 20)

CHAMPAGNE

Preise nicht genannt

Nach 127jährigem Bestehen gehört dieses Haus noch heute zu den wenigen reinen Familienunternehmen. Man wollte außerdem nur eine begrenzte Produktion. Ausgewogenheit, Bukett und Eleganz sind die herausragenden Eigenschaften der angebotenen Cuvées. Dieses dank des sorgsamen Ausbaus, wie Vinifizierung in Eichenfässern und mehrjährige Lagerung in Flaschen. Die Weine ohne Jahrgang werden frühestens nach 4jähriger Lagerzeit verkauft.

CHAMPAGNE GRATIOT-DELUGNY
24, rue de la Marne
F-02310 Crouttes-sur-Marne
(✆ 23 82 15 36 · Fax: 23 82 29 09)

EVP: FF 59,– + 62,– zuzügl. Mwst; Gr: FF 46,– + 48,– zuzügl. Mwst

Schon 1088 wurden die Vorzüge dieses typischen Dorfes Crouttes-sur-Marne an der Champagner-Straße gerühmt. Der Weingarten des vor mehreren Generationen gegründeten Hauses Gratiot-Delugny dehnt sich hin über Hügel, die die Marne beherrschen, auf einem berühmten Feuersteinboden. Hier entstehen Champagner, die 3 Jahre gealtert und beaufsichtigt werden. Sie sind von traditioneller Qualität, ihre Würze ist mit derjenigen bekannter Marken durchaus vergleichbar: Der Brut Meunier ist charakteristisch, weinig und lang im Mund, der Brut Sélection Chardonnay ausgewogen und fein, hat seinen Platz auf wählerischsten Tafeln.

GOLDENE REGELN FÜR DEN CHAMPAGNER AUF IHRER TAFEL

Die gewünschte Menge:

1 Quart	enthält	20	cl
1 Demie	— " —	37,5	cl
1 Flasche	— " —	75	cl
1 Magnum	— " —	2	Flaschen
1 Jeroboam	— " —	4	Flaschen
1 Mathusalem	— " —	8	Flaschen
1 Salmanazar	— " —	12	Flaschen

Der Champagner wird schon gealtert angeboten, so wie es sein muß. Wollen Sie ihn gern einige Zeit aufbewahren, dann
· wählen Sie einen kühlen Ort mit gleichbleibender Temperatur, wo er vor Luftzug, Erschütterungen und Licht geschützt ist
· legen Sie die Flaschen unbedingt hin, um ein Austrocknen des Korkens zu verhindern
· der Champagner wird gekühlt, nicht eiskalt, mit einer Temperatur von 6-8°C getrunken. Legen Sie ihn also an eine weniger kalte Stelle im Kühlschrank, keinesfalls ins Gefrierfach. Die beste Methode bleibt der Champagnerkübel, in den die Flasche in Wasser mit Eis getaucht wird.

Vermeiden Sie ein heftiges Herausziehen des Korkens, indem Sie die Flasche in der einen Hand halten und mit der anderen den Verschluß lösen. Neigen Sie die Flasche leicht und drehen Sie sie um den Korken herum, den Sie in der Hand festhalten. Er löst sich dann langsam. Sie brauchen nur nach und nach ein wenig zu lockern, wobei der Druck hilft ..., und in Gläser einzuschenken.

CHAMPAGNE EMILE HAMM ET FILS
Claude Hamm
16, rue Nicolas Philipponnat · F-51160 Aÿ
(✆ 26 55 44 19)

EVP: FF 66,– bis 126,–

CHAMPAGNE

Das Haus Hamm besitzt 3,5 ha Rebflächen auf den Hängen von Aÿ. Ihr Erntezukauf entspricht der Produktion von 25 ha der Appellation. Die Mischungen der verschiedenen Hamm-Champagner werden aus Grands Crus wie Vertus, Chouilly, Aÿ hergestellt. Zu den Qualitäten dieses Hauses zählt es, technische Perfektion und moderne Ausstattung mit dem Sachverstand des Menschen in Einklang zu bringen, was dem Unternehmen für die Herstellung eines anspruchsvollen Weins unerläßlich erscheint. Man spürt dies in ihren Weinen: eine "Cuvée Sélection", reif, elegant und ausgewogen; eine "Réserve 1er Cru", brut oder dry, die bei allen Gelegenheiten den Gaumen erfreut; ein "Millésime 1985", brut oder dry, eine Mischung aus Pinot noir- und Chardonnay-Grands Crus, 5 Jahre gealtert, ein Champagner großer Klasse, der das Haus gut vertritt.

CHAMPAGNE IVERNEL
6, rue Jules-Lobet · B.P. 15
F-51160 Aÿ-Champagne · (✆ 26 55 21 10)

EVP: FF 98,– bis 145,– inkl. Mwst

Ivernel, Besitz des Hauses Champagne Gosset, war ein sehr altes, im Jahre 1890 in der ehemaligen Kellerei des Hofes König Franz I. gegründetes Familienunternehmen. Die heute jährliche Produktion von 100 000 Flaschen Wein, aus gekauften Trauben hergestellt, geht sowohl an inländische wie an ausländische Kunden. Der Champagner ist kräftigfarben, von reichem Geschmack, voll und ausgewogen.

MAISON DE CHAMPAGNE
JACQUESSON ET FILS
Madame Anne-Marie Chiquet
68, rue du Colonel Fabien · F-51530 Dizy
(✆ 26 55 68 11)

Preise nicht genannt

Das 1798 gegründete Haus hat immer wieder Cuvées geschaffen, die es bekannt gemacht haben. Ebenso die Anlagen und herrlichen Keller, die von Napoleon I. nach einem Besuch im Jahre 1810 mit einer Goldmedaille ausgezeichnet wurden. Der Name Jacquesson ist bis heute geblieben. Für Kenner, die Qualität übermäßiger Werbung vorziehen, ist er eine Garantie, Gäste zufriedenzustellen. Da ist zum Beispiel die "Cuvée Signature", Jahrgang 1985, in 75 hl-Eichenfudern gealtert, von großer Finesse, sehr füllig und präsent im Mund, mit leichtem Holzgeschmack und einem schönen Finale: ein Champagner, der sich von vielen anderen durch seine unverkennbare Persönlichkeit unterscheidet.

CHAMPAGNE JEANMAIRE
12, rue Godart-Roger · B.P. 257
F-51207 Epernay Cedex · (✆ 26 59 10 10)

Preise nicht genannt

Der Blanc de Blancs verhalf dem Haus von 1933 an sehr schnell zu seinem Renommee in der Hauptstadt, in der seine Champagner bei der feinsten Kundschaft angesehen waren. Heute wurde das Etikett um weitere ergänzt: den gelbgoldenen Blanc de Noirs 1986, mächtig und aromatisch im Duft, sehr fruchtig, im Geschmack rund, füllig, finessereich, mit einer Note von roten Früchten; den Brut desselben Jahrgangs, ein Gemisch aus 20 Grands Crus von der Montagne de Reims und der Côte-des-Blancs, mit schönem, feinem und anhaltendem Schaum, an der Nase sehr fein und elegant, von großer Komplexität, im Mund viel Frische, Finesse und eine große Nachhaltigkeit.

CHAMPAGNE KRUG
5, rue Coquebert · B.P. 22
F-51100 Reims · (✆ 26 88 24 24)

Preise nicht genannt

CHAMPAGNE

Das 1843 gegründete Haus Krug hat sich in der Champagner-Gemeinde immer um einen besonderen Platz bemüht, und zwar durchaus mit Erfolg. Seine Cuvées lassen wenig zu wünschen übrig. Der Rosé Brut ist komplex und verführerisch im Duft, fruchtig und delikat, sehr brut und sehr weich zugleich, ein Champagner von großer Ausgeglichenheit, mit Charakter, ohne dabei schwer zu sein. Der Jahrgang 1982, nach 7jähriger Reifung im Keller sehr typisch, ein Champagner, bei dem Intensität und Nachhaltigkeit im Mund einhergehen mit jener Eleganz, die das Krug-Sortiment so häufig aufweist.

CHAMPAGNE DE LAMORLAYE
8, place de la République · B.P. 268
F-51069 Reims Cedex · (✆ 26 47 92 26)

Preise auf Anfrage

Das Haus Lamorlaye bereitet seine Cuvées aus Trauben aller 5 Unterbereiche des Champagner-Weingartens. Der Kreideboden verleiht den Beeren in Verbindung mit den verschiedenen Mikroklimata, die durch die Unterschiede von Höhe und Lage zur Sonne entstehen, eine besondere Eigenart. Die Weine der nach Tradition des Hauses hergestellten Cuvées werden alle separat ausgebaut, damit sie ihr Bukett bewahren. Die zahlreichen Gewächse werden dann gemischt. Dadurch erhalten die Cuvées Ausgewogenheit, sind Jahr für Jahr gleich, obwohl die Ernten zuweilen voneinander abweichen, und enttäuschen keinen Sachkundigen. Die Lamorlaye-Gruppe stellt jährlich 1 600 000 Flaschen her.

CHAMPAGNE LANG-BIEMONT
"Les Ormissets" · F-51530 Oiry
(✆ 26 55 43 43 · Fax: 26 51 57 05)

EVP: FF 50,– bis 200,– zuzügl. Mwst

Dieses 1875 von P. Lang und seiner Ehefrau P.H. Biémont gegründete Haus verfügt über 50 ha Rebflächen, die sich über den gesamten Champagner-Weingarten erstrecken, so daß der größte Teil der für die Herstellung der Cuvées benötigten Ernte gesichert ist. Diese Champagner werden nicht im Großhandel angeboten: In der Cuvée d'Exception, eine Auswahl der besten Jahrgänge der letzten 10 Jahre, finden sich Noten von gebrannter Mandel und Pampelmuse, verbinden sich Struktur und Abrundung im Geschmack; der LB 111, im Jahre 1986 zum 111. Geburtstag des Hauses lanciert, ist frisch an der Nase und von fruchtiger Würze im Mund; der füllige, nachhaltige und ausgeglichene Blanc de Blancs hat ein Bukett von gerösteten Trockenfrüchten; der runde und elegante Rosé Brut entfaltet ein Bukett von Himbeere.

CHAMPAGNE LANG-BIEMONT
"LES ORMISSETS"
F-51530 Oiry
✆ 0033-26554343 · Fax: 0033-26515705
Wir suchen Vertreter

CHAMPAGNE LARMANDIER-BERNIER
Madame E. Larmandier
43, rue du 28 août · F-51130 Vertus
(✆ 26 52 13 24)

EVP: FF 68,– bis 100,–; Gr: FF 61,– bis 80,–

Der Weingarten besteht aus etwa 10 ha, die ausschließlich an der Côte des Blancs in klassifizierten Gemeinden gelegen sind. Wenn das Durchschnittsalter des Rebsortenbestands auch 30 Jahre beträgt, so zählen einige alte Rebstöcke doch mehr als 70 Jahre. Larmandier-Bernier garantiert dank seiner bedeutenden Lager die Verkostung voll entfalteter Champagner: einen 1er Cru Brut Tradition von gleichbleibender Qualität; einen leichten und frischen 1er Cru Brut Blanc de Blancs mit Bukett; den 1er Cru Spécial Club millésime, ein Champagner für Kenner, der alle Qualitäten eines Blanc de Blancs aufweist und außerdem die Noblesse eines großen Jahres.

CHAMPAGNE

MAISON DE CHAMPAGNE LILBERT-FILS
223, rue du Moutier - B.P. 14
F-51350 Cramant · (✆ 26 57 50 16)

EVP: FF 80,– bis 150,–

Ein Haus, das seit 1746 Champagner herstellt, und zwar sehr diskret und mit großem Talent, was Kennern nicht verborgen bleibt: einen Brut, der aus Tradition auf die Verwirklichung beständiger Harmonie zwischen Charakteristik und Qualität abzielt; einen eleganten Crémant de Cramant mit leichtem Schaum; einen charaktervollen und generösen Jahrgangswein. "Bei Lilbert-Fils kann man mit geschlossenen Augen einen guten Blanc de Blancs kaufen", versichert Le Figaro Madame.

Dieses Haus, dessen Ursprung auf das Jahr 1867 zurückgeht, stellt Cuvées aus den Trauben aller 5 Unterbereiche des Champagner-Weingartens her: Montagne-de-Reims, Vallée-de-la-Marne, Côte-des-Blancs, Aisne und Aube. Mit Erfolg. Während die Produktion 1984 nur knapp 1 Million Flaschen überschritt, wurde 1992 ein Volumen von 1 300 000 Flaschen erreicht. Marie Stuart stellt national wie international eine Qualitätsgarantie dar, die sich im breiten Sortiment zeigt: der Brut Rosé, dessen Duft durch seine Vinosität überrascht, ist im Mund nervös, transparent und klar; der Brut Millésime entwickelt an der Nase Finesse und Eleganz, diese Empfindungen verstärken sich noch im Mund; was die Cuvée R.G. anbelangt, so überfordert sie nie den Gaumen, bringt an Festtagen passende Fröhlichkeit und Frische.

CHAMPAGNE MAILLY
28, rue de la Libération · B.P. 1
F-51500 Mailly-Champagne
(✆ 26 49 41 10)

EVP: FF 115,– inkl. Mwst; Gr: FF 75,– zuzügl. Mwst

Diese erste Genossenschaft des Champagner-Weinbergs entstand am 9. April 1929. Wenn es auch lange gedauert hat, bis sie sich bei der Aristokratie des Milieus durchsetzte, so gelang ihr dann doch der Durchbruch. Heute ist Mailly ein dynamisches Haus, das Tradition und permanente Qualitätsforschung für ihre verwöhnte Kundschaft miteinander verbindet. In ihrer Cuvée des Echansons entdeckt man eine gute Ausgewogenheit zwischen dem starken Geschmack der Pinot noir-Traube und der blumigen Eleganz der Chardonnay-Traube. Der reine, rassige Wein hat das Aroma von reifen Früchten und ein ganz hervorragendes Bukett.

CHAMPAGNE MARIE STUART
8, place de la République · F-51100 Reims
(✆ 26 47 92 26)

Preise auf Anfrage

CHAMPAGNE SERGE MATHIEU
Serge Mathieu
F-10340 Avirey-Lingey · (✆ 25 29 32 58)

Preise auf Anfrage

Ihr 10 ha großer Rebgarten mit Kreideboden erstreckt sich über die sonnigen Hänge von Avirey-Lingey. Pinot noir und Chardonnay finden hier ihre Lieblingserde. Langes Altern und eine immer strengere Auswahl verbessern die Qualität und machen den Mathieu-Champagner zu einem vollkommenen Vertreter der Appellation: sei es die "Cuvée Tradition", ein weicher und fruchtiger Wein für alle Gelegenheiten; die "Cuvée Prestige", ein feiner und leichter Champagner, der sich durch die Finesse seines Buketts zu erkennen gibt; die "Cuvée Millémisée", die zu einem Drittel aus Chardonnay und zu zwei Dritteln aus Pinot noir besteht, ein Wein für große Anlässe; oder die "Cuvée Rosé Brut", nur aus Pinot noir, ein fruchtiger und origineller Wein, ein Champagner für verführerische Diners.

CHAMPAGNE OUDINOT
12, rue Godart-Roger · B.P. 257
F-51207 Epernay Cedex · (✆ 26 54 60 31)

CHAMPAGNE

Preise nicht genannt

Das Ende des letzten Jahrhunderts gegründete Haus bietet ein Sortiment von im In- wie im Ausland bekannten Champagnern an: einen Brut mit feinem, anhaltendem Schaum, fein, elegant und fruchtig duftend, im Geschmack frisch, leicht und ausgewogen; einen Blanc de Blancs, im Duft fein, elegant und blumig, im Mund Finesse und Leichtigkeit enthüllend; einen Rosé Brut, an der Nase mächtig, mit Düften von roten Früchten (Himbeere, Kirsche), am Gaumen viel Frische, sehr weinig und nachhaltig.

CHAMPAGNE JEAN-PAUL SUSS ET DUC DE CHARLANNE
Buxeuil · F-10110 Bar-sur-Seine
(✆ 25 38 56 22 · Fax: 25 38 58 58)

Preise für Endverbraucher und Grossisten auf Anfrage

Jean-Paul Suss, Schwiegersohn des Hauses, vertreibt seinen Champagner heute unter eigenem Namen sowie unter der Marke "Duc de Charlanne". Obwohl das zu Beginn dieses Jahrhunderts gegründete Familienunternehmen über 20 ha Rebflächen verfügt, die mit 80 % Pinot noir und 20 % Chardonnay bestockt sind, natürlich gedüngt werden und rund 300 000 Flaschen im Jahr hervorbringen, werden zur Zeit der Weinlese zusätzliche Mengen an Trauben aufgekauft. Die bekanntesten Cuvées - sie altern in bemerkenswerten Kellern, die durch Formen und Dimensionen an eine Kathedrale erinnern - sind: der Champagne Brut, ein robuster Wein, überwiegend auf der Basis von Pinot noir, fruchtig und rund; der Brut Rosé, intensiv lachsfarben mit Himbeerduft, füllig im Geschmack; der Brut millésimé 1980, ein charaktervoller Champagner mit einem Duft von Feinheit und Leichtigkeit, oder die "Cuvée Stephanie" aus 50 % Pinot noir und 50 % Chardonnay. Bester Beweis für ihre Qualität ist die erlesene Kundschaft: die Botschaften von Moskau, Peking, Bern und Algier ... sowie die gehobene Gastronomie und zahlreiche Persönlichkeiten aus der Welt der Künste.

CHAMPAGNE Jean-Paul SUSS · Buxeuil
✆ 0033-25385622 · Fax: 25385858
J.-P.Suss Champagne Vertrieb Deutschland
Isenbütteler Weg 36-38 · 38518 Gifhorn
✆ 05317/52777 · Fax: 05371/57978

MAISON DE CHAMPAGNE TRIBAUT-SCHLOESSER
21, rue Saint-Vincent · F-51480 Romery
(✆ 26 58 64 21)

Preise nicht genannt

Dieses Haus stellt vor allem den "Blanc de Blancs Brut" nur aus der Chardonnay-Rebe her, die wegen ihrer Eleganz, Subtilität und Finesse geschätzt ist; der "Rosé Brut" stammt vom Pinot noir und gibt dessen Frucht, Farbe wie auch Finesse wieder; die "Cuvée René Schloesser" schließlich, ein Blanc de Blancs, dem sein Alter ein ganz besonderes Aroma verleiht, das die Cuvée zu einer Spitzenmarke des Hauses macht.

CHAMPAGNE GEORGES VESSELLE
16, rue des Postes · F-51150 Bouzy
(✆ 26 57 00 15)

EVP: Champagner = FF 86,— + Bouzy Rotwein = FF 79,95 zuzügl. Mwst

Die Familie Georges Vesselle hat sich im 16. Jh. auf den Hängen von Bouzy niedergelassen. Hier entsteht auf dem Südhang der Montagne de Reims, nicht weit von Epernay und den Ufern der Marne entfernt, einer der besten 100 %igen Grands Crus. Aber Vesselle steht nicht nur für Champagner, sondern auch für den berühmten roten Bouzy, der in Fässern aus ungarischer Eiche ausgebaut wird. Der Champagner, mit strahlendem Kleid, ist sehr feinperlig und im Mund harmonisch; der Bouzy ist fein, mit viel Bukett, er hat Aromen von roten Früchten sowie die für den Bouzy typische helle, leuchtende Robe. Wer ihn nicht kennt, sollte ihn probieren.

ROSE DES RICEYS

Der Pinot noir, Grundlage dieses Rosés, einer der wenigen, die durch Gärenlassen hergestellt werden, wächst auf steilen Hängen, die das Dorf Les Riceys im Departement Aube umgeben. Eigentümlichstes Merkmal seiner Weinbereitung ist der Abstich, der zu einem ganz bestimmten Zeitpunkt erfolgen muß, über den allein der geübte Gaumen des Winzers entscheidet. Der Wein ist wegen seiner großen Finesse beliebt. Heute wird die Appellation fast geheim gehandelt, im 18. Jh. jedoch blühte das Geschäft mit dem Pariser Umland, Nordfrankreich und Belgien. Die Weine gelangten in die französischen Häfen und wurden nach England, ja selbst nach Amerika verschifft.

Côtes du Rhône sind in Wirklichkeit zwei klar voneinander getrennte Weinbaugebiete, jedes mit eigenem Klima und Boden: die nördlichen Côtes du Rhône umfassen die Hänge zu beiden Seiten der Rhône zwischen Vienne und Valence, die südlichen Côtes du Rhône bedecken das Gebiet südlich von Montélimar bis nördlich von Avignon. Während in der ersten Zone feuchte Luft und intensive Sommerhitze mit regelmäßigen Niederschlägen herrschen, genießt letztere mehr Sonne, ist dem Mistral mit seiner austrocknenden Wirkung ausgesetzt. Im Norden werden die Appellationen Côte Rôtie, Saint-Joseph, Hermitage, Cornas und Crozes-Hermitage nur aus der Syrah-Traube hergestellt, während im Süden, geschichtlich bedingt, sehr viele Rebsorten angepflanzt sind.

MOREL PERE & FILS
93, rue du Général-de-Gaulle
F-10340 Les Riceys · (✆ 25 29 10 88)

EVP: FF 72,–; Gr: auf Anfrage

Ein seltener Wein aus Pinot noir-Reben, die auf Kimmeridgienner Mergelboden auf einem Tonkalksockel wachsen und nur organischen Dünger erhalten. Der Hektarertrag ist gewollt gering. Die mittels kurzer Maischegärung hergestellten Weine werden nach einem 1jährigen Ausbau in Eichenfässern auf Flaschen abgezogen und 9-12 Monate später vermarktet. Der Rosé wird als einer der besten Frankreichs betrachtet. Er kann 5-10 Jahre im Keller altern. Den auch von Ludwig XIV. verkosteten Wein brachten die Spezialisten, die die Fundamente des Schlosses herstellten, nach Versailles. Er verführt durch sein goldbraunes Kleid sowie sein Bukett von Himbeere und Veilchen, in anderen Jahren von Haselnuß und Vanille.

COTES DU RHONE

Die Anbaufläche erstreckt sich über 200 km von Vienne bis nach Avignon, über steile Abhänge und steinige, von der Sonne aufgeheizte Ebenen. Die

LA BASTIDE SAINT-VINCENT
Guy Daniel
Route de Vaison-la-Romaine
F-84150 Violès · (✆ 90 70 94 13)

Preise auf Anfrage

Das Familiengut (Ende 18. Jh.), das noch ein 1637 erbautes Wirtschaftsgebäude besitzt, umfaßt einen über 5 Gemeinden verteilten Weinberg, auf dem mehrere Appellationen erzeugt werden. Es wird nur sehr wenig auf der Basis organischer Substanzen gedüngt, geringer Ertrag und gute Ausbaukonditionen der Weine garantieren beispielsweise die Herstellung eines Côtes du Rhône von mittlerer Lagerfähigkeit, bei dem Ausgewogenheit und Eleganz vorherrschen.

CHARTREUSE DE BONPAS
J. & E. Casalis-Olphe Galliard
F-84510 Caumont · (✆ 90 23 09 59)

EVP: FF 20,–/26,–; Gr: ab FF 10,50

Die Chartreuse de Bonpas, ein von Papst Johannes XXII. befestigtes Kloster, ist architektonisch interessant mit ihrer Kapelle aus dem 12. Jh., einem Turm mit Pechnasen aus dem 14. Jh. und einer ho-

COTES DU RHONE

hen Befestigungsmauer mit Wacht- und Eckturm. Der 15 ha große Weinberg auf den Anhöhen aus Löß-Sandboden mit Kieselsteinen profitiert voll von der Sonne und der organischen Düngung. Der gedrosselte Ertrag ergibt fruchtige und vollmundige Weine, die nicht allzu gerbstoffhaltig sind und an den wilden, parfümierten Geschmack der Trauben erinnern.

DOMAINE DU DEVOY
Aubert Frères
Le Devoy · F-26290 Donzère

EVP: FF 14,– bis 30,–; Gr: abzügl. 20 %

Die Domänen (du Mistral, du Devoy, la Serine) von drei Brüdern vereint: 170 ha auf einem Tonkalkplateau, auf dem Mittelmeerklima herrscht und der Mistral bläst. Hier wird nur organisch gedüngt. Die Weine reifen in 220 l- Eichenfässern. Die roten Côtes du Rhône sind beliebt mit ihren ins Violett spielenden Reflexen, sie sind sehr ausgewogen, fruchtig, vollmundig und geschmeidig; die sehr typischen weißen Chardonnays sind fruchtig und frisch. Eine Domäne, die aufgrund der Qualität ihrer Weine zu Recht einen Namen hat.

DOMAINE LE GARRIGON
S.C.E.A. Couston Frères et Sœur
Route de Saint-Roman-de-Malegarde
F-26790 Tulette

EVP: FF 14,– bis 20,–; Gr: auf Anfrage

Das bei seinem Kauf im Jahre 1945 vollständig mit Trüffeleichen bepflanzte Gut zählt heute 60 ha. Es besitzt einen leichten, steinigen Boden und profitiert von guten klimatischen Bedingungen. Die durchschnittlich 30 Jahre alten Rebstöcke werden mit Stallmist gedüngt. Die Côtes du Rhône dieser Domäne sind beliebt mit ihrem schönen roten Kleid, wenig gerbstoffhaltig, gekennzeichnet von Geschmeidigkeit. Eine Adresse, die man sich merken sollte.

DOMAINE LE GARRIGON
unsere Weine der Côtes du Rhône
von traditionell bearbeiteten Rebflächen

DOMAINE JEAN-MARIE LOMBARD
Quartier Piquet · F-26250 Livron
(✆ 75 61 64 90)

EVP: FF 33,– bis 42,–; Gr: FF 25,– bis 32,–

Mit Geröll bedeckte Lehmsandböden, das im Sommer warme und sonnige, im Herbst milde und regnerische Klima, die organische Düngung sowie der Ausbau in Eichenfässern haben ihren Anteil am Ruf der Weine des Jean-Marie Lombard. Man findet sie auf den Tischen zahlreicher großer Restaurants: ein 89er, an der Nase aromatisch, blumig, ein Duft von Geröstetem und roten Früchten, im Mund angenehm, mit animalischen Noten, süffigen Tanninen; ein sehr aromatisch duftender 88er, angenehm und schmeichelhaft, man entdeckt rote Früchte, blumige (Iris) Noten und solche von Unterholz und Gewürzen, die sich fortsetzen in animalischen Noten und solchen von Trüffeln und Pilzen.

DOMAINE DES RIOTS
Riots Frères
F-30200 Saint-Michel-d'Euzet

EVP: FF 15,45 zuzügl. Mwst

Dieses einstige Gut der Kartäusermönche liegt einem Amphitheater gleich in Nordsüdlage, was dem durchschnittlich 25 Jahre alten Rebsortenbestand sehr gut bekommt. Das günstige Klima, die Beschaffenheit des Kiesel-Kalkbodens sowie die Düngung auf der Basis von Fischdüngemehl gewährleisten die Erzeugung eines fruchtigen und vollmundigen Côtes du Rhône, der schon nach 2 Jahren getrunken, aber auch 10 Jahre aufbewahrt werden kann. Empfehlenswerte Weine.

DOMAINE SAINT-ESTEVE

S.E.P. Gérard et Marc Français
Marc Français-Monier de Saint Estève
Route de Sérignan · F-84100 Uchaux
(✆ 90 40 62 38)

Preise auf Anfrage

Ein Château, auf dem die Zucht der Rebstöcke, die Weinbereitung und Alterung des Weins Kunst darstellen. Die Côtes du Rhône und Côtes du Rhône-Villages stehen an der Spitze der Appellation: der rote Côtes du Rhône "Le Fleuron du Millésime" hat ein Rubinkleid, Tannine und Aromen sind vollkommen in ihrer Vereinigung, das reiche Bukett beherrschen Schwarze Johannisbeere, Brombeere, Backpflaume und Trüffel, wenn der Wein Vollreife erlangt hat; der rote Tradition Saint-Estève ist warm und rund mit einem Anklang Leichtigkeit und Finesse, er hat ein elegantes Bukett mit Noten von Quitte, getrockneter Feige, Lakritze, ist 5-7 Jahre lagerfähig; ein trockener Weißwein ist angenehm fruchtig, mit Aromen von Frühlingsblumen, von großer Nachhaltigkeit im Geschmack; ein Rosé, lebhaft lachsfarben, mit Aromen von Blüten und Früchten, ist mächtig, lang im Mund und wohl ausgewogen. Man findet diese Weine in Paris, vom "Elysée Lenôtre" bis zum "Pavillon Sévigné" von Vichy, im "Louis XV" von Monte-Carlo und auch in der "Toque Royale" von Evian.

CHATEAU SAINT-ESTEVE D'UCHAUX
Eigentümer: G. Français & Fils
Große feine Weine der Côtes du Rhône
Liste der Händler auf Anfrage
F-84100 Uchaux

DOMAINE DU VIEUX CHENE

Béatrice et Jean-Claude Bouche
Rue Buisseron · F-84850 Camaret-sur-Aigues
(✆ 90 37 25 07)

EVP: FF 20,– bis 30,–

Eine über hundertjährige Eiche, die ihre hohe Silhouette inmitten des Weingartens erhebt, dessen 30 ha mehrere Viertel der Gemeinde bedecken, gab der Domäne ihren Namen. Der aus Anschwemmungen bestehende und von Geröll überdeckte Boden sowie die Vinifizierung wie in alter Zeit, ohne Zerquetschung der Beeren, lassen einen mächtigen Rotwein entstehen, der seine Vollendung in 3-5 Jahren erreichen wird; der Rosé ist frisch und vollmundig; der geschmeidige und nervöse Weißwein sollte jung getrunken werden.

COTES DU RHONE-VILLAGES

Zur Appellation Côtes du Rhône-Villages gehören 74 über die Departements Drôme, Gard und Vaucluse verstreute Gemeinden. Von ihnen darf jedoch nur knapp ein Viertel den Namen der Gemeinde anfügen. Der etwa 5 300 ha umfassende Weinberg produziert durchschnittlich 200 000 hl Weine, deren Qualitätsmerkmale strengen Normen unterliegen.

DOMAINE BEAU MISTRAL

Jean-Marc Brun
Place du Village · F-84110 Rasteau
(✆ 90 46 10 80)

EVP: FF 18,– bis 39,–; Gr: abzügl. 10 %

Weine von braunen kalkhaltigen und roten Erden auf Sandstein sowie Skelettböden auf Mergel. Die Südlage der Hänge ermöglicht einen hohen Reifegrad der Trauben. Die Rosés sind fruchtig und schwer zugleich, jung zu trinken; die Rotweine mit ihrem Bukett von Schwarzer Johannisbeere und Pfeffer sind mächtig, warm und fest, sehr gut haltbar. Die Weine unterstreichen die Qualität dieses Gebiets.

COTES DU RHONE-VILLAGES

DOMAINE DE LA BERTHETE
Jean et Thierry Cohendy
Route de Jonquières · F-84850 Camaret
(✆ 90 37 22 41)

EVP: FF 27,– bis 34,–; Gr: auf Anfrage

Die ausgedehnte, 40 ha umfassende Domäne ist auf einem Alluvialboden voller Geröll gelegen, das von der Sonne aufgeheizt wird. Zur Düngung werden ausschließlich organische Stoffe verwendet. Die Weinlese erfolgt manuell, die Vinifizierung und der Ausbau der Weine werden mit großer Sorgfalt durchgeführt. Die Côtes du Rhône-Villages tragen diese Qualitäten in sich. Die Cuvée Prestige ist parfümiert und sehr aromatisch, sie besitzt Holzwürze, ist an der Nase sehr mächtig, im Mund voll, anhaltend und gut strukturiert mit seidenweichen Tanninen, ein lang lagerfähiger Wein; der Blanc de Blancs hat Aromen von weißen Blüten, ein zartes Bukett, viel Finesse und Harmonie sowie einen langen Nachgeschmack, ein anmutiger und charaktervoller Wein.

DOMAINE DE CASSAN
Société Civile Saint-Christophe
F-84190 Lafare

EVP: FF 24,– bis 37,–; Gr: FF 14,50 bis 25,–

Auf dem 23 ha großen Weinberg kommt das Mittelmeerklima den Grenache- (65 %), Syrah- (30%) und Mourvèdre-Rebstöcken (5 %) für die Produktion des Côtes du Rhône-Villages und Gigondas zugute. Die Weine altern 18-24 Monate in Holzfudern. Die durchschnittlich gerbstoffhaltigen Rotweine besitzen Aromen von reifen Früchten und gekochten Backpflaumen; die sehr leichten Rosés weisen Blütendüfte auf. Während die im Mund recht runden Rotweine gut haltbar sind (10 Jahre), werden die Rosés jung getrunken.

DOMAINE DE DEURRE
J.C. Valayer
R.N. 94 · F-26110 Vinsobres
(✆ 75 27 62 66)

EVP: FF 25,– bis 40,–

Diese etwa 50 ha große Familiendomäne ist auf den Hängen und sonnigen Terrassen der Dörfer Saint-Maurice und Vinsobres gelegen, ein Gebiet mit Tonkalkboden und Kieselsteinen an der Oberfläche, was die gesunde Entwicklung des durchschnittlich 30 Jahre alten Rebbestands begünstigt. Der "Villages" gefällt durch seine dunkle, ins Violett spielende Robe, seinen reichen Duft von sehr reifen, kleinen schwarzen Früchten, mit Gewürz- und Lakriznoten, seinen konzentrierten, ausgewogenen, nachhaltigen Geschmack, seine schöne Fülle.

CAVE DE LA GAILLARDE
Société Coopérative
Route de Taulignan · F-84600 Valréas Cedex
(✆ 90 35 00 66)

EVP: FF 15,– bis 25,–; Gr: FF 13,– bis 23,– inkl. Mwst

Die Genossenschaft umfaßt Weingärten mit steinigen Tonkalkböden, die vom provenzalischen Klima profitieren. Den im Durchschnitt 20 Jahre alten Rebsortenbestand bilden Grenache noir (70 %), Syrah (15 %), Cinsault (10 %) und Carignan-Mourvèdre (5 %). Die hier produzierten Weine verbinden harmonisch Mächtigkeit mit Vornehmheit und Körper mit feiner Eleganz, ihren besonderen Charakter verdanken sie der geographischen Lage der Rebflächen auf der nördlichsten Terrasse der Côtes du Rhône.

DOMAINE DU MOULIN
Denis Vinson
F-26110 Vinsobres · (✆ 75 27 60 47)

EVP: FF 30,–; Gr: - 15 %

Auf den Hängen Vinsobres' geben Sonne und Kiesel den Rebstöcken ungewöhnlicheKraft. Denis Vinson bevorzugt des weiteren die Beackerung des Bodens sowie organische Düngung. Seine Weine danken ihm seine Bemühungen: der 1990er weiße

COTES DU RHONE-VILLAGES – CHATEAU-GRILLET CONDRIEU

Vinsobres duftet nach Aprikose und schmeckt nach Pampelmuse, Zitrone und einem Hauch Gewürzen; der 1988er tiefrote Charles-Joseph besitzt einen komplexen Duft von Gewürzen und Geröstetem, er ist im Mund schön nachhaltig und intensiv, schmeckt nach Vanille und Geröstetem, ein körperreicher, sehr lange lagerfähiger Wein.

Jahre im voraus reserviert. Wenn Sie diesen lange lagerfähigen Wein, der seinen wahren Wert - Eleganz, Fett, Abgerundetheit und Fülle, die wunderbar zum Ausdruck kommen - erst etwa nach 10 Jahren zeigt, gern einmal probieren wollen, sollten Sie schon heute versuchen, sich einen 2004er oder 2005er zurücklegen zu lassen.

DOMAINE DU VAL DES ROIS
Romain Bouchard
F-84600 Valréas · (℃ 90 35 04 35)

EVP: FF 29,–; Gr: FF 21,– zuzügl. Mwst

Es werden gute Côtes du Rhône-Villages Valréas zu interessanten Preisen angeboten. Grenache- (60 %), Syrah- (30 %) und Gamay-Rebstöcke (10 %) profitieren von organischer Düngung und Klima: Sonne und Mistral. Die Abfüllung in Flaschen erfolgt vor der nächsten Weinlese. Die Weine vereinen Mächtigkeit und Finesse, Rundheit und Eleganz, sie haben eine gewisse Ähnlichkeit mit den Burgundern.

CHATEAU-GRILLET

DOMAINE NEYRET-GACHET
F-42410 Vérin · (℃ 74 59 51 36)

Preise auf Anfrage

Dieser Wein braucht keine Konkurrenz zu fürchten, denn den Eigentümern des Guts gehört die gesamte Anbaufläche der Appellation, die keine 3 ha umfaßt. Weder dem Weinberg noch dem Château mangelt es an Zauber. Letzteres stammt aus dem Mittelalter und wurde während der Religionskriege umgebaut, da sein Verteidigungssystem zu anfällig war. Heute dient es noch als Zeuge jener Zeit und nicht mehr zu Verteidigungszwecken, denn die Appellation, die zu den kleinsten Frankreichs zählt, schlägt sich ganz gut allein. Die natürlich geringe Erzeugung (jährlich 10 000 Flaschen) wird viele

CONDRIEU

Die knapp 16 ha umfassende Appellationsfläche am rechten Ufer der Rhône reicht von Condrieu bis nach Limony. Die einzige für die Herstellung dieses Weißweins verwendete Rebe, der Viognier, ist ziemlich rar. Was den Ertrag anbelangt, so liegt dieser häufig unter 30 hl/ha. Die wenigen Winzer, die diesen aufgrund seiner Seltenheit und Qualität außergewöhnlichen Wein erzeugen, haben keine Absatzschwierigkeiten zu befürchten.

DOMAINE PHILIPPE FAURY
La Ribaudy · F-42410 Chavanay
(℃ 74 87 26 00 · Fax: 74 87 05 01)

EVP: FF 22,– bis 110,–; Gr: auf Anfrage

Auf dem 8 ha umfassenden Familiengut werden sowohl die A.O.C.'s Condrieu und Saint-Joseph wie auch rote und weiße Savarin-Landweine erzeugt. Der weiße Condrieu aus der Viognier-Rebe ist außergewöhnlich reich, mit Veilchen- und Aprikosenaroma, er wird jung getrunken. Der rote Saint-Joseph ist ein kräftiger und edler Wein, der einige Jahre lagern muß, um sein Himbeer- und Johannisbeeraroma mit einer herb-trockenen Note zu entwickeln. Auch der weiße Saint-Joseph mit seinen Fruchtaromen von Pfirsich und Aprikose ist beliebt. Die gut bereiteten, überwiegend in Eichenfässern ausgebauten Weine erfreuen schon so manche Tafel.

PHILIPPE FAURY
WINZER
LA RIBAUDY
42410 CHAVANAY
A.O.C. CONDRIEU · ST-JOSEPH
LE SAVARIN-LANDWEINE

DOMAINE NIERO-PINCHON
Robert Niero
20, rue Cuvillière · F-69420 Condrieu
(✆ 74 59 84 38)

EVP: FF 80,– bis 115,– inkl. Mwst; Gr: FF 60,– bis 80,–

Dieser Weinberg, der zunächst aus einigen kleinen Parzellen bestand, wurde neu strukturiert und erhielt bei Gründung der Domäne, die jetzt von Robert Niero bewirtschaftet wird, seine heutige Gestalt von 3 ha. Der hier erzeugte Condrieu hat ein blaßgelbes Kleid mit Goldreflexen, er weist eine komplexe Aromapalette auf (Veilchen, Aprikose, Pfirsich), ist fett, ohne zuviel Süße, dennoch nicht sauer, im Mund geschmeidig, mit oft sehr seidigem Finale, in seiner Länge und seinem Nachgeschmack sind feinste Aromen wahrnehmbar.

DOMAINE A. CLAPE PERE ET FILS
F-07130 Cornas · (✆ 75 40 33 64)

EVP: FF 85,– inkl. Mwst; Gr: auf Anfrage

Dieser kleine, 6 ha umfassende Weinberg mit Granitboden in Hanglage ist mit der obligatorischen Syrah (Durchschnittsalter 50 Jahre) bepflanzt. Er wird manuell bearbeitet und organisch gedüngt. Der Cornas, der 18-24 Monate in Eichenfudern ausgebaut wird, ist sehr intensiv rubinrot und gerbstoffhaltig, in seiner Jugend besitzt er Aromen von Früchten und Veilchen, später von Leder und Unterholz. Er ist ein Lagerwein par excellence, der besondere Freude bereitet, wenn man ihn einige Zeit im Keller vergessen hat.

DOMAINE ROBERT MICHEL
Grande-Rue · F-07130 Cornas
(✆ 75 40 38 70)

Preise auf Anfrage

Der Weingarten der Michels, einer Familie mit Winzertradition, besteht aus Parzellen, die sich fast alle auf den im Gebiet üblichen Granitterrassen befinden. Hier werden 200 hl Cornas erzeugt: ein Wein mit dunkelrosa, fast rubinroter Robe, tanninhaltig, kernig und elegant. Er harmoniert mit 16-17°C mit Wild und rotem Fleisch. Die besten Jahrgänge von 1978 bis 1992 werden, soweit noch verfügbar, so manchen Kenner begeistern.

CORNAS

Die 60 ha dieses Anbaugebiets erstrecken sich in Terrassen auf dem Quarzsand der Nordhänge des rechten Rhône-Ufers. Das typisch provenzalische Mikroklima bringt die Syrah zur Vollreife. Aus ihr wird der Rotwein hergestellt, der schon Karl den Großen entzückt haben soll. Heute allerdings wird er knapp, da die Parzellierungen eine Ausdehnung der Fläche verhindern.

COTE ROTIE

Die Côte Rotie-Anbaufläche besteht aus zwei Hängen, der überwiegend kalkhaltigen Côte Blonde und der Côte Brune, an der tonhaltiger Boden dominiert. Die 110 ha des Weingartens liegen in drei Gemeinden: Ampuis, Saint-Cyr-sur-le-Rhône und Tupin-et-Semons. Seine terrassierten Rebflächen verteilen sich über steile Hänge, die dem Winzer gelegentlich bergsteigerische Fähigkeiten abverlangen.

DOMAINE GERIN

Monique et Jean-Michel Gerin
Rue de Montmain · Verenay
F-69420 Ampuis (☎ 74 56 16 56)

EVP: FF 85,– bis 110,–; Gr: FF 68,– bis 80,–

Ihre Hauptproduktion bildet der Côte Rotie mit 20 000 Flaschen, außerdem werden 7 000 Flaschen Côtes du Rhône und 5 000 Flaschen Condrieu hergestellt. Die Düngung mit Humus, der reduzierte Ertrag von 30-35 hl/ha und der Ausbau des Weins im neuen Faß ergeben einen gerbstoffreichen Côte Rotie, der nach Kirsche und Veilchen schmeckt, sowie einen Condrieu, der an Aprikose und Trockenobst erinnert.

DOMAINE J. VIDAL-FLEURY

J.P. Rochias
F-69420 Ampuis · (☎ 75 46 10 18)

EVP: FF 100,–

Dieses älteste Haus im Rhône-Tal, seit 1781 im Besitz der besten Côte Rotie-Hänge, ist bekannt für seine rassigen, wohl strukturierten Weine, bei denen die Aromen von Himbeere und pfefferigem Veilchen dominieren, sie sind tanninhaltig und vollmundig, schön lang anhaltend im Mund, mit einem Geschmack von geröstetem Brot im Finale, lange lagerfähig.

CROZES-HERMITAGE

90 km südlich von Lyon liegt das Weinbaugebiet von Crozes-Hermitage am linken Rhône-Ufer, wo es sich in seiner ganzen Breite von Osten nach Westen hinzieht. In eine Hügellandschaft geschmiegt, ist es vor übermäßiger Kälte ebenso geschützt wie vor allzu starker Hitze und verfügt über ideale Voraussetzungen für die Rot- und Weißweinreben. Diese gleichen denen des Hermitage und überzie-

hen die 1 100 ha des ebenfalls aus fluvioglazialen Anschwemmungen entstandenen Granitbodens.

DOMAINE BELLE

Quartier Les Marsuriaux
F-26600 Larnage

EVP: FF 40,– bis 45,–; Gr: FF 24,– bis 28,50 zuzügl. Mwst

Die Belles, eine Familie mit sehr alter Winzertradition, haben 1990 den Vertrieb ihrer Weine selbst übernommen, nachdem dies zuvor ein Genossenschaftskeller für sie erledigt hatte. Ihr roter Crozes-Hermitage, der mit langen Gärungen vinifiziert und in jährlich zu einem Drittel erneuerten Eichenfässern ausgebaut wird, besitzt eine violettrote Färbung, ist immer sehr fruchtig und hat ein anhaltendes Bukett. Der Wein mit seinen geschmolzenen Gerbstoffen verführt sowohl durch Geschmeidigkeit und Komplexität wie durch seine schöne Länge im Mund.

CAVE DES CLAIRMONTS

F-26600 Beaumont-Monteux
(☎ 75 84 61 91)

EVP: FF 31,10 + 34,80; Gr: FF 21,– + 22,–

Der 1972 gegründete Keller ist aus der Vereinigung dreier Winzerfamilien hervorgegangen, an die sich inzwischen zwei weitere angeschlossen haben. Auf diese Weise ist ein bedeutender Weinberg auf den Rhône-Terrassen entstanden, deren Kieselsteine in den trockenen, warmen Sommern die Wärme speichern. Die Weine sind vollkommene Vertreter ihrer Appellation: Weißweine, die trocken, körperreich und zugleich elegant, sinnlich und von zartester Art sind, in jungen Jahren charakterisiert sie ihr Geschmack nach grünen Äpfeln oder Hagedorn, später werden sie honigartiger; Rotweine, nach Schwarzer Johannisbeere, Veilchen oder reifen Erdbeeren schmeckend, die mit zunehmendem Alter einen Geschmack nach Leder, Vanille, Lakritze entwickeln, aber ihren von Schwarzer Johannisbeere geprägten Charakter behalten. Die Weine können 5, einige Jahrgänge 10 Jahre altern.

DOMAINE DES ENTREFAUX
G.A.E.C. de La Syrah
C. et F. Tardy, B. Ange
Quartier de la Beaume
F-26600 Chanos-Curson · (✆ 75 07 33 38)

EVP: FF 40,–

Die 25 ha dieses Weingartens sind mit Syrah, Marsanne und Roussanne bepflanzt. Die Rebsorten profitieren von einem steinigen Boden mit alpinen Flußablagerungen, der geschmeidige, aromatische Weine ergibt, während der magere Tonkalkboden im Norden des Gebiets tanninhaltigere Weine hervorbringt. Der Weinausbau erfolgt in Eichenfässern und -fudern. Man wird sie mögen, den aromatischen roten Crozes-Hermitage mit seinem Geschmack von kleinen Früchten, der etwa 10 Jahre haltbar ist, und den fruchtigen, trockenen, fetten und wenig säurehaltigen weißen Crozes-Hermitage.

DOMAINE FAYOLLE
Jean-Paul et Jean-Claude Fayolle
F-26600 Gervans
(✆ 75 03 33 74 · Fax: 75 03 32 52)

EVP: FF 38,– bis 40,– inkl. Mwst; Gr: FF 30,– bis 32,– zuzügl. Mwst

Ein reiches Gebiet mit unterschiedlichen Böden, denen die Weine ihre Eigenart, ihre besonderen Merkmale verdanken. Die guten klimatischen Bedingungen der Rhône-Furche, die Verbindung ausschließlich pflanzlich-organischer Düngemittel mit einer von langer Maischegärung charakterisierten Vinifizierung und einem 15-24monatigen Ausbau der Rotweine in Eichenfässern ergeben Vorzüge, die fast zwangsläufig zur Herstellung außergewöhnlicher Crozes-Hermitage führen. Die sehr typischen Weine sind recht tanninhaltig und mächtig, haben ein sehr schönes weiniges Kleid, Aro-

men von Himbeere und Veilchen, die Rotweine sind sehr lange haltbar, übermitteln den Sachverstand der Fayolles, einer Familie, die seit 1870 im Weinanbau tätig ist "aus Liebe zum Beruf und zur Qualität".

DOMAINE FAYOLLE
F-26600 Gervans
✆ 75 03 33 74 · Fax: 75 03 34 83
1987 Goldmedaille in Paris/1987-91 Silber
1989 Goldmedaille in Tain l'Hermitage

DOMAINE DU VEAU D'OR
Luc Arnavon
Quartier de La Beaume · F-26600 Mercurol
(✆ 75 07 43 41)

EVP: FF 30,–/35,–; Gr: 15 %

Eine 6 ha große Domäne: 4,80 ha Syrah, 1,20 ha Marsanne. Der weiße Crozes-Hermitage ist fruchtig, relativ lieblich und kann schon bald oder aber nach 4-5 Jahren, je nach Jahrgang, getrunken werden. Der rote Crozes-Hermitage ist ein kerniger Wein von ins Violett spielender Farbe mit kräftigen Gerbstoffen; er kann vom zweiten oder dritten Jahr an verkostet und 10 oder mehr Jahre, je nach Jahrgang, gelagert werden.

GIGONDAS

Der kleine, zwischen Carpentras und Vaison-la-Romaine gelegene, etwa 1 200 ha umfassende Weingarten erzeugt seltene Rosé- und Rotweine. Die 160-400 m hohen Hänge, das provenzalische Mikroklima und die Eigenschaften der steinigen Böden machen ihn zu einem auserwählten Gebiet. Die Geschichte dieses Rebgartens ist sehr alt. Die ersten Weinbaudomänen wurden, wie es scheint, von den Veteranen der II. römischen Legion namens Gallica angelegt. Aber trotz der reichen Vergangenheit wäre Gigondas heute sicher weniger bekannt, wenn die Weinbauern der Region nicht Hartnäckigkeit und Ausdauer bewiesen hätten. Seit 1971 dürfen ihre Weine nun endlich laut Dekret die Appellation Gigondas tragen, die aufgrund ihrer Qualität in der Hierarchie der Weine ständig an Boden gewinnt.

DOMAINE DES BOSQUETS
Madame Sylvette Bréchet
F-84190 Gigondas · (✆ 90 83 70 31)

EVP: FF 45,– inkl. Mwst; Gr: auf Anfrage

Voll nach Süden ausgerichteter, organisch gedüngter Tonkalkboden, durchschnittlich 25 Jahre alter Rebsortenbestand, vollständiges Abbeeren, lange Gärung und ein Weinausbau in rostfreien Tanks und Fudern vor der Flaschenabfüllung nach frühestens 1 Jahr garantieren die Herstellung eines rubinfarbenen Gigondas mit einem leicht animalischen, würzigen Duft, voll und rund im Geschmack, eines stets sehr geschmeidigen und femininen Weins von beachtlich intensivem Stoff.

DOMAINE DE CASSAN
F-84190 Lafare · (✆ 90 65 87 65)

EVP: FF 37,–; Gr: auf Anfrage

Die spezielle Beschaffenheit des Kalkbodens erzeugt ein Bukett, das nirgendwo anders anzutreffen ist. Aber auch das mittelmeerartige Klima, die organische Düngung der Böden und die 18-24 Monate während Alterung der Weine in Fudern tragen zur Gewinnung eines sehr parfümierten, körperreichen und im Mund äußerst nachhaltigen Gigondas bei. Die Domäne ist sowohl ihrer natürlichen Umgebung mit dem Mont Ventoux im Hintergrund als auch der Qualität der Weine wegen einen Besuch wert.

DOMAINE LES PALLIERES
S.C.E.A. Les Fils de Hilarion Roux
F-84190 Gigondas · (✆ 90 65 85 07)

EVP: FF 48,–; Gr: FF 37,–

Seit 1700 vererbt sich der Winzerberuf bei den Roux vom Vater auf den Sohn. Sie machen das Beste aus ihrem 25 ha großen Weingarten mit Tonkalkboden, der von einem gemäßigten Mikroklima profitiert. Durch die lange Maischegärung und den Verbleib der Weine in Holzfudern werden die guten Eigenschaften ihrer Gigondas vervollständigt. Die Weine sind kräftigfarben, haben Aromen von reifen Früchten mit einer Spur Pfeffer, sie sind mächtig, körperreich, generös und lang am Gaumen.

HERMITAGE

Diese 126 ha umfassende Appellation, die sich auf die Gemeinden Tain L'Hermitage und Crozes-Hermitage beschränkt und die Tournon von Tain trennt, wächst auf einem terrassenförmigen Granitboden, der aus fluvioglazialen Anschwemmungen entstanden ist. Das vom Mittelmeer beeinflußte Mikroklima verleiht den Trauben Vollreife: Syrah für die Rotweine, Roussane und Marsanne für die Weißweine. Die unter den europäischen Weinen erstrangig plazierten Hermitages werden oft zu Preisen verkauft, die an die der besten heranreichen oder diese übersteigen. Will man E. Benedictus Glauben schenken, so wurden die ersten Rebstöcke des Ortes schon vor dem Jahre 315 von den Seraphim angepflanzt.

DOMAINE BERNARD CHAVE
F-26600 Tain-L'Hermitage
(✆ 75 07 42 11)

Preise auf Anfrage

Ein ausgezeichneter Hermitage mit einer Rubinrobe und reichen Aromen, tanninhaltig, kernig und sehr lange lagerfähig.

DOMAINE JEAN-LOUIS GRIPPAT
La Sauva · F-07300 Tournon
(✆ 75 08 15 51)

Preise auf Anfrage

HERMITAGE – SAINT-JOSEPH – SAINT-PERAY

Jean-Louis Grippat bietet 2 hochwertige Hermitages an: einen Rotwein mit ins Violette spielendem Rubinkleid, gut entwickelten Aromen, sehr lange haltbar; einen kräftigen und nachhaltigen Weißwein mit gelbgrüner Robe.

SAINT-JOSEPH

Am rechten Rhône-Ufer, zwischen Mauves und Tournon, erhebt sich der Hügel von Saint-Joseph. Seine aus Quarzsandboden bestehenden Terrassen und das vom Mittelmeer beeinflußte Klima gefallen den Rebsorten: Syrah für den Rotwein, Marsanne für den Weißwein. Sie bedecken 470 ha, erzeugen etwa 40 hl/ha. Die Appellation, seit 1956 A.O.C., umfaßt die beiden oben genannten Gemeinden sowie Glun, Saint-Jean-de-Muzols und Vion. Der früher Vin de Mauves genannte Saint-Joseph war schon unter Franz I. und Heinrich II. bekannt. Auch Ronsard erwähnte ihn.

DOMAINE PIERRE COURSODON
Placc du Marché · F-07300 Mauves
(✆ 75 08 29 27)

EVP: FF 47,– bis 90,–

Dieser 11 ha große Weinberg ist terrassenförmig an steilen Hängen angelegt mit überwiegend aus Schiefer und gneisartigem Granit bestehendem, nicht sehr tiefem, durchlässigem und warmem Boden. Hier entstehen zwei Saint-Josephs: ein in seiner Jugend tanninhaltiger Rotwein, der sich mit der Zeit verfeinert, an der Nase komplex ist (Veilchen, Himbeere, Schwarze Johannisbeere); ein sehr fruchtiger Weißwein mit Aromen von Pfirsich und Aprikose, fett und angenehm zu trinken.

DOMAINE PIERRE GONON
11, rue des Launays · F-07300 Mauves
(✆ 75 08 07 95)

EVP: FF 48,– + 50,–

Ideale Voraussetzungen für Qualitätsweine: Quarzsandboden, ein Klima mit Mittelmeereinfluß, Rebstöcke mit einem Durchschnittsalter von 28 Jahren, organische Düngung, manuelle Weinlesen, langer Gärungsprozeß und der Ausbau der Weine im Faß. Die Saint-Josephs sind Erfolge: Der Rotwein mit einem Geschmack von ausgereiften roten Früchten und angenehmer Gerbstoffpräsenz;der Weißwein, mit Aromen von weißen Blüten und Honig, säurearm und fett. Die Weine können jung verkostet werden, gewinnen aber, wenn sie 4 oder 5 Jahre reifen.

DOMAINE BERNARD GRIPA
5, avenue Ozier · F-07300 Mauves
(✆ 75 08 14 96)

EVP: FF 55,– inkl. Mwst; Gr: auf Anfrage

Die ältesten Weinstöcke dieser Domäne sind 1920 angepflanzt worden. Das Alter der Reben sowie sorgsame Weinbereitung und Weinausbau gewährleisten die Herstellung typischer Saint-Josephs: Der Weißwein mit grüngelbem Kleid hat ein Bukett von Feldblumen, Weißdorn und Akazie, er ist leicht und frisch, ausgezeichnet in seiner Jugend, obwohl manche gut altern; der Rotwein hat Aromen von Himbeere und Schwarzer Johannisbeere in seiner Jugend, von Leder, Trüffel und Lakritze nach ein paar Jahren. Empfehlenswerte Weine.

SAINT-PERAY

Die Anbaufläche von Saint-Péray befindet sich am rechten Ufer des nördlichen Rhônetals. Ihre 65 ha bestehen aus Tonkalk- und Granitboden; hier wächst die Marsanne, deren Beeren Goldfarbe annehmen. Für beide Sorten ist eine Produktion von je 45 hl/ha zugelassen: für den Saint-Péray-Stillwein, einem weißen, in Wirklichkeit hellgelben Wein, und für den Saint-Péray-Schaumwein mit seiner schönen blaßgelben Robe.

DOMAINE BERNARD GRIPA
5, avenue Ozier · F-07300 Mauves
(✆ 75 08 14 96)

EVP: FF 50,– inkl. Mwst; Gr: auf Anfrage

Der weiße Saint-Péray-Stillwein dieser 9 ha großen Domäne wird aus 90 % Marsanne und 10 % Roussanne hergestellt. Der Wein mit blumigen Düften von großer Finesse weist viel Delikatesse auf, er wird jung getrunken. Der originelle Wein ist für beste Tafeln geeignet.

DOMAINE MARCEL JUGE
F-07130 Cornas
(✆ 75 40 36 68)

Preise auf Anfrage

Marcel Juges windgeschützter Rebgarten mit Granitboden profitiert vom warmen, trockenen Klima des Gebiets. Der mit Niedrigtemperatur vinifizierte Saint-Péray-Stillwein weist zur Zeit seines Verkaufs ein hellgelbes Gewand mit Grün- und Goldreflexen auf. Seine Honig- und Akazienaromen sowie sein nerviger und zugleich seidenweicher Charakter machen ihn zu einem hochwertigen Wein.

CHATEAUNEUF-DU-PAPE

Avignon war im 14. Jh. gerade Residenzstadt der Päpste geworden, als Johannes XXII. unter der Last, die das Führen der Christenheit mit sich brachte, der Erschöpfung nahe war. Er brauchte eine Erholungsstätte. Und so ließ man ihm einen Zweitsitz bauen, der dem Dorf den Namen Châteauneuf (= neues Schloß) gab. In dem von den Bischöfen geschaffenen Garten ließ der Papst Wein anbauen. Nach seinem Tode im Jahre 1334 wurden Weinberg und Schloß vernachlässigt. Erst 1360 gewannen die Reben wieder an Bedeutung, brachten Weine hervor, die Innozenz VI. mit Genuß trank. Im 18. Jh. erreichte das Weinbaugebiet dann annähernd sein heutiges Ausmaß. Nach dem Reblausbefall wurden, vor allem ab 1920, die alten aromatischen Rebsorten zugunsten der Grenache aufgegeben, einer Traube, deren kräftige Farbe und Gerbstoffe - die den Wert schwacher Weine erhöhen - von manchem Käufer geschätzt wurden. Das weniger gehaltvolle Bukett dieses Weins ließ die örtlichen Winzer allerdings bald zu den bewährten Arten, wie dem Cinsault, der Syrah, dem Mourvèdre und dem Muscardin, zurückkehren und damit zu ihrem früheren reicheren und haltbareren Wein. Dank der Entwicklung des Sortenbestandes und der Vinifizierungsverfahren fand Châteauneuf-du-Pape zu seinem alten Ruf zurück.

CHATEAU DE BEAUCASTEL
François et Jean-Pierre Perrin
F-84350 Courthézon · (✆ 90 70 70 60)

Preise nicht genannt

Dieses sehr alte Weingut erstreckt sich über 100 ha. Sein vielfältiger Rebsortenbestand hat ein Durchschnittsalter von 50 Jahren, was ebenso wie die klimatischen Vorzüge und die Qualität des Tonkalkbodens mit Geröll zur Erzeugung von Châteauneuf-du-Pape-Weinen beiträgt, die jung Aromen von Blumen, Früchten, Getreide aufweisen; mit dem Altern werden ihre Düfte feiner, würziger, auch komplexer, manchmal nähern sie sich tierischen Aromen wie Moschus, Zibet, Leder.

DOMAINE DE BEAURENARD
Paul Coulon & Fils
F-84230 Châteauneuf-du-Pape

Preise nicht genannt

Das seit 7 Generationen von den Coulons kultivierte Weingut ist bekannt für die beständige Qualität seiner 9-12 Monate in Eichenfässern und -fudern gereiften Weine. Sie sind typisch, sehr ausgewogen, mit präsenten Tanninen, dennoch elegant, mit viel Frucht.

CHATEAUNEUF-DU-PAPE

CHATEAU BOSQUET DES PAPES

Maurice Boiron
Route d'Orange
F-84230 Châteauneuf-du-Pape
(✆ 90 83 72 33)

EVP: FF 52,– bis 78,–

Ein purpurfarbener, bukettreicher, generöser, kräftiger, tanninhaltiger Rotwein, der 8-10 Jahre gelagert werden kann. Der Weißwein, mit feinem und elegantem blumigen Bukett, einschmeichelnd und nervig zugleich, hält sich 2- 3 Jahre. Diese guten Weine können die besten Menüs begleiten.

CHATEAU CABRIERES

Louis Arnaud et ses Enfants
Route d'Orange · C.D. 68
F-84230 Châteauneuf-du-Pape
(✆ 90 83 73 58)

EVP: FF 53,– bis 91,–; Gr: FF 38,– bis 65,–

Das Château, das der Familie Arnaud seit vielen Generationen gehört, zählt zu den ältesten der Appellation. Es ist auf dem typischsten Plateau des Gebiets gelegen, das aus alpinen Anschwemmungen besteht, einem Tonkalkboden aus dem Miozän mit großen Kieseln aus Feuerstein an der Oberfläche, die während der Nacht die am Tage gespeicherte Wärme wieder abgeben. Die Rebflächen profitieren von organischer Düngung und den Bemühungen um biologisches Gleichgewicht. Die in Barriques und Fudern gealterten Châteauneuf-du-Pape-Rotweine besitzen eine schöne Rubinfarbe, ein fülliges Bukett, ein typisches Châteauneuf-Aroma, sie geben die Düfte des Bodens wieder. Der recht seltene Weißwein versteht es, seine Mächtigkeit hinter der Würze und Finesse seiner Aromen zu verbergen.

DOMAINE GRAND VENEUR

Alain Jaume
Route de Châteauneuf-du-Pape
F-84100 Orange
(✆ 90 34 68 70 · Fax: 90 34 43 71)

EVP: FF 55,– bis 64,–; Gr: FF 35,– bis 40,–

Alain Jaume, Nachkomme einer Winzerfamilie, übernahm dieses Gut im Jahre 1979. Er besitzt heute einen reichen, 30 ha umfassenden Weinberg mit eisenhaltigem Lehmboden, der mit groben Kieselsteinen überdeckt ist, provenzalisches Klima genießt, mit einem durchschnittlich 45 Jahre alten Rebsortenbestand bepflanzt ist und mit Hilfe von Schafmist gedüngt wird. Es werden keine anderen Dünge- oder Unkrautvernichtungsmittel verwendet. Lange Gärungsprozesse und der Ausbau der Weine in Eichenfässern vermehren die Vorzüge und unterstreichen Alain Jaumes Devise: "der Tradition verbundene typische Weine zu erzeugen." Typisch sind seine Weine mit ihrer intensiven Färbung, sie sind fruchtig und würzig, haben Noten von roten Früchten auf reifen und konzentrierten Tanninen. Der Grand Veneur bietet vor allem auch Qualitätsgarantie.

CHATEAUNEUF-DU-PAPE

CHATEAU MONT-REDON
Didier Fabre
F-84230 Châteauneuf-du-Pape
(✆ 90 83 72 75)

Preise nicht genannt

Der 120 ha umfassende Weingarten liegt auf einem tonkalkhaltigen Plateau, auf dem Mittelmeerklima vorherrscht. Die im Durchschnitt 40 Jahre alten Rebstöcke werden organisch gedüngt. Gedrosselter Hektarertrag, traditionelle Maischegärung mit 3wöchiger Nachgärung sowie der Ausbau der Weine in Eichenbarriques lassen rote und weiße Châteauneuf-du-Pape entstehen, die ihren Platz auf den besten Tafeln zu finden pflegen.

S.C.A. CHATEAU LA NERTHE
Famille Richard
F-84230 Châteauneuf-du-Pape
(✆ 90 83 70 11)

EVP: FF 90,–

Im 18. Jh. erlangte der Wein dieses schon 1560 bekannten Châteaus großes Renommee. Marschälle, Herzöge und Prinzen priesen "den ausgezeichneten Wein von La Nerthe", der dann in die größten europäischen Länder exportiert wurde. Auch heute noch erfreut der "Prince du Sang" die besten Tafeln: Rotwein mit Fruchtbukett, einem Hauch Gewürz, Nelke und Zimt, Holz im Geschmack, mit feinen und eleganten Gerbstoffen; nach Ginster und Heide duftender Weißwein, von trockenem Temperament, feurig, solide, massig.

DOMAINE SAINT-BENOIT
Marc Cellier
Quartier Les Gallimardes · B.P. No. 72
F-84230 Châteauneuf-du-Pape
(✆ 90 83 51 36)

EVP: FF 47,23 + 52,42 zuzügl. Mwst; Gr: FF 37,40 zuzügl. Mwst

Die Domäne wurde 1989 durch die Vereinigung von 3 Familiengütern gegründet. Sie besitzt 26 ha Rebflächen mit einem Boden aus groben Kieselsteinen, die die Sonnenwärme speichern, so daß die Trauben einen sehr hohen Reifegrad erreichen können. Letzterer hat ebenso wie das Durchschnittsalter der Rebstöcke (40 Jahre) und der Ausbau der Rotweine in Eichenfässern seinen Anteil an der guten Qualität der erzeugten Weine. Die Rotweine bieten der Nase feine Düfte, zuweilen Aromen von Blumen und Fruchtfleisch, entwickeln im Mund viel Kraft; die Weißweine mit ihrem subtilen Blumenbukett sind ausgewogen und frisch, sanft und nervig zugleich.

CHATEAU SIMIAN
Yves et Jean-Pierre Serguier
F-84420 Piolenc · (✆ 90 29 50 67)

EVP: FF 57,–/58,–; Gr: auf Anfrage

Die Domäne stellt Spitzenweine der Appellation her: den roten 1989er Châteauneuf-du-Pape, 8 Monate in Eichenfässern gealtert, an der Nase komplex von Kirschwasser und Café, am Gaumen reich und elegant, Vanille, Leder, Frucht, ein Wein mit gutem Lagerungspotential (4-7 Jahre); den 1990er, von außergewöhnlichem Aromareichtum, mit intensiven Tanninen, einem sehr langen Finale von reifen Früchten, 7-12 Jahre alterungsfähig; den weißen Châteauneuf-du-Pape mit intensivem, fein mit Anis gewürztem Duft, Noten von Zitrusfrüchten, im Mund rund und fett, der jung verkostet werden kann, obwohl er vorzügliche Lagerfähigkeiten hat.

CHATEAU DE VAUDIEU
Route de Courthézon
F-84230 Châteauneuf-du-Pape
(✆ 90 65 80 45)

Preise auf Anfrage

Das Château wurde 1767 von Admiral de Gérin, Oberleutnant der Marseiller Admiralität, errichtet. Seine Domäne, deren Weine nach modernsten Verfahren vinifiziert und ausgebaut werden, erstreckt sich über

CHATEAUNEUF-DU-PAPE – LIRAC

70 ha. Der weiße Châteauneuf-du-Pape Vaudieu, ein sehr seltener Wein, ist frisch, besonders fruchtig, hat einen Vanillegeschmack; der Rotwein versteckt seine Kraft hinter großer natürlicher Geschmeidigkeit. Zwei schöne Erfolge der Familie Gabriel Meffre, der dieses Château seit rund 40 Jahren gehört.

DOMAINE DU VIEUX TELEGRAPHE
H. Brunier & Fils
Route de Châteauneuf-du-Pape
F-84370 Bédarrides · (✆ 90 33 00 31)

EVP: FF 70,–

Gute Châteauneuf-du-Pape-Weine, die bei der französischen Gastronomie beliebt sind: der Rotwein altert 7-8 Monate in Eichenfudern, wodurch er seine Harmonie und erste Reife erhält und ohne Filterung in Flaschen abgefüllt werden kann, ein strukturierter und eleganter Wein, den man sowohl jung wie auch nach 15 und mehr Jahren genießen kann; der Weißwein, nach wie vor ein Geheimtip, kann mit seinen köstlichen Aromen getrunken werden, sobald er sich in der Flasche befindet, obwohl er seinen Höhepunkt mit 7-8 Jahren erreicht: dann bietet er all seine Reife und Noblesse.

LIRAC

Die Appellationsfläche Lirac umfaßt die trockenen und kieselhaltigen, mit Kieselgeröll und zersprungenen Steinen übersäten Hügel des rechten Rhône-Ufers, neben dem Weinbaugebiet von Tavel, und reicht bis in die Nachbargemeinden Saint-Laurent-des-Arbres, Roquemaure und Saint-Geniès-de-Comolas hinein. Während für den roten Lirac die Rebsorten Grenache, Mourvèdre, Cinsault und Syrah verwendet werden, wird der weiße Lirac aus Clairette, Bourboulenc und Roussane hergestellt.

CHATEAU DE BOUCHASSY
Gérard Degoul
Route de Nîmes · F-30150 Roquemaure
(✆ 66 82 82 49)

EVP: FF 28,– bis 45,–; Gr: FF 18,50 bis 24,50 zuzügl. Mwst

Diese Domäne, die den Namen des ersten Konsuls (1628) der Stadt Roquemaure trägt, verfügt über einen 21 ha großen Weingarten mit Tonkalkboden und Kieselsteinen. Der Rebsortenbestand mit einem Durchschnittsalter von 35 Jahren, die sorgsame Vinifizierung und der Ausbau der Rotweine während 2 Jahren im Tank und 6 Monaten in Eichenfässern ergänzen die mineralogischen und klimatischen Vorzüge des Guts, das außergewöhnliche Liracs produziert: mächtige und generöse Rotweine, mit Aromen von roten Früchten, Unterholz und Gewürzen, von großer Finesse, lang im Geschmack; bukettreiche und feine Rosés und Weißweine.

DOMAINE DES CARABINIERS
Christian Leperchois
Tras-le-Puy · F-30150 Roquemaure
(✆ 66 82 62 94)

Preise nicht genannt

Die Domäne präsentiert 3 Liracs und ebensoviele Erfolge: einen mächtigen und warmen 1989er Rotwein mit einem Bukett, bei dem sich Düfte von Gewürzen, Himbeere, Lakritze, Trüffel und immergrüner Strauchheide vermischen; einen sehr fruchtigen trockenen Weißwein 1990 mit blumigen Aromen und Düften von gebrannten Mandeln, bemerkenswert im Mund; einen Rosé 1990, elegant, fruchtig und trocken, mit Noten von kleinen Früchten, Himbeere, Kirsche, aromatisch nachhaltig beim Abgang.

DOMAINE DU CASTEL OUALOU
Domaines Assémat
R.N. 580 · F-30150 Roquemaure
(✆ 66 82 65 52)

EVP: FF 30,– bis 50,–; Gr: auf Anfrage

In Castel Oualou erlauben über 4 m tief in die Erde gegrabene Tanks einen Ausbau der Weine ohne

LIRAC

Temperaturschwankungen. Die roten Liracs, die hier in Eichenfässern reifen, stammen von armen, dürren Böden, auf denen der Rebsortenbestand im Durchschnitt 33 Jahre alt ist. Die Weine sind geschmeidig und rund, gekennzeichnet von ihrer Frucht und Eleganz. Sie werden jung oder aber nach 8-10 Jahren verkostet.

DOMAINE DES CAUSSES
J.C. et J.F. Assémat
F-30126 Saint-Laurent-des-Arbres
(✆ 66 82 65 52)

EVP: FF 30,– bis 50,–; Gr: auf Anfrage

3 beachtliche Liracs werden hier angeboten: Ein trockener Weißwein mit ausdrucksvoller Frucht, dessen gute Eigenschaften sich 2 Jahre lang entwickeln; ein klassischer Rotwein, aromatisch, mit Düften von immergrüner Strauchheide und einer Nuance Bittermandel, 3-5 Jahre lagerfähig; ein roter Lirac Réserve Syrah, reich an Parfums, mit Düften von Vanille, Banane, Johannisbeere, nach 8-10 Jahren Lagerung schöne Färbung und starke Parfums.

DOMAINE DUSEIGNEUR
Frédéric Duseigneur
Route de Saint-Victor
F-30126 Saint-Laurent-des-Arbres
(✆ 66 50 02 57)

EVP: FF 32,–; Gr: FF 18,–

Dieser 30 ha umfassende Weinberg befindet sich am Fuße eines Lagers Cäsars auf Terrassen in guten Lagen, wo die Römer die ersten Rebstöcke wachsen ließen. Für die Herstellung des Lirac ist ein Ertrag von bis zu 40 hl/ha zugelassen. Die Duseigneurs erzeugen Weine von großer Finesse mit komplexen Aromen: einen Rotwein, der nach Unterholz duftet, ausgesprochen nachhaltig im Mund ist und 10-15 Jahre aufbewahrt werden kann; einen Rosé von heller Rubinfarbe mit Topazreflexen, mit fruchtigem und berauschendem

Bukett; einen hellen, grünstreifigen Weißwein, fein und parfümiert, der ständig größeren Anklang findet.

DOMAINE DU CHATEAU DE SEGRIES
Le Comte Jean-François de Régis
F-30126 Lirac · (✆ 66 21 85 35)

EVP: FF 35,– inkl. Mwst; Gr: FF 25,– zuzügl. Mwst

Die seit 3 Jahrhunderten von den Régis aus Gatimel bewirtschaftete Domäne, die 1673 einem Berater des Königs gehörte, verfügt über einen 20 ha großen Rebgarten mit einem Boden aus Geröll, das die Rhône anschwemmte. Die durchschnittlich 30-35 Jahre alten Rebsorten finden hier Kraft und Charakter, die sie an den Lirac weitergeben: der Rotwein entfaltet 3 Jahre nach der Ernte ein Bukett, das an Himbeere, Schwarze Johannisbeere oder Veilchen erinnert, er ist tanninhaltig und kernig, rund und geschmeidig nach 2 Jahren, kann etwa 10 Jahre altern; erstaunliche Rosés mit Aromen, die sich zu Linde und Verbene hin entwickeln; sehr trockene Weißweine, leicht und parfümiert, fruchtig, die 7-8 Jahre aufbewahrt werden können. Empfehlenswerte Liracs aufgrund ihrer sehr guten Qualität.

Lirac 1er Cru Château de SEGRIES

Rotwein 1988-90 (Goldmedaille in Orange)
Rosé 1991 (Goldmedaille in Orange)
Weißwein 1991-1992

Es werden Importeure gesucht für:
Deutschland, die Schweiz, Österreich

Korrespondenz an den Besitzer:
Comte de Régis
F-30126 Lirac · ✆ 66 21 85 35

TAVEL – COTES DU LUBERON

TAVEL

Tavel, an der Grenze des Departements Gard nahe bei Avignon, Nîmes und Orange gelegen, gehört zum Rhône-Randgebiet. Die 850 ha große Anbaufläche besteht aus Kalkhängen und steinigen Terrassen mit Zonen weißer Felsplatten. Die Rebenarten Grenache und Cinsault sowie die mehr oder weniger verwendeten Bourboulenc, Clairette, Mourvèdre, Syrah, Carignan und Picpoul wirken mit bei der Erzeugung eines der ältesten Rosés Frankreichs. Tavel scheint von jeher untrennbar mit dem Wein verbunden, von der galloromanischen Epoche bis ins frühe Mittelalter, von der Klassik - Racine und Molière interessierten sich für diesen Weinberg - bis in die Gegenwart.

DOMAINE LA FORCADIERE
Famille Maby
Rue Saint-Vincent · F-30126 Tavel
(✆ 66 50 03 40)

EVP: FF 35,–

Das 100 ha große Weingut mit tonkalkhaltigen Plateaus und Kieselsteinboden produziert jährlich 500 000 Flaschen Wein: einen blaßrosa bis hin zu rubinfarbenem Tavel, der Finesse und Aromafrische vereint, harmonisch und ausgewogen ist, ohne Alkohol- oder Säureübermaß, fruchtig und fett zugleich, mit langem Nachgeschmack.

DOMAINE JEAN-PIERRE LAFOND
Route des Vignobles · F-30126 Tavel

EVP: FF 27,– bis 36,–; Gr: FF 19,– bis 22,–

Und wieder eine Domäne mit den besten Voraussetzungen für die Produktion von Qualitätsweinen: steiniger Tonkalkboden, windiges Mittelmeerklima, Rebstöcke mit gutem Durchschnittsalter, organische Düngung. Der hier hergestellte Tavel ist von sehr reinem Rosé, rund und ausgewogen; er kann eine vollständige Mahlzeit begleiten. Auf dem Gut, das von einem Nachkommen einer Winzerfamilie geführt wird, entstehen außerdem gute Liracs und Côtes du Rhônes.

DOMAINE DU PRIEURE DE MONTEZARGUES
Allauzen · F-30126 Tavel

EVP: FF 40,–

Dieser Besitz, einstiges Priorat des Ordens von Grandmont, umfaßt 34 ha Rebflächen mit kargem Boden aus Sand und Kieselsteinen, was dem Rebsortenbestand sehr zusagt: 56 % Grenache, 20 % Cinsault, 8 % Clairette, 6 % Mourvèdre, 5 % Carignan, 3 % Syrah, 1 % Picpoul und 1 % Bourboulenc. Der Tavel ist ein geschmeidiger, frischer und fruchtiger Wein, 2-3 Jahre lagerfähig.

DOMAINE DE LA MORDOREE
Famille Delorme
Rue Mireille · F-30126 Tavel
(✆ 66 50 00 75)

EVP: FF 25,– bis 65,–; Gr: FF 13,50 bis 40,–

Von der Atomenergie zum Weinanbau: La Mordorée (poetischer Name der Waldschnepfe) wurde 1986 von F. Delorme, der zuvor in der Atomindustrie tätig war, gegründet. Zusammen mit seinem Sohn Christophe wollte er zurück zu seinen Ursprüngen. Diese Initiative führte zu Tavel-Weinen, die sich von den anderen sehr unterscheiden: die Weine haben ein sehr reines Kleid, intensive Aromen, eine bemerkenswerte Länge und Finesse.

COTES DU LUBERON

Die 15 000 ha große Anbaufläche der Côtes du Luberon, die zwischen Châteauneuf-du-Pape und Aix-en-Provence, dem Massif du Luberon und dem rechten Ufer der Durance gelegen ist, besteht aus Ton-, Schlick- und Kalkboden und ist mit Carignan, Syrah, Grenache, Cabernet Sauvignon und Mourvèdre für die Rotweine bestockt, mit Cinsault für den Rosé, mit Clairette, Bourboulenc und Chardonnay für die Weißweine. Die Verbesserung des Rebsortenbestands, große Anstrengungen beim Vinifizierungsverfahren sowie die Anschaffung modernen Geräts brachten ihm 1988 das A.O.C.-Prädikat. Damit wurde auch offiziell anerkannt, daß diese Weine ihren Platz neben denen des Rhône-Tals haben.

CHATEAU LA CANORGUE
Jean-Pierre Margan
F-84480 Bonnieux
(✆ 90 75 81 01 · Fax: 90 75 82 98)

EVP: FF 38,– bis 40,–; Gr: auf Anfrage

Das auf einer ehemaligen römischen Villa errichtete Château bietet von seiner majestätischen Terrasse aus einen herrlichen Blick auf den Luberon, den Ventoux, auf Lacoste und das Schloß des Marquis de Sade. Es verfügt aber auch über einen 25 ha großen Weingarten mit Tonkalkboden, der biologisch bebaut wird. Die Beeren werden manuell gepflückt und rigoros sortiert, die Weine in Eichenfudern ausgebaut und danach ohne weitere Manipulation auf dem Château in Flaschen abgefüllt. Es sind Spitzenprodukte von gleichmäßiger Qualität, unabhängig vom Jahrgang. Der sehr fruchtige Rotwein hat viel Persönlichkeit und kann, obwohl 6-10 Jahre alterungsfähig, auch jung getrunken werden. Die Weißweine und Rosés sind süffig und vollmundig. Diese Côtes du Luberon sind voller Charakter, der Landschaft, in der sie entstehen, ähnlich.

CHATEAU LA CANORGUE
A.O.C. Côtes-du-Luberon
F-84480 Bonnieux France

Die Authentizität eines kleinen Familien-Weinguts, die Qualität eines Grand Cru aus biologischem Anbau

---

CHATEAU TURCAN
Laugier Fils
F-84240 Ansouis · (✆ 90 09 83 33)

EVP: FF 25,– bis 48,– inkl. Mwst; Gr: auf Anfrage

Château Turcan, die älteste Weinbaudomäne des Kantons, wurde vor einem Jahrhundert gegründet und gehört seither derselben Familie. Die 25 ha ihres Rebgartens mit Tonkalkboden profitieren vom Mittelmeerklima, die Rebflächen werden natürlich angebaut ohne Unkrautvernichtungs- und Schädlingsbekämpfungsmittel, sie tragen einen kräftigen Rebsortenbestand mit einem Durchschnittsalter von 25 Jahren. Die Weinlese wird manuell, die Vinifizierung mit Wärmeregulierung durchgeführt. Daran schließt sich der Weinausbau im Zementtank und in Eichenfässern an. Das Ergebnis: ein dunkelrubinfarbener Côtes du Lubéron Château Turcan, an der Nase rote Früchte, im Mund lang und körperreich. Ein Lagerwein par excellence, der einen Platz auf den besten Tafeln verdient.

CHATEAU TURCAN
Manuelle Weinlesen und Traubenauswahl
Weinanbau ohne Herbizide und Pestizide.
Temperaturkontrolle.
LAUGIER ET FILS · F-84240 Ansouis

COTEAUX DU TRICASTIN

Das A.O.C.-Gebiet der Coteaux du Tricastin steigt stufenförmig an auf einer Reihe von Hügeln und steinigen Hochebenen vor den Toren des Vaucluse bis hin zu den ersten Ausläufern der Alpen. Nach den Schrecken der Reblaus und dem Quasi-Monopol, das die Trüffeln jahrzehntelang genossen, wurde der 2 000 ha große Weingarten dank der Gebiete, die den ehemaligen Trüffel-Eichenkulturen abgerungen wurden, neu angelegt. Man traf eine sehr strenge Auswahl unter den edlen Rebsorten Syrah und Grenache, aber auch Cinsault, Mourvèdre, Carignan und Picpoul noir.

DOMAINE DE MONTINE
Jean-Luc Monteillet
La Grande Tuilère · F-26230 Grignan
(✆ 75 46 54 21)

EVP: FF 19,– bis 32,–; Gr: FF 12,– zuzügl. Mwst

Auf steinigen Anhöhen zwischen Trüffeleichen und Lavendel erstreckt sich die Domaine de Montine, ehemaliger Bauernhof des Schlosses von Grignan, das der Marquise de Sévigné sehr teuer war. Die Coteaux du Tricastin finden hier die Fülle ihres Charakters: der feinfruchtige, wohl ausgewogene und im Geschmack offene Rotwein; der an der Nase und im Mund angenehme Rosé mit subtilem Johannisbeerduft; der delikat fruchtige und frische Weißwein. Die Weine sind ideale Begleiter von Erzeugnissen der Region und werden an guten Tafeln hoch geschätzt.

DOMAINE DE SAINT-LUC
Ludovic Cornillon
F-26790 La Baume-de-Transit
(✆ 75 98 11 51)

Preise auf Anfrage

Schauen Sie einmal vorbei! Wenn Ihrem Gaumen danach ist, werden Eliane oder Ludovic Cornillon Sie ihre verschiedenen Gewächse probieren lassen. Keine Bange ... sollten Sie, ein wenig müde, nicht mehr weiterfahren wollen, so bietet Ihnen ein altes, restauriertes, behagliches Bauernhaus aus dem 18. Jh. seine entzückenden, geräumigen Zimmer an. Sie können dort auch zu Abend essen und sich die selbsterzeugten Weine servieren lassen: einen roten Coteaux du Tricastin, voll, körperreich und würzig, lange haltbar (4-5 Jahre); oder einen roten Côtes du Rhône-Villages Rasteau mit den Aromen kandierter Kirschen; oder aber einen trockenen weißen Coteaux du Tricastin, fruchtig, offen und sehr angenehm.

DOMAINE DU SERRE-ROUGE
Jean Brachet & Fils
F-26230 Valaurie · (✆ 75 98 50 11)

Preise auf Anfrage

Der Rebgarten der Domaine du Serre-Rouge erstreckt sich über Anhöhen mit tonkalkhaltigem Boden, die von einem trockenen mittelmeerartigen Klima profitieren. Er ist mit Clairette, Grenache blanc, Grenache und Syrah bestockt, die zur Herstellung der Coteaux du Tricastins dienen: ein Weißwein von hellgelber Farbe, leuchtend, mit Grünreflexen und den Aromen weißer Blüten (Weißdorn, Akazie); ein Rotwein mit leuchtender Kirschrobe, den Aromen von Roter und Schwarzer Johannisbeere.

COTES DU VENTOUX

Der Weingarten, der seinen Namen von dem ihn überragenden Mont Ventoux herleitet, schmiegt sich in die Landschaft mit einer Reihe verschiedenartiger Böden. Die auf flacheren Hügeln wachsenden Obstbäume werden auf den Höhen und Hängen von Rebstöcken abgelöst. Rote Erde aus hartem Kalk, alte Anschwemmungen mit runden Kieseln und Skelettböden bilden die Rebflächen, die überwiegend mit der Grenache, ergänzt um den Cinsault, der Syrah und dem Carignan für Rot- und Roséweine bestockt sind. Die Weißweine ziehen ihre guten Eigenschaften aus einem immer stärkeren Anteil von Clairette, Bourboulenc und Grenache blanc, neben der Ugni blanc-Rebe.

CHATEAU VALCOMBE
Claude Fonquerle
F-84330 Saint-Pierre-de-Vassols
(✆ 90 67 22 24)

EVP: FF 28,–/30,–; Gr: FF 13,22 bis 14,32 zuzügl. Mwst

Das Lesegut dieses Besitzes wurde bis 1988 in die Genossenschaft gebracht. Erst seit 1992 kümmert sich Claude Fonquerle persönlich um Vinifizierung und Vertrieb. Er tut es mit Erfolg: 95 % seiner Weine werden exportiert, der Rest geht an französische Privatkunden. Gute Weine werden angeboten: ein aromatischer, charaktervoller Rotwein, lang anhaltend im Mund; fruchtige Rosés und Weißweine mit einem Charakter, der von dem der Apellation etwas abweicht.

VIGNERONS DE BEAUMES-DE-VENISE
Alain Ignace
F-84190 Beaumes-de-Venise
(✆ 90 62 94 45)

EVP: FF 14,– bis 16,50; Gr: FF 14,– bis 16,–

Dieser am Fuße des Mont Ventoux entstehende A.O.C., von dem die Genossenschaft jährlich 10 000 hl produziert, ist ein guter Vertreter der Appellation. Die rubinfarbene Cuvée des Toques 1990, mit einem pflanzlichen Duft von Unterholz, ist im Mund generös, rund, leicht gerbstoffhaltig, sie hat einen guten Nachgeschmack; die Cuvée Spéciale 1991, ein dunkelroter Wein mit Granatreflexen, ist elegant und fruchtig (Himbeere und Erdbeere) im Duft, wohl ausgewogen, frisch, fett und harmonisch im Geschmack.

LES VIGNERONS DE CANTEPERDRIX
B.P. 15 · F-84380 Mazan
(✆ 90 69 70 31)

EVP: FF 15,– bis 30,–

Die 1927 von 60 Winzern gegründete Genossenschaft verfügt heute über 1 600 ha Rebflächen, die von 200 Familien-Weinbaubetrieben bestellt werden. Ihre Côtes du Ventoux sind fruchtig und haben Aromen von roten Früchten, man trinkt sie jung, um ihre Würze voll auszukosten.

COTES DU VIVARAIS

Das von den Schluchten der Ardèche und dem Rhônetal umschlossene V.D.Q.S.-Weinbaugebiet der Côtes du Vivarais breitet seine Rebstöcke - Grenache, Syrah, Cinsault, Clairette und Marsanne - auf den sonnenüberfluteten Hängen des Plateau des Gras aus, an immergrüner Strauchheide und Oliven entlang. Der Rebgarten, Zeuge der Vorgeschichte, war schon im Mittelalter und in der Renaissance gut eingeführt.

UNION DES PRODUCTEURS
D'ORGNAC-L'AVEN
F-07150 Orgnac-L'Aven · (✆ 75 38 60 08)

Preise auf Anfrage

Das 430 ha große, auf den Tonkalkhügeln der Ardèche gelegene und nach Süden ausgerichtete Weingut der Erzeugervereinigung wird von 86 Mitgliedern bewirtschaftet. Sie stellen Côtes du Vivarais-Weine her, die nach ihrer Vinifizierung 6-10 Monate in Emailletanks aufbewahrt werden: einen nervigen Weißwein mit den Aromen der Clairette; einen im Geschmack harmonischen Rosé; einen ausgeglichenen, vollen, mächtigen Rotwein.

CHATILLON-EN-DIOIS

Diese Appellation leitet ihren Namen von dem mittelalterlichen Dorf her, heute Kantonshauptort im Drôme, der die Atmosphäre einer glücklichen provenzalischen Stadt bietet. Durch ihre besondere Lage als vorgeschobener Alpenposten vereinigt sie den Reiz der Berge und die Vorzüge trockenen und sonnigen Klimas, was dem Weingarten zugute kommt. Sein größter Teil erstreckt sich am Fuße des Glandaz (2 050 m) auf Tonkalkhügeln mit steinigen Hängen in 500-600 m Höhe. Es werden 250 000-300 000 Flaschen Rotwein aus Gamay noir à jus blanc, Syrah und Pinot noir, 150 000 Flaschen Weißwein aus der Aligoté- Traube und über 30 000 Flaschen Rosé erzeugt.

CELLIER HANNIBAL
Union de Producteurs
F-26150 Die · (✆ 75 22 02 22)

CHATILLON-EN-DIOIS – CLAIRETTE DE DIE
BEAUJOLAIS

Preise nicht genannt

Dieser kleine Keller, der zur Cave Coopérative de Die gehört, bewirtschaftet 4 Domänen, deren Erträge getrennt vinifiziert werden, und produziert überwiegend Châtillon-en-Diois: der trockene, rassige Weißwein Aligoté, mit einem Duft von wildwachsenden Kräutern, wird jung getrunken; der trockene weiße Chardonnay, stoffreich und füllig im Mund, gewinnt nach mindestens 1jähriger Alterung; der rote Gamay, bukettreich, fruchtig, geschmeidig und vollmundig, sollte jung getrunken werden.

CLAIRETTE DE DIE

Der Clairette de Die, der schon 77 v.Chr. unter dem Namen Aigleucos bekannt war, wurde von Plinius dem Älteren als natürlichster aller Weine des römischen Kaiserreichs bezeichnet. Obwohl ihm 1942 die Appellation contrôlée zugestanden wurde, blieb seine Produktion bis 1950, dem Jahr der Gründung einer Genossenschaft, gering. Das änderte sich dann. Heute ist der Weinanbau das einzige, was die jungen Menschen am Verlassen der Region zu hindern vermag, deren Schönheit reich an reizvollen Kontrasten ist. Talkessel schützen die wichtigsten Clairette erzeugenden Gemeinden. Der Name stammt von der Rebsorte, die, neben dem Muscat blanc à petits grains, für die Herstellung dieses Schaumweins verwendet wird.

DOMAINE BUFFARDEL FRERES
Boulevard du Cagnard · F-26150 Die
(✆ 75 22 06 46)

Preise auf Anfrage

Die Gebrüder Buffardel erzeugen den Clairette de Die sowohl nach Champagner- wie nach Die-Verfahren. Letzteres ergibt einen natürlichen Schaumwein, der nichts gemein hat mit denen, die in geschlossenen Tanks hergestellt werden. Er gedeiht auf für die Region typischem Tonkalkboden, wo

trockenes und sonniges Dauphiné-Provence-Klima herrscht. Der Wein gefällt durch sein kristallklares Aussehen und sein Bukett, das die Finesse der Clairette- und der unvergleichlichen Muskat-Rebe besitzt.

CAVE COOPERATIVE CLAIRETTE DE DIE
B.P. 79 · F-26150 Die · (✆ 75 22 02 22)

EVP: FF 45,–; Gr: FF 15,–

450 Winzer, über 32 Gemeinden verteilt, bestellen 1 000 ha Rebflächen und liefern ihre gesamte Ernte an den Genossenschaftskeller, so daß dieser 25 % der Bevölkerung der Region ernährt. Seine Jahresproduktion (über 7 Millionen Flaschen) ist seit seiner Gründung im Jahre 1951 ständig gestiegen. 2 Marken sind bei Kennern besonders beliebt: die Clairette de Die Brut (Blanc de Blancs), mit blaßgoldenem Kleid, Aromen von Äpfeln und grünen Früchten, deren Schaum Finesse und Leichtigkeit kennzeichnen; die Clairette de Die Tradition, von Rosenduft geprägt, ein Wein von großer Originalität.

BEAUJOLAIS

Der Beaujolais-Weingarten wird im Norden vom Mâconnais, im Westen von den Monts du Beaujolais, im Süden von den Monts du Lyonnais und im Osten durch die Saône begrenzt. Er umfaßt 22 000 ha, die mit der einzigen Rebenart Gamay noir à jus blanc bepflanzt sind. Das Gebiet besteht aus Porphyr oder diversem Granit, aus kalk- und mergelhaltigen Böden oder Schwemmland. Die nach Südosten ausgerichteten Anbauflächen profitieren vom Mikroklima und von der durch die Saône beeinflußten Lufttemperatur. Bei den Weinlesen, die im allgemeinen 2-3 Wochen dauern, werden die Trauben ohne vorheriges Zerquetschen der Beeren in Kübel geschüttet, denn die Beaujolais-Weinbereitung erfolgt ohne Maischung. Die Kübel werden später in Gärbehälter mit Temperaturregelung entleert. Die Gärung dauert 5-7 Tage. Nach der Pressung wird der Wein wieder in Tanks gefüllt, damit er sich ausbalanciert. Zum Schluß wird er im Keller in Fässern gelagert. Einen Monat danach sind die Gärungen abgeschlossen, der Ausbau aller Aromen ist vollendet.

CHATEAU DE CORCELLES
Guy Brac de La Perrière
F-69220 Corcelles-en-Beaujolais
(✆ 74 66 00 24)

EVP: FF 24,– bis 35,–; Gr: FF 15,–

Dieses Château aus dem 15. Jh. wirkt imposant durch seine Größe und Authentizität, mit massivem Bergfried, mit einer Kapelle mit gotischen Fenstern und einer Galerie, die dem Maler Utrillo als Erholungsstätte diente. Es verfügt über Gebäude aus dem 18. Jh. mit einer Vinifizierungshalle, einem großen Gärkeller aus dem 17. Jh. und Kellern mit Rundtonnengewölbe, in denen die Weine des 100 ha großen Weingartens altern. Das ständige Streben nach Perfektion diktiert die Vinifizierungsverfahren der im Château hergestellten Beaujolais und Brouillys. Zum Beispiel ein 89er Brouilly mit solidem Kern, der sich mit dezenten Noten der Schwarzen Johannisbeere verbindet, dessen samtige Weichheit am Gaumen die Kenner ebenso begeistert wie die im Mund mächtigen und harmonischen Beaujolais.

S.C.I. CHATEAU DE PIZAY
F-69220 Saint-Jean-d'Ardières
(✆ 74 66 26 10)

Preise nicht genannt

Das Château de Pizay, eine der bedeutendsten Beaujolais-Domänen, erstreckt sich über 50 ha und ist mit mehreren Appellationen bepflanzt: mit einem weißen Beaujolais von großer Feinheit, mit leuchtender Robe und subtilem Duft; einem leichten, fruchtigen und süffigen roten Beaujolais; einem kernigen, kräftigen, mächtigen Morgon, der sich durch seine strahlende Granatfarbe und seine Eigenart auszeichnet, die ihn lange haltbar macht; einem frischen, typischen Régnié mit den Aromen von roten Früchten.

CAVE BEAUJOLAISE DE SAINT-VERAND
F-69620 Saint-Vérand · (✆ 74 71 75 19)

EVP: FF 20,–; Gr: auf Anfrage

Die Rebsorten Gamay noir à jus blanc und Chardonnay mit einem Durchschnittsalter von 30 Jahren holen sich ihre Kraft aus dem Schieferboden des 320 ha großen Weingartens der Genossenschaft. Diese hat den Ruf, fruchtige und vollmundige Beaujolais von schöner Ausgewogenheit herzustellen.

VON 957 BIS HEUTE

Hinweise auf den Beaujolais-Weingarten gibt es seit 957. Im Juli 1395 führte der Erlaß von Dijon durch Philipp den Kühnen zu einem wahren Aufstieg des Gamay noir à jus blanc ... dadurch, daß dieser im Burgund formell verboten wurde. Die Schaffung von Schiffahrtswegen (der unter Heinrich IV. begonnene und unter Colbert fertiggestellte Canal de Briare; der Canal du Centre, der das Verladen in Mâcon zuließ) erlaubte die Ausweitung der Lastkahnzone bis Paris. Die Eisenbahn vor Ende des 19. Jh., Lastkraftwagen dank europäischer Autobahnen, Jumbo Jets auf weltweiten Luftfahrtswegen ergänzten die Kommunikationseinrichtungen, trugen zur Förderung des Exports, der heute 50 % beträgt, und damit weitgehend zur Blüte des Beaujolais bei.

BEAUJOLAIS-VILLAGES

Die Beaujolais-Villages, Weine von höchster Vielfalt, entstehen auf einer 5 850 ha großen Anbaufläche, die sich mit ihren kristallinen oder granitenen Böden über 39 Gemeinden erstreckt. Die Produktionsbesonderheiten der Beaujolais gelten auch für die Beaujolais-Villages, die aber reicher und ausdrucksvoller sind. Ein Teil (28 %) wird als Beaujolais-Villages nouveau verkauft. Im allgemeinen schätzt man sie jung, mit 1-2 Jahren, obwohl sie länger haltbar sind.

DOMAINE DE LA BEAUCARNE
Sylvie et Michel Nesme
F-69430 Beaujeu · (✆ 74 04 86 23)

EVP: FF 25,–; Gr: FF 18,– zuzügl. Mwst

Auf diesem 6 ha großen Weinberg mit Granitboden profitiert der durchschnittlich 40 Jahre alte Rebsortenbestand von seiner Lage auf den sonnigsten Hängen von Beaujeu. Dieser Pluspunkt sowie das Wissen der Nesmes, Winzer seit mehr als 7 Generationen, lassen in Fudern und neuen Eichenfässern gealterte Beaujolais-Villages entstehen von reicher Schattierung, fruchtig und kernig, anhaltend im Mund, mit geschmolzenen Tanninen, typische Weine aus der Gamay-Rebe, die den Ruf der Domaine de la Beaucarne begründen.

DOMAINE GERARD BRISSON
Les Pillets · F-69910 Villié-Morgon
(✆ 74 04 21 60)

EVP: FF 29,– bis 45,–; Gr: auf Anfrage

Gérard Brisson bleibt der langen Erfahrung seiner Vorfahren treu: er bevorzugt lange Gärprozesse und einen Weinausbau in neuen Eichenfässern. So erhält er Lagerweine von erstaunlicher Alterungsfähigkeit. Hervorzuheben ist das ausgezeichnete Qualität-Preis-Verhältnis zum Beispiel seines Beaujolais-Villages, der von einem Sandboden nahe von Régnié stammt, der einen leichten, aromatischen Wein hervorbringt, dessen Noten von kleinen roten Früchten, Merkmal der Appellation, sehr präsent sind. Ein Wein für Beaujolais-Villages-Kenner.

DOMAINE MICHEL GUIGNIER
Faudon · F-69820 Vauxrenard
(✆ 76 49 14 52)

EVP: FF 26,– inkl. Mwst; Gr: FF 18,– zuzügl. Mwst

Der auf abfallenden Hängen mit sandigem Granitboden angelegte Weingarten, das sehr warme Klima, der kräftige Rebsortenbestand und die wärmeregulierte Weinbereitung machen die Qualität des Beaujolais-Villages dieser Domäne aus: Ein reicher und ausdrucksvoller Wein, im Mund kernig und dennoch sehr geschmeidig.

DIE BEAUJOLAIS

Sie teilen sich in 3 Familien auf:

Die Beaujolais

9 700 ha, die 50 % der Gesamtproduktion darstellen, wovon etwa die Hälfte am 3. Donnerstag im November unter der Bezeichnung Beaujolais nouveau auf den Markt gebracht wird.

Die Beaujolais-Villages

5 850 ha = 25 % der Gesamtproduktion. Diese in 39 Gemeinden erzeugten Weine sind reicher und ausdrucksvoller als die Beaujolais. Ein Teil (28 %)

wird dennoch als Beaujolais-Villages nouveau verkauft.

Die Crus

10 Crus auf 6 160 ha: Chiroubles, Brouilly, Saint-Amour, Régnié, Côte de Brouilly, Fleurie, Juliénas, Chénas, Morgon, Moulin à Vent. Die Prunkstücke der Beaujolais-Produktion machen 25 % der Gesamternte aus.

DOMAINE RENE MIOLANE
Le Cellier · F-69460 Salles-Arbuissonnas
(✆ 74 67 52 67)

EVP: FF 19,– bis 72,– inkl. Mwst; Gr: ab FF 17,30

Die Miolanes bearbeiten ihre Rebflächen seit drei Jahrhunderten auf denselben nach Süden und Südosten ausgerichteten Hängen mit Granit- und Sandboden. Bepflanzt ist der Weingarten mit durchschnittlich 50-60 Jahre alten Gamay noir à jus blanc-Rebstöcken, von denen einige gar hundert Jahre aufweisen. Die Böden werden organisch gedüngt, die Weine in Eichenfudern ausgebaut. Diese Pflege bringen ihre Beaujolais-Villages zum Ausdruck: ein ins Violett spielender kirschroter Wein, der sehr angenehm und typisch für seine Appellation ist; die nach Unterholz duftende "Cuvée de la Côtabras", kirschrot, ins Braune gehend. Vorbildliche Weine für vorbildliche Tafeln.

DOMAINE JEAN-CHARLES PIVOT
"Montmay" · F-69430 Quincié-en-Beaujolais
(✆ 74 04 30 32)

EVP: FF 26,–; Gr: FF 18,50

Eine Domäne ohne Geschichte, es sei denn diejenige, daß man hier alljährlich - trotz schwieriger Jahrgänge - ausgezeichnete Weine findet. Sie werden aus Reben mit einem Durchschnittsalter von 60 Jahren (!) gewonnen, die ihre Kraft aus dem Granit- und Kiesel-Ton-Boden ziehen. Die Weine,

von schönem Scharlachrot, sind sehr fruchtig, haben Aromen von roten Früchten, sind nachhaltig im Mund. J.C. Pivots Bescheidenheit kann die hervorragende Qualität seiner Beaujolais-Villages nicht verheimlichen.

CHATEAU DU SOUZY
GFA du Souzy Propriétaire
F-69430 Quincié-en-Beaujolais

Preise nicht genannt

Dieser ausgedehnte, 50 ha große Weinberg mit Sand- und Granitboden produziert durchschnittlich 2 000 hl Château du Souzy aus alten Reben. Der Wein ist daher strukturierter als andere und von sehr angenehmer Frucht. Man kann ihn mit Beginn der Ernte des Folgejahres genießen.

COTE DE BROUILLY

Dieser Weingarten entfaltet sich in guten Lagen auf den Abhängen des Mont Brouilly, einem erloschenen Vulkan mit Granit- und Schieferuntergrund. Seine Anbaufläche ist klein: 290 ha mit einem Durchschnittsertrag von 16 000 hl. Der lange haltbare (über 10 Jahre) Côte de Brouilly kann auch jung getrunken werden. Als eine seiner Besonderheiten bietet er die würzigen Bestandteile frischer Trauben. Er hat sich mit dem Brouilly nicht immer gut verstanden. Wie in allen Familien hat es Streit gegeben, und zwar in Fragen der Rangordnung. Schließlich aber haben beide - der Côte de Brouilly wie auch der Brouilly - beschlossen, sich auf ihre wahren Qualitäten zu konzentrieren.

DOMAINE DU BARON DE L'ECLUSE
Duvergey-Taboureau
6, rue des Santenots · F-21190 Meursault
(✆ 80 21 63 00)

Preise auf Anfrage

Duvergey-Taboureau, 1868 gegründet, steigert seit 1988 den Absatz seiner Burgunderweine, die auf dem Gut abgefüllt und direkt vermarktet werden: zum Beispiel der ausgezeichnete Côte de Brouilly Domaine du Baron de l'Ecluse, ein generöser und charakteristischer Wein mit den typischen Aromen des Gamay.

DOMAINE DES FOURNELLES
Alain Bernillon
Godefroy · F-69220 Saint-Lager
(✆ 74 66 81 68)

EVP: FF 33,– inkl. Mwst; Gr: FF 26,– zuzügl. Mwst

Die Bernillons, eine Familie mit sehr alter Winzertradition, bewirtschaften einen Rebgarten, der von seinen tonkieselhaltigen Böden profitiert sowie vom trockenen und warmen Klima, das die Ernte vom 40 Jahre alten Rebsortenbestand Anfang bis Mitte September möglich macht. All die guten Eigenschaften finden sich in dem rubinfarbenen Côte de Brouilly wieder, der fruchtig und generös ist, Aromen von roten Früchten aufweist, Finesse und Geschmeidigkeit miteinander verbindet. Der Wein kann jung verkostet werden, 4 Jahre im Keller hingegen bringen seine Mächtigkeit zum Vorschein.

CHATEAU THIVIN
Claude-Vincent Geoffray
F-69460 Odenas · (✆ 74 03 47 53)

EVP: FF 38,–; Gr: FF 28,–

Thivin, 1240 Besitztum des Ordens von Saint-Augustin, gehört seit 1879 der Familie Geoffray. Sein 18 ha großer Rebgarten liegt im Herzen der Côte de Brouilly auf Quarzsand und Porphyr. Er profitiert vom sehr sonnigen Herbst und dem Rebsortenbestand mit einem Durchschnittsalter von 45 Jahren. Das erzeugte Gewächs, das 6 Monate im Eichenfuder reift und Colette teuer war, die im Jahre 1949 an der Weinlese in Thivin teilnahm, gefällt durch sein lebhaftes Rot, seinen Duft von Veilchen und Pfingstrose, seine milden Gerbstoffe und seinen

würzigen, pfefferigen Abgang. Ein Wein, der sich des Winzers Claude Geoffray, der sein Leben lang für den Weinbau und die Beaujolais-Werbung gearbeitet hat, als würdig erweist.

DOMAINE DE LA VOUTE DES CROZES
Nicole Chanrion
F-69220 Cercié · (✆ 74 66 80 37)

Preise auf Anfrage

Die alten Granit- und Schieferböden in ausgezeichneter Hanglage, der Rebsortenbestand mit einem Durchschnittsalter von 40 Jahren sowie der Weinausbau in Eichenfudern geben dem Côte de Brouilly dieser Domäne für die Appellation typische Eigenschaften: Er ist fein, subtil, körperreich und kernig in seiner Jugend, hat Düfte von roten Früchten, mit der Zeit verfeinert sich sein Bukett und wird delikat. Ein Wein, um Gäste zu verführen.

BROUILLY

Das im Zentrum des Beaujolais gelegene A.O.C.-Gebiet umfaßt 1 200 ha und ist damit das ausgedehnteste der ganzen Region. Seine Böden bestehen aus Porphyr oder blauem Gestein (vulkanischer Eruptivfels, der aus einem Gemisch von Basaltkristallen und Eisen- und Magnesiumsilikaten gebildet wird) und aus Schwemmland. Ihr mineralogischer Reichtum erklärt die Qualität der sich von ihnen ernährenden Weinstöcke und Beeren, aus denen ein Wein von Weltruf gewonnen wird.

CHATEAU DE CORCELLES
F-69220 Corcelles-en-Beaujolais
(✆ 74 66 00 24)

Preise auf Anfrage

Im Herzen des Beaujolais-Gebiets erheben sich die alten hohen Türme von Corcelles, zu deren Füßen sich die Rebflächen erstrecken: 90 ha, die ausgezeichnete Weine hervorbringen, die man in dem Keller - im ehemaligen Fechtsaal eingerichtet - gern probiert. Besonders empfehlenswert ist u.a. ein Brouilly, dessen Eigenschaften, unabhängig vom Jahrgang, niemanden enttäuschen: er besitzt eine dunkle Robe, einen soliden Kern, der sich mit angenehmen Nuancen von Schwarzer Johannisbeere und einer samtigen Weichheit verbindet, die Kenner begeistert.

DOMAINE ALAIN MICHAUD
Beauvoir · F-69220 Saint-Lager
(✆ 74 66 84 29 · Fax: 74 66 71 91)

EVP: FF 28,–; Gr: auf Anfrage

Die 8 ha dieses Weinbergs profitieren vom Granitboden, der mit durchschnittlich 50 Jahre altem Gamay bepflanzt ist. Die außergewöhnliche Langlebigkeit der Rebstöcke, die Vorzüge des Mikroklimas, die organische Düngung und der Ausbau in Eichenfudern bringen einen typischen Brouilly hervor mit dunklem Rubinkleid, an der Nase schöne reife rote Früchte, Pflaume und Pfirsich, ein sehr reicher und lange lagerfähiger Wein, der weder Liebhaber noch Kenner täuscht.

CHENAS

Ein seltener Wein: 240 ha erbringen einen Ertrag von 13 000 hl. Der Chénas genießt nicht nur den Vorzug, neben dem Anbaugebiet von Moulin à Vent zu liegen, seine Weinstöcke wachsen auch auf dem gleichen granithaltigen Boden. Böse Geister könnten fragen, worin denn die Unterschiede bestehen. Die Antwort wird sein, der Chénas sei eben kein Moulin à Vent und umgekehrt. Eines ist sicher: der Chénas ist im Augenblick weniger bekannt als sein hochrangiger Hangbruder. Wahrscheinlich weil er sich bescheiden mit den Vorteilen begnügt, die ihm seine gewisse Exklusivität verschaffen.

CAVE DU CHATEAU DE CHENAS
Jean Favre
F-69840 Chénas · (✆ 74 04 48 19)

Preise auf Anfrage

Der 1934 gegründete Genossenschaftskeller zählt heute 275 Mitglieder, die 264 ha Rebflächen in Hanglage bestellen. Die hier produzierten Weine haben ihrem wenig tiefen Boden, der aus rosafarbenem brüchigen Granit besteht, viel zu verdanken ebenso wie der Aufbewahrung in Eichenfässern in dem sehr schönen, konstant temperierten Kellergewölbe des unter Ludwig XIV. errichteten Schlosses. Dieser Chénas-Wein ist beliebt wegen seiner Mischung aus Kraft und Fruchtigkeit, aus Generosität und Frische wie auch seiner Pfingstrosenwürze, ein Wein, der während des Alterns alle seine guten Eigenschaften bewahrt.

DOMAINE DE COTES REMONT
Famille Noël Perrot
Remont · F-69840 Chénas
(✆ 74 04 44 33)

EVP: FF 27,50 inkl. Mwst; Gr: auf Anfrage

Der 9 ha große Rebgarten erstreckt sich auf den Hängen des berühmten Mont Remont, der das Dorf Chénas, in dem sich die Perrots 1760 niederließen, überragt. Die außergewöhnliche Lage, der einzigartige Rebsortenbestand von Gamay rouge à jus blanc mit einem Durchschnittsalter von 35 Jahren, die Anreicherung der Böden auf der Basis von Kompost, die manuellen Weinlesen und der Weinausbau in Holzfudern führen zur Herstellung eines Chénas Côtes Remont, in Rubin gewandet mit violetten Reflexen, der vorwiegend nach roten Früchten duftet und einem Hauch Gewürz. Ein generöser Lagerwein, den man im Keller haben sollte.

DOMAINE DE COTES REMONT

AOC Chénas, ein Beaujolais-Gewächs

Remont · F-69840 Chénas · ✆ 74044433

CHATEAU DESVIGNES
G.F.A. du Domaine Desvignes
Rue Paul Beaudet
F-71570 La Chapelle-de-Guinchay
(✆ 85 36 72 76)

Preise auf Anfrage

Ein Vorfahr der Familie Desvignes errichtete das Château, legte den Weinberg an und hob im Jahre 1824 den Keller aus. Heute werden auf den 13 ha Rebflächen mit an der Oberfläche sandigem Granitboden aromatische Chénas gewonnen, deren besondere Würze an den Moulin à Vent erinnert, der sich durch gute Alterungsfähigkeit auszeichnet.

DOMAINE PIERRE FERRAUD ET FILS
F-69220 Belleville-en-Beaujolais
(✆ 74 66 08 05)

Preise für Grossisten auf Anfrage

Diese Domänen bieten einen markanten, gut strukturierten Chénas an, der sehr keck die Papillen umspült und sich hier lange aufhält, sein lebhafter und kräftiger Charakter von Schwarzer Johannisbeere und Veilchen erfüllt den Gaumen.

DOMAINE LAPIERRE
Denise et Hubert Lapierre
"Les Gandelins"
F-71570 La Chapelle-de-Guinchay
(✆ 85 36 74 89)

EVP: FF 26,50 bis 31,20 zuzügl. Mwst; Gr: FF 22,– bis 26,50 zuzügl. Mwst

Der wenig tiefe Granitboden, der Semikontinentalklima genießende Rebsortenbestand mit einem Durchschnittsalter von 40 Jahren, die Düngung auf der Basis von Kompost und der Weinausbau in neuen Eichenfässern machen den Chénas der Lapierres zu einem charakteristischen Wein mit Granatschattierung und Noten von Blüten und Holz, im Mund generös und weich, lagerfähig. Ein ausgezeichneter Vertreter dieses seltenen Beaujolais-Gewächses.

CHIROUBLES

Das 370 Seelen-Dorf Chiroubles ist einen Besuch wert mit seiner Kirche und dem drolligen Kirchturm aus dem 17. Jh., der mehr orientalisch als regional beeinflußt ist, und mit der Naturterrasse in 750 m Höhe. In einer Probierstube wird der berühmte, auf 340 ha überwiegend grobkörniger Granitböden erzeugte Chiroubles serviert. 75 Winzer stellen jährlich 3 Millionen Flaschen dieses Weins her, der sich durch Weichheit, Körper, Frucht und Stabilität auszeichnet. Fast ein weiblicher Wein, der jung getrunken werden sollte, denn er ist der früheste Primeur des Beaujolais-Sortiments.

DOMAINE JEAN BARONNAT
F-69400 Gleizé . (✆ 74 68 59 20)

Preise auf Anfrage

Baronnat respektiert den Geschmack und die Charakteristik jeder Cuvée. Dies begründet seinen Ruf und den seines Chiroubles, der nach sehr reifen Früchten duftet, mit nachhaltig aromatischem Fond, vorn im Mund rund. Der

1991er ist sehr blumig, mit gutem Stoff, im Geschmack rechtschaffen und fest.

DIE HEIMAT DES VICTOR PULLIAT

Chiroubles ist die Heimat des Rebsorten-Forschers Pulliat, der nach dem Einfall der Reblaus im Jahre 1860 den europäischen Weingarten dank seiner Studien über das Veredeln der Rebstöcke rettete und die Wiederherstellung des Weinbergs auf amerikanischen Setzlingen ermöglichte. Auf dem Dorfplatz gegenüber der Kirche mit einem sehenswerten Glockenturm aus dem 17. Jh. erhebt sich sein Standbild. In jedem Jahr wird in Chiroubles auch der Pokal Victor Pulliat für das beste Beaujolais-Gewächs verliehen.

DOMAINE DE LA GROSSE-PIERRE
Véronique et Alain Passot
F-69115 Chiroubles · (✆ 74 69 12 17)

Preise auf Anfrage

Véronique und Alain Passot stehen in dem Ruf, Chiroubles-Weine von ausgezeichneter Qualität herzustellen. Diese werden 6 Monate in Eichenfässern ausgebaut, haben ein reizvolles Rubinkleid, ein Bukett von kleinen roten Früchten und Veilchen, sind leicht und köstlich samtig.

FLEURIE

Es heißt, die Schweizer und Schweizerinnen hätten ihn zu ihrem Lieblingswein gemacht und die Preise derartig in die Höhe getrieben, daß er als der teuerste Beaujolais gilt. Seine 800 ha große Anbaufläche mit Granitfels- und manchmal Tonuntergrund bringt 44 000 hl eines Weins hervor, der durch seine Weichheit, Eleganz sowie blumigen und fruchtigen Aromen (Schwertlilie, Veilchen, verblühte Rose, Pfirsich, Schwarze Johannisbeere und rote Früchte) verführt. Man betrachtet ihn mit seiner schönen karminroten Robe als den weiblichsten der Beaujolais-Gewächse. Vielleicht ist dies - wie man erzählt - auf den Einfluß der Maria von Fleurie zurückzuführen, die hoch oben auf dem Hügel über die Reben wachen soll.

DOMAINE JEAN-PAUL CHAMPAGNON
La Treille · F-69820 Fleurie
(✆ 74 04 15 62)

EVP: FF 42,– inkl. Mwst; Gr: auf Anfrage

10 ha auf Quarzsandboden, durchschnittlich 40 Jahre alter Gamay, wärmeregulierte Weinbereitung, der Ausbau in Barriques und anschließend in Eichenfudern machen den Fleurie des Jean-Paul Champagnon zu einem charakteristischen Gewächs, das mit seiner Rubinfärbung, den blumigen und fruchtigen Aromen, seiner Samtigkeit und Finesse gefällt. Wenn der Wein im allgemeinen auch 3-4 Jahre lagerfähig ist, so bleibt die Cuvée Spéciale 1991 hingegen gern 8-10 Jahre im Keller. Eine Adresse, die man sich merken sollte.

DOMAINE DES DEUX FONTAINES
Michel et Janine Després
Les Raclets · F-69820 Fleurie
(✆ 76 69 80 03 · Fax: 76 69 86 16)

EVP: FF 38,– inkl. Mwst; Gr: FF 25,– zuzügl. Mwst

Die Després, eine Familie mit alter Winzertradition, bewirtschaften einen 9 ha umfassenden Weingarten, auf dem der Gamay noir à jus blanc seine Wurzeln in den Granit gräbt. Die Rebstöcke profitieren von der guten Sonnenbestrahlung der im Durchschnitt 290 m hohen Hügel. Der typische Fleurie Deux Fontaines verführt durch seine Rubinfärbung, Samtigkeit, Finesse und blumigen Aromen wie auch durch sein Lagerungspotential von 5 Jahren. Ein Wein, den man gern Freunden anbietet.

Wir suchen deutsche Importeure
Domaine des Deux Fontaines
Fleurie-en-Beaujolais
Les Raclets
F-69820 Fleurie

DOMAINE MICHEL GUIGNIER
Faudon · F-69820 Vauxrenard
(✆ 76 49 14 52)

EVP: FF 38,– inkl. Mwst; Gr: FF 28,– zuzügl. Mwst

Die Guigniers, eine Familie mit alter Winzertradition, sind eine Garantie für Qualität. Ihr auf Granit entstehender Fleurie weist Rubinfärbung, blumige Aromen, Samtigkeit und Finesse auf. Wenn man diesen Wein auch schon nach ein paar Monaten genießen kann, so behält er seine guten Eigenschaften doch sehr lange (5 Jahre und mehr) und macht einem großen Keller alle Ehre.

CHATEAU DES LABOURONS
Le Comte Bernard de Lescure
F-69820 Fleurie

Preise nicht genannt

Dieses Château, das seit ältester Zeit den de Lescures gehört, ist bekannt für die gleichmäßige Qualität seiner rubinfarbenen Fleuries, mit Aromen von Himbeere und Veilchen, die à la Beaujolaise gemaischt werden und in Eichenfässern altern.

JULIENAS

Der Juliénas, sagt man, sei das pariserischste Beaujolais-Gewächs, weil die nicht zu bändigenden Journalisten der satirischen Wochenzeitschrift Le Canard Enchaîné für seine Werbung sorgten. Das mächtige, an aromatischer Fülle reiche Gewächs hat auch einen soliden Kern, was vielleicht nicht oft genug erwähnt wird. Seine 580 ha umfassende Rebfläche (mit einem Ertrag von 31 000 hl) befindet sich auf alten Granit- und Tonkalkböden des Mâconnais. Wenn Sie diesen Grandseigneur besonders schätzen und sich in seine Heimat gezogen fühlen, sollte es Sie nicht überraschen, wenn Sie erfahren, daß eine alte, nicht mehr benutzte Kirche ihm als Vorratsraum und Schaufenster dient. In Juliénas tut man alles für diesen berühmten einheimischen Sprößling. Er ist sehr hübsch in seinem Rubinkleid, angenehm an der Nase mit seinen Kernobstaromen und kostbar am Gaumen durch sein Finale von der Knospe der Schwarzen Johannisbeere und seinen Gerbstoffcharakter, dessen Intensität im Verlauf der Jahre nachläßt.

DOMAINE JEAN BARONNAT
Route de Lacenas
F-69400 Gleizé · (✆ 74 68 59 20)

Preise auf Anfrage

Das in großen Beaujolais-Weinen spezialisierte Haus bietet Juliénas-Weine an, die eine Freude für die Gastronomie und Privatkunden sind: von intensiver Färbung, im Geschmack voll entwickelt, insgesamt sehr harmonisch. Und man muß nicht warten, kann die Weine sofort genießen.

CHATEAU DU BOIS DE LA SALLE
Cave Coopérative des Grands Vins de Juliénas
F-69840 Juliénas
(✆ 74 04 42 61)

EVP: FF 31,–; Gr: auf Anfrage

Der 1961 gegründete Genossenschaftskeller besitzt einen ausgedehnten Weingarten von 348 ha, dessen Boden im Westen aus Granit, im Osten aus Ablagerungen besteht. Das Gut liegt sehr geschützt in einem Tal. Das sich hieraus ergebende Mikroklima und die idealen Bedingungen für die Rebstöcke in 230-430 m Höhe führen zu einer guten Reife der Trauben. So ist der hier erzeugte Juliénas ein guter

Vertreter seiner Appellation. In geringen Mengen werden auch Saint-Amour und Beaujolais-Villages hergestellt. Der Juliénas, von klarem dunklen Rot, besitzt Aromen, bei denen Himbeere und wilde Brombeere vorherrschen, ihn charakterisiert vor allem sein großes Lagerungspotential.

DOMAINE DU CLOS DU FIEF
Michel Tête
Les Gonnards · F-69840 Juliénas
(✆ 74 04 41 62)

EVP: FF 27,– zuzügl. Mwst; Gr: FF 24,– zuzügl. Mwst

Drei empfehlenswerte Weine werden angeboten: ein tanninhaltiger und kerniger Juliénas, der mit seiner guten Alterungsfähigkeit einen Burgunder Charakter annimmt und in 4-8 Jahren verkostet werden kann; ein fruchtiger und vollmundiger Saint-Amour, typisches Beaujolaisgewächs, 2-3 Jahre lagerfähig; ein sehr aromatischer Beaujolais-Villages, im ersten Jahr zu trinken.

MORGON

Dieses Gewächs ist in 6 Lagen unterteilt, die neben seinem Namen auf dem Flaschenetikett angegeben werden können: Corcelette, Douby, Côte-de-Py, les Micouds, le Grand-Cras und Les Charmes. Dem Morgon wurden vor langer Zeit einmal nicht ganz zutreffende Attribute zugeschrieben: "Die Frucht eines Beaujolais, der Zauber eines Burgunder". In Wirklichkeit hat er die ganz besondere Frucht und den Zauber eines Morgon. Seine Anbaufläche, die sich über kaum 1 200 ha erstreckt, gewährleistet eine Jahresproduktion von nahezu 60 000 hl. Dieser edle Wein hat den besonderen Merkmalen seines aus brüchigem Gestein und mürbem Schiefer bestehenden Bodens viel zu verdanken. Der körperreiche Rotwein von mittlerer Haltbarkeit verführt durch seine Fülle im Mund, er erreicht seinen Höhepunkt nach 2 oder 3 Jahren.

DOMAINE ARMAND CHATELET
Les Marcellins · F-69910 Villié-Morgon
(✆ 74 04 21 08)

EVP: FF 30,–; Gr: FF 23,60

Schieferböden, der berühmte blaue Stein, Gamay noir à jus blanc mit einem Durchschnittsalter von 40 Jahren sowie die Weinbereitung mit Wärmeregulierung geben dem Morgon Armand Chatelet seine kräftige Farbe, den Duft von roten Früchten und dank dieser einen kraftvollen und warmen Geschmack. Ein Morgon für die gepflegtesten gastronomischen Tafeln.

CAVEAU DE MORGON
Syndicat Viticole de Villié-Morgon
F-69910 Villié-Morgon · (✆ 74 04 20 99)

EVP: FF 36,–

Diese Weinbauvereinigung hat ihre malerische kleine Kellerei in den Kellern eines Schlosses aus dem 17. Jh. eingerichtet, das Ende des 19. Jh. wiederaufgebaut wurde und der Stadtverwaltung gehört. Auf den nach Osten und Süden ausgerichteten Hängen mit schiefrigem Boden, dem sogenannten "pierre bleue" (dem "blauen Stein"), erstreckt sich der Weingarten der Genossenschaft, die eine Auswahl von 60-80 000 Flaschen Morgon produziert. Ihre Weine, einige Monate in Holzfudern ausgebaut, bevor sie auf Flaschen abgezogen werden, sind sehr kräftig rubinfarben, körperreich, mit einem fruchtigen Bukett von roten Früchten, anhaltend im Mund, von für einen Beaujolais guter Lagerfähigkeit. Diesem Morgon wird der Charme eines Burgunders zuerkannt.

DOMAINE PASSOT-COLLONGE
Bernard Passot
Le Colombier
F-69910 Villié-Morgon · (✆ 76 69 10 77)

EVP: FF 26,–/28,–; Gr: FF 19,–/22,50

MORGON

Ein knapp 4 ha umfassender Weinberg. Sein Boden aus Granit und zersetztem Schiefer, das sonnige Klima bis zum Ende der Weinlesen, der Verzicht auf Düngemittel, die sorgsame Vinifizierung und Alterung: all diese Faktoren spielen eine Rolle bei der Erzeugung von Morgon, Régnié und Beaujolais-Villages, tiefrote Weine mit rotvioletten Reflexen, häufig parfümiert, körperreich, voller Finesse.

DOMAINE DES PILLETS
Gérard Brisson
F-69910 Villié-Morgon
(✆ 74 04 21 60 · Fax: 74 69 15 28)

EVP: FF 29,– bis 45,–; Gr: auf Anfrage

Diese Domäne, die 1604 den Schloßherren am Ort gehört hat, wurde ab 1956 von den Brissons, Weingutbesitzer seit 1431, umstrukturiert. Seit 1974 wird sie von Gérard Brisson geführt. Er ist diplomierter Önologe der Universität von Dijon und legt all seine Anstrengungen auf eine ausgewogene Düngung (umweltfreundliche organische und pflanzengesundheitliche Mittel) sowie die ständige Qualitätsverbesserung seiner Weine - Morgon Les Charmes, Beaujolais- Villages und Régnié -, die von einem Rebsortenbestand mit einem Durchschnittsalter von 40 Jahren stammen, der all seine Kraft aus dem manganhaltigen Schieferboden zieht. Manuelle Sortierung und Lesung der Trauben sowie der Weinausbau in Tanks und Holzfudern verbessern die Eigenschaften der 3 hergestellten Morgons: Der Morgon Les Charmes ist geschmeidig und reich, seine Aromen entwickeln sich nach 12-16 Monaten, lassen Himbeere, Schwarze Johannisbeere, Kirsche erkennen; die "Collection Noble Tradition" wird in neuen Eichenfässern ausgebaut, sie besitzt Aromen von Vanille, Gewürz und Kakao; die "Cuvée Vieilles Vignes", aus 50 Jahre alten Reben, ist gerbstoffreich, ihre nuancierten Noten enthüllen den beachtlichen Lagerwein (5-10 Jahre) mit Düften von Himbeere und Vanille. Weine, die man voller Stolz auf den Tisch stellt.

---

*

Gérard Brisson, Önologe/Eigenanbau, auf der Domaine des Pillets, bietet seinen Morgon Les Charmes A.C. an, der traditionell vinifiziert wird. Der Morgon Les Charmes ist ein Lagerwein mit delikaten Aromen von kleinen roten Früchten. Die Spezial-Cuvées aus alten Reben und Eichenfaß weisen subtile Aromen von Vanille, Kakao, Gewürz auf. Geringe Produktion von Régnié und Beaujolais-Villages. Auswahl weiterer Beaujolais- und Mâcon-Gewächse.

Preise über ✆ 0033-74042160 oder Fax: 74691528. Direktlieferungen an Privatkunden möglich.

Gérard Brisson,
Domaine des Pillets, F-69910 Villié-Morgon

DOMAINE DANIEL RAMPON
"Les Marcellins" · F-69910 Villié-Morgon
(✆ 74 69 15 88 · Fax: 74 69 15 88)

EVP: FF 23,60 zuzügl. Mwst; Gr: FF 19,– zuzügl. Mwst

Der 10 ha umfassende Rebgarten mit Granit-Lehmboden, der organisch gedüngt wird, ist mit durchschnittlich 40 Jahre altem Gamay noir à jus blanc bepflanzt. Es werden Morgon, Fleurie und Beaujolais-Villages hergestellt, die mit Temperaturkontrolle vinifiziert und im Tank oder Eichenfaß ausgebaut werden. Der Morgon ist körperreich und gerbstoffhaltig, ein Lagerwein, der altern muß, um seinen Höhepunkt zu erreichen. Der sehr parfümierte Fleurie, von mittlerer Haltbarkeit, ist sehr typisch, das femininste Gewächs des Beaujolais. Der Beaujolais-Villages, von sehr schönem lebhaften Rot, ist delikat fruchtig, von mittlerer Lagerfähigkeit. Empfehlenswerte Weine.

MOULIN A VENT

Dieser Wein leitet seinen Namen von einer alten Mühle her, die auf einem Romanèche-Thorins-Hügel sorgsam erhalten wird. Die 660 ha Rebflächen umfassen 3 Hauptlagen: Rochegrès, Desvins und Aux Thorins. Es werden jährlich rund 36 000 hl erzeugt. Absatzschwierigkeiten hat dieser allgemein gepriesene Wein nicht zu befürchten. Er verdankt seine außergewöhnlichen Eigenschaften vor allem der Erde: Der nicht sehr tiefe, durchlässige, magere und saure, aus rosafarbenem, brüchigem Granit gebildete Erdboden entsteht durch Verwitterung des darunterliegenden Felsens, den die Wurzeln des Gamay durchdringen, um dem Untergrund das Mangan zu entziehen und den Beeren einen Charakter zu geben, der den Weinen Körper verleiht und sie mit einem besonderen Gepräge auszeichnet.

DOMAINE AMEDEE DEGRANGE
"Les Vérillats" · F-69840 Chénas
(✆ 74 04 48 48)

EVP: FF 30,– zuzügl. Mwst; Gr: FF 27,– zuzügl. Mwst

Diese Domäne verfügt über einen 6 ha umfassenden Weingarten mit manganreichem Granitboden, auf dem der durchschnittlich 40 Jahre alte Gamay von organischer Düngung profitiert. Der wärmeregulierten Weinbereitung folgt ein Verbleib in rostfreien Tanks sowie ein Ausbau in Holzfudern. Der Moulin à Vent Amédée Degrange bezaubert durch seine tiefrote Robe, seinen Kern, die Fülle seiner Aromen, die in Noten von Gewürz und schön reifen Früchten enden. Der lange lagerfähige Wein findet sich schon auf den besten Tafeln.

DOMAINE BERNARD DIOCHON
"Le Moulin à Vent"
F-71570 Romanèche-Thorins
(✆ 85 35 52 42 · Fax: 85 35 56 41)

EVP: FF 33,75/34,55; Gr: FF 29,–/30,–

Die Domäne liegt am Fuße der unter Denkmalschutz stehenden 300jährigen Mühle, die der Appellation ihren Namen gab. Der Rebgarten mit Granitboden auf Manganuntergrund, der mit Rindermist gedüngt wird, besitzt einen außergewöhnlichen Rebsortenbestand von Gamay noir à jus blanc mit einem Durchschnittsalter von 50 Jahren, der den vor dem Flaschenabzug 8-12 Monate in Eichenfudern gealterten Weinen Kraft und Charakter verleiht. Den Moulin à Vent, von intensiver Granatschattierung, kennzeichnen Veilchen und Pfingstrose sowie ein Geschmack von roten Früchten (Süß- und Sauerkirsche). Durch einen langen Gärungsprozeß und damit ein Maximum an Tanninen kann das Gewächs 3-8 Jahre verkostet werden bzw. noch länger, wenn es sich um große Jahrgänge wie z.B. den 1991er handelt. Weine von konstanter Qualität.

DOMAINE MICHEL GUIGNIER
Faudon · F-69820 Vauxrenard
(✆ 76 49 14 52)

EVP: FF 38,– inkl. Mwst; Gr: FF 28,– zuzügl. Mwst

Diese 1949 3 ha, heute 6,7 ha umfassende Domäne bietet einen typischen Moulin à Vent an: Rubinkleid mit violetten Reflexen, kernig, anfänglich Aromen von roten Früchten, die sich mit zunehmendem Alter zu einem Bukett von verblühter Rose und Gewürzen hin entwickeln. Der lange haltbare Wein hat seinen Platz in den besten Kellern.

CHATEAU DES JACQUES
Famille Thorin
F-71570 Romanèche-Thorins
(✆ 85 35 51 64)

EVP: FF 50,–

Der 50 ha große Weinberg mit Kiesel- und Granitböden trägt durchschnittlich 38 Jahre alte Gamay- und Chardonnay-Rebstöcke, die organisch, hauptsächlich mit Kompost gedüngt werden. Der Moulin à Vent reift 6-8 Monate in neuen Fässern. Ein Wein, der nicht enttäuscht, sei es der 1991er mit seinem Duft von Backpflaume und gekochter Schwarzer Johannisbeere, mit körperreichem Geschmack, feinen und gut geschmolzenen Gerbstoffen, oder der mild gewürzte 1990er, der im Mund rund und füllig ist, mit einem schön komplexen Finale. Was den weißen Beaujolais der Domäne anbetrifft, so begeistert er mit Aromen von Birne, Akazie und Linde. Festtagsweine.

DOMAINE LAPIERRE
Denise et Hubert Lapierre
Les Gandelins
F-71570 La Chapelle-de-Guinchay
(✆ 85 36 74 89)

EVP: FF 26,50 bis 31,20 zuzügl. Mwst; Gr: FF 22,– bis 26,50 zuzügl. Mwst

Der manganreiche Granituntergrund dieser Domäne bringt einen tiefroten mächtigen, kernigen, wegen seiner Aromen von Gewürz und reifen Früchten geschätzten Moulin à Vent hervor, der jung verkostet, aber auch lange gelagert werden kann. Ein besonderer Erfolg der Lapierres, die diese Domäne 1970 übernommen und die Qualität der Beaujolais-Gewächse seitdem ständig verbessert haben.

REGNIE

Dieser jüngste, im Dezember 1988 anerkannte Cru des Beaujolais, auf dessen Boden römische Legionen die ersten Weinstöcke anpflanzten, widerstand im Laufe der Jahrhunderte so manchem Angriff. In den 50er Jahren wurde er zum Beaujolais-Villages, blieb jedoch noch 38 Jahre lang von den Crus ausgeschlossen. Seine 650 ha Rebflächen erstrecken sich über Bodenwellen und leichte Anhöhen. Der Untergrund besteht aus rosa Granit, der teilweise porphyrartig und glimmerarm, aber reich an Mineralien ist. Das Gebiet wird durch die Monts-du-Beaujolais vor auftretenden Winden geschützt.

DOMAINE DU CRET DES BRUYERES
Cave René Desplace et Fils et G.F.A.
Aux Bruyères · F-69430 Régnié-Durette
(✆ 74 04 30 21 · Fax: 74 04 89 90)

EVP: FF 19,– bis 26,60; Gr: auf Anfrage

Die Desplaces - von jeher in dieser Beaujolais-Erde verwurzelt, wie ihre Rebstöcke, die sich am Hang im Granitboden festklammern - waren stets sehr darauf bedacht, daß bei der Herstellung und dem Ausbau ihrer Weine (Régnié und Chiroubles) die alte Tradition gewahrt wird. Zur Erlangung fruchtiger Weine werden die Trauben nicht abgebeert, sondern im Ganzen zerquetscht, die Säfte im Zementtank ausgebaut. Es entstehen bemerkenswerte Weine, rubinfarben, vollmundig, mit Aromen von roten Früchten, geschmeidig und frisch, Weine, in denen man das Lächeln der Hügel und das des Meisters, René Desplace, wiederfindet.

Die **Domaine du Crêt des Bruyères**
- im Herzen des Weingartens -
produziert 1 roten Gamay Beaujolais.
2 Grands Crus werden von der Familie
Desplace vinifiziert und ausgebaut:
Régnié und Chiroubles, trinkbereit,
aber alterungsfähig.

Cave René Desplace et Fils GFA
Aux Bruyères 69430 Régnié-Durette
✆ 74043021 · Fax: 74048990

DOMAINE DES PILLETS
Gérard Brisson
F-69910 Villié-Morgon
(✆ 74 04 21 60 · Fax: 74 69 15 28)

EVP: FF 29,– bis 45,–; Gr: auf Anfrage

Die in Frankreich, Europa und den Vereinigten Staaten vertriebenen Weine dieser Domäne stammen von einem Weinberg, der oben an der Römerstraße Lyon-Autan auf nach Süden ausgerichteten Hängen liegt. Hier entsteht ein vollmundiger und frischer Régnié mit sehr fruchtigen Aromen, einem Duft frischer Blumen. Ein Wein, den man gern Freunden anbietet.

SAINT-AMOUR

Diese kleine, 280 ha umfassende Gemeindeappellation, seit 1946 A.O.C., entfaltet sich auf Tonkalk- und Granitboden. Hier entstehen Rotweine, die bekannt dafür sind, daß sie die besten Eigenschaften des Beaujolais auf sich vereinigen. In Saint-Amour liebt man Pittoreskes und lacht gern. Einst sollen

hier die heiligen Stiftsherren von Mâcon, Liebhaber guter Weine, unter dem Schutze von Sanctus Amor, einem zum Katholizismus übergetretenen römischen Soldaten, der viele Glaubensbrüder gerettet hat, aus dem Dorf ein spaßiges Paradies gemacht haben. Hier wären Don Camillo und Peppone einander sicher gern begegnet, um gemeinsam einen Saint-Amour mit weichem, seidigem und harmonischem Körper zu verkosten.

DOMAINE DES DUC
Marie Jo, Jacques, Claude Duc
Lucien Blanchard, Laurent Duc
F-71570 Saint-Amour-en-Beaujolais
(✆ 85 37 10 08)

EVP: FF 25,– bis 38,– inkl. Mwst; Gr: FF 18,50 bis 28,–

Die 27 ha Rebflächen des von den Ducs und Lucien Blanchard geleiteten Guts profitieren von einem steinigen, schiefrigen Boden in Süd-Südostlage. Die angepflanzten Gamay-Rebstöcke werden rigoros beschnitten. Durch geringe Düngemittelzufuhr wird der Ertrag begrenzt, um so typische und lagerfähige Weine zu erhalten: zum Beispiel einen roten Saint-Amour mit violetter Schattierung, an der Nase blumig, ein ausgewogener, geschmeidiger, runder, im Mund schön nachhaltiger Wein; oder fruchtige und blumige Beaujolais-Villages und körperreiche, fette, lange Chénas.

DOMAINE RAYMOND DURAND
"En Paradis"
F-71570 Saint-Amour-Bellevue
(✆ 85 36 52 97)

Preise nicht genannt

Zu 75 % alte Weinberge in Hanglage, das Keltern der Trauben auf althergebrachte Weise und die relativ kurze Maischegärung von 5-7 Tagen lassen einen dunkelgranatfarbenen Saint-Amour entstehen mit einem charakteristischen Duft von Kandiertem und Gegrilltem. Der volle, harmonische Wein wird besonders gern zu Wild getrunken.

jung trinken, aber auch nach 5-10jähriger Lagerung - je nach Jahrgang - verkosten kann.

COTEAUX DU LYONNAIS

Dieses Anbaugebiet, seit 1984 A.O.C., teilt sich in zwei unterschiedliche Zonen auf: die eine befindet sich westlich der Monts d'Or, die andere südlich des Beaujolais, im Lyoner Stadtrandgebiet. Die Rebflächen liegen hier recht verstreut mit Ausnahme einiger traditioneller Dörfer wie Millery. Die Rotweine werden aus dem Gamay gewonnen und sind im allgemeinen leichter als die Beaujolais. Weißweine werden nur selten erzeugt.

DOMAINE BOULIEU
Rue Ninon-Vallin · F-69390 Millery
(✆ 78 46 19 32)

EVP: FF 16,44 zuzügl. Mwst; Gr: FF 15,60 zuzügl. Mwst

Ein 12 ha großer Weinberg, auf dem sich der Gamay noir à jus blanc den Granit- und Lehmboden sowie das warme und sonnige Klima zunutze macht. Der Coteaux du Lyonnais dieser Domäne verführt seine Liebhaber; seine schöne Robe, das Bukett von roter Frucht, die gute Ausgewogenheit und Alterungsfähigkeit machen ihn zu einem der besten Weine der Appellation.

BURGUND

Der rote Burgunder wird hauptsächlich in den Departements Yonne, Côte-d'Or und Saône-et-Loire produziert, die nördlichste Region der Welt, in der hochwertige Rotweine erzeugt werden, denn die klimatischen Normen im Sommer gleichen denen des Bordelais. Dank des Pinot noir besitzt der rote Burgunder (100 000 hl jährlich) eine reiche Palette an Aromen. Seine geschmeidige Struktur und das gemäßigte Tannin lassen es zu, daß man ihn

DOMAINE DU CLOS MOREAU
Paul et Pascal Massenot
F-71640 Saint-Martin-sous-Montaigu
(✆ 85 45 12 75)

EVP: FF 25,– bis 50,– inkl. Mwst; Gr: auf Anfrage

Reiche Böden auf Hängen, die maximale Sonnenbestrahlung genießen, ausschließlich organische Düngung, Gärung mit Wärmeregulierung und der Weinausbau in Eichenfässern (davon 1/3 neu) geben dem roten Burgunder dieser Domäne - die ihre Kundschaft gern empfängt, um menschliche Kontakte herzustellen - charakteristische Merkmale: die von rubin bis orangerot reichende Färbung nach einigen Jahren Lagerung, die Vielfalt von Aromen, vom Pinot noir beherrscht, viel Geschmeidigkeit und dezente Gerbstoffe. Ein Wein, der jung getrunken werden kann, aber auch 5-10jährige Lagerung, je nach Jahrgang, verträgt.

DOMAINE MICHEL GOUBARD
F-71390 Saint-Désert

EVP: FF 25,– bis 30,–; Gr: FF 20,– bis 24,–

Das außergewöhnliche Mikroklima bekommt dem 22 ha großen Weingarten, der ohne Düngemittelzusatz bearbeitet wird. Die hier erzeugten Bourgognes Côte Chalonnaise sind sehr fruchtig, mit guten Tanninen. Sie können außerdem 5-10 Jahre altern. Es verwundert nicht, daß die Goubards hochwertige Weine produzieren, sind sie doch Winzer seit 1600.

DOMAINE JEAN-LUC HOUBLIN
Passage des Vignes · F-89580 Migé

EVP: unter FF 30,–

Ein bescheidenes Gut, etwa 5 ha groß, das zu 45 % mit Chardonnay, zu 35 % mit Pinot, zu 15 % mit Aligoté und zu 5 % mit Gamay bepflanzt ist. J.-L. Houblin meidet die Verwendung von Düngemitteln. Er stellt leichte Burgunderweine mit durchschnittlichem Alkoholgehalt her, die im Mund aromatisch und gut präsent sind. Junge, alterungsfähige Weine.

beere, an grünen Apfel, Zitrone erinnern. Voller Lebendigkeit, mit säuerlicher Dominante, ergänzt von dezenter Geschmeidigkeit, von großer aromatischer Nachhaltigkeit und Finesse. Er bewahrt seine Qualitäten 3-4 Jahre. Am angenehmsten ist aber vielleicht seine allererste Frische.

BOURGOGNE ALIGOTE

Dieser regionale A.O.C., der überall im Burgund produziert werden kann, wird allerdings überwiegend im Auxerre-Weingarten in den Hautes-Côtes de Beaune und de Nuits und in der Côte Chalonnaise erzeugt, Gegenden, in denen er seine größte Ausprägung findet. Der Aligoté stellt mit 1 250 ha etwa 3 % der Burgunder A.O.C.-Fläche dar. Dieser sehr lebhafte Weißwein besitzt eine dezente Geschmeidigkeit. Obwohl er seine gute Eigenschaften 3-4 Jahre bewahrt, sollte er vorzugsweise jung getrunken werden.

CHATEAU DE BRESSE
Vincent de Murard
F-71460 Bresse-sur-Grosne . (✆ 85 92 67 60)

EVP: FF 35,–; Gr: auf Anfrage

Das Château de Bresse, seit vielen Generationen Familiendomäne, steht in dem Ruf, typische Burgunder herzustellen, weiße, rote, Crémants und Aligotés, vollkommene Vertreter ihrer Appellation. Der Aligoté beispielsweise ist weich, aber lebhaft, nervig und mächtig, schalkhaft, lecker. Ein Wein, den man gern auf dem Tisch stehen hat.

DOMAINE DU CLOS MOREAU
Paul et Pascal Massenot
F-71640 Saint-Martin-sous-Montaigu
(✆ 85 45 12 75)

EVP: FF 25,– bis 50,– inkl. Mwst; Gr: auf Anfrage

Ein beachtlicher weißer Burgunder und untadeliger Aligoté. In Weißgold gekleidet, mit kräftigen Grünreflexen, frischen Aromen, die an die Wein-

DOMAINE DENIS PERE ET FILS
Chemin des Vignes Blanches
F-21420 Pernand-Vergelesses · (✆ 80 21 50 91)

EVP: FF 28,– inkl. Mwst; Gr: auf Anfrage

Seit langem genießt der Aligoté von Pernand einen an der Côte d'Or einzigartigen Ruf, besonders wenn er, wie auf dieser Domäne, in Hanglage wächst. Der frische, lebendige Wein mit säuerlicher Note kann in frühester Jugend genossen werden, obwohl er einige Jahre Alterung verträgt. Dieser Aligoté von Pernand ist einen Versuch wert.

BOURGOGNE ALIGOTE
BOUZERON

Bouzeron, das erste Dorf an der Côte Chalonnaise, gibt einem kleinen, 50 ha umfassenden Weinberg seinen Namen. Anerkannt wurde dieser 1979 dank der besonderen Eigenschaften seiner Weine, die ausschließlich aus der Aligoté-Rebsorte hergestellt werden, die hier ihre Noblesse findet. Das vorhandene Volumen von 2 500 hl macht den gut strukturierten, im Mund seidigen, an der Nase blumigen Wein, mit einem Hauch Vanille, zu einer Rarität, die ihre Qualitäten 1-4 Jahre bewahrt.

DOMAINE CHANZY FRERES
F-71150 Bouzeron · (✆ 85 87 23 69)

EVP: FF 37,–; Gr: auf Anfrage

Von der ursprünglichen, im 16. Jh. gegründeten Domäne bleiben noch die Kellergewölbe, die unverändert gelassen wurden. Auf den 35 ha Rebflächen, die sich über Tonkalkhügel erstrecken, überwiegt die Appellation Bourgogne Aligoté Bouzeron, die einzige Aligoté-Village-Appellation Frankreichs. Organische Düngung, niedriger Ertrag, manuelle Weinlesen, große Sorgfalt bei Vinifizierung und Ausbau der Weine ergänzen die mineralogischen und klimatischen Vorzüge. So können die Gebrüder Chanzy einen trockenen, fruchtigen Aligoté Bouzeron anbieten, der finessereich, füllig und elegant ist, eine angenehme Note im Mund hinterläßt. Ein Spitzenwein für ausgewählte Tafeln.

BOURGOGNE PASSETOUT-GRAINS

Die Ausdehnung dieses Anbaugebiets entspricht derjenigen des Bourgogne rouge. Es wird jedoch weniger produziert (50 000 hl). Der aus Pinot noir (mindestens 1/3) und Gamay hergestellte Wein ist recht tanninhaltig, aber von schöner Lebhaftigkeit und sanfter Lieblichkeit. Er ist leichter als der Bourgogne rouge und hat ein Lagerungspotential von 2-3 Jahren.

DOMAINE DENIS PERE ET FILS
Chemin des Vignes Blanches
F-21420 Pernand-Vergelesses
(✆ 80 21 50 91)

EVP: FF 25,–/26,– inkl. Mwst; Gr: auf Anfrage

Den Wein dieser Domäne kennzeichnen die Intensität seiner Farben und die Frische der Frucht des Gamay, eine gewisse geschmackliche Grundlage, die die Nachhaltigkeit des Pinot noir am Gaumen verlängert. Er sollte jung getrunken werden, will man seine vollmundige Fruchtigkeit genießen.

DOMAINE MICHELOT-BUISSON
31, rue de la Velle · F-21190 Meursault
(✆ 80 21 23 17)

Preise auf Anfrage

Dieser intensivfarbene Passetoutgrain ist fruchtig und frisch, wenig gerbstoffhaltig und von schöner Lebhaftigkeit. Seine dezente Lieblichkeit wird besonders geschätzt. Die leichte, feine Tanninwürze macht ihn 2-3 Jahre haltbar. Der gesellige Wein begleitet gern Sommergerichte und Speisen aus der Region.

BOURGOGNE IRANCY

Irancy, am rechten Yonne-Ufer, südöstlich von Auxerre gelegen, frönt schon seit den ersten Jahrhunderten dem Weinanbau. Auf den 180 ha der tonkalkhaltigen Kimmeridgien-Hügel, die um das kleine Dorf herum liegen, wachsen die für den A.O.C. zugelassenen Rebsorten Pinot noir und, in geringerem Umfang, César, eine regionale Traube.

DOMAINE LEON BIENVENU ET FILS
F-89290 Irancy · (✆ 86 42 22 51)

EVP: FF 35,– bis 40,–; Gr: FF 28,– bis 32,– zuzügl. Mwst

Gute Bourgognes Irancy, die ein Jahr in Eichenfässern ausgebaut und nach 18 Monaten vermarktet werden, die sich nach 4-5 Jahren gut entfalten und, je nach Jahrgang, 8-10 Jahre altern können. Sie besitzen eine schöne Purpurrobe, sind körperreich und nervig in ihrer Jugend, mit Aromen von Blüten und kleinen Früchten, haben einen guten Gerbstoffgehalt, der ihnen einen besonderen Charakter verleiht.

DOMAINE ROGER ET ANNE-MARIE DELALOGE
1, Ruelle du Milieu · F-89290 Irancy
(✆ 86 42 20 94)

EVP: FF 36,–

In dem Haus aus dem 18. Jh. zeugen die alten Keller von der Familientradition der Domäne. Es werden 6 ha Kimmeridgienner Tonkalkboden bewirt-schaftet. Pinot noir und César dominieren. Der Wein dieses Guts, ein wahrer, alterungsfähiger Irancy, ist gelungen mit seiner schönen Robe und seinem Duft, bei dem rote Früchte überwiegen.

BOURGOGNE HAUTES-COTES DE NUITS

Am Fuße der Côte d'Or, einer Erhebung, die im Westen die Saône-Ebene von Dijon bis Chagny ab-riegelt, erstrecken sich die Rebflächen der Côte de Nuits und Côte de Beaune und auf ihren ansteigen-den Stufen die Hautes-Côtes de Nuits (500 ha) und Hautes-Côtes de Beaune (600 ha). Diese haben steile Abhänge, profitieren von einem gesunden, sonnigen Mikroklima und sind mit dem Burgunder Pinot noir sowie der Chardonnay-Rebe bestockt. Auf den Weinbergen, seit 1961 A.O.C., wächst auf kleineren Flächen außerdem der Gamay, der, mit dem Pinot vermischt, einen roten Bourgogne-Pas-setoutgrains gibt.

DOMAINE FRANÇOIS GERBET
2, route Nationale · F-21700 Vosne-Romanée
(✆ 80 61 07 85)

EVP: FF 32,– bis 180,–; Gr: auf Anfrage

Bourgogne Hautes-Côtes de Nuits, Vosne-Romanée "Aux Réas" 1er Cru, Echezeaux, Clos Vougeot: erstklassige Appellationen werden auf den 15,5 ha dieser Domäne erzeugt. Den Rebsortenbestand bil-det ausschließlich 10-50 Jahre alter Pinot, dessen Erträge gedrosselt werden. Der 18monatige Aus-bau der Weine erfolgt in Eichenfässern. Die im Mund so einschmeichelnden, rubinfarbenen Hau-tes-Côtes de Nuits duften nach roten Früchten. F. Gerbet scheint ein Alchimist für Burgunderwein zu sein.

DOMAINE THEVENOT
LE BRUN & FILS
F-21700 Marey-les-Fussey · (✆ 80 62 91 64)

EVP: FF 28,– bis 47,–; Gr: FF 21,– bis 36,–

Auf der sehr gut organisierten Familiendomäne - 26 ha auf geschützten, nach Süden ausgerichteten Hängen - werden Spitzenweine hergestellt: ein fül-liger weißer Burgunder Hautes-Côtes de Nuits aus Chardonnay, mit subtilem Aroma, dessen "Clos du Vignon" die beste Cuvée hervorbringt; ein auf He-febodensatz gezogener, leichtperliger Bourgogne Aligoté; ein freundlicher Bourgogne Passetout-grains, Begleiter von Koteletts und Gegrilltem.

DOMAINE ALAIN VERDET
Rue des Berthières · F-21700 Arcenant
(✆ 80 61 08 10)

EVP: FF 30,– bis 70,–; Gr: FF 25,– bis 55,–

Der Weinberg am Hang, mit Kalkboden, profitiert vom Mikroklima dank seiner Lage im Schutze der Nordwinde sowie vom biologischen Anbau (Wald-kompost + zugelassener organischer Dünger). Er bringt bemerkenswerte Weine hervor, die auf althergebrachte Weise vinifiziert und dann in Bar-riques aus Eichenrohdauben, alle 2 Jahre zu ei-nem Drittel erneuert, ausgebaut werden. Der Rot-wein hat ein sehr intensives dunkles Rubinkleid, ist vollmundig, hat vielfältige Aromen (Himbeere, Schwarze Johannisbeere) und hält sich 15-30 Jah-re je nach Jahrgang; der schwere Chardonnay mit seiner charakteristischen Frucht (Noten von ge-brannten Mandeln und Haselnuß) ist 10 Jahre la-gerfähig. Man hat diese Weine gern im Keller.

DOMAINE ALAIN VERDET
Bourgogne Hautes-Côtes de Nuits
Liköre · Spirituosen
Weine aus biologischem Anbau seit 1971
Arcenant · 21700 Nuits-Saint-Georges

BOURGOGNE HAUTES-COTES DE NUITS
BOURGOGNE HAUTES-COTES DE BEAUNE

DOMAINE THIERRY VIGOT-BATTAULT
F-21220 Messanges · (✆ 80 61 44 38)

EVP: FF 34,–/35,–

Der purpurfarbene Hautes-Côtes de Nuits ist mit den Aromen von roten Früchten in seiner Jugend frisch, nach einigen Jahren weist er Düfte von kandierten Früchten, mitunter Tiernuancen auf. Seine von Tannin und Säure geprägte Beschaffenheit gestattet eine Kellerlagerung von 5-10 Jahren.

BOURGOGNE HAUTES-COTES DE BEAUNE

DOMAINE DE LA CONFRERIE
Jean Pauchard et Fils
F-21340 Cirey-les-Nolay · (Tel: 80 21 73 48)

EVP: FF 34,–; Gr: FF 27,– bis 32,–

Die guten Weine zu angemessenen Preisen werden zu 90 % über den Handel verkauft, der Rest ab Domäne und im Versandhandel. Die von den Pauchards hergestellten Bourgogne Hautes-Côtes de Beaune sind wohl strukturiert, ein guter Säuregehalt und sehr gegenwärtige Tannine kommen ihnen zugute, in ihrer dunklen Rubinrobe bieten sie Aromen von Kirsche und Lakritze, was die Stammkunden sehr schätzen.

DOMAINE JOLIOT FRERES
F-21190 Nantoux · (✆ 80 26 01 44)

EVP: FF 40,– bis 50,–

Unter den zahlreichen Appellationen, die von den Gebrüdern Joliot erzeugt werden, findet sich auch ein bemerkenswerter Hautes-Côtes de Beaune Pinot noir: dunkel rubinfarben, mit frischen Aromen von roten Früchten in jungen Jahren und, wenn er gereift ist, mit Düften von kandierten Früchten

und manchmal Tieraromen. Durch seine vom Gerbstoff und Säuregehalt geprägte Struktur bringt er alles mit, um 5 bis 10 Jahre im Keller aufbewahrt zu werden und seinen besten Verkostungszeitpunkt zu erreichen.

DOMAINE HENRI NAUDIN-FERRAND
F-21700 Magny-les-Villers · (✆ 80 62 91 50)

EVP: FF 30,– bis 37,–

Henri Naudin und zwei seiner Töchter - Anne und Claire, beide Diplomlandwirte und im Begriff, Önologen zu werden - bewirtschaften diese Domäne, Quelle beachtlicher Weine: der rote 1990er Bourgogne Hautes-Côtes de Beaune entwickelt sich von konzentrierten roten Früchten (Sauerkirsche, sehr reife Erdbeere, kleine Himbeere) über sehr milde Gewürze (Vanille, grauer Pfeffer, Zimt) hin zu Noten von Eiche, Gegrilltem und Café, mit Vergnügen wird man ihn im Jahr 2000 trinken; der Weißwein dieser Appellation hat ein Bukett von Zitrusfrucht, Osterglocke, Akazienblüte, Honig und schließlich von Vanille, Röstbrot und Lakritze, er ist im Mund rund mit Noten von Holz, geschmolzen in der Frucht und Blüte der Weinbeere.

DOMAINE CLAUDE NOUVEAU
Marchezeuil · F-21340 Change
(✆ 85 91 13 34)

EVP: FF 29,– bis 61,–; Gr: auf Anfrage

13 ha Rebflächen bieten eine reiche Auswahl an sich ergänzenden Appellationen: den Bourgogne Hautes-Côtes de Beaune mit ausgewogenem Gerbstoff-Säuregehalt, der 10-20 Jahre altern kann und Aromen von roten Früchten, wie Süß- und Sauerkirsche, entwickelt; den Maranges Côtes de Beaune - die Appellation wurde 1988 gegründet und ersetzt die Appellation Côtes de Beaune-Villages -, ein intensivfarbener Wein, der von seinen üppigen Tanninen geprägt, gut lagerfähig und bei seinen Verkostern sehr beliebt ist.

CREMANT DE BOURGOGNE

Die mißbräuchliche Verwendung mittelmäßiger Weine bei der Herstellung von Schaumweinen hat diese derartig abgewertet, daß 1975 ein Gesetz erlassen wurde, wonach die Schaumweine aus dem Burgund nur die Bezeichnung Crémant de Bourgogne tragen dürfen. Seither wurden auch die Herstellungsverfahren überprüft, um den Weinen wieder zu einer besseren Qualität zu verhelfen. Die Verwendung des Wortes Crémant und das Recht auf eine Herkunftsbezeichnung setzen heute eine besondere Vinifizierungstechnik voraus und einen Weinausbau, dessen wichtigste Kriterien der Rebsortenbestand, die Behandlung der Trauben, der Saftertrag, das Herstellungsverfahren und die Aufbewahrungszeit vor der Vermarktung sind. Die 14 Artikel des Dekrets sind derartig restriktiv, daß kein Verbraucher mehr Gefahr läuft, einen Crémant von mittelmäßiger Qualität zu kaufen.

CAVES DE BAILLY
B.P. 3 · F-89530 Saint-Bris-le-Vineux
(✆ 86 53 34 00)

EVP: FF 39,– bis 45,–

Der im Jahre 1972 gegründeten Genossenschaft gehören 80 Winzer an, die 250 ha bestellen. Für die Alterung ihrer Crémants de Bourgogne verfügen sie über mehr als 4 ha unterirdische Keller, die seit dem 12. Jh. gegraben wurden. 20 Monate lang lagern hier regelmäßig 4-5 Millionen Flaschen. Die Kellerei kann somit junge, fruchtige Crémants anbieten, die reich an den Aromen der Rebsorten sind, sowie rundere Weine mit komplexeren aromatischen Noten, oder einen typischeren Crémant mit Jahrgangsangabe, 100 % Chardonnay, der sehr ausgeprägte Aromen der Rebsorte enthüllt.

MAISON VEUVE AMBAL S.A.
Eric Piffaut
B.P. No. 1 · F-71150 Rully
(✆ 85 87 15 05)

EVP: FF 31,50 inkl. Mwst; Gr: FF 26,– zuzügl. Mwst

Dank des Traubenaufkaufs von der Côte Chalonnaise hat sich dieses 1898 gegründete Haus in der Herstellung von Crémants de Bourgogne nach Champagnerverfahren, seit Jahrhunderten ein Synonym für Qualität, spezialisiert. Jährlich werden 4 500 hl eines hellgelben Crémant mit Grünreflexen, feinem Schaum und Blumenbukett produziert.

CHABLIS

Die 2 650 ha große A.O.C.-Anbaufläche erstreckt sich über eine Länge von 20 km auf den Anhöhen, die den Yonne-Nebenfluß Serein überragen, und umfaßt 19 Weindörfer, deren Jura-Untergrund aus tonkalkhaltigen Schichten gebildet wird. Als einzige Rebenart wird der Chardonnay angepflanzt. Auf den bestgelegenen Hügeln erreicht er seine volle Entfaltung. Die Hierarchie der Weine wurde hier streng reglementiert. Die Grands Crus bedecken, ein paar Schritte vom Dorf Chablis entfernt, rund 100 ha. Die Premiers Crus wachsen auf 650 ha an den schönsten Hängen zu beiden Ufern des Serein. Die ebenfalls auf Hügeln angebauten Chablis haben mit 1 700 ha den größten Anteil an derProduktion. Die Petits-Chablis schließlich bedecken keine 200 ha, überwiegend auf Hochebenen.

DOMAINE ALAIN GEOFFROY
4, rue de l'Equerre · Beines · F-89800 Chablis
(✆ 86 42 43 76 · Fax: 86 42 13 30)

EVP: FF 45,– bis 65,–; Gr: FF 24,50 bis 40,–

4 Generationen leisteten ihren Beitrag zum traditionellen und familiären Charakter dieser im Jahre 1850 vom Urgroßvater des heutigen Eigentümers gegründeten Domäne. Allergrößte Sorgfalt wendet Alain Geoffroy beim Ausbau der Weine an, der bei 1ers Crus aus alten Reben in Eichenfässern vorgenommen wird. Der Chablis Fourchaume weist Eleganz und Länge, Finesse und Generosität auf; der

CHABLIS

Chablis Beauroy hat einen Duft von Honig und Verbene, der sich mit einem kräftigen, fülligen, mineralischen Geschmack verbindet; der Chablis Vau Ligneau zeigt Reichhaltigkeit und Subtilität, der blumige Charakter dieses 1er Cru harmoniert mit fruchtigen, leichten Röstnoten. Wer die Weine noch nicht kennt, sollte sie probieren. Sie werden sie wieder auf Ihre Tafel holen.

---

*

Grands vins de Chablis

DOMAINE ALAIN GEOFFROY

Chablis "Domaine le Verger"

Chablis 1er Cru Beauroy

Fourchaume et Vau-Ligneau

4, rue de l'Equerre

Beines · F-89800 Chablis France

✆ 86 42 43 76 · Fax: 86 42 13 30

*

DOMAINE CORINNE ET JEAN-PIERRE GROSSOT
F-89800 Fleys · (✆ 86 42 44 64)

EVP: FF 42,– bis 63,–; Gr: FF 30,– bis 48,50

Die 15 ha umfassende Domäne kann stolz sein auf mehrere renommierte 1ers Crus, die ihren Charakter dem Tonkalk- und Mergelboden, den natürlichen Anbaumethoden (leichte organische Düngung), der sorgfältigen Vinifizierung sowie der Alterung der Weine in Eichenfässern verdanken. Die goldfarbenen Chablis mit ihren typischen Reflexen sind sehr alterungsfähig. Sie können 2- 3 Jahre nach der Abfüllung in Flaschen getrunken werden.

DOMAINE LAMBLIN ET FILS
Famille Lamblin
Maligny · F-89800 Chablis
(✆ 86 47 40 85)

Preise nicht genannt

Die Lamblins stellen den Chablis seit 1690 her. Gute tonkalkhaltige Mergelböden, ein gedrosselter Ertrag und die Qualität des Chardonnay lassen einen blaßgoldenen Chablis entstehen mit feinem, sehr typischem Chardonnaybukett mit Noten von geräucherten Mandeln. Ein Name, den man sich leicht merken kann und der in Ihrem Keller nicht fehlen darf.

DOMAINE LONG-DEPAQUIT
45, rue Auxerroise · F-89800 Chablis
(✆ 86 42 11 13)

Preise nicht genannt

Der Besitz erstreckt sich über etwa 60 ha mit einem bedeutenden Anteil an 1ers Crus (Vaillons, Beugnons, Les Lys) und Grands Crus (Les Vaudésirs, Les Preuses, La Moutonne). Im Herzen des Tals des Vaudésirs befindet sich La Moutonne, Monopol und vollkommen geschützt liegende Parzelle an idealen Hängen, ein außergewöhnlicher Chablis, den Grands Crus-Liebhaber für beste Tafeln auswählen.

DOMAINE DE LA MALADIERE
William Fèvre
14, rue Jules Rathier · F-89800 Chablis
(✆ 1 69 31 17 87)

Preise auf Anfrage

120 ha Rebflächen, von denen 50 vor allem Grands Crus vorbehalten sind, den vorzüglichen Chablis. 3 Etiketten dieser Domäne, die im Laufe der letzten

30 Jahre eine bedeutende Entwicklung genommen hat, sind besonders typisch: Der Chablis "Champs royaux", der Premier Cru "Montmains" und der Grand Cru "Bougros". Beachtliche Weine, deren Vinifizierung in Eichenfässern ihnen Frische und Langlebigkeit sowie Abgerundetheit und Fülle verleiht, die in Aromen von Vanille, trockenen Früchten und Akazienhonig zum Ausdruck kommen. Was den 1991er "Champs royaux" anbelangt, so ist er fein und verführerisch, seine Aromen von Zitrone und Farnkraut, unter die sich Düfte von Vanille, Tannenknospen und Weißdorn mischen, sind beliebt, er ist komplex im Mund, vorn lieblich, in der Mitte von schöner Aromakraft gekennzeichnet, das Finale ist gut strukturiert mit Grill- und Jodwürze. Diesen Wein können Sie neben Premiers Crus Chablis auf ihrer Tafel stehen haben.

BOURGOGNE CHITRY

In Chitry, 12 km von Auxerre entfernt, wo Rebstöcke und Kirschgärten die Hügel beherrschen, gibt der Kalkmergel aus dem Kimmeridgien den Weißweinen aus Aligoté- und Chardonnay-Reben alle ihre charakteristischen Merkmale. Einige gut geschützte Hänge, die mit Pinot noir bestockt sind, erzeugen elegante und fruchtige Rotweine.

DOMAINE CHRISTIAN MORIN
17 et 28, rue du Ruisseau
F-89530 Chitry-le-Fort
(✆ 86 41 41 61 + 86 41 44 10)

EVP: FF 24,– bis 40,–; Gr: abzugrenzen

Eine sympathische, 7 ha umfassende Domäne, deren Tonkalkboden auf Kimmeridgienner Mergel mit Bourgogne Aligoté und Chardonnay bepflanzt ist. Die Rebflächen werden traditionell, ohne chemischen Dünger bearbeitet. Die wärmeregulierte Vinifizierung vor dem 7-8 Monate später erfolgenden Flaschenabzug lassen Bourgognes Aligotés und Chablis entstehen mit komplexem, blumigem Duft, gebrannte Mandel im Mund, von guter Ausge-

wogenheit zwischen Lieblichkeit und Säure. Christian Morin und sein Vater, Michel, geben ihren Weinen, was sie in ihrer Umgebung gefunden haben: Charakter und Natürlichkeit.

> **Morin Christian · F-89530 Chitry-Le-Fort**
> **Eigenanbau**
> **seiner Bourgogne-Aligoté,**
> **Bourgogne-Chitry "Chardonnay",**
> **Chablis**

BOURGOGNE EPINEUIL

Die Stadt Tonnerre ist wieder stolz auf ihren Weingarten, der sich über einen Teil ihres Gebiets erstreckt, wie auch schon im 9. und 10. Jh., als die Rot- und Weißweine den Weinberg berühmt gemacht haben. Gestern wie heute sind Epineuil und Les Mulots wahre Prunkstücke. Nachdem die Rebflächen zu Anfang dieses Jahrhunderts praktisch verschwunden waren, wurden sie in den 60er Jahren auf Initiative des Bürgermeisters von Epineuil, André Durand, teilweise neu bepflanzt.

DOMAINE FRANÇOIS COLLIN
Les Mulots · F-89700 Tonnerre
(✆ 86 75 93 84)

EVP: FF 34,– bis 40,–; Gr: FF 24,– bis 28,50

Die Lage im Tal bietet den Reben ein günstiges Klima, hinzu gesellen sich die Vorzüge des Kimmeridgienner Tonkalkbodens. Auf den 6 ha dieses Guts überwiegt der Pinot noir. Die Weinlesen werden manuell durchgeführt. Die Vinifizierung vollzieht sich mit Hilfe von Wärmeregulation. Die in Eichenfässern ausgebauten Rotweine sind 5-10 Jahre lagerfähig; sie verführen durch ihr helles Rubinrot, ihre Aromen von kleinen Unterholzfrüchten und Rauch. Gute Weine zum Ausprobieren und für den sonntäglichen Tisch.

SAINT-BRIS-LE-VINEUX

Der Weinberg der Coteaux-de-l'Auxerrois ist mit 1 200 ha der zweitgrößte im Departement Yonne. Er erstreckt sich terrassenförmig über die Hochebenen, die das Tal und den Fluß gleichen Namens beherrschen. Der auf Vereinheitlichung ausgerichtete Rebsortenbestand weist eine örtliche Besonderheit auf: den Sauvignon de Saint-Bris-le-Vineux. Die Gemeinde von Saint-Bris bringt schon sehr lange Wein hervor, wie großartige Keller aus dem 12. und 13. Jh. beweisen, hier wird der einzige V.D.Q.S.-Burgunder erzeugt.

DOMAINE SERGE GOISOT
8, rue de Gouaix
F-89530 Saint-Bris-le-Vineux . (℃ 86 53 32 15)

Preise auf Anfrage

In seinen Kellern in der Route de Chablis offeriert Serge Goisot ein interessantes Weinsortiment: einen Sauvignon de Saint-Bris mit dem Duft der Holunderblüte, im Mund fein und leicht, mit langem Nachgeschmack; einen Bourgogne Chardonnay Saint-Bris, der vom Charakter her seinem Nachbarn, dem Chablis, sehr ähnelt, mit den Aromen von Honigkuchen und Ginster; den einzigen, sehr frischen Rosé Bourgogne Saint-Bris der Domäne mit einem Bukett von kleinen roten Früchten; und schließlich einen kernigen roten Bourgogne Saint-Bris, der sich schon großer Beliebtheit erfreut.

DOMAINE GRAND ROCHE
Erick Lavallée et Gérard Persenot
Route de Chitry
F-89530 Saint-Bris-le-Vineux
(℃ 86 53 84 07 · Fax: 86 53 83 36)

Preise nicht genannt

Der 40 ha große Rebgarten mit Kalkmergeluntergrund, dessen Trauben gemäß den besten Gärtechniken vinifiziert werden, bringt Weine von charakteristischer Vielfalt und Eleganz hervor: einen fruchtigen und lebhaften Sauvignon de Saint-Bris;

einen lebendigen Chablis mit angenehmem Bukett; einen generösen Bourgogne Aligoté von großer Frische, voller Sonne; einen blumigen und sehr leichten Bourgogne-Saint-Bris Chardonnay.

Die DOMAINE GRAND ROCHE
produziert in Saint-Bris-le-Vineux auf 40 ha
Burgunderweine. Chablis und ein Aligoté
Côtes d'Auxerre Sauvignon aus Saint-Bris
sind Weißweine, die ausgezeichnet zum
Apéritif, mit Fisch usw. schmecken.
Die roten Côtes d'Auxerre und Irancy
begleiten Wurstwaren und Wild.
10 Medaillen, davon 7 goldene in 4 Jahren
beim Concours des Vins de France in Mâcon,
beweisen den ausgezeichneten Ruf
der Weine der Domaine de Grand Roche
F-89530 Saint-Bris-le-Vineux

MARSANNAY

Die bedeutende Gemeinde Marsannay-la-Côte befindet sich in der Nähe der Stadt Chenôve. Ihr Weinberg, seit 1987 als regionaler A.O.C. klassifiziert, war einst berühmt für seinen Rosé aus dem Pinot noir, der damals mehrere Tausend Hektar bedeckte, inzwischen aber der Ausdehnung der Wohngebiete um Dijon zum Opfer fiel. Heute hat der Rosé den von den Verbrauchern mehr und mehr geschätzten roten und weißen A.O.C. Marsannay das Feld überlassen.

DOMAINE COLLOTTE PERE ET FILS
44, rue Mazy · F-21160 Marsannay-la-Côte
(℃ 80 52 24 34)

EVP: FF 30,– bis 43,–

Es werden gute Vertreter der Appellation angeboten: im Eichenfaß ausgebauter roter Marsannay, korpulent, kernig, mit ausgezeichneten Aromen, die sich mit dem Altern entwickeln; weißer Marsannay, gut gebaut, fruchtig, mit Aromen von Vanille. Die tanninhaltigen und zugleich sinnlichen Weine können ab sofort verkostet, aber auch im Keller gelagert werden.

DOMAINE ALAIN GUYARD
10-12, rue du Puits-de-Têt
F-21160 Marsannay-la-Côte
(✆ 80 52 14 46)

Preise auf Anfrage

Von dem bedeutenden Sortiment dieser Domäne ist der 88er Marsannay-Rotwein besonders beachtlich. Der 8-15 Jahre haltbare feine und mächtige Wein ist von verführerischer Fruchtigkeit, schmeckt nach roten Früchten. Hervorzuheben ist das gute Preis-Qualität-Verhältnis.

FIXIN

Dieses kleine, aber berühmte Burgunder A.O.C.-Anbaugebiet erstreckt sich über knapp 100 ha, inklusive der 17 ha Premiers Crus, von denen La Perrière, Clos du Chapitre und Clos Napoléon am bekanntesten sind. Es hat überwiegend tonkalkhaltigen Boden, der den Reben sehr zusagt, die kernige und lange haltbare Rotweine hervorbringen.

CLOS DU MEIX TROUHANS
Camille Crusserey
14, rue Abbé Chevalier · F-21220 Fixin
(✆ 80 52 45 54)

EVP: FF 50,– bis 70,–

Camille Crusserey ist stolz auf seinen Premier Cru Fixin Hervelets, der auf dem 1882 gegründe-

ten Gut hergestellt und abgefüllt wird. Der Premier Cru wird klassisch und ohne Düngerzusatz angebaut, sein Hektarertrag ist begrenzt, vinifiziert und ausgebaut wird er in Tanks und Holzfässern. Der Wein besticht durch seinen Geschmack von roten Früchten, seine blumigen und leichten Aromen. Er begeistert nicht nur an französischen Tafeln.

CLOS DE LA PERRIERE
Manoir de la Perrière
Philippe Joliet
F-21220 Fixin · (✆ 80 52 47 85)

EVP: FF 83,–; Gr: 10 %

Der im 12. Jh. von den Mönchen der Abtei von Citeaux errichtete Sitz war für die Bewirtschaftung des angrenzenden Guts bestimmt. Der Besitz mit seinem Herrenhaus und 1 ha großem Park stellt eine Seltenheit im Burgund dar. Auf etwas über 5 ha Hang mit organisch gedüngtem Tonkalkboden wächst durchschnittlich 30 Jahre alter Pinot noir (100 %) für den renommierten Clos de la Perrière: ein gehaltvoller, mächtiger 1990er, gerbstoffhaltig, jedoch nicht aggressiv, 4-5 Jahre lagerfähig; ein 1989er, weniger kernig als der vorgenannte, der sich aber schneller entwickelt und fast schon getrunken werden kann. Weine, die für ihre sehr gute Lagerfähigkeit bekannt sind. Sie nehmen mit dem Altern Aromen von Unterholz, Pelz und Lakritze an.

GEVREY-CHAMBERTIN

Wie zahlreiche andere Ortschaften im Departement Côte d'Or fügt die 13 km südlich von Dijon gelegene Kleinstadt Gevrey ihrem Namen den ihrer berühmtesten Weinlage hinzu. Doch benutzen die besten Gevrey-Chambertin nicht nur diese lokale Benennung, sondern sie ergänzen sie um die Bezeichnung Grand Cru oder aber lassen den Namen des Ortes wegfallen, um ihn durch den des Gebiets, einer Lage, zu ersetzen: Charmes-Chambertin Grand Cru. Die 500 ha des mit Pinot bepflanzten Weingartens bringen ausschließlich Rotwein hervor, der seltene Qualitäten, viele Besonderheiten an der Nase und im Mund und eine große aromatische Reichhaltigkeit bei seiner Entfaltung aufweist.

DOMAINE PIERRE ANDRE
Château de Corton
F-21420 Aloxe-Corton
(✆ 80 26 44 25)

Preise auf Anfrage

Dieser knapp 1 ha kleine Rebgarten produziert jährlich im Durchschnitt 3 500 Flaschen eines außergewöhnlichen Gevrey-Chambertins: ein Wein voller Leben, fest und warm, mild, körperreich, mit einem reichen Bukett und einem großen Lagerungspotential. Empfehlenswert, so man ihn sich denn beschaffen kann.

DOMAINE CAMUS PERE ET FILS
21, rue du Maréchal-de-Lattre-de-Tassigny
F-21220 Gevrey-Chambertin
(✆ 80 34 30 64)

Preise nicht genannt

Die seit zwei Jahrhunderten in Gevrey angesiedelte Familie hängt an den traditionellen Methoden: ein Rebsortenbestand mit einem Durchschnittsalter von 30-40 Jahren, organische Düngung bei der Pflanzung, manuelle Weinlese, 2jähriger Ausbau der Weine in Eichenfässern. Das Ergebnis: Gevrey-Chambertin Grands Crus, die nicht enttäuschen, sei es der Mazis-Chambertin, der Charmes-Chambertin oder der Mazoyères-Chambertin. Große Weine, die man gern im Keller hat.

DOMAINE HARMAND-GEOFFROY
Gérard Harmand
1, place des Lois
F-21220 Gevrey-Chambertin
(✆ 80 34 10 65)

Preise nicht genannt

Auf dieser Domäne sind die gefragten Weine der Appellation König: ein Mazis-Chambertin Grand Cru mit mächtigen, komplexen Aromen, die an rote Früchte (Himbeere, Kirsche) erinnern sowie an Blumen (Veilchen, Rose, Levkoje) und Lakritze; ein Gevrey-Chambertin 1er Cru "La Bossière", Monopol, der sehr typisch ist, besonders aromatisch, rund und von schöner Struktur; ein Gevrey-Chambertin "Clos Prieur" von leuchtender, kräftiger Farbe, an der Nase Schwarze Johannisbeere, Kirsche, Levkoje, Lakritze, im Mund dicht und seidig, mit subtilen Tanninen.

DOMAINE JEAN-PHILIPPE MARCHAND
1, place du Monument
F-21220 Gevrey-Chambertin
(✆ 80 34 33 60 · Fax 80 34 12 77)

EVP: FF 80,–; Gr: FF 50,–

Die 1813 von einem Vorfahren des heutigen Besitzers gegründete Domäne verfügt über einen Weinberg, der beackert und organisch gedüngt wird und dessen Rebstöcke in der Mehrzahl etwa 40 Jahre alt sind. Die 1ers Crus "Les Sentiers" (von Chambolle), "Le Clos des Ormes" (von Morey), "Les Combottes" (von Gevrey) und die Grands Crus "Le Clos de la Roche" (von Morey), Griottes-Chambertin und Charmes-Chambertin - erstere 1 Jahr in Fässern, letztere in neuen Fässern ausgebaut - haben für den Ruf dieser Domäne gesorgt, die in die ganze Welt exportiert und deren für ihre Mächtigkeit bekannten Weine auf den großen Tafeln Frankreichs anzutreffen sind. Eine Möglichkeit, die Domäne zu erkunden: den Besuchern des Burgund werden möblierte Zimmer mit alten Balkendecken aus dem 18. Jh. angeboten.

Domaine JEAN-PHILIPPE MARCHAND

Eigenanbau · Likörist

Place du Monument

21220 Gevrey-Chambertin, Frankreich

✆ 80 34 33 60 · 80 34 33 15
Fax: 80 34 12 77

Vinifizierung und Ausbau: traditionell

Lagerweine · Bourgogne-Villages

Premiers Crus und Grands Crus

DOMAINE HENRI REBOURSEAU
Jean de Surrel
10, place du Monument
F-21220 Gevrey-Chambertin
(✆ 80 51 88 94)

EVP: FF 70,– bis 210,–

Kleine Parzellen, beachtliche Weine: ein dunkelru-binfarbener Chambertin Clos de Bèze, durch sein neues Faß leicht geröstet, erfüllt vom Harz- und Veilchen-Duft, mit solidem Kern und interessanten Tanninen; ein dunkler purpurfarbener Clos de Vougeot, der den Duft von Unterholz und Röstcafé ausströmt, sehr fett und korpulent ist, außerge-wöhnlich kernig und nachhaltig; ein rubinfarbe-ner, ins Violett spielender Mazis-Chambertin, nach Veilchen und Himbeere duftend, sehr ausgewogen und reichhaltig.

DOMAINE TORTOCHOT
12, rue de l'Eglise
F-21220 Gevrey-Chambertin
(✆ 80 34 30 68)

EVP: FF 70,– bis 180,–; Gr: FF 55,– bis 150,–

Die vor 120 Jahren gegründete Domäne verfügt über einen Rebgarten mit einem schönen Sorti-ment an Appellationen: die 1ers Crus "Lavaux-Saint-Jacques" und "Les Champeaux", die Grands Crus "Charmes-Chambertin", "Mazis-Chambertin" und "Chambertin" und auch ein Clos de Vougeot. Alle Weine kommen von einem nicht gedüngten, beackerten Boden und werden 18 Monate in neuen Eichenfässern ausgebaut. Die typischen Weine sind bekannt für ihre Länge im Mund und die Gleichmäßigkeit ihrer hervorragenden Qualität, unabhängig von den Merkmalen eines jeden Jah-res. M. Tortochot, ehemaliger Vorsitzender des Syndicat viticole de Gevrey-Chambertin, versteht es, seinen Weinen charakteristische Merkmale zu verleihen. Man sollte seine Gewächse im Keller ha-ben.

DOMAINE DENIS MORTET
22, rue de l'Eglise
F-21220 Gevrey-Chambertin
(✆ 80 34 10 05)

Preise auf Anfrage

12 Appellationen, davon 3 Premiers Crus und 2 Grands Crus, entstehen auf den 5,5 ha der Domäne in außergewöhnlicher geographischer Lage. Die Rebstöcke mit einem Durchschnittsalter von 40 Jahren werden nur mit Humus gedüngt. Der Hek-tarertrag ist sehr begrenzt. Das alles eröffnet, ebenso wie die Flaschenabfüllung ohne Filterung nach 18 Monaten, Raum für angenehme Ent-deckungen. Der Kenner wird nicht enttäuscht. Der größte Teil dieser Premiers und Grands Crus steht völlig zu Recht an der Spitze der Appellation.

*

Bourgogne · Gevrey-Chambertin

DOMAINE TORTOCHOT
✆ 80 34 30 68

Direktverkauf in Flaschen · Mindest-
abnahme: Karton mit 12 Flaschen

Appellationen: Villages · Premiers Crus
und Grands Crus
ein schönes Sortiment von FF 70,- bis 180.-
Traditionelle Vinifizierung
18 Mon. in Eichfässern
Gutes Markenimage

MINNIE WEBER
Kaiserstr. 35 · 80801 München

*

DOMAINE TRAPET PERE ET FILS
53, route de Beaune
F-21220 Gevrey-Chambertin
(✆ 80 34 30 40)

Preise nicht genannt

Einer der Spezialisten von Chambertin-Premiers
Crus: z.B. ein 1er Cru "Clos Prieur" 1979 mit Granatkleid, an der Nase Baumrinde und Tabak, ein
sehr körperreicher, noch recht fester Wein; ein 1er
Cru "Petite Chapelle" 1980, nach Tee und geschnittenem Heu duftend, im Mund sehr weinig,
füllig, von schöner Struktur; ein dunkelgranatfar-
bener 1er Cru "Petite Chapelle" 1983, anfangs
nach Tee und frischer Minze duftend, später sehr
fein rauchig, im Mund gut ausgewogen, sofort oder
in 3-4 Jahren zu verkosten; ein "Petite Chapelle"
1984, sehr fein an der Nase, ziemlich diskret, später intensiver mit Nuancen von Aprikose und Pfir-

sich, im Mund körperreich, mit recht tanninhalti-
gem Finale. Weine für große Gelegenheiten.

DOMAINE VACHET-ROUSSEAU
15, rue de Paris · F-21220 Gevrey-Chambertin
(✆ 80 51 82 20)

EVP: FF 75,- bis 150,-; Gr: FF 58,- bis 120,-

Die Jahresproduktion von 35-40 000 Flaschen wird
aus 100 % Pinot noir hergestellt, der vom Mikroklima und der traditionellen organischen Düngung
profitiert. Gealtert wird der Wein in Eichenfässern.
Das Ergebnis ist überzeugend: ein schön rubinfarbener Mazis-Chambertin, nach roten Früchten, Leder, Lakritze und Wildbret duftend, füllig im Mund,
Anmut mit Kraft vermischend; ein Lavaux Saint-
Jacques, der Finesse und samtige Mächtigkeit enthüllt, eine komplexe und intensive Aromapalette,
an Veilchen, Trüffel und Leder erinnernd, einer
der bedeutendsten Premiers Crus der Appellation.

MOREY-SAINT-DENIS

Die Dichte der Weinberge um das Dorf Morey-
Saint-Denis herum gibt einen Hinweis auf die hohe
Klassifizierung der Gewächse auf den in 250-360 m
Höhe angelegten Terrassen mit kalkhaltigen Böden, die manchmal Felsgestein, Mergel, Sand, roten Schlick und Schotter enthalten. Das Anbaugebiet, auf dem vor allem Rotweine aus Pinot noir erzeugt werden - nur knapp 2 ha sind mit Weißweinreben bestockt - umfaßt 64 ha Gemeinde-A.O.C., 43
ha Premiers Crus und die Grands Crus: Clos Saint-
Denis (6,6 ha), Clos de la Roche (16,9 ha), Clos
des Lambrays (8,8 ha), Clos de Tart (7,5 ha) und
Bonnes-Mares (1,5 ha). In den Weinen von Morey
findet sich oft die Milde und Finesse der Chambol-
le-Musigny-Weine wieder sowie eine den Gevrey-
Chambertins eigene Mächtigkeit und Kernigkeit.
Nach 5 bis 10 Jahren weisen sie eine gute Entwicklung auf, obwohl die großen Jahrgänge 15-20 Jahre
halten und die Crus 25 Jahre überschreiten können.

DOMAINE CLOS DES LAMBRAYS
Fabien et Louis Saier
F-21220 Morey-Saint-Denis · (✆ 80 51 84 33)

Preise auf Anfrage

Dieser Clos, ein ehemaliges Gut der Mönche der Abtei von Citeaux, wurde nach der Revolution unter 74 Eigentümer aufgeteilt und ab 1868 wiederzusammengelegt. Heute umfaßt er mit seinem tonkalkhaltigen Boden 9 ha. Und seit 1981 ist er als Grand Cru eingestuft. Der Wein des Clos des Lambrays, der von vielen Autoren der Klassik zitiert wurde, zeichnet sich durch seine Primäraromen, die an rote Früchte erinnern, und beim Altern durch Sekundäraromen wie Pilze und Trüffel aus. Seine Entwicklung macht den lange lagerfähigen Wein füllig und elegant.

DOMAINE JEAN-PAUL MAGNIEN
5, ruelle de l'Eglise
F-21220 Morey-Saint-Denis · (✆ 80 51 83 10)

EVP: FF 60,– bis 140,–; Gr: auf Anfrage

Die 4,5 ha Rebflächen mit durchschnittlich 20-25 Jahre alten Rebstöcken werden beackert und organisch-mineralisch gedüngt, was das Leben der Mikroorganismen in den Böden begünstigt. Sie umfassen Grands Crus, Villages- und regionale Appellationen sowie 4 Premiers Crus Morey-Saint-Denis: "Les Faconnières", "Les Gruenchers", "Les Monts Luisants" und "Le Clos Baulet". Diese Lagerweine können 25 Jahre alt werden, sie besitzen Weichheit und Feinheit, sind stark und robust zugleich, haben Aromen von Wald-, Gewürz- und Tierdüften. Die kräftigen, körperreichen Weine sind geprägt von einem gehaltvollen Bukett und oft überraschend ausdrucksvoller Länge.

CHAMBOLLE-MUSIGNY

Das zwischen Morey-Saint-Denis und Vougeot gelegene 200 ha große Anbaugebiet besteht aus kalkhaltigen Böden, die vor allem Rotweine von bemerkenswerter Finesse hervorbringen. Während seine beiden Grands Crus Musigny und Les Bonnes-Mares unter eigenem Namen, ohne Zusatz der Gemeinde, in den Handel gelangen, werden die 23 Premiers Crus als Chambolle-Musigny mit dem Namen der klassifizierten Lage - Les Amoureuses, Les Groseilles, La Combe d'Orveaux - verkauft. Die Rangordnung endet mit dem einfachen Chambolle-Musigny, einem leichten, sehr eleganten Wein, dessen vornehme Art seinen Ruf begründet hat.

DOMAINE L'HERITIER-GUYOT
Jean-Luc et Marie-José Mermod
Rue des Clos Prieurs
F-21640 Gilly-les-Citeaux · (✆ 80 62 86 27)

EVP und Preise für Grossisten über: ✆ 80 72 16 14

Der 1990er Chambolle-Musigny ist ein Erfolg von vielen, die Jean-Luc und Marie-José Mermod sowie ihr Önologe E. Moëe erzielt haben. Der leuchtend rubinfarbene Wein, mit seltener Delikatesse von Saft und Parfum, ist geschmeidig und weich, reicht an die größten und begehrtesten Weine der Appellation heran.

DOMAINE CHRISTOPHE ROUMIER
F-21220 Chambolle-Musigny

Preise nicht genannt

Auf dieser Domäne, die einen 13,6 ha großen Weinberg mit Tonkalkboden besitzt, werden mehrere renommierte Weine hergestellt: Morey-Saint-Denis, 1er Cru Clos de la Bussière, Bonnes Mares, Clos Vougeot, Corton-Charlemagne. Der durchschnittlich 28 Jahre alte Rebsortenbestand setzt sich aus Pinot noir (100 % für die Rotweine) und Chardonnay (100 % für den Corton-Charlemagne) zusammen. Die Bodenbestellung, gedrosselter Ertrag und ein Ausbau der Weine in Fässern wirken sich positiv auf die Qualität der auf dem Gut abgefüllten Weine aus.

BONNES-MARES

Einer der 2 Chambolle-Musigny-Grands Crus (ausschließliche Rotweinerzeugung). 13,5 ha Appellationsfläche mit einer Produktion von 400 hl, 1,5 ha mit einer Produktion von 45 hl auf dem angrenzenden Gebiet Morey-Saint-Denis. Die Weine sind mächtig und fest, eng angelehnt an den ausgezeichneten Ruf der Côte de Nuits.

DOMAINE FOUGERAY DE BEAUCLAIR
Jean-Louis Fougeray
44 et 89, rue de Mazy
F-21160 Marsannay-la-Côte

Preise nicht genannt

Ein 20 ha großer Weingarten mit Tonkalkboden, der von den nördlichen Klimaverhältnissen profitiert. Er wird traditionell bearbeitet und ist mit durchschnittlich 20 Jahre altem Pinot und Chardonnay bepflanzt. Mittels Thermovinifizierung und Ausbau der Weine in Barriques und Kufen werden der Bonnes Mares und weitere Appellationen (Vosne-Romanée, Savigny-lès-Beaune, Côte de Nuits-Villages) für die besten Tafeln im In- und Ausland bereitet.

CLOS DE VOUGEOT

Dieses Weindorf aus dem 12. Jh., von seiner Fläche her eines der kleinsten Frankreichs, ist in 240-270 m Höhe auf einem sanften Abhang gelegen mit kalkhaltigem, mehr oder weniger tonhaltigem Boden, der für die Entwässerung nützliche Kieselsteine in reichem Maße enthält. Das Dorf besitzt den berühmten Clos de Vougeot. In dem A.O.C.-Gebiet werden hauptsächlich Rotweine aus Pinot noir erzeugt, ihm gehört aber auch eine weiße Premier Cru- Lage (Chardonnay). 4,8 ha sind dem roten Vougeot vorbehalten, 8,6 ha dem roten Premier Cru Clos de Vougeot, 3 ha dem weißen Premier Cru Vougeot und 50,6 ha dem Grand Cru Clos de Vougeot, den es nur als Rotwein gibt. Die Premiers

Crus umfassen die Petit Vougeot, Crâs und Vigne Blanche.

DOMAINE PIERRE ANDRE
F-21420 Aloxe-Corton · (✆ 80 26 44 25)

Preise für Gr: auf Anfrage

Die Parzelle von 1 ha ist auf dem höchsten Teil des Clos de Vougeot gelegen, eine Domäne, die im 12. Jh. von den Mönchen der Abtei von Citeaux angelegt wurde. Hier wird ein alkoholischer und geistiger Grand Cru erzeugt, gehalt- und kraftvoll, tonisch und verdauungsfördernd, ein Wein, der unter den Côte d'Or-Weinen den ersten Platz einnimmt.

DOMAINE DUFOULEUR FRERES
Au Château
1, rue de Dijon · B.P. 5
F-21701 Nuits-Saint-Georges cedex

Preise nicht genannt

Die Familie zählt zu den ältesten Weinbauern im Burgund. Ein Unternehmen mit 100 % Familienkapital. Die Dufouleurs, Erzeuger und Händler, wählen ihr Lesegut in der gesamten Côte de Nuits und Côte de Beaune aus. Sie besitzen 19 alte Gärgeräte: Holzkufen und kleine rostfreie Tanks. Die Trauben werden mit den Füßen zerquetscht, die Weine in zum Teil jährlich erneuerten Eichenfässern ausgebaut. Es werden Qualitätsweine angeboten, die zahlreiche 1ers Crus und Grands Crus umfassen: Nuits-Saint-Georges und Clos de Vougeot.

DOMAINE DE L'HERITIER-GUYOT
J.L. Mermod
La Loge au Vignier · F-21640 Vougeot
(✆ 80 62 86 58)

EVP und Preise für Gr über: ✆ 80 72 16 14

Die Domäne ist mit 1,5 ha eines der größten Clos de Vougeot-Güter. Ihr 1er Cru "Les Cras", der auf einem Boden aus Ton, Eisen, Kieselerde und Kalk entsteht, ist farbkräftig, kernig und von einer gewissen Eleganz. Der ausgewogene Wein mit sehr feinen Tanninen, sehr parfümiert, an schwarze Kirsche, Himbeere, Vanille und Unterholz erinnernd, bringt das außergewöhnliche Gebiet sehr schön zum Ausdruck.

DOMAINE JEAN RAPHET
45, route des Grands Crus
F-21220 Morey-Saint-Denis

EVP: FF 40,– bis 200,–

Eine Reihe berühmter Appellationen (Vougeot, Clos de Bezé, Clos de la Roche Chambertin) wachsen auf 12 ha Tonkalkboden, auf dem 90 % Pinot noir dem Aligoté (5 %) und Gamay (5 %) nur begrenzten Raum lassen. Der Boden wird mit Hilfe von Schafdung verbessert. Der Hektarertrag wird sehr reduziert, was ebenso wie der 18monatige Ausbau in Eichenfässern zur Qualität der angebotenen Weine beiträgt: Diese weisen viel Finesse auf, besitzen eine kräftige Robe und duften nach roten Früchten.

CLOS BLANC DE VOUGEOT

Der 2,28 ha umfassende Vougeot 1er Cru Monopole gehört zu den seltenen Weinbergen der Côte de Nuits, im Westen von den Musigny begrenzt, die große Weißweine erzeugen. Der durchschnittlich 37 Jahre alte Rebsortenbestand (95 % Chardonnay und 5 % Pinot blanc) und der streng kontrollierte Hektarertrag von 30 hl machen dieses unendlich rare Gewächs, ein Monopol der Etablissements L'Héritier-Guyot aus Dijon, zu einem der großartigsten des Burgund.

DOMAINE L'HERITIER-GUYOT
Jean-Luc Mermod
Rue des Clos Prieurs
F-21640 Gilly-les-Citeaux · (✆ 80 62 86 58)

EVP und Preise für Gr über: ✆ 80 72 16 14

Der 1er Cru Clos Blanc de Vougeot, ein Monopol, war im 12. Jh., als das Château Clos de Vougeot den Mönchen der Abtei von Citaux gehörte, Meßwein. Heute führen Jean-Luc Mermod und seine Ehefrau das authentische Monopol, und zwar mittels streng kontrollierten Ertrages (30 hl/ha). Die Rebstöcke finden auf dem sehr steinigen, wenig tiefen Tonkalkboden, der ausschließlich organisch gedüngt wird, all ihre Kraft und bringen einen außergewöhnlichen Wein für außergewöhnliche Tafeln hervor: der blaßgoldene 88er mit Aromen von Pfirsich und Birne, mit einer Rauchnote vermischt, ist fest und lang im Mund; der grüngoldene 89er, mit vorwiegenden Gewürzaromen, ist vorn im Mund offen und in der Mitte recht lebendig; der 90er mit blaßgoldener Robe, ist an der Nase sehr mächtig von Linde und Jasmin, bemerkenswert rund und lang im Geschmack.

ECHEZEAUX

Einer der Grands Crus von Flagey-Echézeaux auf rund 38 ha Fläche, die im Durchschnitt 942 hl erzeugt, mit abfallenden Tonkalkböden, die für die Produktion beachtlicher Rotweine besonders geeignet sind. Die Weine sind solide, kernig und sehr harmonisch, haben intensive Aromen. Wenn sie normalerweise zwischen 5-10 Jahren ihre Vollendung finden, sind die körperreichen Jahrgänge doch sehr viel länger lagerfähig.

DOMAINE VIGOT-BATTAULT
F-21220 Messanges · (✆ 80 61 44 38)

EVP: FF 118,– bis 135,–; Gr: abzügl. 5-20 %

Der Grand Cru Echézeaux, Hauptappellation dieser für die bemerkenswerte Qualität ihrer Weine bekannten Domäne, bezaubert durch seinen robusten Charakter, seine Mächtigkeit und sein sehr nachhaltiges Finale. Ein hervorragender Burgunder für anspruchsvolle Tafeln.

VOSNE-ROMANEE

Dieser kleine, kaum 250 ha umfassende Rebgarten profitiert von einem an Mineralien sehr reichen Boden, einer vorteilhaften Lage und idealem Klima. Seine Spitzen-Grands Crus sind Romanée-Saint-Vivant, Richebourg, La Romanée, La Tâche, La Romanée-Conti und als jüngster La Grande Rue. Da die meisten der überwiegend als Premiers Crus eingestuften Rebflächen der Nachbargemeinde Flagey-Echézeaux berechtigt sind, die Herkunftsbezeichnung Vosne-Romanée zu führen, fügen wir ihre beiden Grands Crus diesem Gebiet hinzu: Grands Echézeaux und Echézeaux, die ihre unvergleichliche Qualität auch ihrer Erde verdanken, in der neben geringeren Kalkanteilen der Ton vorherrscht. In den Gemeinden Vosne-Romanée und Flagey-Echézeaux sind 16 Lagen als Premiers Crus klassifiziert, Weine, von denen jeder seine Persönlichkeit hat, die aber nicht so teuer wie die Grands Crus sind.

DOMAINE DU CLOS FRANTIN
Maison Bichot
6 bis, boulevard Jacques Copeau
F-21200 Beaune · (✆ 80 22 17 99)

Preise auf Anfrage

Die Domäne gehört dem Beauner Handelshaus Bichot, das 1831 von Bernard Bichot, dem Nachkommen eines Beraters des Königs und einer berühmtenParlamentarierfamilie, gegründet wurde. In den Kellereien des bedeutenden Guts werden Weine von den größten Burgunder Weingärten hergestellt: Echézeaux, Chambertin, Clos de Vougeot, Grands Echézeaux, Richebourg, Corton-Charlemagne, u.a. auch der 1er Cru Vosne-Romanée "Les Malconsorts" aus Reben mit einem Durchschnittsalter von 25 Jahren, der in Eichenfässern vinifiziert und ausgebaut wird in Kellern, die schon im 14. Jh. von den Mönchen der Abtei von Citeaux benutzt wurden. Dieser 1er Cru ist ein wahrer Botschafter seiner Appellation. Er wird bereits an den besten Tafeln in Frankreich und der Welt serviert.

DOMAINE ANNE ET FRANÇOIS GROS
F-21700 Vosne-Romanée
(✆ 80 61 07 95)

Preise nicht genannt

Der nahezu 5 ha umfassende Weinberg dieser Familiendomäne, die von einer Generation auf die andere übertragen wurde, erlaubt die Herstellung von Vosne-Romanée, Richebourg, Clos Vougeot, Chambolle-Musigny und Bourgogne. Die Weine - die meisten Juwelen ihrer Appellation - werden 15-18 Monate ausgebaut und bis zur Flaschenabfüllung auf dem Gut önologisch überwacht. Der Kenner kann diesem kleinen Unternehmen vertrauen. Es hat sich zum Ziel gesetzt, seine Export- und Privatkundschaft zu erweitern, was ihm recht leicht gelingen wird.

DOMAINE FRANÇOIS LAMARCHE
9, rue des Communes
F-21700 Vosne-Romanée
(✆ 80 61 07 94)

EVP: FF 25,— bis 260,—

Die Domäne nutzt Rebflächen auf den besten Böden Vosne-Romanées und Vougeots. Sie erzeugt: einen geschmeidigen und seidigen Vosne-Romanée-Villages; den weiblichen und runden 1er Cru Vosne-Romanée "Les Suchots"; den festen und rassigen 1er Cru "Les Chaumes"; den soliden und gehaltvollen 1er Cru "Les Malconsorts"; einen weiblichen, geschmeidigen und eleganten Grand Cru Echézeaux; einen reichen und vornehmen Grand Cru Grands-Echézeaux; einen kernigen und festen Clos de Vougeot und schließlich - vielleicht die Krönung - den vornehmen und harmonischen neuen Grand Cru La Grande-Rue, ein Monopol der Domäne.

DOMAINE MEO-CAMUZET
Jean Méo
F-21700 Vosne-Romanée · (✆ 80 61 11 05)

Preise für Gr: FF 30,– bis 600,–

Die Domäne wurde Anfang dieses Jahrhunderts von E. Camuzet, Burgunder Parlamentarier und Besitzer des Château du Clos de Vougeot, aufgebaut. Jean Méo erbte sie im Jahre 1959. Seit 1989 wird sie von seinem Sohn Jean-Nicolas geführt. Henri Jayer, berühmter Winzer im Burgund, berät ihn in Fragen der Önologie. Auf dem Gut entstehen 1ers Crus Vosne-Romanée von Richebourg, Clos de Vougeot, Corton, Nuits-Saint-Georges 1ers Crus und Villages. Alle diese Lagerweine gehören zur Spitze der Appellation.

NUITS-SAINT-GEORGES

Die wahre Verbreitung des Nuits-Saint-Georges, eine einst von Kelten und Römern besiedelte Stätte, begann 1849 mit dem Bau der Eisenbahnlinie Paris-Lyon-Marseille, die den großen Handelshäusern zu Aufschwung verhalf. Sein Renommee erlangte der schon im Jahre 1023 erwähnte Rebgarten jedoch durch den königlichen Hof, als 1680 Fagon, der Arzt Ludwigs XIV., seinem König Nuits-Wein verordnete. Der Monarch, und später der Hof, fanden diesen so gut, daß sie ihn ständig lobpriesen. Heute bedürfen die Weine der auf die Gemeinden Nuits-Saint-Georges und Prémeaux-Prissey begrenzten Gebiete nicht mehr des Lobes. Die auf Kalk- und Mergelböden wachsenden Pinot noir- und Chardonnay-Reben geben einen weltweit bekannten und geschätzten Wein, dessen Produktion (175 ha A.O.C. Nuits-Saint-Georges und 143 ha Premier Cru Nuits-Saint-Georges) bei 9 000 hl liegt, davon 24 hl weißer Nuits-Saint-Georges Premier Cru ... eine Rarität.

DOMAINE BERTRAND AMBROISE
Rue de l'Eglise
F-21700 Prémeaux-Prissey
(✆ 80 62 30 19)

EVP: FF 20,– bis 200,–

Eine relativ junge Domäne, denn sie wurde 1987 gegründet. "Aber wir klettern beständig ganz hübsch in die Höhe, ohne Schwankungen, unaufdringlich", versichert Bertrand Ambroise. Und in der Tat haben seine Weine - darunter mehrere 1ers Crus, die auf organisch gedüngtem Tonkalkboden entstehen, lange vinifiziert und in Eichenfässern gealtert werden - Qualitäten, die sie ziemlich schnell nach oben bringen: sie haben sehr kräftige, reiche Farben, sind robust und konzentriert, geben den ganzen Charakter ihrer Appellation wieder.

DOMAINE DE L'ARLOT
Jean-Pierre de Smet
F-21700 Prémeaux-Prissey
(✆ 80 61 01 92 · Fax: 80 61 04 22)

EVP: FF 67,60 bis 173,16 inkl. Mwst; Gr: FF 49,– bis 132,–

Diese Domäne ist vor allem bekannt durch ihre 3 Monopole, alle 1ers Crus Nuits-Saint-Georges: "Clos des Forêts Saint-Georges", "Clos de l'Arlot rouge", und "Clos de l'Arlot blanc". Der schöne, 14 ha große Weingarten, der außerdem einen Grand Cru Romanée "Saint-Vivant", einen 1er Cru Vosne-Romanée "Les Suchots" und einen Côte de Nuits-Villages "Clos du Chapeau" umfaßt, besteht aus einem Tonkalkboden, der organisch gedüngt wird. Die durchschnittlich 25 Jahre alten Pinot noir-, Pinot gris- und Chardonnay-Rebstöcke geben den 14-18 Monate in Fässern aus Allier-Eiche reifenden Weinen Kraft und Charakter. Die Rotweine sind elegant, ausgeglichen und voller Finesse, mächtig und sehr lang im Mund, beachtliche Lagerweine; die Weißweine zeichnen sich durch ihre Frische, Finesse, Fruchtigkeit und die ganz besonderen exotischen Aromen aus, sie sind relativ jung zu verkosten. Außergewöhnliche Weine, die jeder Kenner im Keller haben sollte.

DOMAINE DE L'ARLOT
PREMEAUX
F-21700 NUITS-SAINT-GEORGES

WENN NUITS-SAINT-GEORGES ERZÄHLEN WÜRDE ...

In Nuits-Saint-Georges, 22 km von Dijon und 16 km von Beaune entfernt, beherrscht der Bergfried den regen Betrieb der seit Anfang des 19. Jh. im Weinhandel spezialisierten Häuser. Die mit der Erinnerung an die benachbarte Abtei von Citeaux verknüpfte und von der Kirche Saint-Symphorien (13. Jh.) beschirmte Stadt war immer eng mit der Geschichte Frankreichs verbunden: Durch die Niederwerfung der Badener von Werder im Jahre 1870, die den deutschen General ausrufen ließ: "Ce n'est pas la Côte d'Or, c'est la Côte de Fer!". Durch die Bedeutung, die der Königshof den Weinen beimaß: Sein Arzt riet Ludwig XIV., der an einer Fistel an unglücklicher Stelle litt, zu einer Kur mit Nuits-Weinen. "Der Magen denkt nach, verarbeitet den Burgunderwein, ohne sich seiner entledigen zu wollen", schrieb der berühmte Mediziner. Da das Rezept beste Erfolge zeigte, probierte der gesamte Hof dieses Mittel aus. Durch die Hospices de Nuits (Gebäude aus dem 17. Jh.) mit ihrem berühmten Weinberg, dessen Weine alljährlich versteigert werden. Durch die Place du cratère Saint-Georges, die daran erinnert, daß Jules Verne in seiner "Voyage autour de la lune" seine Helden eine Flasche Nuits-Wein trinken ließ. So taufte die Mannschaft von Apollo XV am 25. Juli 1971 ein Mondloch offiziell "cratère Saint-Georges". Durch seine Stellung als bedeutendste Weinbau-Stadt, deren Weingarten zusammen mit dem von Prémeaux 142 ha 1ers Crus, 170 ha Villages- und 300 ha weitere Appellationen umfaßt.

DOMAINE R. DUBOIS ET FILS
Régis Dubois
F-21700 Prémeaux-Prissey · (℃ 80 62 30 61)

Preise: FF 95,– bis 120,–

Eine schöne Familiendomäne mit 18 ha Rebflächen in ausgezeichneten Lagen. Verschiedene Appellationen, die einander gut ergänzen, darunter die beiden 1ers Crus Nuits-Saint-Georges "Les Porrets" und "Les Argillères". Jung entfaltet der "Clos des Porrets" strenge Aromen wie Eichenrinde, Schlehe, Lakritze, nach ein paar Jahren Düfte von Lakritz-Karamel, Röstcafé, frischem Leder, Moschus, Pelz, geräuchertem Fleisch. Der "Clos des Argillères" duftet nach roter Frucht, entwickelt sich hin zu Noten von Lakritze, Unterholz und Geröstetem, er ist robust und generös, bewahrt seinen Charakter, der sich im Alter schön abrundet.

MAISON P. MISSEREY S.A.
Claude et Olivier Lanvin
3, rue des Seuillets · B.P. No. 10
F-21702 Nuits-Saint-Georges Cedex
(℃ 80 61 07 74 · Fax: 80 61 31 40)

Preise auf Anfrage

Das 1860 von Paul Misserey gegründete Haus führt sowohl die Vinifizierung wie den Ausbau der Weine durch. Jede Appellation und Lage wird mehr oder weniger lange in Eichenfässern (25% neue und 75% 2-3 Jahre alt) ausgebaut. Die 1ers Crus Nuits-Saint-Georges "Les Cailles", "Les Vaucrains" und "Les Saint-Georges" zeichnen sich durch ihr schönes intensives, leuchtendes Rubinkleid aus, durch ihren offenen, feinen und fruchtigen Duft (Rote + Schwarze Johannisbeere, Himbeere); der Grand Cru Clos de Vougeot ist von schönem intensiven Rot mit Granatreflexen, mächtig, kernig und voller Finesse. Weine für große Tafeln, sie enttäuschen nicht.

*

Die Weine des Hauses Misserey, vor allem die 1ers Crus Nuits-Saint-Georges, les Cailles, les Saint-Georges und der Grand Cru Clos de Vougeot, werden auf traditionelle Weise vinifiziert und ausgebaut. Nach 18 monatigem Verbleib in Eichenfässern wird auf Flaschen abgezogen. Merkmale unserer Weine sind die Finesse u. der Habitus der Rotweine der Côte de Nuits, worüber die ausgezeichneten Weißweine der Côte de Beaune nicht zu vergessen sind: Meursault, Puligny Montrachet, Chassagne Montrachet.

BOURGOGNES MISSEREY
BP 10 · F-21702 Nuits-Saint-Georges
✆ 80 61 07 74 · Fax: 80 61 31 40

*

COTE DE NUITS-VILLAGES

Diese 5 Dörfern (Brochon, Fixin, Premeaux-Prissey, Comblanchien, Corgoloin) gemeine Appellation produziert 6 000-6 500 hl Rotwein einzig auf der Basis von Pinot noir - obgleich hier auch Weißweine erzeugt werden könnten -, der (vom Norden nach Süden) sowohl ziemlich geschmeidig und fett wie auch fein, tanninhaltig und kräftig strukturiert sein kann. Je nach Eigenart und Jahrgang beträgt das Lagerungspotential der leichten Weine 3- 6 Jahre, das der kernigeren Jahrgänge 15-20 Jahre.

DOMAINE NAUDIN-FERRAND
F-21700 Magny-les-Villers · (✆ 80 62 91 50)

EVP: FF 37,–

Diese Domäne, die noch an anderer Stelle erwähnt wird, produziert einen Côte de Nuits-Villages auf der Basis kräftiger Weintrauben, die von teilweise sehr alten Rebstöcken stammen. Die Naudin-Ferrands haben eine Schwäche für diesen Wein mit Charakter: "Einer der besten, der seit 45 Jahren auf der Domäne hergestellt wurde." Er hat ein intensivfarbenes rotes Kleid, ist im Mund schön ausgewogen, so daß man ihn noch im Jahre 2000 und später genießen kann, denn er ist ein Lagerwein par excellence.

LADOIX

Ladoix umfaßt das Dorf Serrigny sowie die Dörfchen Buisson und Ladoix am Fuße der Montagne-de-Corton. Durch den burgundischen Brauch, den Namen der Ortschaft dem des Weins hinzuzufügen, entstand Ladoix-Serrigny. Das Dorf an der Côte de Beaune teilt sich - wie Pernand-Vergelesses - mit dem Nachbarort Aloxe-Corton die Premiers Crus Corton (Rot- und Weißweine) und Corton-Charlemagne (Weißweine). Seine rund 170 ha große Anbaufläche befindet sich in einer durchschnittlichen Höhe von 360 m auf Tonkalkboden und setzt sich wie folgt zusammen: 120 ha A.O.C. Ladoix (überwiegend Rotweine), 14 ha Premiers Crus Ladoix (La Micaude, La Corvée, Le Clou-d'Orge, Les Joyeuses, Bois Roussot, Basses-Mourottes und Hautes-Mourottes), 11 ha Premier Cru Aloxe-Corton sowie 22 ha roter Corton und weißer Corton-Charlemagne.

LE MEIX GOBILLON
Edmond Cornu & Fils
F-21550 Ladoix · (✆ 80 26 40 79)

EVP: FF 52,– bis 150,–

Die Cornus, heute Edmond und sein Sohn Pierre, sind getreu der Geschichte Ladoix' gefolgt. Zwischen alten Häusern führt eine schmale Straße nach Meix Gobillon und seinem 12 ha großen Clos mit tonkalkhaltigem Boden. Pinot noir und Chardonnay erlauben die Herstellung von 5 Appellationen: Chorey-lès-Beaune, Savigny-lès-Beaune, Ladoix, Aloxe-Corton sowie eines Grand Cru Corton. Die Weine werden 15-18 Monate in Eichenfässern ausgebaut. Sie sind von leuchtendem Aussehen, haben ein Bukett von roten Früchten, sind fein, mit robustem Körper, altern leicht bis zu 25 Jahren, können aber auch jung getrunken werden, 2jährig, z.b. zu Fleisch und Käse.

DOMAINE ANDRE NUDANT ET FILS
B.P. 15 . F-21550 Ladoix-Serrigny
(✆ 80 26 40 48)

EVP: FF 28,– bis 210,–

Die verschiedenen Parzellen dieser Domäne umfassen 12 Appellationen, davon einen Ladoix 1er Cru, einen Aloxe-Corton 1er Cru und einen Corton-Charlemagne. Weinanbau und -ausbau werden traditionell durchgeführt: keine chemische Unkrautbeseitigung, häufiges Hacken des Bodens, Verwendung organischer Düngemittel, Vinifizierung wie in alter Zeit, morgendliches und abendliches Zerquetschen des Leseguts in den Tanks, langer Gärprozeß, mindestens 18monatige Alterung der Weine in Eichenfässern. Das Ergebnis sind lange lagerfähige Weine, wie ein Ladoix mit sehr kräftigem, dunklem granatfarbenen Kleid, an der Nase rassig, mit Düften von Holz, Unterholz, Gewürzen.

PERNAND-VERGELESSES

Das malerische Dorf, dessen Häuser und Keller direkt an der Straße liegen, befindet sich zwischen Ladoix und Aloxe-Corton. Die abfallenden Rebflächen auf den Osthängen sind mit Pinot noir für die Rotweine, Chardonnay und Aligoté für die Weißweine bestockt. Pernand-Vergelesses fürchtet nicht das Ungewöhnliche. Die meisten seiner Weine erscheinen z.B. nicht unter seinem Namen, zum einen, weil sich auf seinem Gebiet ein Teil der Grands Crus Aloxe-Corton (Corton und Corton-Charlemagne) befindet, zum anderen, weil seine Winzer teilweise woanders wohnen, in einer Hautes-Côtes de Beaune klassifizierten Gemeinde.

Außerdem wächst der beste seiner 5 Premiers Crus auf einer Insel, einem Gebiet namens "L'Ile de Vergelesses".

DOMAINE DENIS PERE ET FILS
Chemin des Vignes Blanches
F-21420 Pernand-Vergelesses
(✆ 80 21 50 91)

EVP: FF 51,– bis 58,–; Gr: auf Anfrage

Ein prachtvoller trockener Chardonnay-Weißwein, leicht, von schöner Struktur, mit schmückenden Düften, subtilen Aromen, oft an Apfel und Honig erinnernd, mit einer leichten Gewürznote, ein seltener Wein, der jung getrunken werden kann, aber auch ein paar Jahre warten kann. Ein nur aus Pinot noir hergestellter, kräftig rubinfarbener Rotwein, der nach Schwarzer und Roter Johannisbeere duftet, im Mund gut strukturiert ist mit feinen Tanninen, die eine gute Alterung gewährleisten - das Prunkstück der Domäne, auf kaum mehr als 2 ha geerntet.

DOMAINE ROGER JAFFELIN ET FILS
F-21420 Pernand-Vergelesses
(✆ 80 21 52 43)

Preise auf Anfrage

Unter zahlreichen anderen Appellationen stellen die Jaffelins Pernand-Vergelesses-Weine her, die im offenen Tank vinifiziert und in Eichenfässern ausgebaut werden: einen Rotwein, der an wilde Frucht, Schwarze Johannisbeere und Himbeere erinnert; einen feinen und angenehmen Weißwein mit Vanilleduft.

PERNAND-VERGELESSES PREMIER CRU

In 260-380 m Höhe ziehen sich auf 56 ha, die 450 hl Rot- und Weißweine hervorbringen, die Premiers Crus dieser Appellation hin. Letztere ist bekannt für ihre lebhaften und ziemlich leichten trockenen Weißweine sowie ihre tanninhaltigen Rotweine mit frischen, animalischen, mächtigen Aromen, 3-10 Jahre lagerfähige Weißweine und Rotweine, die nach 5 Jahren getrunken werden können, aber in normalen Jahrgängen durchaus 8, in großen 15 Jahre halten.

DOMAINE DENIS PERE ET FILS
Chemin des Vignes Blanches
F-21420 Pernand-Vergelesses
(✆ 80 21 50 91)

EVP: FF 60,– bis 72,–; Gr: auf Anfrage

Die Domäne besitzt 2 der 5 Premiers Crus des Dorfes Pernand: Den "Les Vergelesses", der besonders reiche Düfte und Aromen von kleinen roten Früchten, über Unterholz hin zu Moschus entwickelt. Konzentrierter als der Pernand-Vergelesses, hat er zu Recht den Rang eines 1er Cru. Und den "L'Ile de Vergelesses", von außergewöhnlicher Mächtigkeit und Lagerfähigkeit. Unter den Rotweinen eines der schönsten Produkte des Anbaugebiets. Nur wenige Erzeuger können sich eines solchen Gewächses rühmen. Die Denis gehören dazu.

CORTON

Der Grand Cru Aloxe-Corton - Rot- sowie Weißwein bedeckt 85 ha, davon 16 ha in Ladoix. Pinot noir und Chardonnay profitieren hier von idealer Lage in 250 bis 350 m Höhe. Der Corton kann Namen seiner Lagen tragen wie Corton-Renardes, Perrière, Bressandes, Clos du Roi. Die Vielfalt seiner Merkmale verlangt 10-25jährige Reifung je nach Herkunft und Jahrgang.

DOMAINES BOUCHARD
Château de Beaune
B.P. No. 70 . F-21202 Beaune Cedex

Preise für Grossisten auf Anfrage

Dieser Weinberg zählt keine 4 ha. Er produziert alljährlich rund 1 400 Kisten Corton, den einzigen Grand Cru der Côte de Beaune. Ein geschmeidiger und sehr verführerischer Wein, der, unter guten Bedingungen gealtert, ein seidiges Bukett annimmt, das in bemerkenswerter Weise Gehalt und Finesse vereint.

CAVES DE LA REINE PEDAUQUE
B.P. 10 . F-21420 Aloxe-Corton
(✆ 80 26 40 00)

Preise auf Anfrage

Der Grand Cru Corton "Renardes" (1,7 ha) ist 4-5 Jahre haltbar, besitzt Düfte von Schwarzer Johannisbeere und Himbeere, feine und leichte Gerbstoffe, er ist gut entwickelt und hat ein interessantes Finale. Der 1989er mit komplexen Aromen von Veilchen und Vanille ist unendlich elegant, mit einem interessanten Abgang.

CORTON-CHARLEMAGNE

Dieser 35 ha umfassende weiße Grand Cru wird auch in Pernand (17 ha) und Ladoix (6 ha) produziert. Bemerkenswerte Aromakraft, Lieblichkeit, die durch guten Säuregrad unterstrichen wird, und der stets sehr hohe natürliche Alkoholgehalt machen den selbst in seiner Jugend ausgeprägt goldfarbenen Wein mächtig und konzentriert. Seine Ausgewogenheit findet er nach 4-5 Jahren, weist aber eine mit den roten Cortons vergleichbare Langlebigkeit auf.

DOMAINES BOUCHARD
Au Château
B.P. No. 70 . F-21202 Beaune Cedex

Preise auf Anfrage

CORTON-CHARLEMAGNE – ALOXE-CORTON

Der Ursprung dieses Grand Crus, so wird gesagt, ist Karl dem Großen zu verdanken, der, Liebhaber des roten Cortons, den Chardonnay anpflanzen ließ, damit sein Bart keine Flecken mehr bekäme und seine Ehefrau nicht mehr sehen konnte, daß er wieder getrunken hatte. Der auf einem Südhang gelegene, etwas über 3 ha große Weinberg mit Tonkalkboden produziert jährlich 1 000 Kisten goldglänzenden Corton-Charlemagne, voller Saft, mit Zimtduft und Feuersteingeschmack, ein Gewächs, das sich durch Festigkeit und Körper auszeichnet.

DOMAINE DENIS PERE ET FILS
Chemin des Vignes Blanches
F-21420 Pernand-Vergelesses
(✆ 80 21 50 91)

EVP: FF 165,– inkl. Mwst; Gr: auf Anfrage

Dieser Corton-Charlemagne zählt zu den größten trockenen Weißweinen der Welt. Mächtig, entwickelt er von Natur aus nervige und komplexe Düfte und Aromen von Gewürzen (Zimt und Pfeffer), exotischen Früchten und frischen Nüssen. Ein Seigneur, den der Kenner außergewöhnlicher Weine stolz im Keller altern lassen kann, denn er ist wie alle hervorragenden Weine selbstverständlich lagerfähig.

DOMAINE MICHEL VOARICK ET FILS
F-21420 Aloxe-Corton · (✆ 80 26 40 44)

Preise auf Anfrage

Ein weißer Corton-Charlemagne mit goldenem Kleid und bemerkenswerter Aromafülle: Düfte von frischen Nüssen, exotischen Früchten und Ambra. Der Wein, dessen Lieblichkeit durch den guten Säuregehalt unterstrichen wird, ist mächtig, reichhaltig, mit gutem Nachgeschmack. Auch wenn er fast ebenso langlebig wie die Corton-Rotweine ist, braucht er doch mindestens 4-5 Jahre, um seine Ausgewogenheit zu erreichen.

ALOXE-CORTON

Dieser nördlich der Côte de Beaune in 250-350 m Höhe gelegene 245 ha große Weingarten befindet sich in idealer Lage. Er ist mit Pinot noir für die Rotweine und Chardonnay für die Weißweine bestockt und vielfach zergliedert: 96 ha Aloxe-Corton, 29 ha Aloxe-Corton Premier Cru (zu denen 9 ha der Appellation Ladoix hinzugezählt werden müssen), 85 ha Corton, roter oder weißer Grand Cru (davon 16 ha in Ladoix), 35 ha Corton-Charlemagne, ein weißer Grand Cru, der auch in Pernand (17 ha) und Ladoix (6 ha) erzeugt wird. 14 Lagen sind als Premier Cru eingestuft. An den roten Grand Cru Corton dürfen die Namen der Lagen angefügt werden, was heute üblicherweise gemacht wird: Corton-Renardes, Perrière, Bressandes, Clos du Roi ...

CHATEAU DE CORTON-ANDRE
F-21420 Aloxe-Corton
(✆ 80 26 44 25)

Preise auf Anfrage

Die von Gabriel Liogier d'Ardhuy geführte Domäne produziert dank ihrer Lage im Herzen der besten Burgunder-Gewächse ein ganzes Sortiment an renommierten Appellationen. Sie ist jedoch vor allem bekannt für ihre Aloxe-Cortons, in denen sich die Finesse des Pinot noir wiederfindet, es sind mächtige Weine mit einem kräftigen Aromapotential, sie sind von großer Geschmeidigkeit im Mund und von bedeutender Alterungsfähigkeit.

DOMAINE DENIS PERE ET FILS
Chemin des Vignes Blanches
F-21420 Pernand-Vergelesses
(✆ 80 21 50 91)

EVP: FF 70,– inkl. Mwst; Gr: auf Anfrage

Einer der Weine, die den Ruf der hervorragenden roten Burgunder hochhalten. Kleine Früchte (Schwarze Johannisbeere, Brombeere, Himbeere) kommen in ihm mit großer Präsenz und Nachhaltigkeit zum Ausdruck. Die Festigkeit in seiner Jugend garantiert im allgemeinen generöse Langlebigkeit.

DOMAINE MICHEL VOARICK ET FILS
F-21420 Aloxe-Corton · (✆ 80 26 40 44)

Preise auf Anfrage

Michel Voarick, ein großer Name in der Appellation, stellt einen Aloxe-Corton, einen weißen Grand Cru Corton sowie 4 rote Grands Crus Corton (Languettes, Bressandes, Renardes und Clos du Roi) her. Letztere sind dunkelfarbene, elegante, feste Weine mit vorherrschendem Tanningehalt, die aufgrund ihrer Aromen von Schwarzer Johannisbeere und Kirsche jung getrunken oder aber nach einer Reifung von 10-25 Jahren mit einem Bukett von Trüffel und Leder genossen werden. Der Aloxe-Corton benötigt 5-10 Jahre, um seinen Höhepunkt zu erreichen.

SAVIGNY-LES-BEAUNE

Dieses nördlich von Beaune gelegene Anbaugebiet bringt auf 230 ha durchschnittlich 8 300 hl roten sowie auf 10 ha 550 hl weißen Savigny hervor. Der Rotwein stammt aus dem Pinot noir, der Weißwein aus dem Chardonnay. Hinzu kommen noch 24 Lagen rote Premiers Crus auf 140 ha sowie regionale A.O.C.-Weine auf 60 ha. Der sich über unterschiedliche Regionen und Höhen (220-360 m) erstreckende Weinberg besitzt leichte und wenig ertragreiche kalkhaltige, kiesige oder steinige Böden. Die durchschnittlich bis lange haltbaren Savignys erreichen ihren Höhepunkt zwischen 3 und 10 Jahren, die Premiers Crus sehr oft erst nach bis zu 20 Jahren.

DOMAINE PIERRE ANDRE
Château de Corton
F-21420 Aloxe-Corton · (✆ 80 26 44 25)

Preise auf Anfrage

Der 1er Cru "Les Clous" aus der Gemeinde Savigny, den Pierre André anbietet, gibt harmonisch den typischen und zugleich verschiedenartigen Boden wieder. Der kräftig rubinfarbene Wein verbindet Mächtigkeit und Finesse mit den subtilen Düften rotbeeriger Früchte. Mit seinem lieblichen und feinen Bukett stellt er die anspruchsvollsten Kenner zufrieden.

DOMAINE DENIS PERE ET FILS
Chemin des Vignes Blanches
F-21420 Pernand-Vergelesses
(✆ 80 21 50 91)

EVP: FF 49,– bis 51,– inkl. Mwst; Gr: auf Anfrage

Ein beachtlicher Wein der Appellation. Düfte und Aromen von kleinen roten Früchten. Eine gute Struktur. Dieser aus Pinot noir hergestellte Wein ist Beweis für die Weiblichkeit, die einige Lagen der Côte de Beaune zum Ausdruck bringen. Er ist angenehm in seiner Jugend, wird aber den Liebhaber, der zu warten versteht, belohnen.

MAURICE ET JEAN-MICHEL GIBOULOT
27, rue du Général-Leclerc
F-21420 Savigny-lès-Beaune
(✆ 80 21 52 30)

EVP: FF 54,–

10 ha Tonkalkboden genießen das Mikroklima der Côte de Beaune. Die Parzellen werden zum Teil mit Gras besät. Es werden reiche Weine hergestellt. Die Weißweine werden in Eichenfässern vinifiziert und 10 Monate lang, die Rotweine im gleichen Holz 18-24 Monate lang ausgebaut. Das Ergebnis verdient Anerkennung: ein roter Savigny 1990 von schöner kräftiger Farbe, mit Aromen von Schwarzer Johannisbeere und gutem Gerbstoffgehalt, ein Lagerwein par excellence.

DOMAINE JEAN-MARC PAVELOT
F-21420 Savigny-lès-Beaune
(✆ 80 21 55 21)

EVP: FF 45,– bis 60,–; Gr: abzügl. 10-15 %

Die Pavelots, eine Familie mit alter Winzertradition, bebauen einen 10 ha umfassenden Weingarten in verschiedenen Lagen. Es werden rote und weiße Savigny-Villages sowie 1ers Crus Pernand Vergelesses hergestellt. Die Weine werden mit Temperaturkontrolle vergoren, in Eichenfässern ausgebaut und auf dem Gut in Flaschen abgefüllt. Während der Savigny-Villages lieblich und voller Finesse ist, zeichnen die anderen Gewächse vor allem ein elegantes, feines Bukett aus, bei dem rote Früchte vorherrschen.

DOMAINE DU PRIEURE
Jean-Michel Maurice
22, route de Beaune
F-21420 Savigny-lès-Beaune
(✆ 80 21 54 27)

Preise auf Anfrage

Die Gebäude dieser Domäne scheinen noch erfüllt von der Geschichte der Zisterziensermönche, die hier im 16. Jh. ein Priorat erbauten. Wie sollte man dies beim Verkosten des Weins unter den alten Gewölben des ehemaligen Klosters nicht spüren? Und welch ein Wein! Der 1er Cru Les Laviés weist außer den traditionellen Noten der Savigny-Weine vorherrschend animalische Sekundäraromen auf. Oder der weiße Savigny-lès-Beaune, ein Gewächs mit funkelnder Robe, dem die sehr typischen Chardonnay-Aromen (Haselnuß, Vanille) entströmen.

CHOREY-LES-BEAUNE

Unmittelbar nördlich von Beaune ist der 170 ha große Rebgarten Chorey-lès-Beaune gelegen mit der Appellation Chorey und einem kleineren Anteil regionaler Appellationen. Der aus dem Pinot noir-Rebe gezogene rote Chorey erreicht eine Durchschnittsproduktion von 5 700 hl. Der aus dem Chardonnay hergestellte weiße Chorey zählt dagegen kaum 13 hl. Die eher eleganten als mächtigen Chorey-Weine können bereits früh getrunken werden, obwohl sie ihren Höhepunkt erst nach 3 bis 6 Jahren erreichen. Nur die aus einer außergewöhnlich reichhaltigen oder gerbstoffreichen Ernte hervorgegangenen Weine können 10-12 Jahre aufbewahrt werden.

DOMAINE ARNOUX PERE ET FILS
F-21200 Chorey-lès-Beaune
(✆ 80 22 57 98)

EVP: FF 25,– bis 150,–; Gr: FF 18,– bis 100,– zuzügl. Mwst

Seit über einem Jahrhundert teilt die Familie die gleiche Leidenschaft: "Der Wein stellt hohe Anforderungen, aber wie schön ist es, wenn man weiß, daß er zu den großen Jahrgängen zählen wird." Die Domäne erstreckt sich über 22 ha, die sich auf die Gemeinden Beaune, Savigny-lès-Beaune, Aloxe-Corton und Chorey-lès-Beaune verteilen. Sehr gute Sonnenbestrahlung und reiche Böden wirken sich günstig auf die Erzeugung ausgezeichneter Weine aus: ein intensivfarbener Chorey-lès-Beaune mit robustem, offenem Bukett und delikatem Geschmack; ein farbkräftiger Savigny-lès-Beaune, tanninhaltig und körperreich, der die Ursprünglichkeit und den Geschmack seiner Herkunft zum Ausdruck bringt; Beaunes 1ers Crus mit fruchtigem Bukett, weder zu leicht noch zu schwer, wohl ausgewogen.

DOMAINE TOLLOT-BEAUT ET FILS
Rue Alexandre Tollot . F-21200 Chorey
(✆ 80 22 16 54)

Preise auf Anfrage

Der über 4 Gemeinden verteilte, 22 ha große Weinberg dieser alten Domäne erlaubt die Herstellung zahlreicher A.O.C.-Weine, die 16 Monate in Eichenfässern ausgebaut werden. Zum Beispiel der Chorey-lès-Beaune, dessen aromatische Zusammensetzung, fein und dezent, mit Noten von Erdbeeren und Honigkuchen, ihn zwar zu einem Primeur macht, der aber dennoch alterungsfähig ist.

fischen Charakter des Jahrgangs. Empfehlenswert.

Domaine J. Allexant · 21200 Beaune
sucht Importeure
für Deutschland

BEAUNE

Diese Anbaufläche in Hanglage besitzt 39 als Premier Cru klassifizierte Lagen, die sich über 322 ha erstrecken. Der Gemeinde-A.O.C., oben und unten am Hang, umfaßt 128 ha. Es werden aber auch noch regionale A.O.C. (150 ha) und Côte de Beaune (52 ha) erzeugt. Die Hügel mit überwiegend braunen Kalkböden sind mit Pinot noir und Chardonnay bestockt. Ersterer gibt lange haltbare Rotweine, wenn diese aus dem Süden oder Zentrum der Appellation kommen, dabei erreichen durchschnittliche Jahrgänge ihren Höhepunkt dann nach 8-10 Jahren, außergewöhnliche Jahrgänge nach 15 Jahren. Die Weine von den Nordhängen können dagegen ab dem 5. Jahr genossen werden, große Jahrgänge haben eine Haltbarkeit von 12-15 Jahren. Die Weißweine erreichen ihre volle Reife zwischen 5 und 10 Jahren.

DOMAINE JEAN ALLEXANT
F-21200 Sainte-Marie-la-Blanche
(✆ 80 26 60 77)

Preise nicht genannt

Der 18 ha große, mit durchschnittlich 20 Jahre altem Chardonnay und Pinot noir bepflanzte Weinberg wird ohne Kunstdünger bestellt. Die Produktion umfaßt Beaune, Côte de Beaune, Corton und Pommard. Die Weine werden mit 12-15tägiger Gärung vinifiziert und in Eichenfässern, zu einem Viertel jährlich erneuert, ausgebaut. Die beachtlichen typischen Lagerweine enttäuschen nicht, sie sind Garanten für Qualität unabhängig vom spezi-

DOMAINE DE LA REINE PEDAUQUE
Domaine Jean Gagnerot
B.P. 10 . F-21420 Aloxe-Corton
(✆ 80 26 40 00)

Preise auf Anfrage

Der "Clos des Avaux", von einer Parzelle in Hanglage, duftet nach Kirsche, ist körperreich und ausgewogen, ein Wein mit schönem Finale, sehr lange lagerfähig.

DOMAINE MICHEL ROSSIGNOL
Rue de l'Abreuvoir . F-21190 Volnay
(✆ 80 21 62 90)

EVP: FF 30,– bis 120,– inkl. Mwst; Gr: abzügl. 15 %

Der Premier Cru Beaune "Les Teurons", der lang ausgebaut wird, weist eine schöne Konzentration von roten Früchten, viel Samtigkeit und gute Ausgewogenheit im Mund auf.

POMMARD

Das burgundische Dorf Pommard an der Côte de Beaune ist unmittelbar von jenen Rebflächen umgeben, denen es seinen hervorragenden Ruf verdankt. Der nach Osten und Südosten ausgerichtete Weingarten erstreckt sich einem Amphitheater gleich in 240-380 m Höhe. 340 ha, mit Pinot noir bestockt, profitieren von dem weichen, kalkhaltigen Untergrund. Während die 215 ha der Gemein-

POMMARD

de-Appellation durchschnittlich 7 500 hl hervorbringen, geben die 125 ha der 28 Premiers Crus im Durchschnitt 4 500 hl. Der lange lagerfähige Pommard erreicht seinen Höhepunkt meistens nach 5-8 Jahren. Große Jahrgänge bewahren ihre hervorragenden Eigenschaften dagegen sehr viel länger.

DOMAINE DU CLOS DES EPENEAUX
Le Comte Armand
Place de l'Eglise . F-21630 Pommard
(✆ 80 24 70 50)

EVP: FF 150,– inkl. Mwst; Gr: FF 100,– zuzügl. Mwst

Diese 5 ha umfassende Domäne, die nur einen einzigen Wein produziert, ist von einer 3 m hohen Mauer umgeben. Sie erstreckt sich über die Petits und Grands Epenots, die berühmtesten Lagen des Dorfes Pommard. Der 1er Cru Monopole, unten am Hang auf Kalk-Konglomeraten und Anschwemmungen von grobem Mergel gelegen, profitiert von seinem durchschnittlich 30 Jahre alten Rebsortenbestand und der ausschließlich aus Kompost bestehenden Düngung. Der Pommard, der 18-24 Monate in Eichenfässern ausgebaut und ohne Filterung und Klärung in Flaschen abgefüllt wird, ist sehr reich und konzentriert, robust und männlich, er muß altern, um seine Aromen von reifen Früchten und Leder zu entwickeln und das Potential seines Bodens zum Ausdruck zu bringen. Ein Wein, den man im Keller haben sollte.

DOMAINE RAYMOND LAUNAY
F-21630 Pommard
(✆ 80 24 08 03 . Fax: 80 24 12 87)

EVP: FF 35,– bis 190,–; Gr: auf Anfrage

Diese wirklich meisterhafte Domäne ist bekannt für ihr ständiges Streben nach charaktervollen und qualitativ hochwertigen Weinen. Der durchschnittlich 40 Jahre alte Rebsortenbestand, nur organisch gedüngter Boden, lange Vinifizierungen sowie der

18-24monatige Ausbau der Weine in Eichenfässern tragen dazu bei, daß sich ihre Ansprüche erfüllen. Ihre Pommards sind kernig und gerbstoffreich, besitzen das knackige Merkmal von Pflaumenkonfitüre, sie sind körperreich, rund und mächtig, haben das Potential für außergewöhnliche Haltbarkeit. Die Winzerseele des Raymond Launay findet sich in ihnen wieder. Den Weinen wird Bestmögliches gegeben. Sie gehören in die Keller der anspruchsvollsten Kenner.

Domaine Raymond LAUNAY
21630 - POMMARD
Große BURGUNDER
aus Pinot Noir und Chardonnay.
Vinifizierung+Ausbau der Weine: traditionell

DOMAINE LEJEUNE
"La Confrèrie"
François Jullien de Pomerol
F-21630 Pommard · (✆ 80 22 10 28)

Preise nicht genannt

Das überwiegend aus 1ers Crus bestehende Weingut (Rugiens, Argillières, Poutures) profitiert von seinem schweren, fetten braunen Mergelkalkboden, der auf einem Untergrund aus lokalen Anschwemmungen ruht. Die Rugiens, je nach Jahrgang lange haltbare Rotweine mit sehr körperreicher Gerbstoffstruktur und kräftig, auch in der Farbe, sind von großer aromatischer Fülle. Der Argillières weist dagegen stets gewisse Finesse und große Eleganz auf, er ist von großer Aromafülle, hat einen nachhaltigen Abgang.

DOMAINE ANDRE MUSSY
F-21630 Pommard · (✆ 80 22 05 56)

EVP: FF 25,– bis 115,–

Die Mussys bewirtschaften ihre heute 6 ha große, mit Pinot noir beplanzte Domäne seit 1746. Ihre

1er Crus: Epenots, Pézerolles, Saucilles. Die traditionelle Vinifizierung, der Ausbau der Weine in Eichenfässern, ein durchschnittlicher Ertrag von weniger als 36 hl/ha und die Flaschenabfüllung auf dem Château tragen bei zur Herstellung eines rassigen Beaune mit Veilchen- und Haselnußaromen, eines sehr fruchtigen Volnay sowie von sehr lange lagerfähigen Pommardweinen.

CHATEAU DE POMMARD
Jean-Louis Laplanche
F-21630 Pommard · (✆ 80 22 12 59)

EVP: FF 150,– bis 200,–

Das Anfang des 18. Jh. vom Stallmeister und Sekretär des Königs aufgebaute Château de Pommard ist unter den Burgunder Grands Crus die größte Domäne an einem Stück (20 ha). Sie profitiert von ihrem eisenhaltigen Tonkalkboden, der zu 100 % mit Pinot noir, dessen Durchschnittsalter 30 Jahr beträgt, bepflanzt ist. Durch minimalen Ertrag (30-35 hl/ha), Vinifizierung in der Holzkufe sowie einen Ausbau der Weine in Eichenfässern (zu 50 % neu) entsteht ein Pommard mit schöner kräftiger Rubinrobe, mächtigem Bukett und gut geschmolzenen Tanninen. Die Cuvées dieser lange haltbaren Weine unterliegen bei der Abfüllung auf dem Château einer strengen Auswahl. Das Château steht an der Spitze der Appellation.

DOMAINE REBOURGEON-MURE
Grande Rue . F-21630 Pommard
(✆ 80 22 75 39)

EVP: FF 22,– bis 110,–; Gr: Preise auf Anfrage

Eines der ältesten Familiengüter in Pommard: Ein Vorfahr siedelte sich hier im Jahre 1552 an. Die Domäne umfaßt heute nahezu 8 ha 1ers Crus aus Pommard, Volnay und Beaune. Die Weinlese erfolgt manuell, die Vinifizierung traditionell. Die Weine werden in Eichenfässern verwahrt, bis sie

nach 12- 24 Monaten, je nach Cuvée, auf dem Gut in Flaschen abgefüllt werden.

VOLNAY

Die kleine 220 ha umfassende Appellation ist zwischen Monthélie und Pommard gelegen. Ihre verschiedenartigen Gebiete geben unterschiedliche Weine. Während die Böden bei Pommard steinig sind, bestehen sie nach Monthélie zu aus Lehm und überwiegend hartem Kalk. Man unterscheidet hier 37 Premiers Crus, die berühmtesten sind Fremiets, Le Clos-des-Chênes, En Caillerets, Les Angles, En Champans und En Chevret, alles sehr gefragte Rotweine.

DOMAINE DU CHATEAU DE BEAUNE
Bouchard Père et Fils
Au Château . B.P. 70
F-21202 Beaune Cedex

Preise nicht genannt

Dieser 1,1 ha umfassende Rebgarten ist auf einem Hügel im südlichen Zentrum der Gemeinde Volnay gelegen. Sein 1er Cru "Taillepieds", eine der berühmtesten Lagen der Appellation, ist ein Wein von bemerkenswerter Ausgewogenheit, mit köstlichem Bukett, alterungsfähig und von ganz besonderem Charme.

DOMAINE FRANÇOIS BUFFET
F-21190 Volnay
(✆ 80 21 62 74)

EVP: FF 60,– bis 150,–

Die Buffets bauen seit 1692 Wein in Volnay an. Ihr in 230-330 m Höhe gelegener Weinberg hat kalziummagnesiahaltige und braune Kalkböden auf hartem jurassischem Kalk, er wird einzig durch

Bodenbeackerung bestellt, und die Trauben werden manuell geerntet: 5 Premiers Crus, darunter 1 Monopol und 2 Lagen, alle unter der Appellation Volnay. Das Durchschnittsalter der Rebstöcke von 30 Jahren, der lange Gärprozeß, die 18 Monate später erfolgende Flaschenabfüllung sowie die Reifung in einem sehr alten Keller mit 80 % Feuchtigkeitsgehalt geben diesen Volnays typische Eigenschaften. Die granatfarbenen Weine haben ein feines Bukett, sind ausgeglichen und von großer Alterungsfähigkeit.

DOMAINE MICHEL LAFARGE
F-21190 Volnay · (✆ 80 21 61 61)

Preise auf Anfrage

Auf dieser Domäne, deren Ursprünge bis ans Ende des 18. Jh. zurückreichen, wurde im Jahre 1936 erstmalig in Flaschen abgefüllt. Diese werden an Privatkunden verkauft. Bodenbeackerung, manuelle Weinlese, sehr sorgsame Vinifizierung und 18monatiger Ausbau in Eichenfässern gewährleisten ihren Erfolg: der fruchtige Volnay besitzt Finesse, eine reiche Gerbstoffstruktur und ein schönes dunkles Rubinkleid. Man kann ihn auch noch nach ein paar Jahren genießen, denn er altert gut.

DOMAINE MICHEL ROSSIGNOL
Rue de l'Abreuvoir · F-21190 Volnay
(✆ 80 21 62 90 · Fax: 80 21 60 31)

EVP: FF 30,– bis 120,– inkl. Mwst; Gr: abzügl. 15 %

Der überwiegend tonkalkhaltige Boden, das Mikroklima, der Rebsortenbestand mit einem Durchschnittsalter von 25-40 Jahren, die organische Düngung, die sorgsame Weinbereitung (vollständiges Abbeeren, maximale Gärung, Zerquetschen mit Füßen im offenen Tank), der 18monatige Weinausbau in Eichenfässern ... und das ganze Talent von Michel Rossignol bringen einen 1er Cru

Volnay "Les Pitures" hervor mit Rubinrobe, füllig, fruchtig und elegant, häufig mit blumigen Aromen, ein geschmeidiger Lagerwein mit langem Nachgeschmack.

DOMAINE MICHEL ROSSIGNOL,
Erzeuger von Volnay 1er Cru les Pitures,
Volnay, Beaune 1er Cru les Teurons,
Côte de Beaune Clos de Pierres Blanches,
Bourgogne Pinot noir, Monthélie 1er Cru les
Champs Fulliot (weiß)
Rue de l'Abreuvoir · 21190 Volnay
✆ 0033-80216290 · Fax: 80216031
Terminvereinbarung

MONTHELIE

DOMAINE DENIS BOUSSEY
Grande Rue · F-21190 Monthélie
(✆ 80 21 21 23)

EVP: FF 50,– bis 62,–; Gr: FF 36,– bis 49,– zuzügl. Mwst

Ein kleiner Weinberg (3,8 ha für die Rotweine, 0,63 ha für die Weißweine) mit Tonkalkboden und Mergel oben an den Hängen, die dank eines außergewöhnlichen Mikroklimas nicht dem Frost ausgesetzt sind. Pinot noir und Chardonnay bilden den durchschnittlich 25 Jahre alten Rebsortenbestand. Alle 3 Jahre wird organisch gedüngt. Durch 10-11monatigen Ausbau der Weißweine im Faß und 12-14monatigen Ausbau der Rotweine entstehen Monthélies von großer Qualität: der rote im Rubinkleid, pfefferig an der Nase und mit dem Duft kleiner Früchte, 6-12 Jahre lagerfähig; der weiße von blaßgelber Farbe, nach Weißdorn und Mandel duftend, er kann 4-10 Jahre aufbewahrt werden.

DOMAINE CHANGARNIER
Pierre Changarnier
Place du Puits · F-21190 Monthélie
(✆ 80 21 22 18)

EVP: FF 45,– inkl. Mwst

Seit 12 Generationen bewirtschaften die Changarniers dieses 6 ha große Weingut mit Tonkalkboden, auf dem die Pinot- und Chardonnay-Rebstöcke ein Durchschnittsalter von 40 Jahren aufweisen. Der Anbau erfolgt traditionell, ohne Düngemittel, die Weinlesen werden manuell durchgeführt. Bei der Vinifizierung bevorzugt man lange Gärverfahren. Danach werden die Weine in Eichenfässern ausgebaut. Das Ergebnis sind fruchtige und sehr feine Weine von großer Qualität.

DOMAINE NICOLE ET MICHEL DESCHAMPS
Rue du Château Gaillard
F-21190 Monthélie · (✆ 80 21 28 60)

EVP: FF 49,– bis 63,–

Die über 9 ha große Domäne stellt einen fruchtigen weißen Monthélie her, der jung - nach einjährigem Ausbau - nach Williamsbirne und Aprikose duftet, während er nach ein paar Jahren in der Flasche Aromen von gebrannten Mandeln und Röstbrot ausströmt. Der rote Monthélie entwickelt nach einigen Jahren Düfte von roten Früchten, in anderen Jahren dann wieder von Unterholz und Moschus. Die Weine altern gut, 6-12 Jahre je nach Jahrgang, mitunter länger.

DOMAINE PAUL GARAUDET
F-21190 Monthélie · (✆ 80 21 28 78)

EVP: FF 20,– bis 90,–

Der knapp 9 ha große Weinberg mit Tonkalkboden wird regelmäßig bearbeitet, das Unkraut gejätet.

Zahlreiche Appellationen werden hier produziert. Der Ertrag beläuft sich auf 40 hl/ha. Die Vinifizierung wird wie in alter Zeit durchgeführt. Die Weine werden 12-18 Monate in Eichenfässern (30 % neue, 70 % 2-3 Jahre alt) ausgebaut. Das Ergebnis sind gute lagerfähige, angenehm gerbstoffhaltige Weine mit vielen Aromen, sehr nachhaltig.

DOMAINE MICHEL ROSSIGNOL
Rue de l'Abreuvoir · F-21190 Volnay
(✆ 80 21 62 90)

EVP: FF 30,– bis 120,– inkl. Mwst; Gr: abzügl. 15 %

Der 18 Monate in Eichenfässern gealterte Premier Cru Monthélie "Les Champs Fulliot" wird sowohl von Privatkunden wie von ausländischen Importeuren geschätzt. Der beachtliche Wein weist Düfte von Gewürz und Himbeere auf, er ist rund im Mund, gut strukturiert und hat sehr feine Tannine. Ein sehr charaktervoller Lagerwein.

AUXEY-DURESSES

Dieser in einem fruchtbaren Tal der Côte de Beaune gelegene, recht ausgedehnte Weingarten umfaßt die beiden Dörfchen Auxey-le-Petit und Melin. Duresses ist der Name eines Premier Crus, den er sich mit Monthélie teilt. Während der Boden um Auxey-le-Petit herum aus wenig tiefer Erde besteht, die eine Tuffsteinschicht überdeckt, befinden sich der Premier Cru Climat du Val und die angrenzenden Weinberge auf sehr steilem Gebiet von hervorragender Beschaffenheit. Der seit 696 bekannte Wein steht in dem Ruf, Farbe, Körper und Bukett zu besitzen. Seine 9 Grands Crus bieten ein äußerst reiches Angebot an Rotweinen aus dem Pinot und an Weißweinen, die aus dem berühmten Chardonnay erzeugt werden.

DOMAINE ANDRE ET BERNARD LABRY

Melin · F-21190 Auxey-Duresses

Preise nicht genannt

Diese alte Familie burgundischer Weinbauern erzeugt auf 14 ha verschiedene Appellationen: roten und weißen Auxey-Duresses, Bourgogne Hautes-Côtes de Beaune, Crémant de Bourgogne. Der im Durchschnitt 25 Jahre alte Rebsortenbestand (70 % Pinot noir, 15 % Chardonnay und 15 % Aligoté) profitiert vom Kontinentalklima der Region. Bemerkenswert ist der in Eichenfässern ausgebaute, schön rubinrote Auxey-Duresses mit seinem Kirschduft, ein gut lagerfähiger Wein.

DOMAINE DU DUC DE MAGENTA

Le Duc et la Duchesse de Magenta
Château de Sully · F-71360 Sully
(✆ 85 82 10 27)

EVP: FF 62,– + 68,– inkl. Mwst; Gr: auf Anfrage

Der rote Auxey-Duresses, in seiner Jugend fruchtig, aber recht hart, verlangt nach Alterung, um Offen- und Ausgewogenheit zu erlangen. Der weinige und fruchtige Weißwein gehört zu den geheimen Schätzen der Côte.

DOMAINE ROY

G.A.E.C. Roy Frères
F-21190 Auxey-Duresses · (✆ 80 21 22 51)

Preise auf Anfrage

Die Roys, eine Familie, die 1840 damit begann, ihre Weine selbst zu vermarkten, erzeugen heute Volnays und Auxey-Duresses, die in Eichenfässern ausgebaut werden. Der rote 1er Cru Volnay Les Santenots, der am wenigsten kräftige Wein der Côte de Beaune, zeichnet sich durch seine Finesse aus. Der rote, für seine Alterungsfähigkeit bekannte 1er

Cru Auxey-Duresses Les Duresses ist zunächst etwas hart, nach voller Entfaltung aber offen mit einem ausgeprägten Bukett. Ein weiterer roter 1er Cru Auxey-Duresses, Le Clos du Val, ist im Mund sehr fein mit einem fruchtigen Himbeerbukett. Der fruchtige und sehr ausgewogene Auxey-Duresses Côte de Beaune ist letzterem sehr ähnlich. Der trockene Auxey-Duresses-Weißwein hat ein parfümiertes Bukett, erinnert an einige Meursaults.

MEURSAULT

8 km von Beaune entfernt befindet sich die Kleinstadt Meursault mit ihren südlich der Côte de Beaune gelegenen Rebflächen an Hängen in 230-360 m Höhe, die dank ihrer Ausrichtung nach Osten reichliche Sonneneinstrahlung genießen. Die weißen Mergel- und Kalkböden erklären die überwiegende Weißweinproduktion aus der Chardonnay-Traube, der dieser Boden besonders zusagt. Die Appellation besteht aus 2 Teilen: der eine ist den Weißweinen vorbehalten (295 ha Meursault; 110 ha Meursault Premier Cru), der andere gehört den Rotweinen (10 ha Meursault-Côte de Beaune und 52 ha Meursault Premier Cru). Die letztgenannte Zone umfaßt auch den A.O.C. von Blagny, der sich auf Meursault-Gebiet befindet, aber ein Anrecht auf die eigene Appellation hat, sowie den roten Premier Cru Volnay-Santenots der Gemeinde Meursault.

DOMAINE GUY BOCARD

4, rue de Mazeray · F-21190 Meursault
(✆ 80 21 26 06 · Fax: 80 21 64 92)

EVP: FF 28,– bis 130,–; Gr: FF 20,– bis 90,–

Dieser interessante Weinberg erstreckt sich über 3 bedeutende 1ers Crus und Auxey-Duresses mit den Burgundern Aligoté, Chardonnay, Crémant, Pinot noir und Monthélie. Die hervorragenden Weine stammen von einem Tonkalkboden, der mit organischen Stoffen gedüngt wird, und von durchschnittlich 25 Jahre alten Rebstöcken. Die Rotweine werden in 228 l-Eichenfässern, die Weißweine teilweise in Tanks ausgebaut. Die Rotweine sind leicht, aber nicht ohne Kern, eher fein als mächtig; die weißen Meursaults haben ein berauschendes Bukett, werden charakterisiert von bitterer oder getrockneter Mandel, sie sind sehr gehaltvoll im Mund, von reicher Lieblichkeit und seltener Nachhaltigkeit. Erlesene Weine für erlesene Tafeln.

DOMAINE GUY BOCARD
Grands Vins de Bourgogne
Große Burgunderweine
21190 Meursault · Frankreich
✆ 80212606 · Fax: 80216492

DOMAINE HENRI DARNAT
20, rue des Forges · F-21190 Meursault
(✆ 80 21 23 30 · Fax: 80 21 64 62)

EVP: FF 45,– bis 150,–; Gr: FF 33,– bis 110,– zuzügl. Mwst

Die 1983 von den Kindern Pierre Darnats übernommene Domäne wird heute von Henri Darnat geführt. Ihr Bekanntheitsgrad plaziert sie unter den berühmtesten von Meursault. Auf 4 ha wird traditionell das Beste produziert: ein Monopol "Clos Richemont", ein Premier Cru "Goutte d'Or", auch ein sehr angesehener weißer Burgunder. Die Böden werden beackert, biologisch angebaut ohne Dünger und Unkrautvernichtungsmittel. Die Gärung erfolgt mit Wärmeregulierung und der Weinausbau 11-18 Monate lang in Eichenfässern, was die Qualität der beachtlichen Weine aus einem durchschnittlich 30 Jahre alten Rebsortenbestand noch verbessert. Die Weißweine haben hier ihr Paradies, sie sind mächtig an der Nase, gekennzeichnet von Fett und Finesse, erreichen ihren Höhepunkt zwischen 8-15 Jahren. Die hervorragenden Weine zu niedrigen Preisen verdienen eine Empfehlung.

¤
DOMAINE DARNAT

In Meursault Besitzer
großer Weißwein-Appellationen

Ausschließlich biologischer Anbau

Vinifizierung im Faß bis zu 18 Monaten

In den größten Restaurants zahlreicher Länder vorrätig

Domaine Darnat · 21190 Meursault
✆ 80212330 · Fax: 80216462

DOMAINE MICHELOT-BUISSON
31, rue de la Velle · F-21190 Meursault
(✆ 80 21 23 17)

Preise auf Anfrage

Angeboten werden auf diesem Gut 3 weiße Premiers Crus Meursault - "Perrières", "Charmes" und "Genevrières" - sowie 1 roter Meursault. Die Weißweine sind bukettreich (Mandel, Apfel, warmes Brot), sehr gehaltvoll am Gaumen, von seltener Nachhaltigkeit. Der Rotwein ist leicht, aber nicht ohne Kern, mehr fein als mächtig. Während erstere je nach Jahrgang ihren Höhepunkt nach 8-15 Jahren erreichen, entwickelt sich letzterer innerhalb von 5-10 Jahren.

DOMAINE JACQUES PRIEUR

2, rue de Sautenots · F-21190 Meursault

EVP: FF 36,– bis 680,–

Der junge Martin Prieur, 27 Jahre alt, leitet eine der berühmtesten Domänen im Burgund. Auf knapp 15 ha besitzt er 6 Monopol-Appellationen, 4 Premiers Crus und 6 Grands Crus. Der sehr niedrige Ertrag (38 hl/ha), die durchschnittlich 30 Jahre alten Rebstöcke, die ausschließliche Verwendung biologischer Düngemittel und - natürlich - das Wissen ergeben einen beachtlich fetten Meursault Clos du Mazeray, mit Butter an der Nase, der sich in 3-4 Jahren schnell entfaltet.

PULIGNY-MONTRACHET

Puligny-Montrachet ist ein kleines, 12 km von Beaune entfernt gelegenes Dorf am Fuße eines 463 m hohen Berges, der es vor widrigen Winden schützt. Seine Häuser drängen sich eng aneinander, um dem Wein genügend Platz zu bieten. Sie besitzen keine Keller, sondern nur ebenerdige Kellereien, wegen des nur 50 cm unter der Erdoberfläche befindlichen Grundwasserspiegels. Die 245 ha Anbaufläche mögen recht verwirrend anmuten mit ihren sehr kleinen Grands Crus wie Montrachet (8 ha, davon 4 in Chassagne), Chevalier-Montrachet (7,4 ha), Bâtard-Montrachet (12 ha, davon 6 in Chassagne), Bienvenues-Bâtard-Montrachet (3,7 ha). Hinzu kommen die auf 24 Lagen (100 ha) verteilten Premiers Crus, die jedoch unter 14 Lagenamen vermarktet werden, deren größte 13,64 ha, die kleinste 54,20 Ar zählt. In diesen Zahlen enthalten ist das Dörfchen Blagny, das 21 ha Premiers Crus und 8 ha einfache A.O.C. besitzt.

DOMAINE LOUIS CARILLON

F-21190 Puligny-Montrachet
(✆ 80 21 30 34 · Fax: 80 21 90 02)

EVP: FF 58,– bis 280,–; Gr: auf Anfrage

Die Carillons sind seit 1520 Winzer in Puligny und besitzen einen 16 ha umfassenden, ideal aufgeteilten Weingarten: 5 Premiers Crus Puligny-Montrachet, 1 Premier Cru Saint-Aubin und nicht zu vergessen den Chassagne-Montrachet sowie den Mercurey. Die Weißweine erfreuen sich großer Beliebtheit: 2/3 Chardonnay gegenüber 1/3 Pinot noir. Ihre Anbaumethode entspricht der Qualität: Wechselweise Beackerung und leichte Unkrautentfernung, keinerlei Düngung. Der Ausbau ist für Rot- und Weißweine identisch. Er erfolgt 1 Jahr in Eichenfässern, danach 3-6 Monate im rostfreien Stahlcontainer, bevor auf Flaschen abgezogen wird. Das Ergebnis ist überzeugend. Zum Beispiel der Perrières 1992, ein fetter, voller, sehr reicher, ausgewogener, mächtiger Wein mit viel Würze von Gegrilltem, Zitrusfrüchten, Aprikose, Mango. Oder der 1992er goldfarbene Puligny-Montrachet, der reich, voll und fruchtig, fein und lang ist. Weine für beste Tafeln, für große Kenner.

Burgunderweine
CARILLON · Winzer

Weißweine:
Puligny-Montrachet
Puligny-Montrachet 1er Cru
Bienvenues Bâtard-Montrachet

Rotweine:
Chassagne-Montrachet
Mercurey
Saint-Aubin 1er Cru

Louis CARILLON et Fils
F-21190 Puligny-Montrachet
✆ 80.21.30.34 · 80.21.30.75
Fax: 80.21.90.02

DOMAINE JEAN CHARTRON
13, grande Rue
F-21190 Puligny-Montrachet
(✆ 80 21 32 85)

Preise nicht genannt

Die Domäne produziert vor allem Grands Crus und 1ers Crus monopoles wie z.B. den Premier Cru Clos du Cailleret. Dreiviertel dieses "Clos" sind mit Chardonnay-Rebstöcken bepflanzt, die einen herrlichen Weißwein ergeben, in welchem die Kraft des Montrachet zum Ausdruck kommt; perfekte Rundung weist der "Pucelles" (ein weiterer 1er Cru monopole der Domäne) auf, Eleganz dagegen der "Chevalier" (Grand Cru monopole).

DOMAINE HENRI CLERC ET FILS
Place des Marronniers
F-21190 Puligny-Montrachet
(✆ 80 21 32 74 · Fax: 80 21 39 60)

EVP: FF 33,20 bis 355,80; Gr: auf Anfrage

Die im 16. Jh. von den Vorfahren der heutigen Eigentümer gegründete Domäne verfügt über 26 ha Rebflächen, die 5 Grands Crus, 6 Premiers Crus, 6 Villages-Appellationen und 5 Burgunder Appellationen umfassen. Das verdeutlicht die Bedeutung dieses Guts, das jährlich 1 300 hl bemerkenswerte Burgunder Weine herstellt. Die besten von ihnen reifen in Eichenfässern, von denen 300 (1/3) pro Jahr erneuert werden. Die Rotweine, von dunkler Rubinfärbung, nach roten Früchten duftend, haben feine Gerbstoffe, die nach Alterung verlangen; die goldfarbenen Weißweine, aromatisch im Duft (Haselnuß und gebrannte Mandel), sind mächtig und fett, sehr intensiv im Geschmack. Der Kenner kann nicht enttäuscht werden, denn die Weine dieser Domäne sind von gleichmäßig guter Qualität, unabhängig von den Merkmalen eines jeden Jahres.

*

Seit dem 16. Jahrhundert produziert die
DOMAINE HENRI CLERC
auf einer 26 ha Rebfläche hervorragende Gewächse auf den Gemeinden Puligny-Montrachet, Meursault, Blagny, Beaune, Santenay, Clos de Vougeot und Echezeaux.

Die Vinifizierung erfolgt auf der Domäne nach Burgunder Tradition mit Alterung der Weine in Eichenfässern.

DOMAINE HENRI CLERC & FILS
Place des Marronniers
F-21190 Puligny-Montrachet
✆ 80 21 32 74 · Fax: 80 21 39 60
Kellerei an allen Tagen der Woche geöffnet

*

DOMAINE OLIVIER LEFLAIVE FRERES
Place du Monument
F-21190 Puligny-Montrachet
(✆ 80 21 37 65)

EVP: FF 86,– bis 179,–

Das große Haus, eine Familiendomäne, engagiert sich für die Verbreitung großer Burgunderweine. Dank des Traubenzukaufs werden zahlreicheAppellationen hergestellt. Der Rebsortenbestand mit einem Durchschnittsalter von 35 Jahren, der umwelt- und bodenfreundliche Anbau sowie der 10-18monatige Weinausbau in Eichenfässern machen u.a. ihren Puligny-Montrachet zu einem hervorragenden Vertreter der Appellation, dessen Qualität den Preis rechtfertigt.

DOMAINE DU DUC DE MAGENTA
Le Duc et la Duchesse de Magenta
Château de Sully · F-71360 Sully
(✆ 85 82 10 27)

EVP: FF 119,– inkl. Mwst; Gr: auf Anfrage

Der weiße 1er Cru Puligny-Montrachet "Clos de la Garenne", ein Name von Weltruf aufgrund seiner hervorragenden Qualität: trocken, elegant, mit einem Blütenbukett.

DOMAINE MICHELOT-BUISSON
31, rue de la Velle · F-21190 Meursault
(✆ 80 21 23 17)

Preise auf Anfrage

Les Folatières gehört zu den bemerkenswerten Premiers Crus von Puligny. Er entfaltet sein Bukett sofort, ist fett und von Beginn an sehr finessereich, vollmundig und von schöner Länge am Gaumen, kernig, mit komplexen feinen Noten, von Haselnuß und Trüffel gekennzeichnet, die beim Altern mehr und mehr an Intensität gewinnen. Ein femininer Wein und ein Lagerwein par excellence, ein fürstlicher Premier Cru von Puligny ... und aus dem Burgund.

CHASSAGNE-MONTRACHET

Chassagne-Montrachet - in so unmittelbarer Nachbarschaft zu Puligny- Montrachet gelegen, daß sie sich die beiden Grands Crus Montrachet und Bâtard-Montrachet teilen - ist stolz auf seine 360 ha Rebflächen (zur Hälfte Grands Crus und Premiers Crus), die Rot- und Weißweine von außergewöhnlicher Qualität hervorbringen. Der dritte Grand Cru, Criots-Bâtard-Montrachet, ist der einzige, der sich nur auf Chassagne-Gebiet befindet. 23 Lagen sind als Premier Cru klassifiziert, darunter Caillerets, Morgeot, Chenevottes, Grandes Ruchottes, um nur die berühmtesten zu nennen. Unter den Domänen dieser Appellation ist jene von Jean-Noël

Gagnard anzuführen, ein durch seine weißen Premiers Crus berühmter Winzer; René Lamy-Pillot ist bekannt für seine Premier Cru-Rotweine; Bernard Morey ist Spezialist für Weine von alten Rebstöcken; Jean-Marc Morey steht an der Spitze jener Domänen, die vorbildliche Chassagnes anbieten; auch Jean Pillots Rot- und Weißweine sind hervorragend. Manch anderer müßte aufgeführt werden, denn die Gewächse von allererster Qualität liegen in der Rangordnung sehr nah beieinander.

DOMAINE MICHEL COLIN-DELEGER
3, impasse des Crêts
F-21100 Chassagne-Montrachet
(✆ 80 21 32 72)

Preise nicht genannt

Auf dieser sehr bescheidenen Domäne werden hauptsächlich 1ers Crus Chassagne-Montrachet produziert: die Rotweine bleiben 12-15 Monate im Holz, die Weißweine 10-12 Monate. Ein großer Anteil wird exportiert, 60 % in die USA, nach Großbritannien und Japan. Es sind robuste, reiche Weine mit Noten von Haselnuß, Mandel, sogar von Feuerstein. Sie verdienen beste Tafeln.

DOMAINE LAMY-PILLOT
René Lamy
31, route de Santenay
F-21190 Chassagne-Montrachet
(✆ 80 21 30 52)

EVP: FF 30,– bis 128,–

Während sich bei den Lamys der Winzerberuf seit 1640 vom Vater auf den Sohn vererbt, reicht der Ursprung der Familie Pillot ins Jahr 1595 zurück. Durch die Heirat von René Lamy und Marie-Thérèse Pillot wurden zwei Weingärten in den besten Lagen des Gebiets vereint. Die Domäne bietet seltene Weine an: geschmeidige und im Mund runde 1989er Rotweine, die 1990er sind fester und haben

Zukunft; 1989er Weißweine, die zu den wahrhaft großen Jahrgängen gehören.

DOMAINE DU DUC DE MAGENTA
Le Duc et la Duchesse de Magenta
Château de Sully · F-71360 Sully
(✆ 85 82 10 27)

EVP: FF 86,– bis 110,– inkl. Mwst; Gr: auf Anfrage

Angeboten wird ein roter 1er Cru Chassagne-Montrachet "Abbaye de Morgeot Clos de la Chapelle". (Die Abtei gehört seit 1967 dem Herzog de Magenta, einem Urenkel des Marschalls de Mac Mahon, erster Herzog de Magenta und Präsident der Republik Frankreich.) Der beachtliche, charaktervolle Wein zeigt mit leicht pfeffriger Würze Stabilität, er ist kräftig und farbenprächtig, mit einem Mantel aus Samt bekleidet und vermittelt ein überraschendes Gefühl von Geschmeidigkeit. Ein weißer 1er Cru Chassagne-Montrachet "Abbaye de Morgeot Clos de la Chapelle" ist der bekannteste der weißen 1ers Crus von Chassagne. Ein reicher und gehaltvoller Wein. Wie der Herzog de Magenta hervorhebt, ist in einer alten Schrift zu lesen, daß man eine Flasche Chassagne für 2 Montrachets gab. "Ich selbst", sagt er, "trinke diesen Wein zu einem schönen gegrillten Rumpsteak, selbstverständlich aus eigener Herstellung."

DOMAINE MARC MOREY
3, rue Charles Paquelin
F-21190 Chassagne-Montrachet
(✆ 80 21 30 11)

Preise über den Importeur France Vinicole, Hafenstr. 20, D-77694 Kehl

Die Domäne wurde im 19. Jh. gegründet, als das Haus Umspannstelle für Postkutschpferde war. Das 9 ha große Gut, das bis 1977 von Fernand und Marc Morey bewirtschaftet wurde, wird heute von Marcs Schwiegersohn Bernard Mollard geführt, der es verstanden hat, sich den nur vom Unkraut befreiten Tonkalkboden und das gemäßigte Kontinentalklima zunutze zu machen. Man bevorzugt hier die ein Jahr im Faß ausgebauten Weißweine, z.B. den 1er Cru Chassagne-Montrachet Les Chenevottes mit seiner schönen, harmonischen, konzentrierten Struktur, den komplexen Aromen von weißen Früchten und Zimt,ein Wein von großer Nachhaltigkeit.

DOMAINE JEAN PILLOT
1, rue Combard
F-21190 Chassagne-Montrachet
(✆ 80 21 33 35)

Preise nicht genannt

Auf der Familiendomäne werden überwiegend Premiers Crus erzeugt: "Les Champs Gain" (0,20 ha), "Les Macherelles" (0,28 ha), "les Chenevottes" (0,35 ha), "Morgeot" (0,35 ha). Insgesamt 7 400 Flaschen Premiers Crus. Hinzu kommt eine geringe Produktion an Santenay. Aber was für Flaschen! Es finden sich in ihnen die vorherrschenden Qualitäten des Gewächses und das Talent der Familie Pillot wieder.

SAINT-AUBIN

Dieser Weinberg befindet sich auf verschiedenen Hügeln mit recht steilen Hängen von unterschiedlicher mineralogischer Beschaffenheit. Während die mit Pinot noir bestockten Rotweinböden kalkhaltig, steinig, braun- oder rotgefärbt sind, sagt die weiße, tonhaltigere Erde mehr der Weißweintraube Chardonnay zu. Das A.O.C.-Gebiet unterteilt sich in 25 ha roten Gemeinde-A.O.C., 62 ha rote Premiers Crus, 55 ha weißen Gemeinde-A.O.C. und 40 ha weiße Premiers Crus. Alles in allem 19 Rot- und Weißweine.

DOMAINE GILLES BOUTON
Gamay · Saint-Aubin
F-21190 Meursault · (℡ 80 21 32 63)

EVP: FF 35,– bis 100,–

Gilles Bouton begann im Jahre 1977 damit, einen 2,5 ha großen Weinberg zu bebauen. Die Weine der Domäne zog er selbst auf Flaschen und vermarktete sie auch. Dank seiner Ausdauer besitzt er heute 8 ha Rebflächen mit 4 Premiers Crus in Saint-Aubin, 2 in Blagny und 1 in Puligny-Montrachet. Da die Qualität der Vinifizierung der der Crus nicht nachsteht, verdienen es diese weißen Saint-Aubins La Chatnière, En Rémilly, Les Murgers-des-dents-de-Chien und die roten Les Créots, an den besten Tafeln verkostet zu werden. Während die Weißweine vor allem große Burgunder mit vorherrschend lieblichem Geschmack sind, duften die Rotweine nach Brombeeren und schwarzen Kirschen, sind nach ein paar Jahren aromareich und nachhaltig im Mund, können sich bis in ihr 15. Jahr entwickeln.

DOMAINE LOUIS CARILLON
F-21190 Puligny-Montrachet
(℡ 80 21 30 34)

EVP: FF 58,–; Gr: auf Anfrage

1 ha, an den Chassagne-Montrachet angrenzend, mit dem Premier Cru "Les Pitangerets". Ein gut strukturierter Wein von schöner Färbung und delikater Frucht, mit einem Duft von Johannisbeerlikör und schwarzer Kirsche, den eine leichte Ledernote ergänzt. Der während seiner Entwicklung köstliche und geschmeidige Wein kann mit 4-6 Jahren verkostet werden, reichhaltiger ist er etwa mit 15, wenn das Tannin ausgeprägt ist. Ein Wein, der der Appellation alle Ehre macht.

DOMAINE GERARD THOMAS
F-21190 Saint-Aubin
(℡ 80 21 32 57)

EVP: FF 25,– bis 100,–; Gr: auf Anfrage

Ein Premier Cru-Spezialist. Der Weißwein mit blaßgoldener Robe, einem Bukett von grüner Mandel und Bienenwachs, das sich zu Zimt und Ambra hin entwickelt, von lieblicher Würze, ein Wein, dessen Harmonie sich in der Finesse und Eleganz wiederfindet. Der Rotwein mit einem Duft von Johannisbeerlikör und schwarzer Kirsche, weich im Mund, köstlich, wenn er altert, mit reichen Noten, nachhaltig. Beide Weine mit außergewöhnlichem Alterungspotential.

SANTENAY

Dieser 360 ha große Rebgarten profitiert von einem der mildesten Klimas der Côtes d'Or, einem kalkhaltigen, steinigen Boden und von Thermalquellen. Dieser Reichtum findet sich in den Weinen des Gebiets wieder: 95 % rote, ausschließlich aus Pinot noir gezogen, der Rest weiß. Auf den besten Hängen entstehen die charakteristischsten Premier Cru klassifizierten Santenays, 11 an der Zahl.

DOMAINE ADRIEN BELLAND
Place du Jet d'Eau · F-21590 Santenay
(℡ 80 20 61 90)

EVP: FF 33,– bis 170,–

Santenay-Comme und Santenay-Clos des Gravières: Premiers Crus, die keinen Liebhaber gleichgültig lassen. Das wissen die Bellands, und sie leisten Hervorragendes bei der Herstellung ihrer Weine. Die 25-30 Jahre alten Pinot noir- und Chardonnay-Rebstöcke entziehen dem Tonkalkboden das Beste. Vor der Flaschenabfüllung auf der Domäne werden die Weine 18 Monate in Fässern ausgebaut, 500 hl Santenay, die auf den besten Tafeln im In- und Ausland ihren Platz haben.

DOMAINE CHEVROT

Catherine et Fernand Chevrot
F-71150 Cheilly-les-Maranges
(✆ 85 91 10 55)

EVP: FF 46,–; Gr: FF 34,–

Die Domäne bietet große Appellationen an: Santenay 1er Cru, Maranges, Bourgogne Hautes-Côtes de Beaune. Ihr 11 ha großer Weinberg mit Tonkalkboden wird ohne Düngemittel bearbeitet. Es entsteht ein Santenay Clos Rousseau 1er Cru mit feinwürzigen Holzaromen, ein gehaltvoller, kerniger Wein, mächtig im Mund, mindestens 5 Jahre lagerfähig; ein an der Nase feiner Maranges Côtes de Beaune, mit geschmolzenen Gerbstoffen, der jung verkostet, aber auch einige Jahre aufbewahrt werden kann; ein Bourgogne Hautes-Côtes de Beaune, rund, kernig, fruchtig und leicht tanninhaltig, der sich in ein paar Jahren entfalten wird.

DOMAINE MESTRE PERE ET FILS

Place du Jet d'Eau · F-21590 Santenay
(✆ 80 20 60 11)

EVP: FF 40,– bis 160,–

Die Mestres bauen seit 5 Generationen Wein an. Auf ihrem 20 ha großen Weingarten mit einem durchschnittlich 50 Jahre alten Rebsortenbestand - 4 ha Chardonnay und 16 ha Pinot noir - werden Düngemittel gemieden. Dieses und der traditionelle Ausbau der Cuvées in Eichenfässern lassen einfache, offene und authentische Weine entstehen: ein Santenay Passe Temps 1er Cru, geschmeidig, mit sehr feinen Gewürzdüften vom zweiten Jahr in der Flasche an; ein Santenay Gravières 1er Cru von sehr intensivem Rubinrot, nach roten Früchten und Lakritze duftend; ein Santenay la Comme 1er Cru, in jungen Jahren mit leichten Düften von ver-

blühter Rose, nach einigen Jahren dann einschmeichelnder.

DOMAINE MICHELOT-BUISSON

31, rue de la Velle · F-21190 Meursault
(✆ 80 21 23 17)

Preise auf Anfrage

Ein Premier Cru Les Gravières, subtil, vornehm und geschmeidig, mit eleganter Robe. Er wird vor dem Abzug auf Flaschen 15-18 Monate in Eichenfässern in tiefen Kellern bei konstanter Temperatur im Dunkeln ausgebaut. Ein lebendiger und harmonischer, gut lagerungsfähiger Wein, dessen Bukett sich beim Altern voll entfaltet. Er kann aber jung, wenige Monate nach der Flaschenabfüllung getrunken werden. Ein sehr beachtlicher Wein.

DOMAINE CLAUDE NOUVEAU

Marchezeuil · F-21340 Change
(✆ 85 91 13 34)

EVP: FF 49,– bis 61,–; Gr: auf Anfrage

Die manuell geschnittenen Trauben werden in der Kellerei verlesen, faule oder grüne Trauben werden beseitigt. Auch die 12-15tägige Gärung mit täglichem Auffüllen sowie der 12monatige Ausbau in Eichenfässern kommen der Entwicklung der Weine zugute. Das Angebot der Domäne: ein sehr fülliger Santenay "Les Charmes Dessus", lagerfähig par excellence; ein ausdrucksvoller und kerniger 1er Cru Santenay "Clos Rousseau", der das traditionelle Aroma der Santenays um blumigere Düfte ergänzt und mit zunehmendem Alter ein sehr feines Bukett erlangt.

RULLY

Die im Norden der Côte Chalonnaise befindliche, keine 300 ha große Anbaufläche von Rully, seit

1989 A.O.C., erstreckt sich mit ihren Premier Cru-Lagen auf Mergel- oder überwiegend kalkhaltigen Lehmböden. Der Rebsortenbestand setzt sich aus Pinot noir für die Rotweine und Chardonnay für die Weißweine zusammen. Beide Weine sind gut haltbar: der Rotwein 5-12, der Weißwein 3-12 Jahre. Der Rotwein mit purpurfarbenem Rubinkleid besitzt Finesse und Eleganz, ist ausgesprochen vornehm, seine Aromen reichen vom Flieder bis zum Veilchen, von der Himbeere bis zur Kirsche. Der Weißwein mit seinem goldenen Gewand ist von großer Finesse, seine feinen Aromen reichen von der Haselnuß bis zum Veilchen.

DOMAINE RAYMOND DUREUIL-JANTHIAL
Rue de la Buisserolle · F-71150 Rully
(✆ 85 87 02 37)

EVP: FF 50,–; Gr: auf Anfrage

Die Janthials, eine der ältesten Familien von Rully, Winzer seit mehreren Generationen, stellen Weine her, die an der Spitze der Appellation stehen und von einem ausschließlich organisch gedüngten Weinberg stammen, dessen Rebsortenbestand ein Durchschnittsalter von 40 Jahren hat. Die Weinbereitung wird traditionell in Holzkufen durchgeführt, gekeltert wird mit dem Fuß, der Weinausbau erfolgt in Eichenfässern in den Kellergewölben aus dem 19. Jh.. Bei all diesen Vorzügen wäre es schwierig für die Janthials, schlechte Weine herzustellen. Der rote Rully verzaubert mit seiner purpurnen Rubinfärbung, Finesse und Eleganz, der 5-12 Jahre lagerfähige Wein enthüllt an der Nase Flieder-, Veilchen-, Himbeer- und manchmal auch Kirschdüfte. Der Weißwein stammt von alten Rebstöcken, ist gehaltvoll und Chardonnay-typisch, 3-12 Jahre haltbar, entfaltet er Aromen von seltener Subtilität. Außergewöhnliche Weine.

DOMAINE DE LA FOLIE
Jérôme-Noël Bouton
F-71150 Chagny
(✆ 85 87 18 59 · Fax: 85 87 03 53)

EVP: FF 45,– bis 60,–; Gr: FF 40,– bis 50,–

Ein vorwiegend kalkhaltiger Lehmboden, durchschnittlich 25 Jahre alte Rebstöcke (Pinot noir und Chardonnay), die vom sehr trockenen und sonnigen Klima profitieren, minimaler Ertrag, sorgsame Vinifizierung und ein Ausbau von 70 % der Weine im Tank und 30 % in Eichenfässern vor ihrer Mischung ergeben Rullys von anerkannter Qualität: einen rubinfarbenen Rotwein voller Finesse und Eleganz, mit einem Aroma, bei dem rote Früchte überwiegen; weiße 1ers Crus, die angesehensten der Appellation, mit subtilem Haselnußaroma. Holen Sie sie an Ihre Tafel, sie werden Ihre bevorzugten Begleiter werden.

DOMAINE H. ET P. JACQUESON
"En Chèvremont" · F-71150 Rully
(✆ 85 91 25 91)

EVP: FF 50,–/55,–; Gr: FF 40,–/43,–

Die geringe Produktion von 400 hl - je zur Hälfte Rot- und Weißwein - stammt von einem 8 ha großen Weinberg in südöstlicher Hanglage mit Tonkalkboden, dem die warmen und trockenen Sommer guttun. Zwei 1ers Crus machen das Renommee der Domäne aus: ein Rully "Grésigny" und ein Rully "Les Cloux". Außerdem werden ein roter 1er Cru Mercurey, Bourgogne Aligoté und Bourgogne Passetoutgrains hergestellt. Die Rotweine gefallen dank ihres Kirschrots, der Aromen von roten Früchten, des Duftes von Gegrilltem und Vanille, der Tannine; die Weißweine dank ihrer grüngoldenen Robe, ihrer Aromen von weißen Blüten und von Vanille. Sie sind wie die Rotweine, die 5-10 Jahre gelagert werden können, sehr gut haltbar.

DOMAINE DE LA RENARDE
Rue de la République · F-71150 Rully
(✆ 85 87 10 12)

EVP: FF 46,50 + 50,–; Gr: FF 25,50 + 31,30 zuzügl. Mwst

Die Delormes ließen sich im Jahre 1900 in dem Dorf Rully nieder, wo sie heute dank ihrer Eigenwilligkeit und ihres Wissens (J.F. Delorme ist Nationalönologe) einen 65 ha großen Rebgarten besitzen, der ihnen die Erzeugung mehrerer Côte Chalonnais-Appellationen erlaubt: den weißen Rully, in dem sich blumige Säfte und trockene Früchte vereinigen, eine nervige Beziehung, die das Nervöse und das Fett dieses langen Lagerweins, einer der Premier Cru-Cuvées, unterstreichen; den roten Rully, der durch seine Geschmeidigkeit und Festigkeit überrascht, mit einem Geschmack von roten Früchten, Kirsche und Himbeere, dessen ganz spezifische Länge im Mund und Finesse der Aromen Erwähnung verdienen.

MERCUREY

Dieses 1936 gegründete A.O.C.-Gebiet mit einigen Premiers Crus ist das bedeutendste der Côte Chalonnaise. Es umfaßt 600 ha, die 24 000 hl Rotweine und 15 000 hl Weißweine hervorbringen. Die Beschaffenheit des Bodens verleiht den Weinen einen Charakter, der dem der Côte de Beaune-Weine ähnelt. Für die Rotweine kann nur der Pinot noir à jus blanc verwendet werden, die Weißweine dürfen ausschließlich aus der Chardonnay gezogen werden.

DOMAINE BRINTET
Luc et Christine Brintet
Grande Rue · F-71640 Mercurey
(✆ 85 45 14 50)

EVP: FF 52,– bis 57,–

Aus den sehr verschiedenartigen Tonkalkböden ziehen Pinot noir und Chardonnay die Feinheit für den Mercurey. Seit 1324, als in diesem Dorf die Côte Chalonnaise angelegt wurde, haben sich die Vinifizierung, Ausbau- und Alterungsmethoden wenig verändert. Dieses Festhalten an der Tradition läßt einen Wein entstehen, der selten enttäuscht: Rubinkleid, Aroma von roten Früchten, Gerbstoffgeschmack, der mit dem Alter verschwimmt, viel Finesse und Geschmeidigkeit.

DOMAINE DE CHAMEROSE
Louis Modrin
F-71560 Mercurey · (✆ 85 45 13 94)

EVP: FF 34,– bis 51,– inkl. Mwst; Gr: auf Anfrage

Die unter Ludwig XIV. errichtete Domäne, die seit 1844 der Familie Modrin gehört, verfügt über einen 7 ha großen Weinberg, der die 1er Cru klassifizierten Parzellen "Clos des Baraults" und "Les Crêts" umfaßt. Manuelle Weinlesen, Fermentation und Ausbau der Weine in Eichenfässern sowie das günstige Klima und die mineralogischen Vorzüge des Bodens bringen einen Mercurey von beachtlicher Qualität hervor: lange lagerfähigen (6-10 Jahre) Rotwein, obschon vom 2. Jahr an angenehm zu trinken, mit hellem Rubinkleid, Aromen von roten Früchten (Himbeere, Rote und Schwarze Johannisbeere), körperreich, mit all der Würze des Pinot; selteneren Weißwein, schön goldgrün, mit Haselnußaromen. Gute Weine für beste Menüs.

Preise nicht genannt

Die Domäne ist auf Mercurey Premiers Crus spezialisiert: rote und weiße "Clos l'Evêque" und "Les Velley". Die Protheaus, eine Familie mit alter Winzertradition (1720), sind bekannt für die gleichmäßige Qualität ihrer Mercureys und Rullys. Besonders ihre weißen 1ers Crus, die alle in Fässern gealtert werden, sind häufig auf den besten Tafeln der Gastronomie zu finden.

Grands vins de Bourgogne Mercurey AOC
Domaine de Chamerose · L. Modrin
71560 Mercurey · ✆ 85 45 13 94

DOMAINE DU CLOS MOREAU
Paul et Pascal Massenot
F-71640 Saint-Martin-sous-Montaigu
(✆ 85 45 12 75)

EVP: FF 25,– bis 50,– inkl. Mwst; Gr: auf Anfrage

Die seit etwa 1610 in der Gemeinde Mercurey niedergelassenen Massenots verkaufen ihre Produktion selbst an Privatkunden, Feinwarengeschäfte und auch an kleine europäische Importeure, niemals jedoch an Großmärkte. Das Haus beteiligt sich weder an Ausstellungen noch an Messen. Seine Qualität reicht als Werbung. Ein sympathisches Unternehmen, das beachtliche Burgunder anbietet: Roten Mercurey, der zuverlässig die ganze Würze des Pinot wiedergibt, ein körper- und buketreicher Wein mit schönen Tanninen, lange haltbar; weißen Mercurey mit grüngoldenem Kleid und Haselnußduft.

DOMAINE MAURICE PROTHEAU ET FILS
Le Clos l'Evêque · F-71640 Mercurey
(✆ 85 45 25 00)

GIVRY

Das 170 ha umfassende Anbaugebiet von Givry, seit 1946 A.O.C., befindet sich 9 km von Chalon-sur-Saône entfernt auf braunen kalk- oder kalziumhaltigen Böden, die aus verwitterten Jura-Kalksteinen entstanden sind. Bestockt sind sie mit Chardonnay für die Weißweine (750 hl) und Pinot noir à jus blanc für die Rotweine (8 000 hl). Der Weingarten, dessen Weine schon Heinrich IV. schätzte, erstreckt sich ausschließlich auf die Gemeinde Givry sowie drei Dörfchen: Cortiambles, Poncey und Russiley. Die Rotweine sind bekannt für ihre Fülle, die Weißweine für ihre Finesse.

DOMAINE JOBLOT
Vincent et Jean-Marc Joblot
4, rue Pasteur · F-71640 Givry

EVP: FF 55,–; Gr: FF 40,–/45,–

Auf dem 14 ha großen Gut, das mit Gras besät und ohne Verwendung von Düngemitteln bearbeitet wird, wachsen 20 % Chardonnay für die wenigen 12 000 Flaschen weißen Givry und 80 % Pinot für die 60 000 Flaschen Rotwein. Die Weine werden in jährlich zur Hälfte erneuerten Fässern ausgebaut. Die Givrys, von denen 70 % exportiert werden, sind bekannt für ihre intensive Farbe, ihre Konzentration und Ausgewogenheit. Empfehlenswerte Weine.

DOMAINE GERARD MOUTON
1, rue du Four-Poncey · F-71640 Givry
(✆ 85 44 37 99)

EVP: FF 41,–/42,–; Gr: FF 30,–/31,–

Gute Vertreter der Appellation, die mittels ziemlich langer traditioneller Vinifizierung und Ausbau im Eichenfaß hergestellt werden: leicht goldglänzende, feine, subtile Weißweine; offene, reiche und feine Rotweine. Weine, die man gern Freunden anbietet.

DOMAINE JEAN-PAUL RAGOT
4, rue de l'Ecole · F-71640 Givry-Poncey
(✆ 85 44 35 67)

EVP: FF 39,50; Gr: FF 32,50

Die 7,5 ha Rebflächen dieser Domäne erlauben die Herstellung roter und weißer Givrys aus durchschnittlich 40 Jahre alten Rebstöcken. Die Alterung des Rotweins vollzieht sich 12-18 Monate lang in Stück- und Eichenfässern, die regelmäßig ausgewechselt werden. Der Weißwein lagert 8 oder 12 Monate in Edelstahl- und Emailtanks. Die Flaschenabfüllung wird auf der Domäne durchgeführt. Während der rote Givry fruchtig, blumig und vollmundig ist mit einer kräftigen Grundstruktur, ist der Weißwein fein in Aroma und Beschaffenheit.

MONTAGNY

Am Saume des Mâconnais erstreckt sich diese Rebfläche über 4 Gemeinden: Montagny, Saint-Vallerin, Jully-les-Buxy und Buxy. 140 ha bringen 7 000 hl ausschließlich aus dem Chardonnay hervor, einen rassigen und verführerischen Weißwein mit Haselnuß- und Farnkrautbukett, sehr schöner Länge und würzigem Geschmack. Der sehr gefragte Wein altert gut (3-8 Jahre).

DOMAINE ANDRE DELORME
Rue de la République · F-71150 Rully
(✆ 85 87 10 12)

EVP und Gr: auf Anfrage

Rasse und Verführung der Chardonnay-Rebe? Wie dem auch sei, die Montagnys des André Delorme sind ein schönes Beispiel für das Zusammentreffen guter klimatischer Bedingungen mit einer die ursprünglichen Aromen bewahrenden Vinifizierung. In diesem Montagny finden sich Kontrast und Harmonie sowie ein köstliches Bukett, es vermischen sich Blüten und trockene Früchte, die nervöse Struktur des Weißweins erobert sofort den Gaumen. Dieser seltene Wein erreicht seine Vollendung früh, oftmals schon zum Höhepunkt seiner Reifung nach etwa 3 Jahren, bei großen Jahrgängen dauert die Reifung länger, ist der Wein am Gaumen komplexer.

DOMAINE JEAN VACHET
F-71390 Saint-Vallerin · (✆ 85 92 12 91)

EVP: FF 24,– bis 38,–; Gr: abzügl. 10-15 %

Seit 3 Jahrhunderten sind die Vachets schon Winzer. Daher rührt auch die Langlebigkeit ihrer Rebstöcke. Diese sind 20-60 Jahre alt und wachsen auf Hängen mit vielfach steinigen Tonkalkböden. Ziel des Jean Vachet ist die Erhaltung der Authentizität, was ihm mit Geschick gelingt: mit seinem roten leicht tanninhaltigen Burgunder, nach kleinen roten Früchten duftend; besonders aber mit seinem Montagny, der die ganze Persönlichkeit des Chardonnay zum Ausdruck bringt, fruchtig ist, ein feines Haselnuß-Parfum aufweist und je nach Jahrgang 5-10 Jahre altern kann. Jean Vachet: ein Name, den man sich merken sollte.

MACON

Die Weinbauregionen des Mâconnais befinden sich auf den Bergen desselben Namens und unterteilen sich in drei mineralogische Gebiete: 1. Kalk-, kalkmergel- oder kalziumhaltige Böden, die der Chardonnay-Rebe am meisten zusagen. Sie stellt 67 % des Rebbestands dar und gibt originelle, feine, begrenzt alterungsfähige weiße Mâcons und Mâcon-Villages. 2. Ton- oder kieseltonhaltige Böden, häufig mit leicht saurem tonhaltigem Feuerstein, die jung zu trinkende weiße Mâconweine hervorbringen oder angenehme rote Weine aus der Gamay-Rebe. 3. Kieselhaltige Böden auf Granitsandstein oder vulkanischem Untergrund, die man dort findet, wo der alte Sockel von der Erosion abgetragen wurde. Sie sind typisch für den Südteil des Weingartens von Saône-et-Loire, der auf das Beaujolais stößt, man trifft aber auch im Mâconnais auf sie, wo sie die besten Rotweine geben, weil der Gamay hier seine höchste Qualität zum Ausdruck bringt. Die 3 Bodenarten erstrecken sich über eine Gesamtfläche von 5 000 ha. Im Jahresdurchschnitt werden 314 000 hl Mâcons sowie 8 000 hl Crémants erzeugt, 1/3 in Privat- und 2/3 in Genossenschaftskellereien.

DOMAINE DE LA COMBE
Henri Lafarge
F-71250 Bray (✆ 85 50 02 18)

EVP: FF 30,– bis 40,–; Gr: auf Anfrage

Die Domäne ist ständig auf der Suche nach den besten Eigenschaften ihrer Weine: Der weiße Mâcon-Villages, der Bourgogne Tradition und Bourgogne Pinot noir werden aus einem durchschnittlich 25 Jahre alten Rebsortenbestand gewonnen, der seinen Reichtum im ausschließlich biologischem Dünger (Kompost) verbesserten Tonkalkboden findet. Die Weißweine werden in der Regel auf Hefe und die Rotweine 1 Jahr in Eichenbarriques ausgebaut. Der weiße Mâcon-Villages ist beliebt, er ist fruchtig und blumig, entwickelt Noten von Zitrusfrüchten, Akazie und Weißdorn; der Bourgogne Tradition ist dunkelfarben und weist delikate Aromen von kleinen roten Früchten auf; der Bourgogne Pinot noir, mit Rubinkleid, ist bukettreich und

gut haltbar. Typische, wegen ihres Qualität-Preis-Verhältnisses empfehlenswerte Weine.

Wir suchen deutschen Importeur
Domaine de la Combe · H. Lafarge
Bray F-71250 Cluny · Fax: 85500537

CLOS DE CONDEMINE
F-71960 Fuissé · (✆ 85 35 60 91)

EVP: FF 31,–

Als dieser Clos 1984 der Domaine Roger Luquet übertragen wurde, standen nur noch 32 Ar unter Reben, der größte Teil war infolge der Ausbreitung der Reblaus herausgerissen worden. Man begann noch im selben Jahr mit der Neubepflanzung und beendete diese 1987 mit einer Fläche von 4,30 ha. Die Rebsorte Chardonnay findet auf dem Kiesel-Ton-Boden in Süd-Südwestlage all ihre Kraft. Aus ihr wird heute ein sehr fruchtiger und leichter "Clos de Condemine" hergestellt, der nach 2 Jahren getrunken, aber leicht 5 Jahre aufbewahrt werden kann.

MAISON MACONNAISE DES VINS
484, avenue du Maréchal de-Lattre-de-Tassigny
F-71000 Mâcon · (✆ 85 38 36 70)

EVP: FF 22,– bis 30,–

Hier werden die besten Weine des Saône-et-Loire-Weingartens angeboten, die auch die erfahrensten Weinkenner zufriedenstellen werden. Es können einige Flaschen direkt gekauft oder es kann eine Bestellung aufgegeben werden über: weißen Mâcon-Villages, trocken, glatt, fruchtig und blumig; rosé Mâcon, ein Primeur, fein, vollmundig und fruchtig; roten Mâcon, mit Aromen von kleinen roten Früchten und Gewürznoten, ausgewogen im Gerbstoff, rund am Gaumen, ein Wein, der seinen

Höhepunkt nach 2-3 Jahren in der Flasche erreicht, aber auch jung getrunken werden kann.

MACON-VILLAGES

CAVE DE CHARDONNAY
Société Coopérative Agricole
F-71700 Chardonnay · (✆ 85 40 50 49)

Preise nicht genannt

Das 163 Einwohner zählende Dorf, welches 1988 sein tausendjähriges Bestehen feierte, besitzt ein Schloß aus dem 16. Jh., eine romanische Kirche aus dem 10. Jh., ein Café, dessen Möbel aus Rebstöcken geschnitzt sind, sowie 225 ha Rebflächen - mit überwiegend Chardonnay bepflanzt -, die von 80 Weinbauern bewirtschaftet werden. Der Weinberg mit Tonkalkboden befindet sich in guter Hanglage. In diesem außergewöhnlichen Dorf werden außergewöhnliche weiße A.O.C. Villages produziert: der 1989er, der die Qualitäten des Gewächses und der Rebsorte in vollkommener Weise zum Ausdruck bringt, ein feiner Wein, mit wohl ausgewogenem Säure- und Alkoholgehalt, mächtig und fett; die geschmeidige Grande Réserve mit schönen Aromen und gutem Säuregrad; die Réserve du Millénaire schließlich, eine Auswahl von über 30 Jahre alten Weinstöcken, die intensive Aromen, Ausgewogenheit und Länge aufweist.

CHATEAU DES CINQ TOURS
Hubert Desbois & Fils
F-71260 Viré Cidex 2123 · (✆ 85 33 10 12)

EVP: FF 30,–; Gr: auf Anfrage

Das 1590 errichtete, im Zentrum des Dorfes Viré gelegene Château gehört seit nahezu 100 Jahren der Familie Desbois, die den Weingarten nach dem Reblausbefall vollständig neu angelegt hat. Der Tonkalkboden auf frostgeschützten Hängen, das Mikroklima

des Saône-Tals, die durchschnittlich 40 Jahre alten Chardonnay-Rebstöcke, die Verwendung organischer Düngemittel, manuelle Weinlesen und der Weinausbau in Eichenfässern bringen einen ausgezeichneten Mâcon-Villages hervor. Der trockene, leicht liebliche Mâcon-Viré-Weißwein, mit heller, leuchtender Goldfärbung, weist fruchtige und blumige Düfte auf, hat eine schöne Struktur am Gaumen, wohl ausgewogen, mit einem langen Finale.

DOMAINE DE LA CONDEMINE
Pierre Janny
La Condemine · F-71260 Péronne
(✆ 85 38 97 03)

EVP: 37,–; Gr: auf Anfrage

Diese 5 ha umfassende Domäne hat 1982 mit Pierre und Véronique Janny den Ruf, bemerkenswerte Mâcon-Villages-Weißweine mit ganz spezifischen Bodenmerkmalen herzustellen, zurückgewonnen. Die reichen, fruchtigen und blumigen (Geißblatt, Flieder) Weine verbinden Finesse mit Liebenswürdigkeit, Eigenschaften, die sie 2 oder 3 Jahre bewahren, während sie im Laufe einer 5-6jährigen Alterung geschmeidiger werden.

DOMAINE ROGER CORDIER
F-71960 Fuissé · (✆ 85 35 62 89)

EVP: FF 35,– inkl. Mwst; Gr: FF 24,– bis 27,– zuzügl. Mwst

Der durchschnittlich 30 Jahre alte Rebsortenbestand, die Auswahl und Vernichtung eines Teiles der Trauben zur Erreichung maximaler Reife, das Mikroklima, manuelle Weinlese, langsame und gleichmäßige Gärung in Eichenfudern, Bewahrung der Charakteristik jeder Lage und der sorgsame Ausbau in Barriques, auf Feinhefen, führen zur Produktion sehr bekannter typischer Weine. Beispielsweise der Mâcon-Fuissé, 100 % Chardonnay, der trocken und vollmundig, fruchtig und blumig, in den ersten Jahren frisch ist und im Laufe seiner Alterung von 5-6 Jahren geschmeidiger wird.

DOMAINE DES GERBEAUX
Jean-Michel Drouin
F-71960 Solutré-Pouilly · (☎ 85 35 80 17)

EVP: FF 25,– inkl. Mwst; Gr: FF 20,– zuzügl. Mwst

Diese altüberlieferte Domäne bietet einen außergewöhnlichen Mâcon-Solutré an, der Charme, Freude und Saft besitzt. Er ist fruchtig und blumig, von solider Konstitution, verbindet Finesse mit Reichhaltigkeit, enthüllt beim Abgang einen sehr leichten Hauch Moschus, der bezaubert. Eine Empfehlung für diesen Villages, der im Laufe 5-6jähriger Alterung noch geschmeidiger wird.

DOMAINE DU PRIEURE
Le Prieuré · F-71260 Bissy-la-Mâconnaise

EVP: FF 33,– inkl. Mwst; Gr: auf Anfrage

Auf dieser alten Domäne, die ihren Namen dem hier einst gelegenen Priorat verdankt, werden 2 weiße Mâcon-Villages produziert: der Mâcon-Lugny und der Mâcon-Bissy, vollmundige Weine, leicht zugänglich, mit spezifischen Bodenmerkmalen.

DOMAINE JEAN-CLAUDE THEVENET
Le Bourg · F-71960 Pierreclos
(☎ 85 35 72 21)

EVP: FF 25,– bis 35,–

Dieser 20 ha große Weinberg macht sich den Tonkalk- und Tonkieselboden zunutze, der den erzeugten Appellationen sehr gute Eigenschaften verleiht. Der weiße Mâcon-Villages ist trocken und sehr fruchtig, der rote Mâcon-Pierreclos hat ein

köstliches, feines, fruchtiges Aroma und ist im Mund sehr harmonisch.

POUILLY-FUISSE

Vor den Toren Mâcons, um die Felsen von Vergisson und Solutré herum, ist dieser 700 ha große Weinberg mit kleinen abfallenden Talkesseln in 250-350 m Höhe auf jurassischen Tonkalkböden gelegen. Er erstreckt sich über 4 Gemeinden und 1 Dörfchen, kleine durch ihre Vielfalt anziehende Ortschaften: Vergisson, Solutré, Pouilly, Fuissé und Chaintré.

DOMAINE GUY BURRIER
G. Burrier S.A.R.L.
F-71960 Fuissé · (☎ 85 35 61 75)

EVP: FF 40,–; Gr: 30,–

Guy Burrier, Bürgermeister des Dorfes Fuissé, gewinnt auf seinem 4 ha umfassenden Weingarten mit Tonkalkboden auf steilen Hängen den Pouilly-Fuissé. Der im Holz gereifte Wein weist eine grüngoldene Schattierung auf, ist trocken, aber lieblich, duftet fein nach Haselnuß und gebrannter Mandel, er ist in den ersten Jahren angenehm, kann aber eine Weile im Keller lagern, wo er dann immer komplexere Aromen entwickelt.

DOMAINE CORDIER PERE ET FILS
Les Molards · F-71960 Fuissé
(☎ 85 35 62 89)

EVP: FF 55,– inkl. Mwst; Gr: FF 38,– bis 41,–

Der Pouilly-Fuissé der Domaine Cordier ist finessereich und besitzt gut entwickelte, harmonische Aromen. Den reichen Wein mit einem Hauch Haselnuß kann man gern im Keller vergessen und erst einige Jahre später hervorholen, damit seine komplexen Aromen an edlen Tafeln erfreuen.

DOMAINE CORINNE ET THIERRY DROUIN
"Le Martelet" · F-71960 Vergisson
(✆ 85 35 84 36)

EVP: FF 23,– bis 55,– inkl. Mwst; Gr: FF 17,– bis 37,–

Die Drouins, Nachkommen einer sehr alten Winzerfamilie, bewirtschaften seit 1981 ihren eigenen Weinberg, bauen seine Fläche aus und sorgen für den Vertrieb, sie verkaufen schon 70 % ihrer Weine in Flaschen im Inland, in die Niederlande, nach Deutschland, Belgien und Großbritannien. Seit langem anerkannt ist die Qualität ihrer Pouilly-Fuissés mit gelber Robe und Goldreflexen sowie der Würze von weißen Blüten; aber auch die der kirschroten Mâcons mit Aromen von kleinen roten Früchten.

CHATEAU DE FUISSE
Jean-Jacques Vincent
F-71960 Fuissé · (✆ 85 35 61 44)

EVP: FF 50,– bis 150,–; Gr: 10-25 % Nachlaß auf Preise ohne Mwst

Der kleine, von einem fünfeckigen Turm aus dem 15. Jh. flankierte Lehnssitz wird von zwei hundertjährigen Eiben eingerahmt, die in Flaschenform gestutzt sind. Der 30 ha umfassende und ausschließlich mit durchschnittlich 30 Jahre altem Chardonnay bepflanzte Weingarten wird weder beackert noch organisch verbessert. Ein Ertrag von 25-50 hl/ha und die Vinifizierung der 1ers Crus in Eichenfässern vollenden die Qualität des angebotenen Pouilly-Fuissé: ein goldfarbener Wein mit sehr frischem Bukett, das nach einigen Jahren Alterung fülliger wird, fett und sehr strukturiert. Man findet ihn auf den besten Tafeln im In- und Ausland.

DOMAINE DES GERBEAUX
Jean-Michel Drouin
F-71960 Solutré-Pouilly · (✆ 85 35 80 17)

EVP: FF 50,–/53,– inkl. Mwst; Gr: FF 38,–/40,– zuzügl. Mwst

Die Domäne besitzt einen sehr zerstückelten Weinberg, 32 Parzellen auf 5 ha mit zahlreichen unterschiedlichen Lagen. Die Rebflächen in Mittelhang- und Hanglage profitieren vom Tonkalkboden und Mikroklima. Der durchschnittlich 30 Jahre alte Rebsortenbestand, der strikt organisch gedüngt und vom Unkraut befreit wird, die wärmeregulierte Vinifizierung und besonders langer, sorgsamer Weinausbau bringen Pouilly Fuissés hervor mit grüngoldener Färbung, sehr blumig, fruchtig (Linde, Weißdorn, Trockenfrucht, Röstcafé) und mineralisch. Der reichhaltige, köstliche Wein läßt sich nach 2-5 Jahren sehr angenehm trinken, ganz besonders der in Eichenfässern gealterte 1990er, einer der Großen der Appellation.

DOMAINE ROGER LASSARAT
F-71960 Vergisson

Preise auf Anfrage

Die Rebstöcke auf diesem Gut erreichen mit 25-100 Jahren ein beachtliches Alter. Der Tonkalkboden, das sonnige Klima und die Düngung mit Rindermist sagen ihnen zu. Ein Großteil der auf der Domäne hergestellten Weine - Pouilly-Fuissé, Saint-Véran, weißer und roter Mâcon, 1er Cru Vosne-Romanée - wird 1-3 Jahre in Eichenfässern ausgebaut. Der feine, fruchtige und im Mund anhaltende Pouilly-Fuissé wird ebenso gern getrunken wie der Saint-Véran, ein subtiler Wein mit Aromen von Früchten und Blüten.

DOMAINE ROGER LUQUET
F-71960 Fuissé · (✆ 85 35 60 91)

EVP: FF 31,– bis 65,–

Seit 1860 bewirtschaftet die Familie Luquet ihren im Herzen des Gebiets der Appellation Pouilly-Fuissé gelegenen Weinberg. Ihre 12 ha Rebflächen sind mit 40 und 60 Jahre alten Rebstöcken bewachsen, die in Verbindung mit modernen Vinifizierungstechniken die Erzeugung von Qualitätsweinen gewährleisten: Weine mit goldgrüner Robe, voller Finesse und Vornehmheit.

DOMAINE MATHIAS
La Bergerie · F-71570 Chaintré
(✆ 85 35 60 67)

EVP: FF 22,– bis 56,–

Auf diesem Gut, das schöne alte Keller besitzt, die das ganze Jahr über besichtigt werden können, wird eine Palette von Appellationen produziert, insbesondere ein in Eichenfässern gealterter Pouilly-Fuissé, fein, fruchtig und solide, ein Lagerwein par excellence; ein harmonischer und vornehmer, solider und frischer Pouilly-Vinzelles, der mit zunehmendem Alter gewinnt.

DOMAINE LES VERCHERES DE SAVY
Roger Dubœuf et Fils
Cidex 419 · F-71570 Chaintré
(✆ 85 35 61 25)

EVP: FF 28,– bis 48,–

Seit dem 15. Jh. haben die Dubœufs in dem Dorf Chaintré tiefe Wurzeln geschlagen, wie alte Keller und Traubenpressen, deren eine aus dem 18. Jh. stammt, beweisen. Sie haben auch die guten alten Vinifizierungsverfahren bewahrt, nach denen ihr Pouilly-Fuissé hergestellt wird, der im Glas in schönem Grüngold leuchtet, ein reicher Wein mit generös entwickelten Aromen, Noten von Haselnüssen und gebrannten Mandeln, für Überraschungen

gut, wenn man ihn lange im Keller läßt, aber auch, wenn man ihn jung serviert.

ROGER DUBŒUF ET FILS
Puilly-Fuissé · Mâcon-Chaintré
F-71570 Chaintré

DOMAINE VESSIGAUD
Lucien Vessigaud
F-71960 Pouilly-Fuissé · (✆ 85 35 81 18)

EVP: FF 51,–; Gr: FF 38,–

Die Vessigauds bebauen ihren auf abfallenden jurassischen Tonkalkböden gelegenen, 9 ha umfassenden Weinberg seit 1850. Der durchschnittlich 40 Jahre alte Rebsortenbestand, die ohne Düngemittel bearbeiteten Rebflächen, manuelle Weinlese und ein sorgsamer Weinausbau geben dem Pouilly-Fuissé seine typischen Eigenschaften: eine grün-goldene Färbung, Finesse und Eleganz, ausgewogene Rebsortenaromen, einen Hauch Haselnuß und gebrannte Mandel. Charaktervolle Weine, die man, obgleich sie jung getrunken werden können, im Keller vergessen kann, wo sie die Komplexität ihrer Aromen entfalten.

POUILLY-LOCHE + POUILLY-VINZELLES

Die von der Fläche her kleinen Appellationen gewinnen an Bedeutung, wenn man die besondere Güte ihrer beiden Weine betrachtet, die aus der Chardonnay-Rebe erzeugt werden. Auf den nach Osten ausgerichteten Hängen mit Tonkalkboden befinden sich die beiden Anbaugebiete Pouilly-Vinzelles (46 ha) und Pouilly-Loché (24 ha), der am wenigsten verbreitete Grand Cru des Süd-Burgund. Der aufgrund seiner geringen Produktionsmenge angesehene Pouilly- Loché mit der bekannten Einzellage Les Mûres ist Liebhabern vorbehalten. Gleiches gilt für den Pouilly-Vinzelles mit seiner Lage Les Quarts, bekannt als die repräsentativste dieses Gewächses.

DOMAINE R. ET C. CORDIER
F-71960 Fuissé · (✆ 85 35 62 89)

EVP: FF 40,– inkl. Mwst; Gr: FF 27,– bis 30,– zuzügl. Mwst

Roger und Christophe Cordier, aus einer Familie, in der sich der Winzerberuf seit vielen Generationen vom Vater auf den Sohn vererbt, verfügen über einen 9 ha umfassenden Weingarten, auf dem der Chardonnay alleiniger Herrscher ist. Der wegen seiner begrenzten Produktion unterrichteten Liebhabern vorbehaltene Pouilly-Loché dieser Domäne ist mächtig und elegant. Man schätzt ihn in seiner Jugend aufgrund seiner Frische und der Feinheit seiner Aromen, nach einigen Jahren Alterung (10 Jahre und mehr) dann wegen der Komplexität und Subtilität seines Buketts.

DOMAINE SAINT-PHILIBERT
Philippe Bérard
Loché · F-71000 Mâcon
(✆ 78 43 24 96)

EVP: FF 39,– inkl. Mwst; Gr: FF 29,88 zuzügl. Mwst

Über die der aufgehenden Sonne zugewandten Tonkalkhänge erstreckt sich der Weinberg dieser Domäne, die, an den Mont de Pouilly gelehnt, auf die Saône-Ebene schaut. Der Chardonnay ist hier durchschnittlich 30 Jahre alt. Mittels Vinifizierung auf Hefen in Tanks sowie in Fässern entsteht ein Pouilly-Loché von hellgelber Schattierung, ein alterungsfähiger, lebhafter, geschmeidiger Wein mit kräftigem Bukett.

POUILLY-VINZELLES

UNION DES PRODUCTEURS DE POUILLY-VINZELLES ET POUILLY-LOCHE
F-71145 Vinzelles · (✆ 85 35 61 88)

Preise auf Anfrage

Dank der beständigen Qualität ihrer Weine ist diese Genossenschaft sehr erfolgreich, besonders mit ihrem Pouilly-Vinzelles mit grüngoldener Robe, köstlichem, subtilem Bukett von Honig, Akazie oder Pfingstrose, einem eleganten und rassigen Geschmack von Blüten, Früchten und manchmal von Wild.

DOMAINE MATHIAS
La Bergerie · F-71570 Chaintré
(✆ 85 35 60 67)

Preise auf Anfrage

Diese Domäne bietet auch einen in seiner Jugend geschmeidigen und vollmundigen Pouilly-Vinzelles an, der den Gaumen durch seine Fruchtigkeit und Abgerundetheit erfreut und nach 6 bis 12 Jahren voll genossen werden kann.

SAINT-VERAN

Das 420 ha umfassende Anbaugebiet von Saint-Véran, jüngstes, 1971 geschaffenes Gewächs des Mâconnais, erstreckt sich über die Gemeinden Saint-Vérand, Chânes, Chasselas, Leynes, Prissé und Davayé, an die sich einige Parzellen in Saint-Amour und Solutré anschließen. Die tonkalkhaltigen Böden bringen etwa 25 000 hl ausschließlich aus der Chardonnay-Traube gezogene Weine hervor, das sind 3,3 Millionen Flaschen jährlich. Dieser Lagerwein entwickelt sich gut nach 3-8 Jahren.

DOMAINE CORSIN
"Les Coreaux" · F-71960 Fuissé
(✆ 85 35 86 64)

EVP: FF 34,– bis 68,–; Gr: FF 26,– bis 49,–

Der durchschnittlich 30 Jahre alte Rebsortenbestand, Bodenbeackerung und organische Düngung, manuelle Lese und Alterung der Weine im Holz ergänzen die gute Bodenbeschaffenheit und klimatischen Vorzüge. Die Saint-Vérans mit grüngoldener Robe sind trocken, aber rund, weich und fruchtig, sie entfalten Aromen von Früchten mit weißem Fleisch. Die Pouilly-Fuissés dagegen weisen Noten von Haselnüssen und gebrannten Mandeln auf, sie sind komplexer, können im Keller eine Weile vergessen werden.

DOMAINE DES GERBEAUX
Jean-Michel Drouin
F-71960 Solutré-Pouilly · (✆ 85 35 80 17)

Preise auf Anfrage

Die Gerbeaux und der Chardonnay ... das ist eine Liebesbeziehung. Ihr daraus hervorgehender Saint-Véran ist reich und subtil, an der Nase fruchtig und lebhaft, er hat einen Geschmack von trockener Frucht, gebrannter Mandel, ist gehaltvoll auf der Zungenspitze. Der wohl ausgewogene und strukturierte Wein vereint Frische mit aromatischer Nachhaltigkeit.

CHATEAU DE LEYNES
Jean Bernard
F-71570 Leynes · (✆ 85 35 11 59)

EVP: FF 25,–

Dieses Château, ehemaliges Gut der Mönche der Abtei von Tournus, wird seit über 2 Jahrhunderten von den Bernards bewirtschaftet. Es verfügt über einen 20 ha großen Weinberg, der die Produktion von Saint-Vérans und Beaujolais-Villages erlaubt: runde und trockene Saint-Vérans mit blumigen

(Linde, Akazie) und fruchtigen Aromen (Haselnuß, Mandel, Walnuß, Zitrone), die mit zunehmendem Alter im Ausdruck ihrem Boden treu bleiben, die Noten werden pflanzlicher (Farn, Unterholz) und komplexer (Honig, Holz). Was den Beaujolais-Leynes anbetrifft, so sollte man seine aromatischen tierischen Nuancen, seinen gehaltvollen Charakter kennen.

BORDEAUX

Das Bordeaux-Weinbaugebiet erstreckt sich westlich der Gironde-Trichtermündung (Médoc) und der unteren Garonne (Graves), zwischen Garonne und Dordogne (Entre-deux-Mers) sowie nördlich der Garonne (Saint-Emilion). Die Böden haben hier verschiedene Bestandteile, unterschiedliche Anteile an tonsandigem Kies, Kalk und fluvialen Anschwemmungen. Die Abhänge sorgen für gute Bewässerung, was sich bei sommerlicher Austrocknung positiv auswirkt. Die Bodenvielfalt bietet breite Anbaumöglichkeiten, erklärt aber auch das Festhalten an Mikrogebieten, die Hauptursache für die Zersplitterung von Gütern. Maritime Einflüsse machen das Klima milde und relativ feucht. Bordeaux beispielsweise hat eine Durchschnittstemperatur von 1,7°C im Januar und 19,6°C im August, 900 mm Niederschläge auf 162 Tage verteilt. Von diesen geologischen und klimatischen Bedingungen profitieren über 15 000 Weinbaubetriebe und 400 Bordeaux-Handelshäuser.

CHATEAU DE BONHOSTE
Bernard Fournier
F-33420 Saint-Jean-de-Blaignac
(✆ 57 84 12 18)

Preise auf Anfrage

Die weißen und roten Bordeaux dieser Domäne werden in einem ehemaligen Steinbruch, der eine konstante Temperatur gewährleistet, aufbewahrt. Wenn sie nach 18 Monaten in Flaschen abgefüllt werden, haben sie bemerkenswerte Qualitäten:

BORDEAUX

der rote 1990er ist im Duft intensiv, hat konzentrierte Aromen von überreifen roten Früchten mit etwas lakritzartigen Noten, vorn im Mund ist er kernig und gehaltvoll, mit festen und mächtigen Tanninen, sehr lang am Gaumen, ein lange lagerfähiger Wein (5-10 Jahre); der trockene weiße 1992er ist an der Nase intensiv und aromatisch mit Noten von exotischen Früchten (Mango) und von Aprikose, im Mund vorn perlig und frisch, er entwickelt dann Fülle, Lieblichkeit und Körper, hat einen langen Nachgeschmack.

CHATEAU CROIX SAINT-MARTIN
Ed. Kressmann & Co.
35, rue de Bordeaux · F-33290 Parempuyre
(✆ 56 35 53 00)

Preise nicht genannt

Ein beachtlicher Bordeaux-Wein: tiefdunkles und vielversprechendes Aussehen, ein besonders gut entwickeltes Fruchtaroma, welches zum sofortigen Genuß anregt. Der Croix-Saint-Martin hat den Charakter, die Komplexität und das Alterungspotential bemerkenswerter Bordeaux.

CAVE DES HAUTS DE GIRONDE
La Cafourche · F-33860 Marcillac
(✆ 57 32 48 33 · Fax: 57 32 49 63)

EVP: FF 18,– inkl. Mwst; Gr: FF 10,–

Der weiße Bordeaux "Duchesse de Tutiac" dieser Kellerei, der von einem Weinberg mit niedrigem Ertrag stammt und 2 Monate auf Feinhefen ausgebaut wird, begeistert in mehr als einer Hinsicht. Er besitzt eine schöne Goldrobe mit leicht strohfarbenen Reflexen, entfaltet einen bemerkenswerten Aromareichtum von Pampelmuse, Mandarine, Passionsfrucht, Ananas und auch von weißen Blüten. Im Mund ist er vorn sehr rund, erweist sich als weich, fett, samtig, füllig, ergibt sich in einem bemerkenswert mächtigen Finale.

CHATEAU JULIAN
Ed. Kressmann et Co.
35, rue de Bordeaux · F-33290 Parempuyre
(✆ 56 35 53 00)

Preise nicht genannt

Der überwiegende Anteil von Merlot verleiht diesem Wein Finesse, Weichheit und eine schöne Abrundung. Er ist angenehm und leicht zu trinken.

CHATEAU DE LARDILEY
Marthe Lataste
19, route de Branne · F-33410 Cadillac
(✆ 56 62 66 82)

Roter Premières Côtes de Bordeaux: EVP: FF 60,–; Gr: FF 25,–

Der 20 ha große Rebgarten befindet sich auf einer Anhöhe, die von einer dicken Kalkschicht gebildet wird mit Böden, die von Stein-, Sand- und Schlickablagerungen stammen. Lardiley genießt ein mildes Klima, das die Entwicklung der zum Ausbau großer edelsüßer Weißweine notwendige Edelfäule fördert. Die Weinprobe bietet somit ein vollständiges Sortiment: Roten Premières Côtes de Bordeaux, rosé und trockenen weißen Bordeaux, Cadillac liquoreux Tradition.

CHATEAU MELIN CADET-COURREAU
F-33880 Baurech · (Fax: 56 21 37 72)

Preise auf Anfrage

Die Merlot- (37 %) und Cabernet Sauvignon-Trauben (63 %) werden durch vollständiges Abbeeren bei Vollreife geerntet. Der wärmeregulierten Vinizierung und dem Weinausbau im Tank folgt 11 Monate nach der Weinlese der Abzug auf Flaschen. So entsteht ein Bordeaux mit mächtigem, anhaltendem Bukett, er ist im Mund reich mit Gerbstoffen von reifen Trauben und gehaltvoll, kann altern, aber auch jung verkostet werden.

BORDEAUX

CHATEAU THIEULEY
Francis Courselle
F-33670 La Sauve · (✆ 56 23 00 01)

EVP: FF 26,– inkl. Mwst; Gr: auf Anfrage

Ein typischer roter Bordeaux: dunkles Kleid, ein Duft von großer aromatischer Fülle, im Geschmack lang und ausgewogen, die Fähigkeit, sich langsam zu entwickeln, von guter Langlebigkeit. Mit dem Alter bekommt er eine Ziegelfärbung, die Aromen verwandeln sich hin zu Holz, Gewürzen, animalischen Noten oder Erddüften, die Gerbstoffe werden weich, vermitteln im Mund geschmolzenere, rundere Empfindungen.

---

*

Das CHATEAU LE TREBUCHET

mit der Société BURDIS assoziiert

bietet Qualitäts-Bordeauxweine an

und sucht seriöse Importeure

F-33190 Les Esseintes ✆ 56.71.42.28

*

CHATEAU LE TREBUCHET
Bernard Berger
F-33190 Les Esseintes
(✆ 56 71 42 28 · Fax: 56 71 30 16)

Preise für EVP und Gr auf Anfrage

Der Trébuchet ist im Herzen des Entre-Deux-Mers auf einem das Garonne-Tal beherrschenden Hügel gelegen. An dieser Stätte wurde während des Hundertjährigen Krieges eine Steinwurfmaschine (trébuchet) hergestellt - daher der Name des Châteaus -, um damit die befestigte Stadt La Réole anzugreifen. Der sehr sonnige, 33 ha große Weingarten mit Tonkalkboden wird mit Humus-Zusatz gedüngt. Die roten, rosé und weißen Bordeaux werden aus Rebsorten mit einem Durchschnittsalter von 30 Jahren erzeugt. Der 1991er Rotwein beispielsweise ist von intensiver Rubinfärbung mit karmesinroten Reflexen, hat einen intensiven, gut entwickelten Duft von Leder und Lakritze, ist im Mund vorn angenehm, weist auch Merkmale von erster Blüte auf, seine fruchtige Note schmeichelt dem Gaumen. Ein Bordeaux, wie man ihn sich wünscht.

CHATEAU DES TUQUETS
Jean-Hubert Laville
B.P. No. 20
F-33540 Saint-Sulpice-de-Pommiers
(✆ 56 71 53 56)

EVP: FF 23,– inkl. Mwst; Gr: auf Anfrage

Jean-Hubert Laville, der einer Familie entstammt, in der der Winzerberuf seit 1510 vom Vater auf den Sohn übertragen wurde, ist sehr anspruchsvoll. Er ist ständig um die Erreichung größtmöglicher Affinität von Boden und Rebstock bemüht, baut ohne Kunstdünger an, führt wärmeregulierte Maischegärungen durch und baut seinen Wein durchschnittlich 12 Monate lang aus. Das Ergebnis: der rote Bordeaux, von aromatischer Mächtigkeit, Trüffel, gebrannte Mandel, Veilchen und Schwarze Johannisbeere vereinend, am Gaumen rund, kernig, sehr weich und samtig, ausgesprochen seidig.

BORDEAUX ROSE

Fast ein Geheimtip ist dieser Wein von heller Schattierung, mitunter mit lachsfarbenen Nuancen. Er entsteht auf der Basis von roten Beeren, die zerquetscht, gekeltert, gepreßt, dann wie Weißwein, d.h. ohne Maischegärung,verarbeitet werden. Der lebhafte und fruchtige, im Mund gut präsente Wein sollte innerhalb eines Jahres getrunken werden.

CAVE DES HAUTS DE GIRONDE
La Cafourche · F-33860 Marcillac
(✆ 57 32 48 33)

EVP: FF 19,– inkl. Mwst; Gr: FF 11,–

Der Bordeaux Rosé "Prince de Tutiac" stammt von einem charakteristischen Boden, dem er sein ausgezeichnetes aromatisches Gerüst verdankt. Der Wein hat eine ausgeprägte Persönlichkeit, ist intensivfarben, im Duft delikat von roten Früchten, von einer Bananennote gewürzt, im Mund vorn lebendig, Köstlichkeit, Lebhaftigkeit und Harmonie enthüllend, mit gut präsenten Gerbstoffen.

CHATEAU MELIN
F-33880 Baurech · (✆ 56 21 34 71)

Preise auf Anfrage

Ein Erfolg: Der Rosé Château Melin mit seinem dunkelrosa Kleid, voller Harmonie, mit fruchtigen, aber würzigen, leicht pfefferigen Noten, geschmeidig, weich und vollmundig, ein Sommerwein für heitere, gesellige Tafeln.

CHATEAU THIEULEY
Francis Courselle
F-33670 La Sauve · (✆ 56 23 00 01)

EVP: FF 24,– inkl. Mwst; Gr: auf Anfrage

Ein Bordeaux Rosé für lebendige, gesellige Stunden und Sommerabende. Dieser wie ein Weißwein - also ohne Maischegärung - vinifizierte Rosé weist eine zarte Schattierung mit lachsfarbenen Reflexen auf, er ist fruchtig, frisch und schön präsent am Gaumen, verdient einen Platz auch auf Tafeln, an denen ausschließlich Spezialitäten angeboten werden.

CHATEAU LE TREBUCHET
F-33190 Les Esseintes
(✆ 56 71 42 28)

Preise auf Anfrage

Dieser Wein kann im Sommer zu jeder Tageszeit verkostet werden. Dem hellen und leuchtenden Bordeaux Rosé mit seiner schönen Färbung entströmen mächtige Aromen von roten Früchten, im Mund ist er angenehm, weich und frisch.

BORDEAUX BLANC SEC

Der den trockenen Weißweinen geweihte Rebgarten verfügt über eine sehr große Vielfalt von Böden und Untergründen: das linke Garonne-Ufer mit auserwählten kiesigen Erden, das rechte Ufer mit Tonkalk- oder Lehmsandböden. Die aromatische Finesse, Geschmeidigkeit und Lebendigkeit der Weine entstehendurch das Rebsortengemisch von Sauvignon, Sémillon, Muscadelle, mitunter auch Colombard oder Ugni-Blanc. 14 584 ha produzieren 140 Millionen Flaschen, von denen 61 % exportiert werden.

VIGNOBLES C. MODET
F-33880 Baurech · (✆ 56 21 34 71)

Preise auf Anfrage

C. Modet bietet einen trockenen weißen 1991er Château Melin an, nach der Maischegärung der

Trauben mit Schale in Eichenfässern fermentiert, wodurch er seine Holznote gewinnt. Der kernige Wein mit dem Duft von wilden Pfirsichen erfreut schon die besten Tafeln.

CHATEAU THIEULEY

Francis Courselle

F-33670 La Sauve · (✆ 56 23 00 01)

EVP: FF 24,– inkl. Mwst; Gr: auf Anfrage

Die Domäne hat sich seit 20 Jahren auf die Produktion von Qualitätsweinen spezialisiert. 60 % Sauvignon, von dem man weiß, daß er sehr aromatische sowie parfümierte Weine hervorbringt, und 40 % Sémillon, die traditionelle Reichhaltigkeit und Frucht bietende Bordeaux-Rebe, bilden die Basis. Die trockenen Weißweine mit leuchtender, zarter Robe sind nervig, vermitteln im Mund ein schönes Frischegefühl. Man verkostet sie jung, wenn ihre Aromen am elegantesten sind, ober aber man wartet ... wohl wissend, daß der Sémillon ihnen eine gute Alterungsfähigkeit verleiht. Weine für jede Stunde, für eine neue Kunst zu leben.

CHATEAU LE TREBUCHET

B. Berger

F-33190 Les Esseintes

(✆ 56 71 42 28 · Fax: 56 71 30 16)

Preise auf Anfrage

Ein weißer Bordeaux, der überrascht. Er ist fein, rassig, gehaltvoll und bukettreich, man schätzt seine reichen fruchtigen Noten, denen sich Charme und Ausgeglichenheit beimischen. Bernard Berger, ein Mann der Überlegung und der Innovation, hat recht, wenn er sagt: "Dieser Wein von edelster Tradition wird zu einem Wein neuer Lebenskunst." Versuchen Sie es. Machen Sie den Wein zu einem Begleiter an Ihrer Sommertafel.

BORDEAUX SUPERIEUR

Eine der Reize der Appellationen Bordeaux und Bordeaux Supérieur mit ihren über 1 000 Gewächsen auf einem rund 100 km umfassenden Gebiet besteht darin, wenig bekannte Weine entdecken zu können. Bordeaux und Bordeaux Supérieur können von einer Herkunft ohne spezifische Appellation sein, was nicht bedeutet, daß sie auf irgendeinem Boden produziert werden können. Es gibt in jeder Gemeinde Parzellen, die diese und andere Appellationen erzeugen können oder auch nicht - je nach Beschaffenheit der Böden. Nur 6 Rebsorten sind erlaubt: Cabernet Sauvignon und Franc, Merlot Rouge (auch Côt genannt),Carmenère, Malbec und Petit Verdot. Der aus einem Gemisch hergestellte Bordeaux Supérieur unterscheidet sich von der Gattung der Bordeaux durch seinen kräftigeren Charakter und größere Alterungsfähigkeit.

CHATEAU DU BOUILH

Le Comte P. de Feuilhade de Chauvin

F-33240 Saint-André-de-Cubzac

(✆ 57 43 01 45)

EVP: FF 30,–/35,–; Gr: auf Anfrage

Le Bouilh gehört zu Werken des Architekten Victor Louis. Das Château wurde auf Anordnung des Kriegsministers Marquis de La Tour du Pin, der hier König Ludwig XVI. empfangen wollte, errichtet. Auch der 50 ha große Weinberg sorgt für seinen guten Ruf dank des hier entstehenden saftigen, generösen und bukettreichen roten Bordeaux Supérieur, ein ausgezeichneter Wein, der in sehr schönen monolithischen Kellern ausgebaut wird.

DOMAINE DU CHATAIN

Martine et Philippe Junquas

F-33500 Néac · (✆ 57 74 02 79)

EVP: FF 22,–/25,– inkl. Mwst; Gr: auf Anfrage

Dieser Bordeaux Supérieur ist ein Miniaturgewächs, entsteht er doch auf einem Gut von nur 2,5 ha. Er ist fett, geschmeidig und fruchtig, hat vom Cabernet Sauvignon seine Aromen von roten Früchten und gute Alterungsfähigkeit. Der Wein kann nach 2 Jahren getrunken werden. Hervorzuheben ist das Qualität-Preis-Verhältnis.

Wir suchen deutschen Importeur
Château LA JOYE
F-33240 Saint-André-de-Cubzac

CHATEAU DE CORNEMPS
Henri-Louis Fagard
F-33570 Petit-Palais · (✆ 57 69 73 19)

EVP: FF 25,–; Gr: FF 16,– zuzügl. Mwst

Die 25 ha große Domäne, 1964 von Henri-Louis Fagard übernommen, wurde umstrukturiert, und zahlreiche Investitionen in den Weinkeller und zur Qualitätsverbesserung der Produktion wurden bewilligt. Die Ergebnisse überzeugten. Der aus 60 % Merlot und 40 % Cabernet Sauvignon hergestellte Bordeaux Supérieur Château de Cornemps, bukettreich mit Düften von reifen Früchten und mit feinen Tanninen, ist seither bekannt für die Beständigkeit seiner Qualität, unabhängig von den Merkmalen des Jahrgangs.

CHATEAU LA JOYE
M.J.P. Froger
F-33240 Saint-André-de-Cubzac
(✆ 57 43 18 93 · Fax: 57 43 40 09)

EVP: FF 21,92; Gr: 16,90

Der Weingarten dieses Besitzes liegt am Ufer der Dordogne in der Nähe einer ehemaligen Römerstraße und 1 Kilometer südlich des 45. Breitenkreises. Er profitiert von kalkhaltigen Löß-Lehmböden, die mit Merlot und Cabernets von schöner Langlebigkeit - einige Rebstöcke sind über 70 Jahre alt - bepflanzt sind. Die Weinlese wird manuell durchgeführt, die Vinifizierung erfolgt nach Rebsorten getrennt mit langem Gärprozeß. Es wird ein körperreicher Bordeaux Supérieur hergestellt, der schöne Aromen von roten Früchten entwickelt mit, je nach Jahrgang, einem Hauch von Lakritze oder Vanille bzw. Veilchen. Ein guter Vertreter der Appellation.

CHATEAU LANDEREAU
Vignoble Baylet
F-33670 Sadirac · (✆ 56 30 64 28)

EVP: FF 20,– bis 24,–; Gr: FF 14,– bis 16,–

Diese noch junge Domäne hat in 30 Jahren 65 ha mit Rebstöcken bepflanzt, die kiesige Hügel bedecken und nur mit organischem Dünger bearbeitet werden. Die in Eichenfässern gealterten A.O.C.'s sind typische Bordeaux Supérieurs: dunkelfarbene Rotweine, an der Nase kandierte Früchte, eine mächtige Backpflaumennote im Mund; frische, fruchtige und runde Weißweine.

CHATEAU LA PROVIDENCE
Hubert Bouteiller
Route de la Providence · F-33290 Ludon-Médoc

EVP: FF 30,– inkl. Mwst; Gr: FF 20,– zuzügl. Mwst

Das 1988 von Elisabeth und Hubert Bouteiller erworbene Weingut wurde umstrukturiert. Die Weinbereitung hat der frühere Präsident des Conseil Interprofessionnel des Vins de Bordeaux in die Hand genommen, eine Empfehlung für den klassischen Wein. Der rubinfarbene typische Bordeaux Supérieur, der mehr einem Médoc ähnelt, hat ein blumiges Bukett und die Würze von Vanille.

CHATEAU QUEYRET-POUILLAC
Isabelle et Patrice Chaland
F-33790 Saint-Antoine-du-Queyret
(✆ 57 40 50 36)

EVP: FF 25,– bis 32,–; Gr: auf Anfrage

BORDEAUX SUPERIEUR – BORDEAUX COTES DE FRANCS

Dieser alte Besitz, dessen Gebäude größtenteils Ende des 18. Jh. entstanden sind, wurde 1982 von den heutigen Eigentümern übernommen und vollständig renoviert. Seine etwa 100 ha Rebflächen befinden sich auf einem Tonkalk- Plateau, dessen kräftiger Boden in warmen und trockenen Sommern große Frische bewahrt. Der rote Bordeaux Supérieur wird 12-18 Monate in Beton-Gärbehältern oder rostfreien Tanks ausgebaut. Er ist von kräftiger Farbe, duftet nach reifer Traube mit einer Fülle von Primäraromen, hat einen nachhaltigen Geschmack; seine Gerbstoffe sind gut verpackt und weich.

CHATEAU TIMBERLAY
Robert Giraud
Domaine de Loiseau · B.P. 31
F-33240 Saint-André-de-Cubzac
(℡ 57 43 01 44)

EVP: FF 38,– inkl. Mwst; Gr: FF 17,65 zuzügl. Mwst

Timberlay, ein altes Gut aus dem 14. Jh., verfügt heute über einen ausgedehnten, 110 ha großen Weingarten mit Sand- und Tonkalkböden auf tonhaltigem Untergrund und einen im Durchschnitt 30 Jahre alten Rebsortenbestand. Der von Robert Giraud hergestellte Bordeaux Supérieur ist von intensiver Rubinfärbung, ein klarer, leuchtender Wein, mit komplexem Duft von roten Früchten, Holz- und Gewürznoten, frisch, rund, kernig, von feinen Tanninen geprägt, zeichnet er sich durch eine lange Entwicklung im Mund aus.

CHATEAU LA TUILERIE DU PUY
F-33580 Le Puy · (℡ 56 61 61 92)

EVP: FF 20,– bis 27,–; Gr: auf Anfrage

Diese Domäne mit einem soliden, das Tal beherrschende Bauwerk aus dem 16. Jh. verfügt über einen 55 ha großen Rebgarten, dank dessen ein Bordeaux Supérieur hergestellt wird, der dabei ist, zu einem der großen der Appellation zu werden. Der Lagerwein, mit kräftigem, leicht ziegelfarbenem Kleid, duftet nach Schwarzer Johannisbeere und Backpflaume, geht aus für Bordeaux typischen langen Gärungsprozessen hervor. Eine Adresse, die man sich merken sollte.

CHATEAU DE LA VIEILLE TOUR
Vignobles Boissonneau
F-33190 Saint-Michel-de-Lapujade
(℡ 56 61 72 14)

Preise für Gr auf Anfrage

Der Tonkalk-, Sand- und feine Schlickboden des 45 ha großen Weinbergs, die organische Düngung, die sorgsame Weinbereitung und der 18monatige Ausbau geben dem roten Bordeaux Supérieur einen verführerischen Charakter. Ihn kennzeichnen ein dunkles Rubinkleid, ein mächtiger Duft mit Aromen von Waldbrombeeren, Gerbstoffe, die im Mund Kraft und Lieblichkeit zum Ausdruck bringen. Empfehlenswert ist auch die Cuvée Réserve Tradition, ein vollmundiger roter Bordeaux Supérieur mit einem feinen Holzduft, kräftigen, aber wohl ausgeglichenen Tanninen, der seinen Höhepunkt mit 2 oder 3 Jahren erreichen wird.

BORDEAUX COTES DE FRANCS

Dieses rund 50 km von Bordeaux entfernte A.O.C.-Gebiet umfaßt kaum 500 ha auf den höchsten Erhebungen der Gironde. Die Böden sind ton- oder tonkalkhaltig mit Untergründen, die aus Mergel, Seesternkalk und Ton bestehen. Sie sind mit Merlot, Cabernet Franc, Cabernet Sauvignon sowie einem geringen Anteil Malbec bestockt. Die Blüte, die dieser Weingarten bis zum Beginn des 20. Jh. erlebte, ging mit der Ausbreitung der Reblaus zu Ende. Es folgten der 1. Weltkrieg, die russische Revolution und im Jahre 1921 eine richterliche Entscheidung, die den Rotweinen jegliche Bezugnahme auf das Gütezeichen Saint-Emilion untersagte. Erst 1967 wurde die Appellation offiziell anerkannt.

CHATEAU LACLAVERIE
F-33570 Saint-Cibard · (✆ 57 40 63 25)

Preise auf Anfrage

Nicolas Thienpont bewirtschaftet seit 1984 die Rebflächen des Château Laclaverie, ein altes Gewächs, das sein Vater nach und nach im Zuge von Flurbereinigungen wiederaufbaute. Wenn sich aufgrund der Verwandtschaft mit dem Château Puygueraud die Rebenarten und die Weinbereitung auch gleichen, so sind die Merkmale des Bodens doch unterschiedlich. Die Schlick- und alten Sandvorkommen verleihen den Châteaux Laclaverie eine weiblichere Note und viel Charme.

CHATEAU PUYGUERAUD
Château Lauriol
F-33570 Saint-Cibard · (✆ 57 40 61 04)

Preise auf Anfrage

Nachdem die Thienponts 30 Jahre Viehzucht und landwirtschaftliche Mischkultur betrieben hatten, entschieden sie sich im Jahre 1970, die Rebflächen, die sie zerstört hatten, neu zu bebauen. Heute sind ihre Côtes de Francs-Weine gut eingeführt. Die kernigen Châteaux de Puygueraud sind in der ganzen Welt bekannt, sie sind von sehr männlicher Konstitution, voller Subtilität und Eleganz des Cabernet, charaktervoll und haltbar, gekrönt von einem reichen und komplexen Bukett.

COTES DE BLAYE

Am rechten Ufer der Dordogne, 49 km von Bordeaux entfernt, genießt dieses 10 000 ha große A.O.C.-Gebiet der Côtes de Blaye und Premières Côtes de Blaye eine mineralogische Reichhaltigkeit, die sich in den Weinen wiederfindet. Überall tritt der Kalk zutage außer im äußersten Norden und in Saint-Savin im Osten. Häufig kommt Austernton vor, dessen kräftige Farben dominieren. Im Osten herrschen von der Dordogne angeschwemmte Kiesböden vor. Im Blayais verteilen sich die Rot- und Weißweine auf die Appellationen der Côtes de Blaye und Premières Côtes de Blaye, wobei letztere überwiegen.

LES CAVES DES HAUTS DE GIRONDE
La Cafourche · F-33860 Marcillac (✆ 57 32 48 33 · Fax: 57 32 49 63)

EVP: FF 19,– inkl. Mwst; Gr: FF 12,– zuzügl. Mwst

Dieser Keller hat es zum großen Teil seinem Côtes de Blaye aus 70 % Sauvignon, 20 % Muscadelle und 10 % Colombard zu verdanken, daß er heute die führende Stellung bei der Weißweinproduktion einnimmt. Der Wein bietet in seinem herrlichen Kleid mit strohfarbenen Reflexen ein Bukett, in dem Frucht- und Blütenaromen sich fein vermischen, er ist fett, geschmeidig, wohl ausgewogen und schön nachhaltig am Gaumen.

CHATEAU GRAND RENARD
Les Renauds · F-33820 Saint-Ciers-sur-Gironde (✆ 57 32 96 75)

Preise auf Anfrage

Die roten und weißen Côtes de Blaye von Grand Renard sind stets gute Vertreter der Appellation. Der in seiner Jugend fruchtige Rotwein hat finessereiche Gerbstoffe, die eine Entfaltung des Buketts gewährleisten und nach einigen Jahren der Alterung feine Unterholzaromen entwickeln. Der Weißwein mit seiner leuchtend schönen Robe ist leicht und aromatisch.

CHATEAU PEYBONHOMME-LES-TOURS
Vignobles Bossuet-Hubert
F-33390 Cars · (✆ 57 42 11 95)

Preise auf Anfrage

Dieses Château, seit dem 20. Jh. Premier Cru Bourgeois de Blaye, zählt zu den ältesten der Appellation. Sein 60 ha umfassender Rebgarten profitiert von der maritimen Luftzufuhr, die die Temperatur reguliert. Er ist zu 60 % mit Merlot-, 35 % Cabernet Sauvignon- und 5 % Cabernet Franc-Trauben bestockt, aus denen jährlich 3 500 hl rote Côtes de Blaye hergestellt werden, von denen 40 % für den Export bestimmt sind. Sie werden auf dem Château in Flaschen gefüllt, bevor sie dann die Liebhaber dieser geschmeidigen, nachhaltigen Weine, voller Würze und Ausgewogenheit, zufriedenstellen.

WANDERER IN DEN COTES

Die Côtes erstrecken sich von den Grenzen der Charente und des Périgord bis hin ins Herz des Gironde-Weingartens; sie heißen Premières Côtes de Bordeaux, Côtes de Bourg, Premières Côtes de Blaye, Côtes de Castillon, Côtes de Francs und Graves de Vayres. Weitab von den großen Straßenachsen erfreut sich der Spaziergänger der grünen Landschaften dieser heiteren und sanften Region, wo sich "terroir" (Boden) mit "histoire" (Geschichte) reimt. Hier sind die in die Rebgärten geschmiegten Bauernhäuser und Weinkeller beladen mit Erinnerungen, die die Winzer gern wachrufen. Hier kann man den einladenden Gasthäusern nicht widerstehen, in denen Entrecôtes und Steinpilze noch leckerer schmecken, wenn sie von einem der Côtes-Weine begleitet werden, die so liebenswürdig sind mit nahezu allen Fleischsorten wie auch mit Käse. Hier treffen die Châteaux von Vayres und Cadillac aufeinander, die Hochburgen von Blaye und Bourg, die prähistorische Grotte von Pair-non-Pair, die typischen Dörfchen, die kleinen Häfen an Garonne, Dordogne oder Gironde..

EVP: FF 15,– bis 20,–

Das seit 5 Generationen vom Vater auf den Sohn übertragene Château hat auf dem Markt der Bordeaux-Weine den Ruf, eines der besten Qualitäts-Preis-Verhältnisse zu haben. Es hat jedoch noch andere beachtliche Vorteile wie den biologischen Anbau und den Ausbau der Rot- und Weißweine in neuen Barriques. Die dunkelfarbenen roten A.O.C.'s sind geschmeidig und konzentriert, mit feinem Holzgeschmack und sehr reifen Tanninen. Die weißen A.O.C.'s gefallen durch ihr blasses Kleid, ihren Duft von reifen Früchten und Agrumen, ihren langen, reichen Vanillegeschmack.

CAVE DES HAUTS DE GIRONDE
La Cafourche · F-33860 Marcillac
(✆ 57 32 48 33 · Fax: 57 32 49 63)

EVP: FF 14,– bis 33,– inkl. Mwst; Gr: FF 9,50 bis 15,– zuzügl. Mwst

Der 1974 gegründete Keller ist der letzte, der an den Côtes de Bourg und de Blaye mit genossenschaftlicher Struktur entstanden ist. Er ist auch der bedeutendste mit 300 Produzenten und rund 1 230 ha Rebflächen, die ihn zum größten Weißweinhersteller der Region Blaye machen. Die Rotweine sind indessen hinsichtlich des Bekanntheitsgrades aufgerückt und haben die besten der Appellation erreicht. Der rote 1ères Côtes de Blaye "Duc de Tutiac" zum Beispiel, aus ausgewählten alten Reben, in neuen Eichenfässern ausgebaut, ist ein Wein von klassischem Charme, geschmeidig und fett, seine samtigen Tannine schmelzen in harmonischer Ausgewogenheit. Dieser Wein enttäuscht nicht und verdient einen Platz auf Tafeln großer Feinschmecker.

PREMIERES COTES DE BLAYE

CHATEAU BERTINERIE
Daniel Bantegnies
F-33620 Cubnezais · (✆ 57 68 70 74)

PREMIERES COTES DE BLAYE

CHATEAU CORPS DE LOUP
Jean-Pierre Vidal
F-33390 Anglade · (✆ 57 64 42 19)

EVP: FF 24,–; Gr: auf Anfrage

Die Weine dieses Châteaus schätzte im 16. Jh. schon Heinrich IV., der hier Wölfe jagte (daher der Name des Gutes). Die Rebflächen erstrecken sich auf einem Hang aus Kiessand, Kalk und Lehm. Berge schützen das Gut vor der kontinentalen klimatischen Rauheit. Diese Vorzüge ergänzen die strikte organische Düngung der Rebstöcke und die Alterung der Weine in Eichenfässern. Die 1ères Côtes de Blaye zeichnen sich durch viel Körper und Finesse sowie sehr große Nachhaltigkeit aus. Den Besucher von Corps de Loup erwarten außerdem ein Park zur Erholung und ein Pavillon zur Entspannung. Empfehlenswert sind die Weine wie auch ein Besuch.

---

*

GRAND VIN DE BORDEAUX

Der Eigentümer des renommierten Châteaus möchte vorzugsweise mit Einzelkunden, Freundeskreisen oder Komitees ins Geschäft kommen. Fordern Sie Preise und Unterlagen an. Sie werden überrascht sein. Besuch von Keller und Weinberg Panoramablick auf Flußmündung Hirsch- und Vogelschutzgebiet Komfortabler Empfangspavillon zur Verfügung der Kunden

J.P. Vidal · Château Corps de Loup F-33390 Anglade · ✆ 57 64 42 19

*

CHATEAUX L'ESCADRE ET LES PETITS ARNAUDS
G. Carreau & Fils
F-33390 Cars · (✆ 57 42 36 57)

EVP: FF 27,– inkl. Mwst; Gr: FF 16,50 zuzügl. Mwst

Das durch die Nähe der Gironde bestimmte Mikroklima, der Tonkalkboden mit Lehmuntergrund, traditionelle Bodenbearbeitung mit Beseitigung des Unkrauts unter den Rebstöcken, das alles kommt dem Weingarten dieser Châteaux zugute. Außerdem altern die Weine 6-8 Monate in Barriques, werden nach 18 Monaten in Flaschen abgefüllt, was zur Qualität der 1ères Côtes de Blaye beiträgt: Weine mit dunkelroter Robe, an der Nase sehr typisch, angenehm im Mund mit gut geschmolzenen Tanninen, nachhaltig beim Abgang.

CHATEAU DU GRAND BARRAIL
Denis Lafon
Bracaille 1 · F-33390 Cars
(✆ 57 42 33 04)

EVP: FF 22,– bis 30,–; Gr: FF 16,– zuzügl. Mwst

Denis Lafon, Eigentümer der Châteaux du Cavalier und Gardut Haut-Cluzeau, erwarb diesen sehr alten Rebgarten im Jahre 1967. Er vertreibt seine Weine überwiegend im Ausland (70 %). Die 1ères Côtes de Blaye kennzeichnen viel Farbe und Geschmeidigkeit, sie sind angenehm fruchtig, können jung getrunken werden, obwohl sie gut alterungsfähig sind. Qualitätsweine.

CHATEAU GRAULET
Denis Lafon
Château du Cavalier · F-33390 Cars
(✆ 57 42 33 04 · Fax: 57 42 08 92)

EVP: FF 22,– bis 30,–; Gr: FF 16,–

Der Rebsortenbestand des Weinbergs von Graulet, eines der ältesten Güter von Plassac und der Côtes de Blaye mit Tonkalk- und Kieselboden, ist durch-

PREMIERES COTES DE BLAYE – COTES DE BOURG

schnittlich 25 Jahre alt. Die Weine werden mittels Wärmeregulierung und langer Maischegärung hergestellt. Sie sind intensivfarben, duften köstlich nach kleinen, sehr reifen Früchten und sind füllig und rund im Geschmack. Das 1991 von einem schwedischen Industriellen gekaufte Château ist ein typischer Vertreter seiner Appellation.

CHATEAU GRAULET
Grand Vin de Bordeaux
Premières Côtes de Blaye
Bracaille 1 · F-33390 Cars
✆ 57 42 33 04 · Fax: 57 42 08 92

CHATEAU MAYNE-GUYON
Famille Courjaud
F-33390 Cars · (✆ 57 42 08 48)

EVP: FF 30,– bis 47,–; Gr: FF 14,67 bis 27,24

Dieser Weinberg erstreckt sich über 40 ha Tonkalkboden mit steinigem Untergrund auf nach Süden ausgerichteten Hängen, die guter Sonneneinstrahlung ausgesetzt sind. Nach sorgfältiger Vinifizierung werden die Tanks einer strengen Prüfung unterzogen; die besten Weine kommen über 1 Jahr in Eichenbarriques. Ein Beweis für die Seriosität der Familie Courjaud: im Jahre 1987 hielt sie die Qualität ihrer Produktion für nicht repräsentativ genug und verzichtete daher auf die Vermarktung ihres roten Mayne-Guyon, der allgemein anerkannt ist wegen seiner Feinheit, der dunklen Granatfarbe mit zinnoberroter Schattierung, dem mächtigen Duft und dem Geschmack sehr reifer, zartwürziger roter Früchte.

CHATEAU SOCIONDO
Michel Elie
14, rue du Marché · B.P. 121
F-33390 Blaye · (✆ 57 42 12 49)

EVP: FF 37,50; Gr: FF 18,50

Der 10 ha große Weingarten zieht sich über Tonkalkhügel hin, die der Sonne ausgesetzt sind. Es werden keine Düngemittel verwendet. Nach der Vinifizierung in modernen Tanks werden die Weine 2-4 Monate lang in Eichenfässer gefüllt. Das Ergebnis sind Premières Côtes de Blaye von feiner Gerbstoffstruktur, mit Aromen sehr reifer Früchte, würziges Unterholz im Hintergrund.

COTES DE BOURG

Vor den Toren der Stadt Bordeaux erstreckt dieses A.O.C.-Gebiet seine 3 260 ha umfassenden Rebflächen über 15 Gemeinden. Die fruchtbare Erde weist eine Reihe Anhöhen auf mit kalkhaltigen oder tonkalkhaltigen, gut dränierten Böden, die mit Merlot, Cabernet Franc und Sauvignon sowie Malbec für die Rotweine und Sauvignon, Sémillon, Muscadelle sowie Colombard für die Weißweine bestockt sind.

CHATEAU CONILH HAUTE LIBARDE
René Bernier
F-33710 Lansac · (✆ 57 68 46 46)

EVP: FF 27,–/28,–; Gr: FF 17,–/18,–

Das alte, 1770 gegründete Gut ist auf dem höchsten, die Stadt Bourg überragenden Kamm gelegen. Die guten Eigenschaften seiner Tonkalk- und Kieselböden gewährleisten eine in Menge und Qualität gleichbleibende Produktion. Die Weine sind sehr kernig, voll und körperreich, haben ein reiches, gut entwickeltes Bukett, sind lange lagerfähig.

CHATEAU GRAND LAUNAY
Michel Cosyns
F-33710 Teuillac · (✆ 57 64 39 03)

EVP: FF 25,– bis 35,50; Gr: auf Anfrage

Auf dieser Domäne wird ein typischer, kräftig rubinfarbener Côtes de Bourg hergestellt, an der Nase gut gewürzt, gekennzeichnet von Harmonie und Abgerundetheit. Liebhaber der Appellation können diesen Wein auch in Deutschland bestellen (J.J. Cosyns, D-65510 Idstein).

CHATEAU GUERRY
Bertrand de Rivoyre
F-33710 Tauriac · (Tel. 57 68 20 78)

EVP: FF 37,– inkl. Mwst; Gr: FF 24,– zuzügl. Mwst

Ein sehr schönes Herrenhaus aus dem 19. Jh. mit einem 22 ha großen Weinberg mit Tonkalkboden in Hanglage. Die Vinifizierung erfolgt klassisch. Im Februar werden die besten Cuvées zusammengefügt. Dann kommt der Wein (60 % Grands Crus) in Barriques (10 % neue). Bertrand de Rivoyre versteht sein Fach. Er bietet beispielsweise einen Côtes de Bourg 1986 an: dunkelrote Robe, an der Nase angenehmer Tabakduft mit Noten von Unterholz, wohl ausgewogen im Mund, mächtig und rund.

CHATEAU TAYAC
Pierre et Annick Saturny
F-33710 Bourg-sur-Gironde · (✆ 57 68 40 60)

EVP: FF 30,– bis 75,– inkl. Mwst; Gr: FF 18,– bis 50,– zuzügl. Mwst

Das architektonisch geschichtsträchtige Château, eines der führenden Weingüter der Gironde, wird seit 1959 von der Familie Saturny bewirtschaftet. Sein Rebgarten profitiert vom Tonkalkboden und dem Mikroklima, das ihn vor Frost schützt. Der Rebsortenbestand mit einem Durchschnittsalter von 30 Jahren, natürlicher Anbau einzig auf der Basis von Beackerung, manuelle Weinlesen, lange Gärverfahren und der Weinausbau in Eichenbarriques führen zur Herstellung eines eleganten, feinen, gut strukturierten und im Geschmack nachhaltigen Côtes de Bourg Tayac, für eine Alterung von 7-20 Jahren bestimmt.

VIEUX DOMAINE DE TASTE
Maxime Bernier · F-33710 Lansac

EVP: FF 20,– bis 27,–; Gr: FF 10,– bis 17,–

Dieser alte, 9 ha umfassende Weinberg mit Tonkalkboden in sonniger Hanglage wird ohne Unkrautvernichtung bearbeitet und ausschließlich mit organischen Stoffen gedüngt. Der lange im Tank ausgebaute Côtes de Bourg hat eine schöne Färbung, er ist weich, gehaltvoll und fruchtig.

FRONSAC

Wenn Pomerol auch die kleinste Rebfläche des Libournais darstellt, so sind Fronsac und Canon-Fronsac mit ihren 1 000 ha nicht weit davon entfernt. Das am rechten Isle- und Dordogne-Ufer gelegene Gebiet profitiert von einer reichen Zone: eine Kalkdecke auf einem Lehm- oder Sandsteinsockel bildet einen für den Weinanbau ausgezeichneten Boden. Die aus dem Merlot, Cabernet Franc und Cabernet Sauvignon gezogenen Weine haben eine schöne dunkle Rubinfarbe, intensive und komplexe Aromen, sie sind männlich, körperreich und harmonisch mit mächtigen Tanninen, die sie lange haltbar machen. Nach dem Reblausbefall, der eine schwere Finanzkrise zur Folge hatte, erfuhren die beliebten Weine einen Niedergang. Heute werden Fronsac- und Canon-Fronsac-Châteaux jedoch häufig wieder unter den besten Bordeaux-Gewächsen aufgeführt.

CHATEAU MAYNE-VIEIL
Famille Seze
F-33133 Galgon · (✆ 57 74 30 06)

EVP: FF 29,–; Gr: FF 20,–

Seit 1918 gehört dieses Gut, dessen Weinlager im 17. Jh. und dessen Landhaus 1860 erbaut wurden, der Familie Seze. Sie hat den 41 ha umfassenden Weinberg auf leicht abfallendem tonhaltigem Schwemmlandhang nach dem großen Krieg neu angelegt. Die Weine werden nach traditioneller Vinifizierung 1 1/2 Jahre im Tank ausgebaut. Nur die besten werden schließlich zusammengefügt, in Flaschen abgefüllt und als "Château Mayne-Vieil" verkauft: ein dunkler Rotwein mit im Alter mächtigem Bukett, sehr weich im Mund, wenig säurehaltig, geschmeidig und elegant, mindestens 5 Jahre alterungsfähig.

CHATEAU ROUMAGNAC LA MARECHALE

Pierre Dumeynieu
Roumagnac · F-33126 La Rivière
(✆ 57 24 98 48)

EVP: FF 32,– bis 40,–; Gr: auf Anfrage

Der Anfang dieses Jahrhunderts angelegte, 13 ha umfassende Rebgarten profitiert vom Tonkalkboden und gemäßigten Klima, was günstig ist für den durchschnittlich 30 Jahre alten, organisch gedüngten Rebsortenbestand (80 % Merlot + 20 % Cabernet). Roumagnac La Maréchale produziert mit Temperaturüberwachung Fronsacs und Bordeaux Supérieurs, die in Barriques ausgebaut werden. Die schön rubinroten Fronsacs duften nach sehr reifen Früchten, sind kernig, rassig und lange lagerfähig, ihr hoher Gerbstoffgehalt wirkt sich wohltuend auf den Organismus aus und macht die Weine besonders gut verträglich.

Château Roumagnac La Maréchale
ein großer Fronsac
nach reinster Tradition hergestellt
Dumeynieu Pierre
F-33126 La Rivière

CHATEAU VILLARS

Jean-Claude Gaudrie
F-33141 Saillans · (✆ 57 84 32 17)

EVP: FF 60,–; Gr: FF 39,– zuzügl. Mwst

Ein Château mit traditionellen Methoden: klassischer Anbau, keinerlei Kunstdünger. Seine 29 ha mit 2/3 Tonkalk- und 1/3 Kiesel-Tonboden sind mit Merlot noir (70 %), Cabernet Franc (20 %) und Cabernet Sauvignon (10 %) mit einem Durchschnittsalter von 35 Jahren bestockt. 1/3 der Weine wird in neuem Holz, 1/3 in 1 Jahr altem Holz, 1/3 in 2 Jahre altem Holz ausgebaut. Nach 3 Jahren werden die Fässer verkauft. Es werden gute Weine produziert mit Gerbstoffgeschmack und feinem und komplexem Duft, bei dem Gewürznoten vorherrschen. Die Weine eignen sich zur Alterung (15 Jahre).

"EXPRESSION DE FRONSAC"

Die Appellationen Fronsac und Canon-Fronsac verfügen mit ihren 1 000 ha nach Pomerol über die kleinste Anbaufläche des Libournais. Sowohl von der Höhe und der Lage der Hänge als auch von der Beschaffenheit der Böden her weist das Gebiet eine Verwandtschaft mit dem des Saint-Emilion auf, was aber keinesfalls Ähnlichkeit bedeutet. Die Weine mit ihren intensiven und reichen Aromen, ihrem markanten, körperreichen und harmonischen Charakter, ihren mächtigen Gerbstoffen und der langen Lagerfähigkeit, die bis zum Einfall der Reblaus sehr beliebt waren, erfuhren danach einen Niedergang. 40 Jahre andauernde Anstrengungen führten nun dazu, daß einige Fronsac- und Canon-Fronsac-Châteaux wieder häufiger unter den besten Crus des Bordelais genannt werden. Um die Beständigkeit der Qualität zu fördern, haben 10 Châteaux, die 10 % der Appellationsfläche darstellen, die "Expression de Fronsac" gegründet. Einziges Ziel dieser Vereinigung ist die Erreichung höchster Qualität.

CANON-FRONSAC

CHATEAU CASSAGNE HAUT-CANON
J.J. Dubois
F-33126 Saint-Michel-de-Fronsac
(✆ 57 51 63 98)

Preise auf Anfrage

Ein leuchtend rubinfarbener Canon-Fronsac, dunkel und kräftig, mit feinem Holzduft, reich und komplex, von schöner Fülle im Mund, mit einem langen, aromatischen Nachgeschmack, einem reichen Tanninkern, ein ausgewogener, lange lagerfähiger Wein.

CHATEAU MAZERIS-BELLEVUE
F-33126 Saint-Michel-de-Fronsac
(✆ 57 24 98 19)

Preise auf Anfrage

Dieses Château bietet einen körperreichen und tanninhaltigen Canon-Fronsac an, der in seiner Jugend adstringierend ist, mit dem Alter an Finesse sowie Bukett gewinnt und eine Topasfärbung entwickelt. Ein ausgesprochen lagerfähiger Wein.

LALANDE DE POMEROL

Das Dorf Lalande de Pomerol hat dieser Appellation den Namen gegeben. Ihre etwas über 900 ha große Anbaufläche grenzt an das Hinterland der Libournais-Ortschaft. Die Weinbaubetriebe besitzen hier selten mehr als 4 oder 5 ha. Selbst Néac, das früher seinen eigenen A.O.C. besessen und schließlich Lalande de Pomerol den Vorzug gegeben hat, ist eine Ansammlung verstreut liegender Domänen. Die Böden der Rebflächen sind tonhaltig, kiesig und sandig, mit Kies auf den Anhöhen.

CHATEAU DE BEL AIR
Jean-Pierre Musset
F-33500 Lalande-de-Pomerol
(✆ 57 51 40 07)

EVP: FF 60,– bis 120,–; Gr: FF 43,– bis 48,–

Der mit angeschwemmtem Kiessand bedeckte Boden des 15 ha umfassenden Weingartens liegt auf einer Ader mit Eisenelementen, deren Basis tonig ist. Anbau und Vinifizierung werden traditionell durchgeführt, der Ausbau der Weine erfolgt in Barriques, von denen ein Drittel bei jeder Ernte erneuert wird. Der Château de Bel-Air zeichnet sich durch intensive Farbe aus, durch ein feines und köstliches blumiges Bukett, er ist kernig, komplex, mächtig und dennoch rund, so daß die Aggressivität der Tannine gemildert wird; der im Mund nachhaltige Wein mit einem schönen Finale erreicht seinen Höhepunkt nach 10 bis 20 Jahren.

CHATEAU BELLES-GRAVES
F-33500 Néac

EVP: FF 60,– inkl. Mwst; Gr: FF 30,– bis 35,– zuzügl. Mwst

Das sehr schöne Landhaus aus dem 18. Jh. soll Prosper Mérimée aufgenommen haben. Heute wird es regelmäßig von Kommandeur Cousteau, einem Cousin der Eigentümer, besucht. 14 ha Rebflächen mit tonhaltigem, kiesigem Boden sind mit durchschnittlich 30 Jahre altem Merlot und Cabernet Franc bestockt. Bodenbeackerung und organische Düngung sowie 18 Monate Alterung der Weine im Eichenfaß vervollständigen die Qualitäten des Lalande de Pomerol: ein geschmeidiger, runder und körperreicher Lagerwein mit Aromen von Veilchen, roten Früchten und Gewürzen.

CHATEAU LA FLEUR SAINT-GEORGES
B.P. No. 7 · F-33500 Pomerol

EVP: FF 46,– bis 50,–; Gr: FF 30,– bis 35,–

LALANDE DE POMEROL – POMEROL

Der 17 ha umfassende Weinberg mit tonkalkhaltigem Boden ist mit Merlot (70 %) und Cabernet Franc (30 %), im Durchschnitt 25 Jahre alt, bestockt. Der Lalande de Pomerol wird mit langer, wärmeregulierter Maischegärung hergestellt und in Bordeaux-Barriques ausgebaut, die zu einem Drittel jährlich erneuert werden. Der Wein, von sehr dunkler Färbung, hat einen guten Kern, er ist mächtig und elegant.

CHATEAU HAUT-CHAIGNEAU
Jeanine et André Chatonnet
F-33500 Néac · (✆ 57 74 62 25)

Preise nicht genannt

Mit seinem 20 ha großen Weingarten und einer Jahresproduktion von 120 000 Flaschen ist das Château Haut-Chaigneau eines der größten der Appellation. Entwässerung, Neubepflanzung und Umgestaltung des gesamten Guts haben mit dazu beigetragen, daß die Domäne sich einen Namen gemacht hat. Vor der Vinifizierung werden die Trauben nach Rebsorten und Alter der Rebstöcke selektiert. Ausgebaut wird der Wein in Eichenfässern. Das Ergebnis ist ein Lalande de Pomerol mit ausgesprochen kräftiger Robe und einem sehr angenehmen blumigen Bukett, ein würdiger Vertreter der Appellation.

CHATEAU HAUT-CHATAIN
Martine et Philippe Junquas
F-33500 Néac · (✆ 57 74 02 79)

EVP: FF 44,68 zuzügl. Mwst; Gr: FF 33,– zuzügl. Mwst

Tonhaltige und kiesige Böden mit Eisenspuren bilden diesen ausgedehnten Rebgarten, auf dem der Merlot vorherrscht. Der hier erzeugte Lalande de Pomerol stammt aus langer wärmeregulierter Maischegärung und einem Ausbau in teilweise neuen Eichenfässern. Der Wein ist kernig und tanninhaltig, rund und harmonisch, hat Aromen von Unterholz und kleinen roten Früchten, ist sehr lang am

Gaumen. Während die 88er, 89er und 90er noch reifen sollten, sind die fruchtigen und geschmeidigen 91er und 92er schon jetzt angenehm zu trinken.

POMEROL

In diesem 3 km von Libourne entfernt gelegenen Dorf gruppieren sich die Häuser nicht, wie sonst üblich, um die Kirche herum, sondern sind den Rebflächen zugeordnet und befinden sich auf den verstreut gelegenen, größtenteils sehr kleinen Parzellen. 20 % der Winzer besitzen nicht einmal einen halben Hektar, etwas über 50 % weniger als 2 ha. Das gesamte Anbaugebiet übersteigt in der Tat kaum 750 ha. Die Böden sind vielfältig beschaffen: sand-tonhaltig oder kiesig-kieselhaltig, tonhaltig oder sandig, kiesig-kalkhaltig oder aber tief kiesig. Sie vermitteln den Weinen verschiedene Geruchs- und Geschmacksrichtungen. Obwohl überall Merlot und Cabernet Franc verwendet werden, ist ihre einzige Gemeinsamkeit ihre hohe Qualität. Bleibt noch die Klassifizierung! Offiziell gibt es keine. Inoffiziell existiert eine Rangordnung, an deren Spitze das Château Pétrus steht.

CHATEAU LA CABANNE
35, rue de Montaudon · F-33500 Libourne
(✆ 57 25 13 38)

Preise nicht genannt

Der das Château umgebende 10 ha große Weingarten profitiert von kiesigen Lehmböden auf Schlacke-Untergrund, die zu 92 % mit Merlot und 8 % Cabernet Franc bepflanzt sind, Rebstöcke mit einem Durchschnittsalter von 28 Jahren. Der 15-20 Monate in Eichenfässern alternde Pomerol ist mächtig und köstlich an der Nase, er hat Noten von kandierten Aprikosen und Wild, ist vorn im Mund kräftig, schön kernig, mit einem Tanninfinale, das ihm einen guten, intensiv aromatischen Nachgeschmack verleiht. Ein Wein, der seine Finesse harmonisch mit einem mächtigen Körper verbindet.

POMEROL

CHATEAU LA CONSEILLANTE
B. et F. Nicolas
F-33500 Pomerol

Preise nicht genannt

60 % Merlot, 35 % Cabernet Franc und 5 % Malbec bilden den durchschnittlich 35 Jahre alten Rebsortenbestand dieses 12 ha umfassenden Weinbergs, der mit Rindermist gedüngt wird. Seit 122 Jahren gehört das Gut der Familie Nicolas. Es war damals im Besitz der Demoiselle Conseillant, die ihm seinen Namen gab. Der in neuen Barriques ausgebaute Pomerol mit seiner Purpurrobe und seinem vom Eisenschlacke-Untergrund sehr spezifischen Bukett besitzt seit langem einen zunehmend guten Ruf.

CHATEAU L'EGLISE CLINET
Denis Durantou
F-33500 Pomerol · (✆ 57 51 79 83)

EVP: FF 160,–; Gr: FF 95,– zuzügl. Mwst

Der an natürlichen, nach Südwesten ausgerichteten Hängen gelegene Rebgarten profitiert von seinem Boden aus Lehm und Kiessand und seinem gemäßigten Klima mit atlantischem Einfluß. Merlot und Cabernet Franc, durchschnittlich 40 Jahre alt, sowie gehackte und alle 2 Jahre organisch gedüngte Rebflächen tragen zur Qualität des Pomerols bei: ein tiefroter Wein, an der Nase komplex von Schwarzer Johannisbeere und Zitrusfrucht, im Mund vorn füllig, dann kräftige Noten von Kakao und Gewürz, ein blumiges Finale von Veilchen und Vanille.

CHATEAU GOMBAUDE-GUILLOT
Famille Laval
3, "Les Grandes Vignes" · F-33500 Pomerol
(✆ 57 51 17 40)

EVP: FF 65,– bis 150,–; Gr: FF 39,– bis 90,–

Die Domäne, die sich seit mindestens 5 Generationen im Besitz derselben Familie befindet, ist die einzige in Pomerol, in der eine Frau - die junge sympathische Claire Laval - die Vinifizierung durchführt. Kiessandböden auf Lehm mit Eisenschlacke, mildes und sonniges atlantisches Klima, mechanische Unkrautentfernung und ausschließlich organische Düngung, ein Rebsortenbestand mit einem Durchschnittsalter von 35 Jahren, manuelle Weinlese bei vollständiger Reife der Beeren, die dann sehr streng sortiert werden, perfekte Beherrschung langer und warmer Gärprozesse sowie der Ausbau der Weine in neuen Barriques aus Eichenrohdauben zeigen, daß alles getan wird, um den Pomerol zu einem sehr beachtlichen Wein zu machen: reich, sehr kernig, komplett und mächtig, von einer Herbheit, die im Laufe der Jahre einem intensiven Bukett weicht, angenehm und lang im Mund. Ein 20-30 Jahre lagerfähiger Wein.

CHATEAU HAUT-MAILLET
Jean-Pierre Estager
33 à 41, rue de Montaudon
F-33500 Libourne · (✆ 57 51 04 09)

Preise nicht genannt

Der aus dem Mittelalter stammende Weingarten ist typisch für die Pomerol-Weingüter mit ihren Parzellen, die von den größten Gewächsen der Appellation umschlossen sind. Der hier hergestellte Haut-Maillet ist ein Wein mit einem karmesinroten Kleid und ziegelroten Reflexen, elegant und fein im Duft, leicht gewürzt, mit Noten von Trockenfrüchten, im Mund vorn kräftig, in der weiteren Entwicklung vollkommen.

CHATEAU PETIT-VILLAGE
F-33500 Pomerol

Preise nicht genannt

An der höchsten Stelle des Kiesplateaus, das das Herz der Appellation darstellt, befindet sich das Château Petit-Village mit seinem Weinberg, der ein gewaltiges, 11 ha großes gleichseitiges Dreieck bildet. Nach den Frösten des Jahres 1956 und der fast vollständigen Neubepflanzung der Rebflächen macht der Qualitäts-Pomerol das Château nun wieder bekannt. Der Wein ist farbkräftig, besonders köstlich und sehr fein, komplex und füllig, er verbirgt eine Gerbstoffstruktur, die ihm eine sehr gute Alterungsfähigkeit verleiht.

CHATEAU PLINCETTE
M. Estager
33 à 41, rue de Montaudon · F-33500 Libourne
(℃ 57 51 04 09)

Preise nicht genannt

Ein kleiner 2 ha umfassender typischer Pomerol-Rebgarten. 70 % Merlot und 30 % Cabernet Franc bringen einen Pomerol hervor, der 15-20 Monate in Eichenfässern reift. Der helle Wein mit Bernsteinreflexen ist an der Nase vornehm, mit vorherrschenden Noten von roten Früchten (zerquetschte Maulbeeren), im Mund ist er vorn kräftig und geschmeidig. Durch seine insgesamt gute, elegante und harmonische Struktur kann er jung verkostet werden.

SAINT-EMILION

Die Anbaufläche der kleinen mittelalterlichen Stadt Saint-Emilion, die am Rande einer zum Dordogne-Tal hin abfallenden Hochebene gelegen ist,

erstreckt sich über etwa 5 500 ha. Der hier überwiegenden Merlot-Traube sagt das vorherrschende Kalkgebiet aus Seefossilien sehr zu. Es gibt dann auch noch die Kiesböden, die Pomerol bis nach Saint-Emilion verlängern, und die neueren Sandanschwemmungen aus dem Dordogne-Tal in den Gemeinden Saint-Sulpice-de- Faleyrens und Vignonet. Der Weingarten ist hier ebenfalls sehr zerstückelt. 90 % der Winzer besitzen kaum je 5 ha Rebfläche. Die heutige Klassifizierung umfaßt Premiers Grands Crus Classés, Grands Crus Classés, Grands Crus und die einfachen Saint-Emilions.

CHATEAU L'ANGELUS
Debouard de Laforest & Fils
F-33330 Saint-Emilion · (℃ 57 24 71 39)

EVP: FF 200,–

Ein 26 ha umfassender Weinberg. Die ideal gelegenen Böden, die eine einzige Parzelle bilden, bestehen im höher gelegenen Tal aus Ton und Kalk und in Hanglage aus Ton und Sand. Das Durchschnittsalter der Rebstöcke (45 % Cabernet Franc, 50 % Merlot und 5 % Sauvignon) beträgt 30 Jahre. Der größte Teil der Lese reift in neuen Eichenfässern heran, deren Anteil je nach den Eigenschaften eines Jahrgangs festgelegt wird. Der lange lagerfähige Saint- Emilion l'Angélus besitzt eine sehr schöne Farbe, sein feiner Duft verbindet sich mit subtiler Eleganz und viel Stoff im Mund zu einem schönen Finale.

CHATEAU BALESTARD LA TONNELLE
F-33330 Saint-Emilion · (℃ 57 74 62 06)

EVP: FF 67,– bis 167,–; Gr: FF 33,– bis 88,–

Schon François Villon erwähnte diese Domäne im 15. Jh. in einem seiner Gedichte, das nun auf den Etiketten abgedruckt ist. Der über 10 ha große Weingarten auf einem Tonkalkplateau bringt einen lange lagerfähigen Grand Cru klassifizierten Saint-Emilion hervor mit dunkler Rubinrobe, von reicher und komplexer Beschaffenheit, der viel Finesse und Eleganz besitzt.

CHATEAU BERGAT

F-33330 Saint-Emilion · (✆ 56 48 57 57)

Preise nicht genannt

Der 4 ha umfassende Rebgarten mit Kalkboden wird mit Mist vom Bauernhof gedüngt. Die Rebsorten Merlot (55 %), Cabernet Franc (35 %) und Cabernet Sauvignon (10 %) bringen einen Grand Cru klassifizierten Château Bergat hervor, der in Barriques ausgebaut wird, ein dunkler rubinfarbener Wein, sehr harmonisch und rund, mit leichtem Holzgeschmack und geschmeidigen Tanninen.

CHATEAU JACQUES BLANC

F-33330 Saint-Etienne-de-Lisse
(✆ 57 40 18 01)

EVP: FF 36,– bis 66,–; Gr: FF 27,60 bis 38,–

Diese für die gleichmäßige Qualität ihrer Weine bekannte Domäne bietet 2 hervorragende Saint-Emilions an: der Grand Cru "Cuvée Aliénor" ist feminin und charaktervoll, durch seinen Verbleib im Eichenfaß kann er all den Charme seiner Frucht und seines sich klar abzeichnenden Körpers zum Ausdruck bringen, letzter bleibt während der 10-15jährigen Lagerzeit erhalten; der zweite Grand Cru "Cuvée du Maître" verdankt seine große Alterungsfähigkeit (15 und mehr Jahre je nach Jahrgang) dem Ausbau in Fässern aus Eichenrohdauben, man schätzt seinen Fruchtgeschmack, der sich harmonisch mit Holznoten vereint. 2 beachtliche Weine von Rebstöcken, die ausschließlich mit natürlichen Stoffen (biodynamische Präparate) bearbeitet werden.

CHATEAU CANTENAC

Jean-Baptiste Brunot
F-33330 Saint-Emilion
(✆ 57 51 35 22 · Fax: 57 25 19 15)

Preis für Gr: FF 35,– zuzügl. Mwst

Das im letzten Jahrhundert errichtete Château besitzt einen mit pflanzlichem Humus gedüngten Weingarten mit kiesigem Sandboden, der geschmeidige, bukettreiche Weine entstehen läßt. Der durchschnittlich 25 Jahre alte Rebsortenbestand bringt einen Saint-Emilion hervor, der mit Temperaturkontrolle vinifiziert und teilweise in Eichenfässern ausgebaut wird. Der Wein, mit Bukett, ist weich und rund und schmeckt nach Vanille, ein guter Vertreter der Appellation. Man findet ihn auf Tafeln von Privatkunden und Restaurants im In- und Ausland.

Das CHATEAU CANTENAC
auf Kiessandböden gelegen,
produziert sehr bukettreiche,
geschmeidige, dennoch körperreiche
Weine, die zum Teil in Eichenfässern
ausgebaut werden.

**Die Familie BRUNOT ist außerdem im Besitz
des Château Tour de Grenet, ein gerbstoff-
reicherer Wein von Lussac-Saint-Emilion**

CHATEAU CAP DE MOURLIN

Jacques Capdemourlin
F-33330 Saint-Emilion · (✆ 57 74 62 06)

EVP: FF 54,– bis 138,–; Gr: FF 31,– bis 60,–

Seit nahezu 500 Jahren gehört dieses Weingut der Familie Capdemourlin, die es dank seines Tonkalkbodens mit Sand auf einem Untergrund aus Ortsteinboden zu einem der bekanntesten der Appellation gemacht hat. Ihre gleichbleibenden Weine sind kräftig granatfarben, haben einen fruchtigen

Duft mit Noten von Lakritze, im Geschmack sind sie füllig.

CHATEAU CHAUVIN
Béatrice Ondet et Marie-France Février
F-33330 Saint-Emilion · (℗ 57 24 76 25)

EVP: FF 80,– bis 100,–; Gr: FF 55,– bis 66,– zuzügl. Mwst

Die gerade hundert Jahre alt gewordene Domäne wird mit Begeisterung und Klugheit geführt. 12,5 ha kiesigen Bodens werden ohne Unkrautvernichtungsmittel beackert. Atlantisches Klima und durchschnittlich 40 Jahre alte Rebsorten: 60 % Merlot, 30 % Cabernet Franc, 10 % Cabernet Sauvignon. Das Ergebnis: ein Saint-Emilion mit feinem, elegantem, intensiv würzigem Bukett, körperreicher Struktur, in der die Feinheit der Tannine zum Ausdruck kommt. Ein Wein für festliche Tafeln.

CHATEAU CHEVAL BLANC
Famille Fourcaud-Laussac
F-33330 Saint-Emilion

Preise auf Anfrage

Der 1er Grand Cru klassifizierte Château Cheval Blanc stammt von Rebflächen, die ohne Unkrautvernichtung bestellt und nur organisch gedüngt werden. Der zu den berühmten Grands Crus zählende Wein wird 18 Monate in neuen Barriques gealtert, er ist kernig und fein zugleich, hat einen sehr langen Nachgeschmack, kann nach 10jähriger Reifung probiert werden, obwohl er oft über ein Lagerungspotential von 30 Jahren verfügt. Der Wein erweist sich der Familie Fourcaud-Laussac, die dieses Gut seit seinen Anfängen (1832) führt, als würdig.

CHATEAU CLOS DES JACOBINS
Domaines Cordier
10, quai de Paludate · F-33800 Bordeaux

Preise auf Anfrage

Der Boden, bestehend aus Windablagerungen, die vor über 500 000 Jahren auf dem Kalkplateau von Saint-Emilion gebildet wurden, die Düngung auf der Basis von Rindermist und Traubentrester, der durchschnittlich 30 Jahre alte Rebsortenbestand sowie der 18-20monatige Verbleib in Barriques machen den Grand Cru klassifizierten Saint-Emilion Clos des Jacobins zu einem eleganten Vertreter der Appellation. Er hat eine klare und warme dunkle Robe, konzentrierte Aromen von roten Früchten, die sich während des Alterns zu großer Eleganz entfalten.

CHATEAU CORMEIL-FIGEAC
R. & L. Moreaud
B.P. 49 · F-33330 Saint-Emilion

Preise nicht genannt

Der 25 ha große Rebgarten ist nord-südlich ausgerichtet und hat einen Boden aus altem Sand, ein Gebiet von beachtlicher Qualität. Der hier produzierte Grand Cru Saint-Emilion ist kirschrot und vorn im Mund wahrnehmbar, er schmeckt nach reifen Früchten, hat einen soliden, tanninhaltigen Charakter, der eine gute Alterung gewährleistet.

CHATEAU CROQUE MICHOTTE
Pierre et Eléna Carle
F-33330 Saint-Emilion
(℗ 53 27 92 73)

EVP: FF 90,– bis 100,–; Gr: FF 40,– bis 70,–

Mitte des 19. Jh. hat der Weinberg endgültig den Getreideanbau auf dieser Domäne ersetzt, die 1906 von einem Vorfahren der heutigen Besitzer erworben wurde. Ihre außergewöhnliche geographische Lage mit gemäßigtem Atlantikklima, der Boden aus Kies und altem Sand, der durchschnittlich 40 Jahre alte Rebsortenbestand (75 % Merlot, 20 % Cabernet Franc und 5 % Cabernet Sauvignon), der natürliche Anbau (Beackerung, organische Düngung und Bodenverbesserung), manuelle Weinlesen sowie die ausgezeichnete önologische Überwachung haben den Grand Cru klassifizierten Saint-Emilion Croque Michotte zu Weltruhm gebracht. Er ist bekannt für die Beständigkeit seiner Qualität, unabhängig von den Merkmalen eines jeden Jahrgangs, ist besonders geschmeidig und mehrere Jahrzehnte alterungsfähig. Ein Wein, den man im Keller haben muß.

CHATEAU CROQUE MICHOTTE
GRAND CRU CLASSE
F-33330 SAINT-EMILION

CHATEAU DE FERRAND
Le Baron Marcel Bich
Saint-Hippolyte · F-33330 Saint-Emilion
(✆ 57 74 47 11)

EVP: FF 50,– bis 70,–; Gr: FF 35,– bis 45,–

Baron Bich erwarb die 44 ha große Domäne, deren Schloß unter Ludwig XIV. wieder aufgebaut wurde, im Jahre 1978. Sie liegt an der Kette der Saint-Emilion-Hänge und besitzt einen an Eisenschlacke reichen Tonkalkboden. Der Grand Cru verbleibt eine Zeitlang in neuen Eichenfässern und altert in Kellern aus Stein. Er hat viel Farbe, ist im Mund nachhaltig und sehr körperreich, gehört zur Kategorie der Lagerweine.

CHATEAU FORTIN
Ghislaine Laubie
F-33330 Saint-Emilion

Preise nicht genannt

Auf dem 6 ha umfassenden Weingarten mit Kieselboden werden die traditionellen Methoden bewahrt: Beackerung der Flächen, Verzicht auf jegliche Art von Kunstdünger oder Insektenvertilgungs-

mittel, manuelle Weinlesen, Alterung der Weine in Eichenfässern. Der Saint-Emilion trägt diese Pluspunkte in sich. Der typische Wein, köstlich und von großer Eleganz, sollte unbedingt mehrere Jahre gelagert werden, bevor man ihn probiert.

CHATEAU FRANC-MAYNE
AXA Millésimes
F-33330 Saint-Emilion

Preise nicht genannt

Die Rebflächen, die eine Postkutschenstation aus dem 16. Jh. und ein an der ehemaligen Römerstraße gelegenes Herrenhaus einfassen, erstrecken sich über 7 ha. Ihren Boden kennzeichnen 3 unterschiedliche Beschaffenheiten: Kalk-Lehm-Sand, Tonkalk und Lehmsand. Ihr Wein reift in Eichenfässern in Kellern, die in den Fels gehauen wurden, und ist sehr angenehm fruchtig mit einer dennoch recht präsenten Struktur, er hat ein gutes Alterungspotential.

CHATEAU LARCIS-DUCASSE
F-33330 Saint-Emilion · (✆ 57 24 70 84)

EVP: FF 90,– bis 150,–; Gr: FF 50,– bis 80,–

Das Gut gehört der Familie seit über einem Jahrhundert. Larcis Ducasse ist ein Name, der dem Saint-Emilionnais alle Ehre macht. Die typischen Weine sind kräftigfarben, besitzen ein sehr blumiges Bukett trotz ihrer mächtigen Struktur, die eine langsame, für die sehr langlebigen Weine günstige Entwicklung zur Folge hat. Verführerische Weine für die besten Tafeln im In- und Ausland.

CHATEAU LAROZE
Guy Meslin
F-33330 Saint-Emilion · (✆ 57 51 11 31)

SAINT-EMILION

EVP auf Anfrage

Dieser 15 ha große Weinberg ist auf einem Sandglacis mit eisenhaltigem Untergrund gelegen, ein spezifisches Gebiet des Saint-Emilionnais. Er ist zu 50 % mit Merlot, 47 % Cabernet Franc und 3 % Cabernet Sauvignon bepflanzt. Die Weinlese erfolgt manuell, das Erntegut wird dann sehr streng sortiert. Das Qualitätsstreben ergänzt eine sorgsame Vinifizierung, gefolgt von einer 12monatigen Alterung der Weine in Eichenfässern. Der Saint-Emilion Laroze besitzt ein schönes Purpurkleid und ein ganz besonderes Bukett, bemerkenswert ist seine Geschmeidigkeit schon in den ersten Jahren, obwohl er seine volle Reife zwischen 7 und 10 Jahren erreicht und sich in großen Jahren 15-20 Jahre lang verbessern kann. Ein edler Wein für eine große Tafel.

---

*

GESUCHT WERDEN IMPORTEURE

CHATEAU LAROZE

Grand Cru classé

F-3330 Saint-Emilion

Produktion: 120 000 Flaschen/Jahr

Fax: 57 51 10 36 · ✆ 57 51 11 31

Kontakt: Guy Meslin

*

CHATEAU PETIT FAURIE DE SOUTARD
Société Civile d'Exploitation des Vignobles Aberlen
F-33330 Saint-Emilion · (✆ 57 74 59 34)

EVP: FF 68,– bis 91,–; Gr: FF 45,– bis 53,– ohne Mwst

Der vor den Toren der Stadt Saint-Emilion auf dem höchsten Punkt des Plateaus gelegene Rebgarten der Domäne profitiert von sehr weichen oder tonkalkhaltigen Erden, die die durchschnittlich 35 Jahre alten Rebsorten Merlot, Cabernet Sauvignon und Cabernet Franc schätzen. Sie bringen typische, bei Kennern beliebte Weine hervor: mit einem dunklen Granatkleid, harmonisch im Mund, mit knackigen Tanninen, von schöner, fruchtiger Länge.

CHATEAU LA ROSE TRIMOULET
J.C. Buisson
F-33330 Saint-Emilion · (✆ 57 24 73 24)

Preise auf Anfrage

Dieser Weingarten mit Sandboden auf Ton oder Tonkalk ist von großer mineralogischer Reichhaltigkeit. Er wird ohne chemische Stoffe gedüngt. Sein Rebsortenbestand, dessen Durchschnittsalter 20 Jahre überschreitet, bringt Saint-Emilions hervor, die mächtig und weich zugleich sind, komplex und rund, es vermischen sich Noten von Holz, Frucht, Gewürz und Lakritze, die Lagerweine sind auch in ihren ersten Jahren generös.

CHATEAU DE SAINT-PEY
Jean-Pierre Musset
F-33500 Lalande-de-Pomerol · (✆ 57 51 40 07)

Preise nicht genannt

Ein Saint-Emilion, der sich durch ein schönes Kleid und ein sehr feines Bukett auszeichnet, der reich und vollmundig ist, dabei nicht übermäßig beißend, schmeichelhaft am Gaumen, mit einem langen Finale. Je nach Jahrgang braucht seine Entfaltung 8-15 Jahre. Er ist in Frankreich gut im Markt, wird aber auch ins Ausland verkauft.

SAINT-EMILION – LUSSAC SAINT-EMILION
MONTAGNE SAINT-EMILION

CHATEAU TEYSSIER
F-33330 Vignonet · (℃ 56 35 53 00)

Preise nicht genannt

Dieser im 15. Jh. angelegte 15 ha große Rebgarten hat immer, unabhängig vom Jahrgang, Qualitätsweine hervorgebracht: abgerundete, fruchtige und angenehme Saint-Emilions von sehr großer Alterungsfähigkeit, eine Eigenschaft, die zahlreiche Restaurants zu ihren Abnehmern macht.

CHATEAU DE BELLEVUE
Charles Chatenoud
F-33570 Lussac · (℃ 57 74 60 25)

Preise nicht genannt

Der aus durchschnittlich 35 Jahre altem Merlot gezogene Lussac Saint-Emilion wird in Bordeaux-Barriques und Tanks ausgebaut. Der Wein trägt die Merkmale seiner Rebsorte: er ist rund und samtig, fett und füllig, wegen seiner Ausgewogenheit gefragt.

CHATEAU TROTTEVIEILLE
F-33330 Saint-Emilion · (℃ 56 00 00 70)

Preise nicht genannt

Einer im Château aufbewahrten Urkunde zufolge existierte der Weinberg, dessen Rebsortenbestand ein Durchschnittsalter von 75 Jahren aufweist, schon im 14. Jh. Der Sitz selbst, ein Juwel der Architektur Ludwigs XV., bietet noch immer einen herrlichen Blick auf das Dordogne-Tal. Der 1er Grand Cru klassifizierte Trottevieille ist ein rassiger, fetter Wein, der zu den besten der Appellation zählt, mit schönen Tanninen, ausgewogen und nachhaltig im Mund.

CHATEAU TOUR DE GRENET
S.C.I. des Vignobles Brunot
Château Cantenac
F-33330 Saint-Emilion
(℃ 57 51 35 22 · Fax: 57 25 19 15)

Preis für Gr: FF 25,– zuzügl. Mwst

Die Domäne ist auf einem der höchsten Hänge der Region gelegen, was eine außergewöhnliche Reife der Trauben mit sich bringt. Sie profitiert von ihrem Tonkalkboden und der Langlebigkeit ihres Rebbestands, der mit pflanzlichem Humus gedüngt wird. Dieses führt wie auch die Vinifizierung mittels moderner Technik und die 18-24monatige Alterung der Weine im Tank sowie danach in der Flasche (in dem großen, in den Fels gehauenen Keller lagernd) zur Entstehung eines sehr bukettreichen Lussac Saint-Emilion, der im allgemeinen tanninhaltig und rund ist, mit dezenten Holznoten. Ein sehr vom Boden geprägter Wein.

LUSSAC SAINT-EMILION

Dieser A.O.C. zählt zu den sogenannten Satelliten, ist gewissermaßen ein Saint-Emilion-Villages. Die Nachbar-Appellation von Bordeaux Côtes de Francs und Montagne Saint-Emilion, ein weiterer Satellit, verfügt über eine Anbaufläche von knapp 1 200 ha und erzeugt rund 50 000 hl Rotweine auf überwiegend tonkalkhaltigen Böden. Im Norden und äußersten Süden herrschen jedoch weißer Lehm und Eisenschlacken vor, das Zentrum wird vom Kalk bestimmt.

MONTAGNE SAINT-EMILION

Dieses etwa 1 250 ha umfassende A.O.C.-Gebiet ist nordöstlich von Saint-Emilion gelegen und vom Lussac Saint-Emilion, Pomerol sowie Puisseguin Saint-Emilion umschlossen. Die Böden sind hier vielfältig, im allgemeinen tonkalkhaltig, gelegentlich sandig und eisenschlackehaltig, was die Erzeu-

MONTAGNE SAINT-EMILION

gung individueller Weine aus Merlot, Cabernet Sauvignon und Cabernet Franc erlaubt. Bemerkenswert ist das Preis-Qualitäts-Verhältnis.

CHATEAU CROIX-BEAUSEJOUR
Olivier Laporte
F-33570 Montagne · (✆ 57 74 69 62)

EVP: FF 30,– bis 36,–; Gr: FF 21,50 bis 26,–

Knapp 8 ha stehen für die Produktion zur Verfügung. Bearbeitung der Bodenoberfläche, traditionelle Vinifizierung mit langem Gärungsprozeß und Wärmeregulierung, Ausbau der Weine im Tank und Faß lassen einen dunkelrubinfarbenen Montagne mit gut entwickeltem Bukett entstehen, einen fruchtigen, eleganten und reifen, im Mund stoff- und körperreichen Wein.

CHATEAU HAUT-BERTIN
EARL Fortin et Fils
Bertin · F-33570 Montagne
(✆ 57 74 64 99)

EVP: FF 33,–; Gr: FF 22,– zuzügl. Mwst

Verzicht auf Unkrautvertilgungsmittel, traditionelle Bodenbearbeitung, manuelle Weinlese und der Ausbau der Weine in Tanks und neuen Eichenfässern führen zu einem Montagne mit leuchtendem dunklem Kleid, Aromen von reifen Früchten, von samtiger und ausgewogener Struktur, mit einem sich geschmeidig entwickelnden Finale, ein Lagerwein, der dennoch jung getrunken werden kann.

CHATEAU LACOSTE-CHATAIN
M. et P. Junquas
F-33500 Néac · (✆ 57 51 51 02)

EVP: FF 29,– bis 41,–; Gr: auf Anfrage

Die Besitzer dieser Domäne, kluge Winzer - P. Junquas ist Diplom-Landwirt, M. Junquas Önologe -,

wenden auf den Rebflächen und bei der Weinbereitung nur Methoden an, die weder eine Gefahr für den Menschen noch für die Umwelt darstellen. Der 20-22 Monate währende Ausbau ihrer Weine erfolgt teils in neuen Barriques aus Eichenrohdauben teils im rostfreien Tank, je nach den Erfordernissen des Jahrgangs. Das Ergebnis ist ein Montagne Saint-Emilion von leuchtendem Rubinrot, gehaltvoll, mit solidem, für die Appellation typischen Stoff.

CHATEAU MAISON BLANCHE
Gérard et Françoise Despagne-Rapin
F-33570 Montagne · (✆ 57 74 62 18)

EVP: FF 50,– bis 80,–

Ein 40 ha großes Stück Land, davon 32 ha Rebflächen, einer der schönsten Komplexe im Saint-Emilionnais. Die Hänge in bemerkenswerter Lage produzieren einen sehr schönen, reichen und mächtigen Wein. Er braucht mehrere Monate im Faß und einige Jahre in der Flasche, damit seine rassigen Gerbstoffe das Bukett von kandierten roten Früchten, von Gegrilltem und Gewürz voll zur Entfaltung bringen. Einer der hervorragenden Weine der Appellation Montagne Saint-Emilion.

CHATEAU MONTAIGUILLON
Amart · F-33570 Montagne
(✆ 57 74 62 34)

EVP: FF 45,– inkl. Mwst; Gr: FF 28,–

Der Wein des Château Montaiguillon, das auf der höchsten Erhebung der Gemeinde Montagne zwischen Pomerol und Saint-Emilion liegt, weist die Finesse und das Bukett des Pomerols und den Charakter und die Generosität des Saint- Emilions auf. Die 150 Fässer, d.h. 180 000 Flaschen, dieses Gewächses zeichnen sich generell durch Körper und Fruchtigkeit aus. Lange Lagerfähigkeit erhöht noch das wohlverdiente Renommee seiner Qualität.

CHATEAU LA PAPETERIE
J.-P. Estager
33 à 41, rue de Montaudon
F-33500 Libourne · (✆ 57 51 04 09)

Preise nicht genannt

9 ha Rebflächen, die mit durchschnittlich 30 Jahre alten Rebstöcken bepflanzt sind. Der Montagne Saint-Emilion - der ein Pomerol sein könnte, da sich La Papeterie bis 1920 auf diesem Gebiet befand - schimmert zinnoberrot und lachsfarben, sein einschmeichelnder Duft weist Noten von getrockneten Mandeln und Röstbrot auf, sein Bukett ist fein und elegant, im Mund ist er vorn rund und geschmolzen. Ein wohl ausgewogener Wein von aromatischer Nachhaltigkeit, ausgezeichnet alterungsfähig.

CHATEAU ROCHER-GARDAT
Famille Moze-Berthon
F-33570 Montagne · (✆ 56 35 53 00)

Preise nicht genannt

Das Alter (30-40 Jahre) der Rebstöcke dieses 5 ha umfassenden Weingartens ist eine Qualitätsgarantie. Der Rocher-Gardat ist elegant, edel und ausgeglichen, es dominiert der Duft von reifen Früchten. Er ist sehr lang im Mund, was von den Kennern sehr geschätzt wird. Ein lange lagerfähiger, in Eichenfässern in unterirdischen Kellern gealterter Wein.

CHATEAU ROUDIER
F-33570 Montagne · (✆ 57 74 62 06)

EVP: FF 35,– bis 123,–; Gr: FF 18,– bis 29,50

An der Südseite der Hügel von Montagne und Saint-Georges profitiert das Château Roudier von seiner außergewöhnlichen Lage. Hinzu kommt die Qualität der weichen, sandigen Erden. Der Montagne Saint-Emilion ist infolgedessen berühmt. Ein Wein von schönem Kardinal-Rubinrot, füllig und generös im Mund, der sich durch Finesse und Eleganz auszeichnet.

PUISSEGUIN SAINT-EMILION

Diese letzte Satelliten-Appellation von etwa 600 ha bedeckt Plateaus und hohe Hügel mit tonkalkhaltigen unebenen Böden auf steinigen Untergründen. Der nordöstlich von Saint-Emilion in unmittelbarer Nachbarschaft zu den Côtes de Castillon gelegene Weingarten ist mit den im Saint-Emilionnais typischen Rebstöcken bepflanzt: ein hoher Prozentsatz Merlot und, als Zusatzreben, Cabernet Franc und Cabernet Sauvignon.

CHATEAU L'ABBAYE
Jean-Claude Brisson
F-33330 Saint-Emilion · (✆ 57 24 73 24)

Preise auf Anfrage

Dieses Château zeichnet sich aus durch die Erforschung qualitativer Verbesserung bei Wahrung der Traditionen. Seine Weine entstehen mittels wärmeregulierter Gärung und eines 18-24monatigen Ausbaus in Barriques. Durch diesen langen Herstellungsprozeß verfeinert sich ihre Qualität. Ihr dunkles Rubinkleid, ihr reicher und feiner Stoff sind beliebt, sie sind lange lagerfähig, aber auch in ihren ersten Jahren generös und angenehm.

CHATEAU LA ROSERAIE DU MONT
Jean-Claude Brisson
F-33570 Puisseguin

Preise nicht genannt

PUISSEGUIN SAINT-EMILION
SAINT-GEORGES SAINT-EMILION – COTES DE CASTILLON

Der 5 ha umfassende, auf den höchsten Hängen der Appellation gelegene Weingarten profitiert von der Erhebung, der idealen geologischen Struktur und dem durchschnittlich 25 Jahre alten Rebsortenbestand (70 % Merlot, 15 % Cabernet Franc und 15 % Cabernet Sauvignon). Die jährliche Produktion von ca. 40 000 Flaschen, darunter die Puisseguins, ist bei den Kennern sehr beliebt. Die Weine sind ausdrucksvoll, kernig und komplex, körperreich und saftig, weich und bukettreich.

Jahren im Keller, ist auf der Zunge fest und nervig, mächtig und körperreich, jedoch ohne Schwere noch Vulgarität, weist einen großen Gerbstoffreichtum auf und hat eine sehr lange Lagerfähigkeit.

CHATEAU TROQUART
M. Marcès
F-33570 Montagne · (✆ 57 74 62 45)

Preise auf Anfrage

SAINT-GEORGES SAINT-EMILION

Dieses A.O.C.-Gebiet umfaßt 180 ha auf einer Anhöhe, die mächtige und generöse Weine von außergewöhnlicher Einheitlichkeit hervorbringt dank tonkalkhaltiger Böden, gleichförmiger, gut dränierter Hänge, einer Lage, die überall ideale Sonnenbestrahlung garantiert, und durchdachter Aufteilung der Rebenarten: 70 % Merlot, 20 % Cabernet Franc und 10 % Cabernet Sauvignon.

Die Saint-Georges Saint-Emilions dieses Châteaus sind Spitzenweine, die man gern auf dem Tisch hat und seinen Freunden anbietet. Der 1986er mit seinem schönen Rubingewand zeigt Finesse und Charakter, hat warme Vanillearomen und wird in einigen Jahren vollkommen sein. Der 87er entwickelt ein angenehmes, bodenspezifisches Bukett, weist viel Gerbstoff auf und entfaltet sich sehr harmonisch; in den kommenden 2 Jahren wird es seinen gereiften Parfums nicht an Charme fehlen. Was den dunkelfarbenen 88er anbelangt, mit dem Kern der noch jungen Tannine, so ist er mächtig, fruchtig, hat vielversprechende Aromen; in 2 Jahren wird er sich entwickelt haben, gereift sein zu einem großen Lagerwein.

CHATEAU SAINT-GEORGES
Pétrus Desbois
Saint-Georges · F-33570 Montagne
(✆ 57 74 62 11)

Preise auf Anfrage

Das Château Saint-Georges, ein ehemals befestigtes, mittelalterliches Haus, das 1772 von dem Architekten Victor Louis umgebaut wurde, ist architektonisches Zeugnis und Hochburg des Weins zugleich. Sein 45 ha großer Weingarten mit tonkalkhaltigem Boden erzeugt einen Saint-Georges Saint-Emilion, der 18 Monate in jährlich zur Hälfte erneuerten Eichenbarriques ausgebaut wird. Er besitzt eine dunkle Purpurrobe, die mit dem Altern schöne ziegelrote Reflexe annimmt, ist zunächst diskret an der Nase, entfaltet sich nach ein paar

COTES DE CASTILLON

Die östlich von Saint-Emilion gelegene, etwa 2 500 ha umfassende A.O.C.- Anbaufläche, früher Bordeaux-Côtes de Castillon, besteht hauptsächlich aus kleinen Tälern und Hochplateaus, die mit den roten Rebsorten der Region bepflanzt sind. Die reiche mineralogische Zusammensetzung der Böden differiert je nach geographischer Lage. Während man im Süden vor allem Kiessanderden antrifft, überwiegen im Norden die tonkalkhaltigen Zonen.

COTES DE CASTILLON

CHATEAU CASTEGENS
Le Baron Jean-Louis de Fontenay
F-33350 Belvès-de-Castillon · (✆ 57 47 96 07)

EVP: FF 30,–; Gr: FF 18,–/20,–

Das Château aus dem 15. Jh. - einstiger Sitz von Jean de Grailly, Vicomte von Castillon und direkter Vorfahr des heutigen Eigentümers - dient bei Freilichtspielen als historische Bühne für die Schlacht von Castillon (1453), die letzte Schlacht im Hundertjährigen Krieg. Der nach Süden ausgerichtete Weinberg mit Tonkalk- und Feuersteinboden erfreut sich eines durchschnittlich 30 Jahre alten Rebsortenbestandes, der den Côtes de Castillon, die mit Wärmeregulierung vinifiziert werden und 2 Jahre in Barriques altern, Reife und Charakter garantiert. Die beachtlichen saftigen Weine haben Körper, große Stabilität in der Flasche und einen bemerkenswerten Aromareichtum. Marie-France und Jean-Louis de Fontenay möchten mit ihren Weinen Herzen erfreuen.

schen Landwirt erworben. Dieser produziert außer dem Bordeaux Côtes de Franc und dem bemerkenswerten weißen Bordeaux Sauvignon Côtes de Castillon-Weine mit Rubinfärbung, sehr fruchtigen Noten von kleinen roten Früchten (Kirsche) und Vanille, einen tanninhaltigen, typischen "Côte". Hervorzuheben ist das Qualität-Preis-Verhältnis.

CHATEAU LANDRY
Guy Sicaire
19, Avenue Gambetta
F-33350 Castillon-la-Bataille
(✆ 57 40 00 34)

EVP: FF 27,– bis 32,–; Gr: auf Anfrage

Dieser Weinberg - auf den Hängen, auf denen Karl VII. einst die Engländer besiegte - besteht aus Tonkalk- und Tonkieselboden, er wird durch Beackerung bestellt und organisch bzw. mineralisch gedüngt. Die durchschnittlich 20 Jahre alten Rebstöcke profitieren vom atlantischen Mikroklima. Manuelle Weinlesen, lange Gärungsprozesse sowie 2jährige Alterung bringen rubinfarbene, kernige und körperreiche Côtes de Castillon hervor, die ein beachtliches Bukett besitzen und im Mund rund sind, Weine von gewisser Alterungsfähigkeit.

CHATEAU LES HAUTS DE GRANGE
G.F.A. L. Vincent-Dalloz
F-33350 Les Salles-de-Castillon
(✆ 57 40 62 20)

EVP: FF 29,– bis 38,–; Gr: FF 14,50 bis 19,50 zuzügl. Mwst

Das Château Les Hauts de Grange mit seinem 22 ha großen Rebgarten auf Tonkalkboden, der vom warmen Klima mit guter Niederschlagsmenge profitiert, wurde vor jetzt 5 Jahren von einem pikardi-

COTES DE CASTILLON

EVP: FF 30,– bis 50,–; Gr: auf Anfrage

CHATEAU LANDRY

**Traditionelle Weinreben und Vinifizierung
überwiegend Tonkalkboden
kräftiger Wein, rubinfarben, Bukett,
ausgesprochen rund im Mund,
große Alterungsfähigkeit, vollkommener
Einklang mit Wild und rotem Fleisch**

**Guy Sicaire
19, Avenue Gambetta
F-33350 Castillon-la-Bataille**

Das Château im Renaissancestil überragt die durchschnittlich 24 Jahre alten Rebstöcke auf einem Kalkplateau, das jenes von Saint-Emilion verlängert. Die Rebsorten Merlot (69 %), Cabernet Franc (28 %) und Pressac (3 %) garantieren den Weinen Ausgewogenheit und Qualität, wonach Louis de Pitray stets strebte. Heute tut dies seine Tochter Alix de Boigne. Ihr 88er Côtes de Castillon besitzt Aromen von Pflaume und Lakritze, er ist rund und geschmeidig im Mund, entspricht dem beständigen Charakter, der die Château de Pitrays verkörpert.

CHATEAU MOULIN DE BOUTY
**Francis Bonneaud
F-33350 Belvès-de-Castillon · (✆ 57 47 96 02)**

EVP: FF 28,25 zuzügl. Mwst; Gr: FF 16,90 zuzügl. Mwst

Ein beachtlicher Bordeaux, der von einem der höchsten Hänge des Bordeaux- Weingartens stammt, von einem auf monolithischem Fels befindlichen Tonkalkboden, der mit biologischem Dünger und Mist angereichert wird. Die bei maximaler Reife durchgeführte Weinlese, die sehr lange Gärung und der je nach Entwicklung der Fermentierungen über 1jährige Weinausbau in Eichenbarriques machen den Château Moulin de Bouty kernig, ausgewogen und rund, zu einem Wein, in dem sich Gerbstoffe und Holznote wiederfinden, mit einem guten Nachgeschmack. Seine Vollendung erreicht er nach 10 Jahren, große Jahrgänge (1975, 1982, 1985, 1990) nach 15 Jahren Lagerung.

CHATEAU DE PITRAY
**La Comtesse P.E. de Boigne
F-33350 Gardegan · (✆ 57 40 63 38)**

CHATEAU TERRASSON
**Christophe & Marie-Jo Lavau
B.P. No. 9 · F-33570 Puisseguin
(✆ 57 40 60 55)**

EVP: FF 24,– inkl. Mwst; Gr: FF 17,– zuzügl. Mwst

Tonkalkboden auf felsigem Untergrund, gute Klimabedingungen, Rebsorten (20 % Cabernet Sauvignon, 10 % Cabernet Franc und 70 % Merlot) mit einem Durchschnittsalter von 30 Jahren, Bodenverbesserung mit Hilfe von organischem Dünger, ein langer Gärungsprozeß und 18monatiger Ausbau der Weine führen zur Herstellung von Côtes de Castillon und Côtes de Francs, die ihre Appellation ausgezeichnet vertreten. Beispielsweise die kirschroten, leuchtenden 90er, im Mund vorn offen, kernig, mit gut geschmolzenen Tanninen, Lagerweine, die altern müssen, um sich zu verfeinern, nach 2-3 Jahren jedoch verkostet werden können. Château Terrasson: ein Name, den man sich merken sollte.

CHATEAU TERRASSON
Christophe et Marie-Jo Lavau

B.P. No. 9 · 33570 Puisseguin
✆ 57 40 60 55

Le Château Terrasson est un pur produit
de l'Appellation Côtes de Castillon (Appellation limitrophe de St.-Emilion au sud-ouest
et des satellites au nord-ouest: Puisseguin.
Il en regroupe toutes les richesses.
Le terroir, l'encépagement,
le soin apporté à la culture de la
vigne et à l'élevage du vin donnent
un produit typé, tanique à souhait,
corsé, coloré, au nez persistant,
long en bouche mais jamais agressif.

BORDEAUX ENTRE-DEUX-MERS

Dieses nahezu dreieckige Gebiet zwischen den
Wasserläufen von Garonne und Dordogne reicht
von der Peripherie von Bordeaux bis nach Monsé-
gur. Über 20 000 ha bringen aus Sémillon, Sauvignon und Muscadelle rund 165 000 hl Entre-Deux-
Mers hervor. Eine recht unlogische Bezeichnung,
sind es doch in Wahrheit zwei Flüsse und nicht
zwei Meere, die den Weingarten einfassen. In dieser Zone wird auch eine steigende Anzahl von Qua-
litäts-Rotweinen hergestellt. Sie dürfen jedoch nur
unter den Bezeichnungen Bordeaux und Bordeaux
Supérieur in den Handel gelangen.

DOMAINE J.H. LAVILLE
F-33540 Saint-Sulpice-de-Pommiers
(✆ 56 71 53 56)

Preise auf Anfrage

Die weißen Rebsorten mögen die Merkmale des
Bodens, auf dem sie sich entfalten: 1,5 m Lehm,
mit viel Kalk versetzt, auf Sand ruhend, eine Erde
von natürlicher physikochemischer Textur, die
von der bemerkenswerten mikroklimatischen Lage
profitiert. Der hier entstehende Entre-Deux-Mers
gibt diese Eigenschaften wieder: er hat ein großes
Alterungspotential, viel Körper und Kraft im
Mund, ein sehr langes Finale, zeigt Rasse, Eleganz
und Finesse.

DOMAINE M. ET J.P. REGAUD
F-33580 Le Puy

EVP: FF 20,–; Gr: auf Anfrage

Diese Domäne, die in den letzten 15 Jahren große
Bedeutung erlangt hat, wird von einem sympathischen Ehepaar betrieben. Sowohl ihr Bordeaux
Supérieur wie auch ihr Entre-Deux-Mers sind gefragt wegen ihres typischen Charakters, ihrer komplexen Aromen, die an Zitrone, Birne und Pfirsich
erinnern, ihrer angenehmen Länge im Mund und
ihrem ausgezeichneten Lagerungspotential.

CHATEAU VRAI CAILLOU
Michel Pommier
Soussac · F-33790 Pellegrue
(✆ 56 61 31 56)

Preise nicht genannt

Die besten Flächen dieses 89 ha großen, 1873 gegründeten Weinguts haben Tonkalkboden und genießen im Winter gemäßigtes und im Sommer warmes Klima. Der aus 40 % Sémillon, 35 % Sauvignon
und 25 % Muscadelle hergestellte weiße, leicht
grünliche Entre-Deux-Mers präsentiert sich in
Feinheit, er ist an der Nase köstlich mit frischen
blumigen Aromen, wie Akazie und Flieder, er
schmeckt nach Aprikosen, kandierten Früchten
und im Finale nach trockenen Früchten.

PREMIERES COTES DE BORDEAUX

Sie heißen Premières Côtes, weil sie auf den ersten Hügeln vor den Toren Bordeaux', am rechten Garonne-Ufer, liegen. Über 60 km zieht sich im Landesinneren, von Sainte-Eulalie bis zur kleinen Anbaufläche von Saint- Macaire, die ausgedehnte Appellation Entre-Deux-Mers an ihnen entlang. Auf ihrem Kalkboden gedeihen die Rotweintrauben Merlot, Cabernet Franc und Sauvignon sowie Malbec.

CHATEAU LA CLYDE

Philippe Cathala
F-33550 Tabanac · (✆ 56 72 56 84)

EVP: FF 26,– bis 37,50 inkl. Mwst; Gr: FF 13,– bis 20,– zuzügl. Mwst

Auf den die Garonne und das Flachland überragenden Hügeln von Tabanac erstreckt sich dieser 15 ha große Rebgarten mit abfallenden Tonkalk- und Kiessandböden. Das warme, organisch gedüngte Gebiet in sonniger Lage trägt Rebstöcke mit einem Durchschnittsalter von 30 Jahren. Diese Vorzüge sowie die wärmeregulierte Vinifizierung und der Weinausbau in Tanks und Bordeaux- Barriques haben ihren Anteil an den guten Eigenschaften der Premières Côtes de Bordeaux. Die Rotweine können nach 4-10 Jahren verkostet werden, wenn ihr Bukett an Komplexität und Intensität gewonnen, ihr Kern sich verfeinert hat und sie sich im Mund abrunden. Die lieblichen und edelsüßen Weißweine, mit Noten von kandierten Früchten, sind durch die Aromen des Sauvignon wohl ausgewogen.

CHATEAU CONSTANTIN

F-33880 Baurech · (Fax: 56 21 37 72)

Preise auf Anfrage

Die Domäne schmiegt sich an einen bemerkenswert gelegenen Hügel am rechten Ufer der Garonne, in 95 m Höhe, mit warmen Kies- oder Tonböden auf Kalk. Hier entsteht ein außergewöhnlicher Premières Côtes de Bordeaux mit lebhafter Karmesin-, kräftiger Rubinfärbung, einem ausdrucksvollen Bukett von kleinen roten Früchten, unterstrichen von Ledernoten, mit samtigen Tanninen, geschmeidig und körperreich. Ein Wein mit Charakter für Menüs mit Charakter.

CHATEAU LABATUT-BOUCHARD

Michel Bouchard
F-33490 Haut-Saint-Maixant
(✆ 56 62 02 44)

EVP: FF 30,– bis 45,–; Gr: FF 15,– bis 25,– zuzügl. Mwst

Das Château liegt nahe der mittelalterlichen Stadt Saint-Macaire und nicht weit von Verdelais entfernt, wo Toulouse-Lautrec begraben ist. Es verfügt über einen ausgedehnten Weingarten oben auf einem das Garonne-Tal überragenden Hang. Die Lage sowie die guten Eigenschaften seines im Durchschnitt 30 Jahre alten Rebsortenbestands erlauben die Herstellung von Weinen beachtlicher Qualität: rote 1ères Côtes de Bordeaux, rund und geschmeidig, mit blumigem und fruchtigem Aroma, wenn sie jung sind, mit berauschendem und mächtigem Bukett, wenn sie älter werden; weiße Bordeaux mit sehr beliebten blumigen Eigenschaften; edelsüße Cadillacs, mächtig und lieblich zugleich, geschmeidig und fest.

CHATEAU MELIN

Vignobles Claude Modet
F-33880 Baurech · (✆ 56 21 34 71)

Preise auf Anfrage

Gute Eigenschaften von Böden und Klima, organische Düngung, Ernte bei Vollreife, gedrosselter Ertrag, wärmeregulierte Weinbereitung und ein sehr sorgsamer Weinausbau helfen dem Nachkommen einer Familie mit sehr alter Winzertradition, Claude Modet, bei der Herstellung beachtlicher Premières

Côtes de Bordeaux. Da ist zum Beispiel der Château Melin 1989, von schönem lebhaften Rubinrot, mit kräftigem Bukett, vorn im Mund kernig, mit einem Holzton und guten Tanninen von festen Trauben. Ein Lagerwein.

CHATEAU MONTJOUAN
Anne-Marie Le Barazer
F-33270 Bouliac

EVP: FF 40,–; Gr: FF 30,–

Dieses Gut, das schon im 15. Jh. existierte, wurde 1986 von den heutigen Besitzern erworben. Der 8 ha große Weinberg mit Tonkalk- und Kiessandboden profitiert von den sehr sonnigen Hängen, von einem im Durchschnitt 50 Jahre alten Rebbestand (60 % Merlot, 30 % Cabernet Sauvignon und 10 % Cabernet Franc) und den gesunden Anbauverfahren wie der traditionellen Bodenbearbeitung und organischen Düngung. Der 1ères Côtes de Bordeaux, ein eleganter, femininer Wein mit Aromen von Gewürzen, Geröstetem, Kakao, kann jung verkostet werden, er ist aber ebenso alterungsfähig.

CHATEAU PUY BARDENS
Yves Lamiable
F-33880 Cambes

EVP: FF 25,– bis 33,–; Gr: FF 17,– bis 23,–

Die Premières Côtes de Bordeaux dieser Domäne stammen von einem 16 ha großen Rebgarten mit kiesigem Tonkalkboden, der zu gleichen Teilen mit Cabernet Sauvignon und Merlot bepflanzt ist. Die Weine werden 15 Monate in Kufen und Barriques ausgebaut. Ihr gutes Qualitäts-Preis-Verhältnis kann sie auf die besten Tafeln bringen.

CHATEAU REYNON
Florence et Denis Dubourdieu
F-33410 Béguey · (✆ 56 62 96 51)

EVP: FF 37,–/38,–; Gr: FF 30,– zuzügl. Mwst

Dieses 1848 im klassischen Stil an der Stelle des früheren Schlosses von Béguey (16. Jh.) errichtete Château verfügt über einen ausgedehnten, 38 ha großen Weingarten, der sich oben auf einem vollständig dränierten Hügel erstreckt mit tiefen Kiesböden, tonkalkhaltig dort, wo der Fels zutage tritt. Diese Qualitäten in Verbindung mit den klimatischen Vorzügen und einem kräftigen Rebsortenbestand bringen rote 1ères Côtes de Bordeaux hervor, die in zu einem Drittel erneuerten Barriques ausgebaut werden. Sie haben eine starke Färbung, ein fruchtiges Bukett und liebliche Tannine, können jung getrunken werden oder 5-10 Jahre altern; die Weißweine der Appellation weisen einen intensiven Duft von Zitrone und Pampelmuse auf, sind mächtig und körperreich, sehr nachhaltig im Geschmack, Weine, die ihr Bukett mehrere Jahre lang entfalten.

CHATEAU SUAU
Monique Aldebert
F-33550 Capian · (✆ 56 72 19 06)

Preise auf Anfrage

Das Weingut wurde im Jahre 1986 von Monique Aldebert und ihrem Vater erworben. Technologie und Tradition haben die zahlreichen Investitionen bestimmt, um den Kunden Qualitätsweine mit Charakter anbieten zu können. Zum Beispiel der Rotwein 1990, von anhaltendem Rubinrot, an der Nase jung mit einem Hauch Würze und Pfeffer, der im Ansatz geschmeidig ist, eine gute Struktur besitzt, die ihm einen langen Abgang verleiht und ihm eine gute Zukunft verheißt.

SAINTE-FOY-BORDEAUX

Am äußersten Oststreifen der Gironde führt die Anbaufläche dieser Appellation lieblicher Weißweine an der Dordogne entlang durch eine sehr abwechslungsreiche Landschaft, bewacht von der Stadt Sainte-Foy-la Grande, ein im Jahre 1255 ge-

SAINTE-FOY-BORDEAUX – GRAVES DE VAYRES – GRAVES

gründeter befestigter Ort. Außerordentlich reiche Böden, außergewöhnliches Mikroklima und die vollkommene Bildung der Botrytis cinerea verhelfen den Weinen zur angestrebten vollendeten Qualität.

CHATEAU LA CHAPELLE MAILLARD
Jean-Luc et Renée Devert
F-33220 Saint-Quentin-de-Caplong
(✆ 57 41 26 13)

EVP: ab FF 25,–; Gr: ab FF 16,–

Die in dem Gebiet Sainte-Foy-la-Grande gelegenen, voll nach Süden ausgerichteten Löß-Ton-Böden, der durchschnittlich 40 Jahre alte Rebsortenbestand, die organische Düngung (Meeresalgen oder Felspulver) sowie der sorgsame Weinausbau bringen einen lieblichen Sainte-Foy-Bordeaux hervor, blaßgelb in der Färbung, körperreich und fein, frisch, mit subtilen Aromen von Frühlingsblumen. Der ausgezeichnete Vertreter der Appellation entsteht an der "Porte du Périgord". Auf dieser Domäne werden übrigens auch Bordeaux und Bordeaux Supérieurs erzeugt.

GRAVES DE VAYRES

Grave (= Kies) bildet den Boden dieses Weinbergs, der von der Dordogne begrenzt wird. Sie verleiht der Region eine Milde, die sich in den Weinen wiederfindet. Die Rebflächen erstrecken sich über die Gemeinden Vayres und Arveyres. Es werden im Jahresdurchschnitt 25 000 hl eines für seine Finesse berühmten Weißweins und eines für seine Rundheit bekannten Rotweins erzeugt, beide aus den typischen Bordeaux-Reben. Der Name Graves de Vayres weist zugleich auf den Adel des Bodens und die reiche geschichtliche Vergangenheit hin, von der das Château de Vayres, ein altes Gut Heinrichs IV., zeugt.

CHATEAU GAYAT
Nathalie Degas
Gayat · F-33870 Vayre
(✆ 56 44 11 01)

EVP: FF 21,– + 25,– inkl. Mwst; Gr: FF 14,– + 17,– zuzügl. Mwst

Ein Ahnherr war Steinmetz, er errichtete das heutige Gebäude. Dann folgten 8 Winzergenerationen aufeinander. Ihr 16 ha großer Weingarten mit kiesigem Boden ist mit durchschnittlich 30 Jahre alten Reben bestockt, die typische Graves de Vayres hervorbringen: Rubinfarbene Rotweine mit köstlichem Bukett und einem Körper, der sich mit großer Finesse vereinigt, beim Altern rundet er sich im Mund ab und sein Bukett gewinnt an Intensität; der trockene Weißwein ist sehr frisch im Mund, besitzt Frucht und viel Charakter.

CHATEAU PICHON-BELLEVUE
Daniel Reclus
F-33870 Vayres · (✆ 57 74 84 08)

Preise auf Anfrage

Von den Graves de Vayres-Rebgärten ist dieser sicher einer der repräsentativsten. Seine 25 ha mit tiefen kiesigen Böden erlauben die Herstellung von Rot- und Weißweinen. Sie werden lang und sorgfältig mit Temperaturregelung vinifiziert und rigoros ausgebaut, die Weißweine 16 Monate, die Rotweine 18 Monate lang. Letztere haben ein schönes Rubinkleid, ein köstliches Bukett und einen Körper, der große Finesse nicht ausschließt. Es sind kernige und sehr geschmeidige Weine; die Weißweine sind im Mund sehr frisch, fruchtig und recht trocken, sie haben einen typischen Charakter, bei dem der Sauvignon dezent spürbar ist.

GRAVES

Von Saint-Pierre-de-Mons bis Bordeaux, am linken Ufer der Garonne und teilweise der Gironde, setzt sich das Gebiet der Graves aus steinigen Terrassen zusammen. Die von den Pyrenäen oder aus dem Zentralmassiv kommenden Steinmassen bilden den Untergrund des Rebgartens, der von Schwemmland, Heide oder Dünen, vom Wind angeweht, mehr oder weniger überdeckt wird. So ist die mineralogische Nährquelle der Rebflächen hier von Ort zu Ort unterschiedlich beschaffen. Zur großen Freude der Reben, die das Besondere so sehr lieben. Cabernet Sauvignon, Cabernet Franc, Merlot und in geringerem Umfang Malbec und Petit Verdot bilden die Basis für die roten Graves, Sauvignon Blanc und Sémillon für die Weißweine.

Dung vom Bauernhof), manuelle Weinlesen, wärmegeregelte Vinifizierung und die Alterung der Weine in Eichenbarriques vollenden die Bemühungen um Qualität. Die Rotweine haben Aromen von Brombeere, Schwarzer Johannisbeere und geschnittenem Heu, Noten von Leder, Tabak und Vanille mit Spuren von Holz, sind aschig und würzig, haben viel Finesse im Mund; die Weißweine weisen Düfte von Akazie, Geißblatt und Ginster auf, haben eine fruchtige Frische im Mund (Aprikose, Pfirsich), ein Finale, das an Haselnuß erinnert. Vortreffliche Graves.

CHATEAU CARBONNIEUX
Société Civile des Grandes Caves
Anthony Perrin
F-33850 Léognan

EVP: FF 85,– bis 98,–; Gr: FF 70,– bis 78,–

Dieser als Grand Cru klassifizierte Graves stammt von einem Weingut aus dem 12. Jh., dessen Rebsortenbestand - 60 % Cabernet Sauvignon, 30 % Merlot, 7 % Cabernet Franc und 3 % Malbec für die Rotweine, 65 % Sauvignon blanc, 33 % Sémillon und 2 % Muscadelle für die Weißweine - ein Durchschnittsalter von 30 Jahren aufweist. Das Chateau ist bekannt für die gleichmäßige Qualität seiner Graves, die auf vielen Tafeln im In- und Ausland zu finden sind.

CHATEAU DE CHANTEGRIVE
Françoise et Henri Lévêque
B.P. 14 · F-33720 Podensac
(✆ 56 27 17 38 · Fax: 56 27 29 42)

EVP: FF 50,–; Gr: FF 30,–

Die 90 ha große Domäne, deren Name der Drossel geweiht ist, befindet sich auf kiesigen, von der Garonne gebildeten Terrassen. Positiv wirkt sich auch das durch die Flußnähe und den Wald der Landes gemäßigte atlantische Klima aus. Traditionelle Anbaumethoden (Bodenverbesserung durch

---

Ein großer Graves-Wein
Le Château de Chantegrive
F-33720 Podensac · ✆ 56271738

CHATEAU HAUT-BRION
B.P. 24 · F-33602 Pessac
(✆ 56 00 29 30)

Preise nicht genannt

Dieser im Jahre 1525 zum ersten Mal erwähnte Rebgarten hat den Vorteil, aus 2 Hügeln aus grobem Kies zu bestehen, die in ihrer Umgebung nichts Gleichwertiges finden. Der überwiegend kieselhaltige, sehr magere Kies stellt einen außergewöhnlichen Boden dar, der die Qualität des als 1er Grand Cru klassifizierten Weins erklärt. Der 1988er z.B. ist von sehr guter Gesamtstruktur, er wird beherrscht von einem sehr präsenten und zugleich sehr reifen Tannin, ist lang anhaltend im Mund; der 1989er ist sehr aromatisch und mächtig, mit geschmolzenen Gerbstoffen, ein Wein, der viel Finesse und Harmonie zeigen wird.

CHATEAU PETIT-MOUTA
Domaines Latrille-Bonnin
F-33210 Mazères · (✆ 56 63 41 70)

GRAVES – PESSAC-LEOGNAN

EVP: FF 30,– inkl. Mwst; Gr: FF 19,– zuzügl. Mwst

Rote und weiße Graves, die gefallen. Der blaßgoldene Weißwein mit Grünreflexen ist einschmeichelnd und voll, hat ein Bukett von Kiefer und Akazie. Der Rotwein, an der Nase Schwarze Johannisbeere und Lakritze, ist schon in jungen Jahren rassig und voller Charakter; wenn er älter wird, begeistert er den Gaumen durch Fülle und Abgerundetheit. Weine, die nicht enttäuschen und zu gastronomischen Freuden einladen.

PESSAC-LEOGNAN

Da alle Grands Crus Classés der Graves in der Appellation Pessac-Léognan liegen und so den Norden sozusagen vom Rest des insgesamt über 40 ha großen Graves-Gebiets trennen, ist eine gewisse Rivalität zwischen den Fronten entstanden. Hieraus resultiert ein gemeinsames Verlangen, es besser zu machen als der Nachbar, was die schon hervorragende Qualität nur vervollkommnen kann.

CHATEAU BROWN
Jacqueline et Maxime Bonnel
F-33850 Léognan

EVP: FF 41,– bis 46,–; Gr: FF 24,– bis 28,–

Der Weinberg dieses Châteaus, das seinen Namen einem englischen Händler aus dem 18. Jh. verdankt, gehört seit 1939 der Familie Bonnel. Sie legte ihn 1975 neu an. Ihre Bemühungen werden belohnt durch einen sehr typischen Pessac-Léognan, einen rubinroten Graves, fruchtig, nach roten Früchten duftend, mit angenehm präsenten Tanninen.

CHATEAU CHENEVERT
Famille Denis
S.C.I. Château Picque-Caillou
Avenue Pierre Mendès-France
F-33700 Mérignac
(✆ 56 47 37 98 · Fax: 56 47 17 72)

Preise auf Anfrage

Dieses schöne Bordeaux-Landhaus, das sich heute mitten in der Stadt befindet, verfügt über einen 5 ha umfassenden Weingarten mit kiesigem Boden auf einem Untergrund von gleicher Beschaffenheit, der mit Merlot noir (35 %), Cabernet Sauvignon (35 %) und Cabernet Franc (30 %) bepflanzt ist und nicht gedüngt wird, lediglich das Unkraut wird entfernt. Der hier entstehende, 1 Jahr in Eichenbarriques ausgebaute Pessac-Léognan ist sehr typisch mit konstanten Merkmalen in unterschiedlichen Jahrgängen, ein fruchtiger Wein, den große Finesse und Eleganz kennzeichnen, dessen Tannine eine schöne Eleganz im Mund hervorrufen.

> **Château Chenevert** · Applt Pessac-Léognan
> **sucht Importeur für Deutschland**
> **Avenue Mendès-France** · **F-33700 Mérignac**

DOMAINE DE CHEVALIER
Olivier Bernard
F-33850 Léognan · (✆ 56 64 16 16)

Preise nicht genannt

Die schon 1763 erwähnte Domäne ist heute besonders für ihre trockenen Weißweine bekannt, was jedoch nicht bedeutet, daß ihre roten Pessac-Léognans nicht zu den besten der Appellation gehören. Der 1984er Rotwein ist von erstaunlicher Aromakraft, er besitzt die Würze des üppigen, robusten, aber feinen Tannins, ist sehr konzentriert; der 1985er Rotwein hat viel Substanz, er ist stark, fett, lieblich, sehr lang, "ein beachtlicher Wein, dessen Qualität die Bekanntheit seines 85er Jahrgangs bekräftigt", urteilte Professor Emile Peynaud.

CHATEAU LATOUR MARTILLAC
Domaines Kressmann
F-33650 Martillac · (✆ 56 72 71 21)

EVP: FF 80,– bis 120,–; Gr: FF 60,– bis 80,–

Dieser als Grand Cru klassifizierte Graves - seinen Namen verdankt er den Überresten eines im 12. Jh. von den Vorfahren Montesquieus erbauten kleinen Forts - ist bekannt für die Konstanz seiner beachtlichen Qualität unabhängig von den Merkmalen eines jeden Jahres. Die 88er und 89er Rotweine duften komplex nach Kirsche und Johannisbeere, die reifen und runden Weine werden ihren Höhepunkt etwa in den Jahren 2000 und 2005 erreichen; der 1990er hat ein Bukett von roten Früchten, ist füllig im Mund mit einem Finale von schönen Gerbstoffen, er sollte 2010 getrunken werden; der 1988er Weißwein ist vollkommen in Saft, Körper, Frucht, Abgerundetheit und Würze, die Krönung zur Feier des nächsten Jahrhunderts.

CHATEAU LESPAULT
Société Civile Château Lespault
F-33650 Martillac

Preise nicht genannt

Merlot und Cabernet Sauvignon teilen sich je zur Hälfte die über 4 ha Rebflächen, die einen Pessac-Léognan hervorbringen, der ein Jahr im Eichenfaß reift. Der Wein hat eine sehr ausgeprägte Farbe, er ist weich und strukturiert, mit einem Duft von Vanille und reifen Früchten.

CHATEAU PICQUE-CAILLOU
Avenue Pierre Mendès-France
F-33700 Mérignac · (✆ 56 47 18 43)

Preise nicht genannt

Dieser Besitz, den der berühmte Architekt Laclotte aus Bordeaux für sich selbst erbaut hat, verfügt über einen Weingarten aus dem 18. Jh., dessen Rebsortenbestand im Durchschnitt 25 Jahre alt ist und von einem reichen Boden profitiert. Wärmeregulierte Vinifizierung mit langem Gärungsprozeß und ein 1jähriger Ausbau in Barriques lassen einen Pessac-Léognan entstehen von konstanter Qualität, unabhängig von den Merkmalen eines Jahres, fruchtig, fein und lang im Geschmack.

MEDOC

Die Médoc-Anbaufläche wurde früher Bas-Médoc genannt, obwohl sie geographisch an der Atlantikseite des Bordeaux-Weingartens, also oberhalb des Haut-Médoc liegt. Das Gebiet weist zweierlei Beschaffenheit auf: zum einen Kiessand und Sandzonen auf kalkhaltigem Untergrund, zum anderen steinige, tonkalkhaltige Böden. Vor allem die Crus Bourgeois, wie die aus Bégadan oder Saint-Germain d'Esteuil, sind für ihre herausragenden Eigenschaften bekannt.

CHATEAU LA CARDONNE
DOMAINES BARONS
DE ROTHSCHILD (LAFITE)
33, rue de la Baume · F-75008 Paris
(✆ 1-42 56 33 50)

Preise nicht genannt

Ideale Lage und Bodeneigenschaften der 100 ha an einem Stück. 58 % Merlot, 34 % Cabernet Sauvignon und 8 % Cabernet Franc unterliegen einem strengen Schnitt. Sorgsame Pflege hält die Durchschnittsproduktion bei 40-45 hl/ha. 2jährige Alterung der Weine vor Flaschenabfüllung. 300-400 Fässer eines La Cardonne von ständig verbesserter Qualität vermehren den Reichtum der Domänen.

CHATEAU DAVID
Henry Coutreau
40, Grande Rue · F-33590 Vensac
(✆ 56 09 44 62)

EVP: FF 30,–; Gr: auf Anfrage

MEDOC

Diese Domäne von alter Winzertradition erreichte 1985 ihre Klassifizierung als Cru Bourgeois. Der Weinberg mit Kiessandboden, der gute Rebsortenbestand, der Anbau durch Beackerung und Unkrautentfernung, die lange Maischegärung und der Weinausbau in neuen Barriques und Eichenfudern lassen einen angenehmen Médoc entstehen, weich, bukettreich, fruchtig, mit leichter Holznote und von sehr guter Alterungsfähigkeit, der seinen Höhepunkt um 10 Jahre herum erreicht. Zu beachten ist das sehr gute Qualität-Preis-Verhältnis.

CHATEAU LA GORCE
Henri Fabre
F-33340 Blaignan · (℡ 56 09 01 22)

EVP: FF 60,–; Gr: auf Anfrage

Das 1821 im klassischen Stil erbaute Herrenhaus verfügt heute über 35 ha Rebflächen auf einem Tonkalkhügel nahe an einem ausgedehnten Wald. 65 % Cabernet Sauvignon und 35 % Merlot bringen einen Médoc Cru Bourgeois hervor, der mittels wärmeregulierter Gärung und 18monatiger Alterung in Eichenbarriques hergestellt wird. Der Wein, mit dunklem Granatkleid, eleganten Düften auf Noten von kleinen Wildbeeren, ist für eine sehr lange Alterung besonders geeignet.

CHATEAU DU GRAND CHENE
Jacqueline Gauzy-Darricade
F-33340 Saint-Christoly-de-Médoc
(℡ 56 41 53 12)

Preise auf Anfrage

Der in jährlich zu einem Drittel erneuerten Eichenbarriques ausgebaute Médoc ist bekannt für seine Qualität - unabhängig vom Jahrgang und besonderen Charakter. Der 1988er hat ein Rubinkleid und mächtige Gerbstoffe; der 1989er ist von beachtlicher Fruchtigkeit und hat runde Tannine, so daß Liebhaber junger Weine ihn schon verkosten können; der 1990er ist dicht, komplex und erstaunlich fett; der 1991er weist eine dunkle Robe und Aromen von reifen Früchten auf.

CHATEAU MONTOYA
Alain Dejean
F-33340 Ordonnac

Preise nicht genannt

Auf der höchsten Kieskuppe des Médoc erstreckt sich um das Château herum ein 8 ha großer Weingarten mit Tonkalkboden und langlebigem Rebsortenbestand, 2 ha sind mit 40 Jahre alten Rebstöcken bepflanzt. Alain Dejean versteht es, die Lage zu nutzen und das Beste aus dem Cru Bourgeois herauszuholen, der 18 Monate in Eichenbarriques ausgebaut wird. Der Château Montoya besitzt eine kräftige Schattierung, ist angenehm für Auge und Nase, hat Noten von roten Früchten, ist rund und füllig, ein guter Vertreter seiner Appellation.

CHATEAU PATACHE D'AUX
Famille Lapalu
F-33340 Bégadan · (℡ 56 41 50 18)

EVP: FF 50,– inkl. Mwst; Gr: auf Anfrage

Das frühere Gut der Nachkommen der Grafen von Armagnac wurde in eine Postkutschenstation verwandelt, woher auch der Name des Châteaus sowie die Illustration auf dem Flaschenetikett rühren. Heute entsteht auf dem schönen 43 ha großen Weinberg mit Tonkalkboden auf kalkhaltigem, steinigem Untergrund ein typischer Médoc, der mittels 3-4wöchiger Gärungen sowie Ausbau in Barriques aus Allier-Eiche hergestellt wird. Der 1989er ist vollkommen ausgeglichen und von erstaunlicher Abgerundetheit und Geschmeidigkeit, er wird 1997/98 seine Vollendung erreichen und kann bis 2004 aufbewahrt werden; der sehr reiche und sehr konzentrierte 1990er besitzt mächtige Gerbstoffe, deren Finesse sich mit dem Alter enthüllen werden, seinen Höhepunkt wird er 1998/1999 erlangen, er kann dann noch bis 2006 gelagert werden. Sehr gute Médoc-Weine, deren Qualität-Preis-Verhältnis eine Empfehlung wert ist.

CHATEAU PLAGNAC
Domaines Cordier
10, quai de Paludate · F-33800 Bordeaux

Preise auf Anfrage

Dieser Rebgarten wurde auf einem Hang angelegt, der aus feinem Kies besteht, einem engen Gemisch aus Ton, Kalk und Sand von im Quartär angesammelten Windablagerungen. Hier entsteht ein typischer Médoc mit lebhaftem, leuchtendem Granitkleid, ein Cru Bourgeois mit vielen kernigen Tanninen, der jung getrunken werden kann, aber auch wunderbar zu altern versteht. Der in Fudern aus Eichenholz ausgebaute Wein stellt schon so manchen Kenner zufrieden.

CHATEAU POTENSAC
M. Delon
F-33250 Saint-Julien-Beychevelle
(✆ 56 59 25 26)

Preise für Gr: FF 45,– bis 70,–

Dieses Gut ist seit über 200 Jahren im Besitz derselben Familie. Sein 50 ha großer Weinberg mit tonig-kiesigem Boden profitiert vom gemäßigten Atlantikklima. Er ist mit durchschnittlich 30 Jahre alten Rebstöcken bepflanzt. Der Médoc reift 18-20 Monate lang in neuen Barriques aus Eichenrohdauben oder solchen, die nicht mehr als zweimal benutzt wurden, bevor er etwa im Juli des zweiten Jahres nach der Ernte in Flaschen abgefüllt wird. Er ist vor allem wegen der Finesse seines Buketts sehr beliebt.

CHATEAU VERNOUS
André Lallier
Saint-Trélody · F-33340 Lesparre-Médoc
(✆ 56 41 13 57)

EVP: FF 50,–; Gr: auf Anfrage

Der 23 ha umfassende Rebgarten profitiert von seinem Tonkalkboden, der von einem Kiessandhügel durchquert wird. Die Erträge werden gedrosselt, beim Anbau wird das Unkraut entfernt, die Pflanzen werden gelichtet. Lange Gärprozesse und ein 1jähriger Verbleib der Weine in zu einem Viertel jährlich erneuerten Barriques vermehren die Vorzüge. Man mag den Médoc Cru Bourgeois mit seiner hübschen Rubinrobe, der an der Nase sehr fruchtig und vom Holz ausgewogen, im Mund weich und lang ist. Dieser Wein von mittlerer Haltbarkeit (5-6 Jahre) ist wegen seines guten Qualität-Preis-Verhältnisses zu empfehlen.

HAUT-MEDOC

Dieser 11 000 ha große Weingarten am linken Ufer der Gironde, von Blanquefort bis zur Spitze des Graves, ist eines der bedeutendsten Rotweingebiete der Welt. Er erstreckt sich auf einem 10 km breiten und 75 km langen Landstreifen, der mit Cabernet Sauvignon, Merlot, Cabernet Franc sowie den Zusatzreben Petit Verdot (der Farbe und Fett gibt) und Côt (sehr geringe Verwendung) bepflanzt ist. Die großen Médoc-Weine werden im allgemeinen aus Cabernet Franc und Sauvignon sowie Merlot hergestellt. Die Böden der ausgedehnten Rebflächen bestehen zumeist aus angeschwemmten Kieseln, Lehmsanderden und kalkhaltigem Untergrund im Norden. Die mineralogischen und klimatischen Vorzüge sowie das jahrhundertealte Wissen der Winzer sind die drei wichtigsten Voraussetzungen für die Erzeugung großer Weine, die Frankreich auf den besten Tafeln der Welt vertreten.

CHATEAU D'ARSAC
Philippe et Françoise Raoux
F-33460 Arsac · (✆ 56 58 83 90)

EVP: FF 45,– bis 50,–; Gr: auf Anfrage

Arsac, einstiges Gut der Montaignes und Ségurs, besaß im Jahre 1890 eine Domäne von 543 ha Größe, wovon 260 ha an einem Stück unter Reben standen - klassifizierter Margaux. Der Weinberg fiel der Reblaus zum Opfer und seine Besitzer rissen den gesamten Rebbestand heraus. Heute gehört das Château zur Appellation Haut-Médoc, obwohl auf Margaux-identischen Böden gelegen. Seine Weine haben folglich besondere Merkmale: der 1989er steht fest auf seinen Beinen und duftet nach roten und schwarzen Früchten, er ist gehaltvoll, fruchtig, körperreich, hat einen guten Biß und füllt den Mund schön aus; der 1990er mit mächtigem Bukett von vorherrschend Schwarzer Johannisbeere ist rund, geschmeidig und fett, voller Saft und Körper im Mund, ein außergewöhnlicher Jahrgang, der sich in Anbetracht seiner Fülle mit der Zeit nur verbessern kann.

Die erstaunlichsten Personen haben die Geschicke von Beaumont geleitet, 12 Besitzer verschiedenster Nationalität, deren Herkunft den Wein dieses Châteaus auf die Tafeln aller Kontinente gebracht haben mag. Heute entsteht auf diesem wieder instandgesetzten Weinberg auf der Butte de Beaumont (29 m hoch), deren Boden aus tiefem Garonnekies besteht, ein Haut-Médoc, der in Eichenbarriques reift, die alljährlich zu einem Drittel erneuert werden. Der Wein hat eine schöne Rubinfarbe und ein reiches Bukett mit fruchtigen, köstlich gewürzten Aromen, er ist rassig, dicht und harmonisch.

CHATEAU BALAC
Luc Touchais
F-33112 Saint-Laurent-de-Médoc
(✆ 56 59 41 76)

EVP: FF 55,–; Gr: auf Anfrage

Der 15 ha umfassende Weinberg aus Pyrenäenkies befindet sich inmitten einer ausgedehnten bewaldeten Domäne, die beherrscht wird von einem Kartäuserkloster, das im 18. Jh. von dem Architekten Louis errichtet wurde. Der schöne architektonische Komplex wurde seit 1965 vollständig renoviert. Die Rebstöcke, 1973 neu angepflanzt, sind heute sehr robust. Die Beackerung des Bodens, der Verzicht auf Düngemittel, lange wärmeregulierte Maischegärungen und der Weinausbau in alljährlich teilweise erneuerten Barriques geben dem ausgereiften Haut-Médoc des sympathischen Luc Touchais eine leuchtende Robe, harmonisch fruchtige Aromen, feine und elegante Gerbstoffe. Die wohl ausgewogenen Balacs, ohne Holzdominanz, sind gute Partner bei Geschäftsessen und Essen mit Freunden.

CHATEAU BEAUMONT
Société Grands Millésimes de France
F-33460 Cussac-Fort-Médoc
(✆ 56 58 92 29)

EVP: FF 45,– bis 60,–

CHATEAU BEL ORME TRONQUOY DE LALANDE
M.J.-M. Quié
135, rue de Paris · F-94220 Charenton
(✆ 1-43 68 08 41)

Preise nicht genannt

Das in Saint-Seurin-de-Cadourne (F-33180 Saint-Estèphe) gelegene Château verdankt seine besondere Architektur dem Baumeister Louis, Erbauer des Grand Théâtre de Bordeaux sowie der Arkaden des Palais Royal von Paris. Auf dem 26 ha großen Weingarten mit durchschnittlich 38-40 Jahre alten Rebstöcken entsteht ein Haut-Médoc von bemerkenswerter Struktur und Ausgewogenheit, die ihn zu einem gefragten Wein für zahlreiche Liebhaber machen.

CHATEAU CITRAN
Groupe Touko Haus
F-33480 Avensan · (✆ 56 58 21 01)

Preise nicht genannt

Seit 1987, als die japanische Gesellschaft Touko Haus das Château kaufte, weht auf Citran ein neuer Wind: natürliche pflanzliche organische Zusätze haben den Kunstdünger ersetzt, alte Parzellen mit alten Rebstöcken wurden ausgewählt, der Ertrag wird gedrosselt, die Weinlese manuell durchgeführt. Der Citran wird wieder zu einem beachtlichen Haut-Médoc: hervorragend vorn im Mund, lange, einschmeichelnde Verkostung, ein sehr intensives aromatisches Potential, alles in allem ein sehr konzentrierter Wein, der seine Einstufung als Cru Grand Bourgeois Exceptionnel verdient.

CHATEAU CLEMENT PICHON
Clément Fayat
F-33290 Patempuyre · (℡ 56 35 84 64)

Preise auf Anfrage

Der vom Wein begeisterte Industrielle aus der Gironde, Monsieur Fayat, hat den ausgedehnten, 25 ha umfassenden Rebgarten mit überwiegend kiesigem, eisenschlackehaltigem, vorzüglich dräniertem Boden wieder voll zur Geltung gebracht. Auch das Gerät wurde modernisiert und die Keller wurden restauriert. Unter der Mitarbeit des hervorragenden Önologen Michel Rolland verbesserte sich die Qualität dieses Cru Bourgeois ständig. Kenner sehen in ihm einen neuen "Stern" im Médoc aufgehen mit den Eigenschaften der besten Haut-Médocs der Appellation. Ein Name, an den man sich erinnern sollte.

CHATEAU DILLON
Ministère de l'Agriculture
Lycée Viticole · B.P. No. 113
84, avenue du Général-de-Gaulle
F-33294 Blanquefort Cedex
(℡ 56 95 39 94)

EVP: FF 50,– inkl. Mwst; Gr: FF 25,– bis 30,– zuzügl. Mwst

Dillon ist ein architektonisch schöner Sitz aus den Anfängen des 18. Jh., mehrfach renoviert, etwas hochmütig wirkend mit seinen Mansardendächern, den schönen Original-Schornsteinen und einem bemerkenswerten Treppengeländer aus der Bordelaiser Epoche. Vor allem ist Dillon jedoch ei-

ne Berufsschule für Weinbau, die dem Landwirtschaftsministerium gehört. Ihr 40 ha großer Weinberg stammt aus den 50er Jahren des 16. Jh.. Er besitzt Tonkalkboden auf Kiessand und erzeugt Haut-Médocs sowie trockene weiße Bordeaux von gutem Ruf bei der in- und ausländischen Gastronomie, die diese delikaten, feinen und sehr ausgewogenen Weine sehr schätzt.

CHATEAU LA FLEUR BECADE
Jean-Pierre Théron
F-33480 Listrac-Médoc
(℡ 56 35 53 00)

EVP und Preise für Gr: auf Anfrage

Der 12 ha umfassende Weingarten profitiert auf einer Kieskuppe von seiner guten Lage zwischen Margaux und Saint-Julien im Zentrum des Médoc. Die Langlebigkeit seines aus 65 % Cabernet Sauvignon, 30 % Merlot und 5 % Petit Verdot bestehenden Rebsortenbestands, die Art der Vinifizierung und der Ausbau der Weine lassen einen Haut-Médoc entstehen, der für die Gleichmäßigkeit seiner Qualität bekannt ist, unabhängig vom Jahrgang. Der Wein ist typisch, elegant und kernig, bukettreich und gerbstoffhaltig. Daher findet man ihn auf der Karte manch eines Restaurants im In- und Ausland. Ein Wein, den man bevorraten sollte.

CHATEAU LACHESNAYE
F-33460 Cussac-Fort-Médoc
(℡ 56 58 94 80)

EVP: FF 70,– ; Gr: FF 50,– zuzügl. Mwst

Dieses Château, auf dem sich Heinrich IV. aufgehalten haben soll, bietet einen Haut-Médoc an, beliebt wegen seiner Rubinrobe, seines Duftes von roter Frucht und Traube, seiner guten Struktur und Eleganz. Geschmeidige Gerbstoffe erleichtern das Verkosten, dennoch verkörpert der Wein die charakteristischen Merkmale des Bodens.

CHATEAU LAFON
Jean-Pierre Théron
F-33480 Listrac-Médoc

Preise nicht genannt

Jean-Pierre Théron, Diplomlandwirt und Önologe, richtet seit 1973 sein Augenmerk mit großem Geschick darauf, auf seinem idealen Boden einen der Familie der Crus Bourgeois würdigen Wein zu ziehen. Die Weine des Château Lafon haben ein volles Bukett, sind gut aufgebaut und gleichbleibend in ihrer Qualität.

CHATEAU LANESSAN
G.F.A. des Domaines Bouteiller
F-33460 Cussac-Fort-Médoc

EVP: FF 80,– zuzügl. Mwst; Gr: FF 50,– zuzügl. Mwst

Die 1310 von Sieur de Blaignan erworbene Domäne verfügt über einen 40 ha großen Rebgarten mit einem aus Garonne-Kies bestehenden Boden. Die Qualität des Rebsortenbestands und die lange Maischegärung in Barriques führen zur Gewinnung eines typischen Haut-Médocs mit Rubinfärbung, an der Nase Veilchen, Himbeere und Schwarze Johannisbeere, ein ziemlich tanninhaltiger Wein, der gut gelagert werden kann.

CHATEAU LAROSE TRINTAUDON
F-33112 Saint-Laurent-de-Médoc
(✆ 56 59 41 72)

EVP: FF 45,– bis 53,–

Larose-Trintaudon, der mit 172 ha (davon 140 ha an einem Stück) größte Weinberg im Médoc, bietet

den Haut-Médoc-Liebhabern Weine, von denen viel erwartet wird. Sie können nur schwer enttäuschen. Der 88er zeigt sich sehr konzentriert, mit Düften von neuem Holz, mit gut gereiften Gerbstoffen und Aromen von roten Waldfrüchten (Walderdbeere, Himbeere), ein mächtiger, fetter Wein mit viel Körper; ein dunkelrubinfarbener 1990er mit Vanillearomen, schönen Noten von Schwarzer Johannisbeere und getoastetem Brot, im Mund vollendet ausgewogen mit schöner Fülle und zerschmolzenen Tanninen.

CHATEAU LE MEYNIEU
Jacques Predo
F-33180 Vertheuil · (✆ 56 41 98 17)

Preise auf Anfrage

Der bezaubernde Sitz aus dem 19. Jh. ist von einem 15 ha großen Weingarten umgeben, der einen generösen Wein entstehen läßt. Dieser ist wegen seiner Finesse und seines köstlichen Buketts sehr beliebt, er hat die Gunst der Kunden im In- und Ausland erlangt.

CHATEAU PEYRABON
Jacques Babeau
F-33250 Saint-Sauveur · (✆ 56 59 57 10)

Preise auf Anfrage

Das im 18. Jh. erbaute Château verfügt heute über 53 ha Rebflächen, die an Lafite, Latour und Mouton-Rothschild angrenzen. Ihr Rebsortenbestand setzt sich aus 27 % Merlot, 23 % Cabernet Franc und 50 % Cabernet Sauvignon zusammen. Der 18 Monate bis 2 Jahre in Eichenbarriques ausgebaute Haut-Médoc ist bekannt für seine beständige Qualität, unabhängig von den Merkmalen eines jeden Jahres. Den 1990er wird man mögen mit seinem Duft von roten Früchten, den gut geschmolzenen Gerbstoffen, seiner schönen Länge im Mund und der großen Alterungsfähigkeit.

CHATEAU RAMAGE LA BATISSE
F-33250 Saint-Sauveur-du-Médoc
(✆ 57 40 62 90 · Fax: 57 40 64 25)

Preis für Gr: FF 36,–

Der 64 ha umfassende Weingarten mit Sand- und leichtem Kiessandboden profitiert vom Atlantikklima. Er ist mit Cabernet Sauvignon (60 %), Merlot (35 %) und Petit Verdot (5 %) mit einem Durchschnittsalter von 20 Jahren bepflanzt. Es wird ein Haut-Médoc Cru Bourgeois der Spitzenklasse hergestellt, der in jährlich zu einem Drittel erneuerten Eichenfässern gealtert wird. Die Weine sind kernig, fett, tanninhaltig, haben ein blumiges Vanillebukett, Eigenschaften, die sie zu ausgezeichneten Vertretern der Appellation machen. Hervorzuheben ist auch das gute Qualität-Preis-Verhältnis. Ein Wein, der in jeden Keller mit den besten Bordeaux-Weinen gehört.

**Der Château Ramage La Bâtisse
ist ein Spitzen-Cru Bourgeois**

im Herzen des Haut-Médoc gelegen

für leidenschaftliche Liebhaber

Château Ramage La Bâtisse
Saint-Sauveur-du-Médoc, F-33250 Pauillac

CHATEAU DE SAINTE-GEMME
F-33460 Cussac-Fort-Médoc

EVP: FF 50,– zuzügl. Mwst; Gr: FF 30,– zuzügl. Mwst

Seine außergewöhnliche geographische Lage, die mineralogische Beschaffenheit seiner Kiesböden und der Weinausbau in Fässern aus Eichenrohdauben machen dieses Château zu einem sehr repräsentativen Haut-Médoc. Der Wein gefällt Liebhabern, Kennern und zufälligen Entdeckern gleichermaßen.

CHATEAU TROUPIAN
Charles Simon
F-33180 Saint-Seurin-de-Cadourne
(✆ 56 59 31 83)

EVP: FF 31,– bis 42,– inkl. Mwst; Gr: FF 18,– bis 25,– zuzügl. Mwst

Der durchschnittlich 20 Jahre alte Rebsortenbestand (50 % Merlot, 50 % Cabernet Sauvignon) sowie der Weinausbau in Tanks und Barriques, davon 1/3 aus neuem Holz, lassen einen Haut-Médoc entstehen, der oft prämiiert worden ist. Der gehaltvolle 1990er ist von ausgezeichneter Struktur, mit weichem, angenehmem Gerbstoff und einem Duft von Unterholz; der 1991er, mit Granatfärbung, ist fein, würzig und fruchtig, sehr geschmeidig im Mund, mit Lakritztanninen, jung zu trinken.

LISTRAC

Dieser 570 ha große, nördlich von Castelnau und nordwestlich von Bordeaux gelegene Weingarten umfaßt 3 Kieshügel: Fonréaud, du Bourg und Fourcas. Während der erste tonkieselhaltigen Boden besitzt, besteht der zweite aus kiesiger Lehmerde, wogegen die Böden nach Fourcas zu mehr kiesigquarzig sind. Auch der Untergrund ist verschiedenartig: Während er im Westen überwiegend undurchlässigen Sandstein aufweist, findet man im Zentrum und Osten Mergel und Kalk, zum Norden und Nordosten hin ist er dann ebenso kiesig wie der Boden. Das im Süden vom Fonréaud- und im Norden vom Fourcas-Hügel eingefaßte Plateau von Listrac erstreckt sich über etwa 5 km auf einer der schönsten Anhöhen des Médoc und überragt die Ebene, die sich im Osten bis zur Gironde hin erstreckt. In dieser Gemeinde, in der die Rebsorten Cabernet Sauvignon, Cabernet Franc, Carmenère,

Merlot, Côt oder Malbec und Petit Verdot zugelassen sind, sind 16 ha der Appellation Moulis vorbehalten.

CHATEAU BELLEVUE-LAFFONT
Patrice Pagès
F-33480 Listrac-Médoc · (✆ 56 58 01 07)

EVP: FF 40,–; Gr: auf Anfrage

Mineralogische und klimatische Pluspunkte, organische Düngung, lange Gärprozesse, die Farben und Gerbstoffe aus den Trauben herausziehen, sowie die 12monatige Alterung in Barriques führen zu einem Château Bellevue- Laffont, den sein schönes Rubinkleid charakterisiert sowie das Bukett, das sich auf einem harmonischen Ganzen entwickelt; die Ausgeglichenheit seiner Tannine verleihen diesem Listrac einen bemerkenswert ausgewogenen Geschmack.

CHATEAU CAP LEON VEYRIN
Alain Meyre
Donissan · F-33480 Listrac-Médoc
(✆ 56 58 07 28)

EVP: FF 50,– bis 70,–; Gr: FF 30,– zuzügl. Mwst

Das an das Château Clarke, die Domaines Edmond de Rothschild und das Château Chasse-Spleen in Moulis angrenzende Château Cap Léon Veyrin erstreckt seine 20 ha Rebflächen auf der besten Hügelkuppe Listracs. Die Familie Meyre stellt ihre Weine seit fünf Generationen nach reinster Médoc-Tradition her: Manuelle Weinlesen und Alterung in neuen Eichenfässern. Ihr Cap Léon Veyrin ist ein sehr körperreicher Wein mit kräftiger Rubinrobe, den Aromen von roten Früchten und manchmal von Unterholz. Er kann außerdem durchschnittlich 6-15 Jahre altern. Die Familie besitzt auch das Château Julien im Haut-Médoc; ein Wein von guter Gerbstoffstruktur, mit sehr blumigen und konzentriert fruchtigen Aromen.

CHATEAU DUCLUZEAU
Mme Jean-Eugène Borie · S.C.F. Borie
F-33250 Saint-Julien-Beychevelle

Preise nicht genannt

Im Jahre 1850 hat Charles Cocks dieses Gewächs in der ersten Ausgabe seines Werkes "Bordeaux, seine Umgebung und seine in der Reihenfolge ihrer Vorzüge klassifizierten Weine" als zweites der Gemeinde eingestuft. Wenn auch der Weinberg kleiner geworden ist, so ist sein Wein doch bukettreich, fruchtig und saftig geblieben, er zeigt schon in seiner Jugend viel Gefälliges, das sich beim Altern noch entfaltet.

CHATEAU FONREAUD
Famille Chanfreau
F-33480 Listrac · (✆ 56 58 02 43)

Preise nicht genannt

Der 30 ha große Rebgarten - einem Amphitheater gleich angelegt, nach Süden ausgerichtet - hat einen Kiessandboden auf Kalkuntergrund. Er ist mit Cabernet Sauvignon (66 %), Merlot (31 %) und Petit Verdot (3 %) bepflanzt, eine harmonische Kombination für die Produktion des Listracs, der in Barriques aus Allier-Eiche ausgebaut wird. Der Wein ist harmonisch, fruchtig und geschmeidig, mit zunehmendem Alter nimmt er Vanilledüfte an, die durch die Verbindung der Gerbstoffe des Holzes mit denen der reifen Beeren entstehen.

CHATEAU FOURCAS-DUPRE
Patrice Pagès
F-33480 Listrac-Médoc · (✆ 56 58 01 07)

EVP: FF 32,– bis 65,–

Das auf dem höchsten Punkt des Médoc in 42 m Höhe gelegene Château Fourcas-Dupré wird von Patrice Pagès geleitet. Neue Gebäude vervollständigen die ursprünglichen Bauten und erlauben eine Jahresproduktion von 240 000 Flaschen eines Cru Bourgeois, der 12-18 Monate in Eichenbarriques ausgebaut wird. Der 1989er ist kräftig kirschrot, duftet elegant und fein, hat Wildaromen, im Mund ist er fein und füllig mit wohl präsenten Tanninen, ein Hauch bitter im Finale; der 1990er ist an der Nase sehr fruchtig mit Holznoten, im Mund wohl ausgewogen, füllig, sehr fein.

CHATEAU LALANDE
Georgette Darriet
F-33480 Listrac-Médoc · (✆ 56 58 19 45)

EVP: FF 45,– bis 60,–; Gr: FF 25,– bis 30,–

Auf diesem 220 ha großen Gut, das seit 8 Generationen derselben Familie gehört, sind den Reben 11 ha mit überwiegend Kiessandboden vorbehalten. Das Klima ist hier gemäßigt durch den Pinienwald, der bis ans Meer führt. Der durchschnittlich 25 Jahre alte Rebsortenbestand (60 % Merlot, 30 % Cabernet Sauvignon und 10 % Petit Verdot) mit niedrigem Hektarertrag wird organisch gedüngt. Manuelle Weinlesen, lange wärmeregulierte Gärprozesse und ein 2jähriger Verbleib in Eichenbarriques geben dem Listrac Charakter und Reichhaltigkeit. Der rubinfarbene Wein, mit Parfums von reifen Früchten und gut entwickelten Gerbstoffen, versteht zu altern und die besten Tafeln zufriedenzustellen.

CHATEAU LALANDE
Cru Bourgeois · ✆ 56581945
F-33480 Listrac-Médoc · Fax: 56581562

CHATEAU MAYNE-LALANDE
Bernard Lartigue
Le Mayne-de-Lalande
F-33480 Listrac-Médoc · (✆ 56 52 22 41)

EVP: FF 60,–

Dieser Weingarten erstreckt sich in Teilen auf den kiesig-kieselhaltigen Kuppen von Listrac, dem höchsten Punkt des Médoc. Er ist zu 50 % mit Mer-

lot und zu 50 % mit Cabernet bepflanzt. Die Trauben werden nach mehr oder weniger langen Maischegärungen - je nach Jahren - in getrennten Tanks vinifiziert und anschließend 8-12 Monate in neuen Eichenfässern ausgebaut. Die endgültige Mischung wird erst kurz vor dem Abzug auf Flaschen vorgenommen. Der lagerfähige Mayne-Lalande duftet nach Vanille und Lakritze, er ist wohl ausgewogen in seiner Fruchtigkeit.

CHATEAU PEYREDON LAGRAVETTE
Paul Hostein
Médrac · F-33480 Listrac
(✆ 56 58 05 55)

EVP: FF 38,79 zuzügl. Mwst; Gr: FF 28,– bis 30,–

Peyredon-Lagravette, dessen Ursprünge zum Teil ins Jahr 1546 zurückreichen, gehört seither derselben Familie. Der Boden seines 7 ha umfassenden Weinbergs, der aus dem Garonne-Kiessand des Quartär-Guntzes besteht, wird traditionell bearbeitet. Die hier erzeugten Weine werden in neuen Eichenbarriques ausgebaut und zeichnen sich vor allem durch große Vornehmheit aus, intensives Rubinrot, ein sehr entwickeltes Bukett von roter Frucht, im Mund Vanille und Backpflaume. Weine von schöner Struktur mit wohl ausgewogenem Gerbstoff.

MARGAUX

Dieses 1 200 ha große A.O.C.-Anbaugebiet ist an 3 Seiten von Haut-Médoc-Rebflächen umschlossen, die ihn vom Moulis trennen, an der 4. Seite fließt die Gironde, bevor sie sich dann teilt. Man findet hier 21 klassifizierte Gewächse auf 5 Gemeinden verteilt: Arsac, Cantenac, Labarde, Soussans und Margaux. Die Böden unterscheiden sich bisweilen von Parzelle zu Parzelle: Mergel und Meereskalk einerseits, lakustrischer Kalk und kohlenstoffreicher Lehm andererseits. Typische Kiesanhäufungen fehlen genausowenig wie grober Sand. Die Kraft, die in dieser mineralogischen Vielfalt steckt, verbindet sich mit der der Reben. Cabernet Sauvignon, Cabernet Franc, Merlot, Petit Verdot und

MARGAUX

Malbec im Norden sorgen für den außerordentlichen Reichtum der Weine dieser Appellation.

CHATEAU CANTENAC-BROWN
AXA-Millésimes
F-33460 Margaux

Preise nicht genannt

Das im Tudor-Stil errichtete Château verfügt über 32 ha Rebflächen im Herzen der Appellation. Auf dem überwiegend kiesigen Boden, der für die Rebsorten Cabernet Sauvignon (65 %), Merlot (25 %) und Cabernet Franc (10 %), mit einem Durchschnittsalter von 30 Jahren, sehr geeignet ist, entsteht ein Cantenac- Brown, der 12-15 Monate in Eichenbarriques reift. Der sehr elegante Wein, mit geschmolzenem Holz, kann lange altern oder aber angenehm nach 5-6 Jahren getrunken werden.

CHATEAU MARGAUX
F-33460 Margaux · (✆ 56 88 35 59)

Preise nicht genannt

Ein geschichtsträchtiger, harmonischer architektonischer Komplex und ein 1er Grand Cru klassifizierter Wein im Herzen einer Grand Cru-Ansammlung, die Verbindung von Kraft und Finesse: der sehr kräftigfarbene 1988er ist an der Nase reich und intensiv, schön strukturiert im Mund mit mächtigen und gutgereiften Tanninen; den 1989er kennzeichnen Reichhaltigkeit, Komplexität und Fülle; der 1990er, der wie ein Vorbild an Anmut, Finesse und Eleganz erscheint, hat schon gut geschmolzene Aroma- und Geschmackselemente. Schöne Harmonie, die seine Mächtigkeit verschleiert.

CHATEAU RAUZAN-GASSIES
M.J.-M. Quié
135, rue de Paris · F-94220 Charenton
(✆ 16-1-43 68 08 41)

Preise nicht genannt

Der Wein von Rauzan-Gassies genießt den Ruf, zu den besten Seconds Crus von Margaux zu zählen. Ihn charakterisiert eine starke Persönlichkeit, die zugleich aus Kraft, Bodengeschmack und Finesse besteht, Eigenschaften, die seine Fülle nach der Alterung ergänzen.

CHATEAU SIRAN
William Alain Miailhe
F-33460 Labarde-Margaux · (✆ 56 88 34 04)

EVP: FF 90,– bis 140,–; Gr: FF 60,– bis 80,–

Der Name Siran trat 1428 in Erscheinung. Der Besitz, Adelshaus im 18. Jh., gehörte später den Urgroßeltern des Malers Henri de Toulouse-Lautrec. 1848 ging er dann an die Familie des heutigen Eigentümers W.A. Miailhe. Der größte Teil des 37 ha umfassenden Weingartens profitiert von der Appellation Margaux. Seine Weine haben einen solchen Namen, daß sie seit langem auf dem Tisch der größten in- und ausländischen Restaurants stehen. Bemerkenswert: seit 1980 wird das Etikett des Château Siran von bekannten Künstlern illustriert (1982 Joan Miró, 1989 Penck); seit 1981 befindet sich die Vinothek der Domäne in einem unterirdischen Atomkeller.

CHATEAU LA TOUR DE BESSAN
Les Grands Crus Réunis
F-33480 Moulis-en-Médoc

EVP: FF 50,– bis 60,–

"La Tour de Bessan" ist der letzte Überrest eines um 1280 errichteten Schlosses, das der König von England, Heinrich VI., später dem Herzog von Glocester übertrug. Auf dem reinen, tiefen Kiessand des 17 ha großen Weinbergs entsteht ein typischer Margaux, fein und aromatisch,

MOULIS-EN-MEDOC

Die zwischen Listrac und Margaux gelegene Appellation Moulis erstreckt sich über 400 ha mit unterschiedlichen Böden: auf den kiesigen Anhöhen im Osten herrscht arme Erde vor, die die besten Moulis-Weine hervorbringt, besonders auf dem Gebiet des Dörfchens Grand-Poujeaux; im Westen findet man vor allem Mergel und Kalk. Die Rebsorten sind die im Médoc üblichen: der für die Böden dieser Region geeignete Cabernet Sauvignon, der elegante Cabernet Franc, der Merlot, der sich schwer entwickelt, dem Wein aber Finesse und Charakter verleiht, der Petit Verdot, der nur begrenzt verwendet wird und die Farben des Moulis kräftiger macht, der Malbec schließlich, der einzigartig vom mineralogischen Reichtum des Bodens profitiert.

CHATEAU ANTHONIC
Pierre Cordonnier
F-33480 Moulis-en-Médoc · (✆ 56 88 84 60)

EVP: FF 52,–; Gr: auf Anfrage

Ein 18 Monate in Eichenbarriques (zu einem Drittel jährlich erneuert) ausgebauter Moulis mit elegantem Bukett, tanninhaltig, von sehr kräftiger Farbe. Schon im Jahre 1850 wurde dieses Château in verschiedenen Bordeaux-Weinbüchern zitiert. Es hat von seinem Bekanntheitsgrad nichts eingebüßt. Viele Kenner wissen, daß nur die 1989er und 1990er noch verfügbar sind.

CHATEAU BISTON-BRILLETTE
Michel Barbarin & Fils
Cidex 12/1 · F-33480 Moulis-en-Médoc
(✆ 56 58 22 86)

EVP: FF 40,– bis 55,–; Gr: FF 30,– bis 40,–

Aus 20 ha Reben werden 850 hl Moulis Cru Bourgeois gewonnen: ein 1986er von schöner, intensiver Farbe, kräftig und leuchtend, mit komplexem Duft, bei dem die Aromen von Backpflaume vorherrschen, ein generöser, sehr ausgewogener

Wein, im Mund füllig, stoffreich und voller Finesse, der schon jetzt vorzüglich ist und 15-20 Jahre gelagert werden kann. Ein sehr dichter und tiefroter 1990er, in dessen balsamischem Duft sich Aromen von Geröstetem und sehr reifen Früchten vermischen, ein sehr vornehmer Wein, im Mund vorn unverfälscht, lebhaft und saftig, stoffreich und rund, durch den Gerbstoffgehalt anhaltend, mit einem sehr eleganten Finale.

CHATEAU GRANINS GRAND-POUJEAUX
Guillaume-André Batailley
Grand-Poujeaux · F-33480 Moulis-en-Médoc
(✆ 56 58 02 99)

EVP: FF 50,–/52,–

Eine der Spitzen der Appellation. 30 000 Flaschen. Auf 6 ha feinem tonkalkhaltigen Kiessand profitiert der durchschnittlich 30 Jahre alte Rebsortenbestand (40 % Cabernet Sauvignon, 45 % Merlot, 10 % Petit Verdot, 5 % Malbec) vom schönen Sommer und Spätherbst. Traditioneller Anbau, organische Düngung, eine lange Nachgärung sowie ein 1jähriger Ausbau im Eichenfaß (1/3 neue Fässer) lassen einen Granins-Grand-Poujeaux entstehen mit leuchtendroter Robe, die mit dem Alter ziegelfarben wird, mit fruchtigem, feinem, etwas holzigem Bukett, ein geschmeidiger, tanninhaltiger, im Mund nachhaltiger Cru Bourgeois.

CHATEAU MAUCAILLOU
SCA des Domaines du Château Maucaillou
F-33480 Moulis-en-Médoc (✆ 56 35 53 00)

Preise auf Anfrage

Philippe Douirthe, der Besitzer, versteht es, aus seinem Boden und aus seinen Vinifizierungs- und Aufzugsanlagen, die ständig modernisiert werden, das Beste herauszuholen und einen Weintyp hervorzubringen, der Frucht, Weichheit und Charme den Vorzug gibt. Der Château Maucaillou, schmackhaft und charmant, hat eine Lagerfähigkeit von 10

Jahren, kann aber nach 3 oder 4 Jahren getrunken werden.

CHATEAU MOULIN A VENT
Dominique Hessel
Bouqueyran · F-33480 Moulis-en-Médoc
(✆ 56 58 15 79 · Fax: 56 88 82 05)

Preise nicht genannt

Der Tonkalk- und pyrenäische Kiessandboden, das gemäßigte atlantische Klima, der Rebsortenbestand (65 % Cabernet Sauvignon, 30 % Merlot, 5 % Petit Verdot) von guter Langlebigkeit (25 Jahre), der niedrige Ertrag, die langen Gärprozesse sowie der Ausbau in neuen Barriques haben ihren Anteil an der Qualität der hergestellten Weine. Der Moulis Cru Bourgeois hat eine sehr schöne dunkle Robe, ein fruchtiges Bukett, er ist mächtig und geschmeidig, hat elegante Tannine, ist sehr gut alterungsfähig. Ein Erfolg für die 200 Jahre alte Domäne, die früher Weißwein produzierte und noch einen Keller aus dem Jahre 1875 besitzt. Man hat diesen Moulis gern auf Vorrat für ein Festtagsmahl.

CHATEAU MOULIN A VENT
Cru Bourgeois
Moulis-en-Médoc

CHATEAU DE VILLEGORGE
Marie-Laure Lurton-Roux
F-33480 Moulis-en-Médoc
(✆ 56 88 70 20)

EVP: FF 50,– bis 60,–

Der schon im 18. Jh. sehr bekannte Wein von Villegorge zieht seine guten Eigenschaften aus dem tiefen Kiessand, der den durchschnittlich 25 Jahre alten Rebsorten Merlot (60 %), Cabernet Sauvignon (30 %) und Cabernet Franc (10 %) Kraft und Persönlichkeit verleiht. So entsteht ein Wein mit run-

dem, etwas wildem Fleischgeschmack, der im Mund einen seltenen Eindruck hinterläßt.

PAUILLAC

Dieses Anbaugebiet erstreckt sich auf über 900 ha Quartärhügeln, die aus Sand, Kies, mehr oder weniger großen Kieseln bestehen und insgesamt einen geeigneten armen, filtrierenden Boden bilden. Es profitiert von einem relativ warmen und feuchten, für die Reben sehr günstigen Klima. Der Cabernet Sauvignon dominiert vor Cabernet Franc, Merlot und, in sehr geringem Umfang, Petit Verdot und Malbec. Nur in Pauillac, so wird versichert, harmonieren Cabernet Sauvignon und Boden auf außerordentlich ideale Weise miteinander. Die Appellation genießt wahrhaftig so viele mineralogische und klimatische Vorzüge, daß man sich schon anstrengen müßte, um hier schlechte Weine herzustellen.

CHATEAU D'ARMAILHACQ
Baronne Philippine de Rothschild G.F.A.
B.P. 117 · F-33250 Pauillac
(✆ 56 59 20 20)

Preise nicht genannt

Bei weitem kein neues Château, vielmehr ein alter, berühmter Bekannter: Das Château Mouton Baronne Philippe nahm seine ursprüngliche Identität wieder an, denn 1956 hatte es als Château Mouton d'Armailhacq einen Namen. Die Vorfahren der früheren Eigentümer der Parzellen, um 1680 herum, waren die Brüder Armailhacq. Der Kenner findet nun unter diesem Namen die hervorragenden und geschätzten Eigenschaften wieder: Finesse, Eleganz, Gerbstoffreichtum, den typisch rassigen Pauillac.

CHATEAU BATAILLEY
F-33250 Pauillac · (✆ 56 59 01 13)

Preise nicht genannt

Der aus magerem und tiefem Kiessand bestehende Boden gestattet den Rebstöcken nur mühseliges Wachstum und trägt dadurch zur Erzeugung von Qualitätsweinen bei, die 2 Jahre in Fässern aus Limousin-Eiche verbleiben. Der als Grand Cru klassifizierte Pauillac besitzt eine dunkle Rubinrobe und ist schön kernig, was ihm große Langlebigkeit garantiert.

CHATEAU CLERC MILON
Baronne Philippine de Rothschild G.F.A.
B.P. 117 · F-33250 Pauillac
(✆ 56 59 20 20)

Preise nicht genannt

Die deutschen Kenner dieses als Grand Cru klassifizierten Weins freuen sich über das neue Etikett, das "die tanzenden Hofnarren" darstellt, Figuren der italienischen Komödie aus Gold, Stein und Diamanten, eine deutsche Arbeit (Ende des 17. Jh.), die Kaiserin Katharina von Rußland gehört hat. Sie freuen sich aber auch über den jüngsten Jahrgang: einen Wein von schönem Aussehen, kernig, robust und anhaltend im Mund, mit einem leichten Duft von Schwarzer Johannisbeere, dem Merkmal hervorragender Mouton Rothschild-Jahrgänge.

CHATEAU CROIZET-BAGES
M.J.-M. Quié
135, rue de Paris · F-94220 Charenton
(✆ 16-1-43 68 08 41)

Preise nicht genannt

Die im 16. Jh. gegründete Domäne profitiert vom kiesigen Plateau und der guten Lage des Haut-Bages. Auf 25 ha erlauben Cabernet Franc-, Merlot- und Cabernet Sauvignon-Rebstöcke mit einem Durchschnittsalter von 30 Jahren die Produktion eines besonders kernigen Pauillacs, der auf großen in- und ausländischen Tafeln zu finden ist.

CHATEAU LA FLEUR PEYRABON
Jacques Babeau
F-33250 Saint-Sauveur · (✆ 56 59 57 10)

Preise auf Anfrage

Der einzige Weinberg dieser Appellation, der außerhalb der Gemeinde liegt. Er ist auf einer Kiessandkuppe gelegen und bringt Qualitätsweine hervor, die 15-20 Monate in alljährlich zu 30 % erneuerten Eichenbarriques ausgebaut werden. Der 1989er gefällt durch seine leuchtende dunkle Rubinrobe, seinen vorherrschenden Holzduft, unter den sich die Aromen von stets präsenten roten Früchten mischen, im Geschmack ist er voll und kernig, mit einem mächtigen Finale.

CHATEAU FONBADET
Pierre Peyronie
F-33250 Pauillac · (✆ 56 59 02 11)

EVP: FF 56,–; Gr: FF 48,–/50,–

Das Durchschnittsalter dieses 16 ha großen Weingartens beträgt über 50 Jahre. Die Ahnenreihe des heutigen Besitzers, Pierre Peyronie, reicht auf diesem Boden sehr weit zurück. Und es werden noch immer die gleichen Methoden und die gleiche Sorgfalt im Hinblick auf die Qualität der Weine angewandt: sehr geringe organische Düngung, gedrosselter Ertrag, 2jähriger traditioneller Ausbau der Weine in Eichenfässern, die je nach Jahrgang erneuert werden. Das Ergebnis ist beeindruckend: Ein an der Nase sehr feiner 1984er, warm und delikat, fett und füllig; ein herrlich nach kleinen roten Früchten duftender 1986er mit Vanillenote, lieblich, voll, dicht, mit schönen runden und reifen Tanninen sowie bemerkenswert aromatischer Intensität beim Finale, ein Wein von großem Geschlecht, Ende des Jahrhunderts zu verkosten.

PAUILLAC

CHATEAU GRAND-PUY DUCASSE
17, cours de la Martinique · B.P. No. 90
F-33027 Bordeaux Cedex

Preise nicht genannt

Der ausgedehnte, nahezu 60 ha große Rebgarten, klassifizierter 5ème Cru, steht in dem Ruf, qualitativ gute Pauillacs herzustellen. Zum Beispiel den 1989er mit seinem originellen Bukett, leicht nach Wild duftend, Noten von Unterholz, schön konzentriert im Geschmack.

Preise nicht genannt

Die seit dem 15. Jh. anerkannten Lafite-Weine kamen das erste Mal zu Ehren, als der Marquis de Ségur sie am Hofe Ludwigs XV. einführte und die Marquise von Pompadour sie zu ihren bevorzugten Weinen erkor. Die Gärung im Holzzuber, in dem die Moste 18 bis 25 Tage lang maischen, eine 18- bis 24-monatige Alterung in Eichenfässern sowie eine strenge Auswahl machen die 250 bis 300 hergestellten Fässer zu verläßlichen Vertretern der "königlichen" Weine.

CHATEAU GRAND PUY-LACOSTE
Famille Borie
F-33250 Pauillac

Preise nicht genannt

Jean-Eugène und François-Xavier Borie haben 1978 die Leitung dieser Domäne von Raymond Dupin übernommen, der im Médoc-Weinbau eine bedeutende Rolle spielte. Ihre Pauillacs, farbkräftig, tanninhaltig, saftig und körperreich,werden von einigen Kennern als vollkommene, typische Vertreter des klassischen Pauillacs betrachtet.

CHAUTEAU HAUT-BATAILLEY
J.E. Borie S.A.
F-33250 Saint-Julien-Beychevelle

Preise nicht genannt

65 % Cabernet Sauvignon, 25 % Merlot und 10 % Cabernet Franc haben ihren Anteil an der Erzeugung dieses in Eichenbarriques ausgebauten Pauillacs. Große Sorgfalt bei Anbau und Vinifizierung machen den Ruf dieses als 5ème Cru klassifizierten Weins aus.

CHATEAU LAFITE-ROTHSCHILD
Domaines Barons de Rothschild (Lafite)
33, rue de la Baume · F-75008 Paris
(✆ 1-42 56 33 50)

CHATEAU LATOUR
Saint-Lambert
F-33250 Pauillac · (✆ 56 59 00 51)

Preise nicht genannt

Die 64 ha große Domäne, einstmals Besitz der Ségurs, 1989 vom britischen Konzern "Allied Lyons" aufgekauft, gehört seit 1993 wieder Frankreich, und zwar dem Kaufhauskönig François Pinault. Auf dem Kiessandboden, der zu 80 % mit Cabernet Sauvignon, zu 15 % mit Merlot und zu 5 % mit Cabernet Franc und Petit Verdot bepflanzt ist, entsteht ein dunkelrubinfarbener Pauillac mit großem Gerbstoffreichtum und viel Körper. Nach dem Abzug auf Flaschen ist oft eine Alterung von 10-15 Jahren erforderlich, damit sich die Reichhaltigkeit des einmalig komplexen Buketts wie auch die Fülle und nachhaltigen Geschmackseindrücke im Mund entfalten können.

CHATEAU LYNCH-BAGES
Famille Cazes
F-33250 Pauillac

Preise nicht genannt

1934 kaufte Jean-Charles Cazes, im Médoc bekannt für seine Erfahrung mit Reben und Wein, das Gut Lynch-Bages, das heute von seinem Sohn André, Bürgermeister von Pauillac, und seinem Enkel geleitet wird. Ihr Pauillac, der mindestens 1 Jahr lang in Eichenbarriques ausgebaut wird, ist ein strukturierter Wein mit viel Fülle und Körper, mit Aromen von oft präsenten reifen Früchten, einem Hauch Holz, einem langen Finale am Gaumen und anhaltendem Potential zum Altern.

CHATEAU LYNCH-MOUSSAS
F-33250 Pauillac · (✆ 56 59 57 14)

Preise nicht genannt

Der 35 ha große, auf Kieshügeln gelegene Weingarten bringt Weine hervor, die, auf traditionelle Weise geerntet und vinifiziert, in bei den besten Böttchern gealterten Eichenfässern reifen. Das Ergebnis strenger Auswahl ist ein als Grand Cru klassifizierter Château Lynch-Moussas von sehr guter Nachhaltigkeit, mit leichter Holznote, an der Nase aromatisch und harmonisch, im Mund sehr rund und lang. Emile Castéja, der das Gut 1970 erwarb, ist es zu verdanken, daß es seinen früheren Glanz zurückgewonnen hat.

CHATEAU MOUTON ROTHSCHILD
Baronne Philippine de Rothschild G.F.A.
B.P. 117 · F-33250 Pauillac
(✆ 56 59 20 20)

Preise nicht genannt

Der Pauillac und seine alljährlich von berühmten Malern kreierten Etiketten erfreuen die besten Tafeln der Welt. Der im Jahre 1973 als Premier Grand Cru klassifizierte große Wein altert 24 Monate im Eichenfaß und läßt keinen Kenner vergessen, was seinen Reichtum ausmacht: das außergewöhnliche Bukett, die Kraft und Finesse der Tannine sowie die Komplexität des Finales.

CHATEAU PEDESCLAUX
Société Civile du Château Pedesclaux
F-33250 Pauillac

Preise auf Anfrage

Der Weinberg des Châteaus befindet sich auf dem die Umgebung von Pauillac beherrschenden Plateau, einem der besten Böden der Region, der aus Ton-Kalk- Kiesel besteht, auf dem der Rebsortenbestand mit einem Durchschnittsalter von 40 Jahren Charakter und Mächtigkeit findet. Der 18-22 Monate in neuen Eichenfässern gealterte Wein ist von hervorragender Qualität, er besitzt gute Tannine und bemerkenswerte Aromen, zählt zu den besten der Appellation.

CHATEAU PICHON-LONGUEVILLE
Jean-Michel Cazes
F-33250 Pauillac

Preise nicht genannt

Der Boden dieses 50 ha großen Rebgartens besteht aus Kiessand aus dem Quartär, er ruht auf einem Untergrund mit Eisenkonkretionen in sehr großer Tiefe. Daher rührt der Ruf der hier entstehenden Weine: sie sind vollmundig, gerbstoffreich, gekennzeichnet von Finesse, Eleganz, außergewöhnlicher Länge im Mund und einem bedeutenden Alterungspotential.

CHATEAU PONTET-CANET
Alfred et Michel Tesseron
F-33250 Pauillac · (✆ 56 59 04 04)

Preise nicht genannt

Die Geschichte dieses Châteaus reicht bis ins Jahr 1725 zurück, als J.F. Pontet, ehemaliger Privatsekretär Ludwig XV., eine Parzelle nach der anderen kaufte. Heute werden auf dem 78 ha umfassenden Weinberg beachtliche Weine hergestellt und in Kellern in 27 m Tiefe gealtert: beachtliche Pontet-Canets mit dunklem, schillerndem Rubinkleid sowie reichen, subtilen Aromen von Gewürzen und Vanille, einem harmonischen Bukett von Blüten und Früchten.

SAINT-ESTEPHE

Die an der Gironde zwischen den Appellationen Haut-Médoc und Pauillac gelegene Anbaufläche von Saint-Estèphe erstreckt sich über rund 1 100 ha. Auf ihrem Gebiet überwiegen Kiesschichten, die einen ton- und kalkreichen Untergrund überdecken. Bepflanzt ist sie mit den Cabernets, Merlot, Petit Verdot und Malbec. Die beiden letztgenannten Rebsorten werden nur in geringem Umfang angebaut, sind aber unerläßlich, da sie dem Gemisch aus Cabernets und Merlot Vielfalt und Reichtum verleihen.

CHATEAU ANDRON BLANQUET
Société des Domaines Audoy
F-33250 Saint-Estèphe

EVP: FF 60,–; Gr: FF 35,– zuzügl. Mwst

Der auf kiesigem Boden auf einem Kalk-Mergel-Sockel entstehende Cru Grand Bourgeois Exceptionnel Château Andron Blanquet wird in jährlich zu einem Viertel erneuerten Eichenbarriques ausgebaut. Sein schönes Rubinkleid, das Bukett von roten Früchten, Gewürz und Vanille sowie der runde, gehaltvolle, wohl ausgewogene und sehr elegante Geschmack machen ihn zu einem würdigen Vertreter von Saint-Estèphe. Die Domäne ist eine der ältesten der Appellation.

CHATEAU BEAU-SITE
F-33250 Saint-Estèphe · (✆ 56 59 30 50)

Preise nicht genannt

Beau-Site, eines der ältesten Güter der Gemeinde Saint-Estèphe, verfügt über 38 ha Rebflächen an steinigen Hängen. Sorgsam wurden hier die alten Rebstöcke erhalten. Der Cru Bourgeois Exceptionnel Beau Site ist ein rassiger, voller und eleganter Wein, mit den besten Gewächsen von Saint-Estèphe vergleichbar.

CHATEAU CAPBERN GASQUETON
Calon-Segur Expl.
F-33250 Saint-Estèphe

Preise nicht genannt

Dieses Château, das seit mehr als 10 Generationen den Namen seiner Eigentümer trägt, profitiert von einer außergewöhnlichen Lage auf tonhaltigem Kiesboden, der dem Saint-Estèphe Kraft und Charakter verleiht. Der 15 Monate in Eichenfässern gereifte Wein kann mit seiner Rasse und seiner bemerkenswerten Note mit zahlreichen klassifizierten Grands Crus mithalten.

CHATEAU COS LABORY
F-33180 Saint-Estèphe · (✆ 56 59 30 22)

EVP: FF 80,– bis 115,–; Gr: FF 50,– bis 70,– zuzügl. Mwst

Der 1789 vom Cos d'Estournel abgetrennte, auf einem Kreidehügel gelegene, 18 ha große Rebgarten bringt einen Cos Labory hervor, der in Barriques aus Bordeaux, die alljährlich zu einem Drittel erneuert werden, reift. Ein Wein von schöner Rubinfärbung, nach Vanille und Toast duftend, wohl ausgewogen. Der klassifizierte Grand Cru erfreut sich bereits eines guten Namens.

CHATEAU LAFON-ROCHET
S.A. du Château Lafon-Rochet
F-33250 Pauillac

Preise nicht genannt

Das Weingut aus dem 18. Jh. hatte ein wechselhaftes Schicksal, bevor es 1959 in den Besitz von Guy Tesseron gelangte, der es wieder instandsetzte. Die 39 ha Rebflächen mit einem Boden aus Günz-Kies auf Ortsteinboden und einem Tonkalkuntergrund bringen einen guten Vertreter der Appellation Saint-Estèphe hervor. Er ist beliebt wegen seiner geschmolzenen Tannine, seinem Bukett von roten Früchten, das sich harmonisch entwickelt, sowie seiner Holznote und Vornehmheit.

CHATEAU LAVILLOTTE
Jacques Pedro
F-33180 Vertheuil · (✆ 56 41 98 17)

Preise auf Anfrage

Dieser 1962 wieder aufgebaute, 12 ha umfassende Weinberg profitiert von seiner idealen Lage und modernen Anbaumethoden. Die Ernte wird traditionell vinifiziert und in Eichenfässern ausgebaut. Durch die Beschaffenheit des steinigen Bodens, die Sorgfalt bei Vinifizierung und Ausbau der Weine entsteht ein Cru Bourgeois mit Bukett, der reich an Tanninen ist, die in großer Harmonie verschmelzen.

CHATEAU LES ORMES DE PEZ
F-33250 Saint-Estèphe

Preise nicht genannt

Dieser Rebgarten, dessen Ursprünge ins 18. Jh. zurückreichen und der aus leicht lehmsandhaltigem Kiessand besteht, bringt einen Saint-Estèphe hervor, der 12-15 Monate in Eichenbarriques ausgebaut wird: ein fruchtiger Wein mit feinem Holzgeschmack und schöner Tanninstruktur, die sich nach 4-5 Jahren harmonisch entfaltet.

DOMAINE DE LA RONCERAY
Jacques Pedro
F-33180 Vertheuil · (✆ 56 41 98 17)

Preise auf Anfrage

Eine Domäne auf steinigem Untergrund, mit guten klimatischen Bedingungen und kräftigen Rebstöcken, die generöse, samtige und liebliche Weine garantieren, die aufgrund ihrer Finesse und ihres Buketts sehr gefragt sind.

CHATEAU TRONQUOY-LALANDE
Arlette Casteja
F-33180 Saint-Estèphe

Preise nicht genannt

Ein hervorragender, sehr typischer Vertreter der Appellation Saint-Estèphe, ein mächtiger, bukettreicher Wein von außerordentlicher Langlebigkeit.

SAINT-JULIEN

Dieser an die Anbaufläche von Pauillac und die des Haut-Médoc angrenzende Weingarten umfaßt rund 775 ha mit kiesigen Böden auf Lehmuntergrund. Die besten Gebiete sind die auf den Hügeln von Saint-Julien und Beychevelle, die aus Pyrenäenkies oder von der Dordogne angeschwemmtem Kies aus dem Zentralmassiv gebildet werden. Das Klima ist gemäßigt unter dem Einfluß der Gironde und aufgrund der Nähe zum Atlantik. Bei den Rebsorten trifft man wieder auf Cabernet Sauvignon, Merlot, Cabernet Franc und Petit Verdot, dank derer hier, wie behauptet wird, der ideale Bordeaux hergestellt wird.

CHATEAU BEYCHEVELLE
Groupe Suntory Limited
F-33250 Saint-Julien-de-Beychevelle
(✆ 56 59 23 00)

EVP: FF 135,– bis 330,–

Schon im Mittelalter verließen die Weine dieses Châteaus den am Fuße ihres Gartens gelegenen Hafen, um nach England, Flandern und in die germanischen Länder zu gelangen. Heute produziert Beychevelle nach Zeiten des Ruhmes und des Vergessens wieder den Saint-Julien, der die Sammler von Grands Crus erfreut. Der Wein ist fruchtig und reich, hat einen guten Kern, einen Charakter von angenehm geschmolzenem Holz, er ist sehr samtig, tanninhaltig und rund am Gaumen. Je nach Jahrgang wiederholen oder ändern sich die Würdigungen, was soll's ... da ja seine außergewöhnliche Qualität bleibt.

CHATEAU BRANAIRE-DUCRU
Ph. Dhalluin
F-33250 Saint-Julien · (℅ 56 59 25 86)

Preise nicht genannt

Dieser 50 ha umfassende, im Jahre 1680 auf Garonne-Kiessand angelegte Weingarten produziert heute 2 250 hl Saint-Julien aus 72 % Cabernet Sauvignon, 22 % Merlot, 3 % Cabernet Franc und 3 % Petit Verdot. Düngung mit Rinderdung, auf 47 hl/ha gedrosselter Ertrag sowie ein 18monatiger Ausbau im Eichenfaß machen diesen Saint-Julien zu einem mächtigen und eleganten, sehr repräsentativen Wein der Appellation.

CHATEAU DUCRU-BEAUCAILLOU
Jean-Eugène Borie
F-33250 Saint-Julien-Beychevelle

Preise nicht genannt

Dieser Weinberg der "schönen Kiesel" erstreckt sich über 50 ha kiesige Hügel parallel zur Gironde. Der hier entstehende Wein wird von vielen Spezialisten als die Quintessenz des Bordeauxweins und des Médocs im besonderen angesehen. Selbst wenn diese Begeisterung ein wenig übertrieben erscheint, ist ein Ducru-Beaucaillou doch eine Referenz für sehr große Qualität. Der Wein spiegelt die auf ihn verwendete Aufmerksamkeit, Gewissenhaftigkeit und Sorgfalt wider.

CHATEAU LAGRANGE
Suntory Limited
F-33250 Saint-Julien-Beychevelle
(℅ 56 59 23 63)

Preise nicht genannt

Dieses 157 ha große zusammenhängende Gut, von dem 113 ha unter Reben stehen, umfaßt zwei Kies-sandhügel Guntzienner Ursprungs. Der Weingarten ist zu 66 % mit Cabernet Sauvignon, zu 27 % mit Merlot und zu 7 % mit Petit Verdot bepflanzt. Im Dezember 1983 kaufte die Suntory-Gruppe Lagrange und nahm tiefgreifende Erneuerungen vor. Der Bekanntheitsgrad ihrer Weine nahm seither deutlich zu: z.b. ein 1985er mit frischem, ausdrucksvollem Bukett, viel Saft, würzigen und fruchtigen Noten; einen im Mund sehr körperreichen 1986er zeichnen höchste Konzentration sowie seine Düfte auf der Basis von Harz und Gewürzen aus; ein 1989er, der an der Nase sehr reife schwarze Früchte zum Ausdruck bringt, begleitet von rassigem Holzduft, ist weinig und einschmeichelnd im Mund, warm und körperreich, mächtig und gehaltvoll, sehr tanninhaltig, ohne jegliche Härte.

CHATEAU LEOVILLE LAS CASES
M. Delon
F-33250 Saint-Julien-Beychevelle
(℅ 56 59 25 26)

EVP: FF 150,– bis 400,–

Der sehr alte Weinberg stammt aus der ersten Hälfte des 18. Jh.. Ein halbes Jahrhundert später ging er in den Besitz der Familie Las Cases. Ihre Nachkommen sind noch heute Teilhaber und sorgen für den Bekanntheitsgrad des als Grand Cru klassifizierten Saint-Juliens mit leuchtendem Aussehen, außergewöhnlich feinem Bukett, komplex und intensiv, Eigenschaften, die ganz besonders in den Jahrgängen 1982 und 1986 zum Ausdruck kommen.

CHATEAU TALBOT
Jean Cordier
F-33250 Saint-Julien-Beychevelle
(℅ 56 59 06 06)

EVP: FF 80,– bis 100,–

Die geschichtsreiche Domäne leitet ihren Namen von Konnetabel Talbot her, der im Hundertjährigen Krieg in der Schlacht von Castillon gefallen ist. Der Wein des Châteaus kommt von 107 ha Rebflächen an einem Stück und wird ausschließlich aus alten Reben und besten Cuvées hergestellt. Die Zweitweine werden unter anderen Etiketten verkauft. Somit stellt ein Talbot eine Garantie dar. Er hat ein granat- bis violettfarbenes Kleid, animalische Noten und solche von Holz und Leder, ihn zeichnen Fruchtigkeit, Aromen von roten Beeren und Karamel aus.

CADILLAC

Dieses die Garonne beherrschende A.O.C.-Anbaugebiet ist auf einem sehr schmalen Streifen von 60 km Länge und 5 km Breite am rechten Flußufer gelegen. Der zum einen von der Steilküste, zum anderen von der Zone Entre-Deux-Mers begrenzte Weinberg nährt sich vom kalkhaltigen Boden. Wie die edelsüßen Sauternes-Weine verfügen die Cadillacs über das "Geheimnis des Goldes": die Edelfäule, die sich auf den Trauben dieses Gebiets mit sehr speziellem Klima - Nebel und Wärme - entwickelt.

CHATEAU LES BEGONNES
Pierrette Marche
F-33410 Béguey · (✆ 56 62 95 17)

Preise auf Anfrage

In diesem Rebgarten mit Kiessand- und Tonböden erlauben Sémillon, Muscadelle und Sauvignon - während der Ernte mit überreifen Trauben beladen - die sorgfältige Herstellung eines Cadillac, die Ausbalancierung von Alkohol und Likör, wesentliches Merkmal des edelsüßen Weins. Pierrette Marche bietet einen aromareichen und eleganten, lieblichen und köstlich würzigen Cadillac mit allen Charakteristika der Appellation an.

CHATEAU MELIN
Claude Modet
F-33880 Baurech · (✆ 56 21 34 71)

Preise auf Anfrage

Ein Spitzenwein der Appellation aus einem Rebsortenbestand mit einem Durchschnittsalter von 30 Jahren. Er wird über 1 Jahr lang in neuen Eichenbarriques gealtert. Der goldglänzende, funkelnde edelsüße Wein mit konzentrierten Aromen von kandierten Früchten, Honig, Akazienblüten, ist sehr präsent, reich, nahezu einmalig. Jahrhundertjahrgänge.

LOUPIAC

40 km von Bordeaux entfernt erstrecken sich die Anhöhen dieses 400 ha großen Anbaugebiets, das mit Sémillon, Sauvignon und Muscadelle bepflanzt ist, aus denen der edelsüße Bordeaux-Wein gezogen wird. Schon die Römer schätzten diese tonkalkhaltigen, nach Süden ausgerichteten Böden. Man weiß, daß Ausonius von seiner nahe gelegenen Villa aus gern den Hügel von Lupicius mit seinen Weinstöcken bewunderte. Heute hat eine Handvoll Winzer das Erbe angetreten und diese Appellation erhalten.

CHATEAU DU CROS
Société des Vignobles M. Boyer
F-33410 Loupiac · (✆ 56 62 99 31)

EVP: FF 58,– inkl. Mwst; Gr: FF 38,– zuzügl. Mwst

Diese Domäne, die einst der Familie des Michel de Montaigne gehört hat, ist nahe bei den Ruinen des Schlosses gelegen, das seinen Namen trägt. Sie hat einen schönen 38 ha großen Rebgarten, der von der kalkhaltigen Felskuppe profitiert, die in 100 m Höhe die Garonne beherrscht. Michel Boyer, ein ausgezeichneter Weinbereiter, produziert den Loupiac, der nach der Gärung in kleinen rostfreien Stahltanks 18 Monate lang in neuen Barriques ausgebaut wird, mit großem Erfolg: der 1990er zum Beispiel, mit Aromen von weißen Blüten, der Würze von reifen Früchten (Pflaume), einem Finale von Vanille und gebrannter Mandel, ist ein Wein, der auch sehr lange aufbewahrt werden kann.

CHATEAU LOUPIAC-GAUDIET
Marc Ducau
F-33410 Loupiac · (☎ 56 62 99 88)

EVP: FF 35,– bis 40,–; Gr: auf Anfrage

Das Château, einstiges Gut der Familie von Montaigne und seit 4 Generationen im Besitz der Familie des heutigen Eigentümers, verfügt über einen 27 ha umfassenden Weinberg, der um das Château herum gelegen ist auf Hängen, die die Garonne überragen. Morgendliche Nebel und sonnige Herbstnachmittage begünstigen die Entwicklung der Botrytis cinerea. Die Loupiacs werden mit wärmeregulierter Gärung vinifiziert und 2 Jahre lang ausgebaut. Es sind goldglänzende Weine, fein, intensiv und subtil sowohl an der Nase wie im Mund, reich und nachhaltig, von der in- und ausländischen Gastronomie geschätzt.

SAINTE-CROIX-DU-MONT

Oben auf den steilen Abhängen einer der höchsten Erhebungen am rechten Garonne-Ufer befindet sich das Château de Tastes. Seine Herren sorgten im 13. Jh. für das Ansehen der Weine dieses A.O.C.-Gebiets, das sich auf tonkalkhaltigem Boden mit zahlreichen Austernfossilien-Bänken erstreckt. Die mineralogischen Eigenschaften, das ideale Klima sowie das Wissen und der Wille der Winzer, für Qualität zu sorgen, tragen dazu bei, daß in diesem reichen Weingarten lange haltbare edelsüße Weine entstehen, eine wahre Sinfonie vielfältigen Geschmacks.

CHATEAU DES COULINATS
Camille Brun
F-33410 Sainte-Croix-du-Mont
(☎ 56 62 10 60)

EVP und Gr: ab FF 30,–

Eine Rarität: diese Domäne bietet Weißweine an mit Jahrgängen bis zurück ins Jahr 1955. Der Rebsortenbestand des vor über 2 Jahrhunderten angelegten Weingartens ist mehr als 40 Jahre alt und gibt den Weinen, die vor ihrer Abfüllung in Flaschen 3 Jahre im Tank aufbewahrt werden, unbestreitbare typische Eigenschaften: Sei es nun der fette und reiche Sainte-Croix-du- Mont, der weiße 1ères Côtes de Bordeaux oder der rote Bordeaux. Hervorzuheben ist außerdem das gute Qualität-Preis-Verhältnis.

CHATEAU MAUTRET
Jacques Mouras
F-33490 Semens · (☎ 56 62 05 27)

EVP: FF 30,–/33,–

Die seit 1795 im Familienbesitz befindliche Domäne verfügt über kiesigen und tonkalkhaltigen Boden, der dem besonders ausgewogenen Rebsortenbestand zugute kommt. Ein Barriques-Weinlager für den Ausbau und das Altern der Rotweine ergänzt die ständige Qualitätsforschung des Jacques Mouras. Sie findet sich in seinem edelsüßen Ste-Croix-du-Mont wieder, einem Wein von großer Finesse mit sinnenfreudigem Bukett.

CHATEAU DU MONT
Paul Chouvac & Fils
F-33410 Sainte-Croix-du-Mont · (☎ 56 62 01 72)

EVP: FF 28,– bis 50,–

Das für Edelfäule günstige Mikroklima, der Rebsortenbestand mit einem Durchschnittsalter von 40 Jahren, die Verwendung organischer oder pflanzlicher Düngemittel, niedrige Erträge, manuelle Weinlesen mit mehreren Lesedurchgängen, einjähriger Ausbau der Weine in neuen Eichenbarriques: all dies läßt einen Sainte-Croix-du-Mont entstehen, der mächtig an der Nase ist mit vielfältigen Noten (Akazie, Zitrusfrucht, Honig, Aprikose), im Mund füllig, fett, sehr konzentriert, mit einem langen Finale. Ein sehr guter Vertreter der Appellation.

CHATEAU LA RAME
Yves Armand
F-33410 Sainte-Croix-du-Mont
(✆ 56 62 01 50)

EVP: FF 86,50 inkl. Mwst; Gr: FF 63,–

La Rame, während der Revolution im Besitz des Gouverneurs der Insel Oléron, wurde zu Beginn dieses Jahrhunderts vom Bordeaux-Handel als klassifizierter 1er Cru angesehen. Seit 7 Generationen setzen die Armands traditionsbewußt auf Qualität, was ihnen durch die Vorzüge, die ihr 20 ha großer Weingarten bietet, leicht gemacht wird: Tonkalkhänge, die auf einer aus dem Tertiär stammenden Austernfossilienbank ruhen, ein Rebsortenbestand mit einem Durchschnittsalter von 46 Jahren, Bodenverbesserung durch organische Düngemittel. So entspricht der Sainte-Croix-du-Mont La Rame ganz den Erwartungen der Kenner: köstliches Bukett, eine Struktur, die Mächtigkeit, Finesse, aromatische Intensität und harmonische Würze am Gaumen (Akazienblüte, Linde, Vanille, kandierte Früchte) vereint.

CERONS

CLOS BOURGELAT
Dominique Lafosse
F-33720 Cérons · (✆ 56 27 01 73)

EVP: FF 33,– bis 56,–

Dieser aus dem Jahr 1700 stammende Weinberg, der seit 5 Generationen von den Lafosses bebaut wird, profitiert zugleich vom Kieselkiesboden, dem sehr gemäßigten Klima, der natürlichen Düngung und den durchschnittlich 25 Jahre alten Rebenarten: 80 % Sémillon, 15 % Sauvignon und 5 % Muscadelle für die Weißweine; 50 % Merlot und 50 % Cabernet Sauvignon für die Rotweine. Die Vinifizierung mit Hilfe von Wärmeregulierung und der teilweise Ausbau der Weine in neuen Barriques

verbessern die wegen ihrer Würze und ihres Buketts typischen Cérons.

DOMAINE F. ET H. LEVEQUE
F-33720 Podensac · (✆ 56 27 17 38)

EVP: FF 50,–; Gr: FF 30,–

Die renommierten Weine dieser Domäne stehen auf Karten der größten Restaurants, werden von Luftfahrtgesellschaften und anläßlich von Galas auf Kreuzfahrtschiffen serviert. Der edelsüße Cérons mit Aromen, bei denen Zitrusfrüchte vorherrschen, die sich zu Pfirsich hin entfalten, entwickelt im Mund auf dichtem Hintergrund elegante Noten von Aprikose und Akazie. Ein hervorragender Wein.

CLOS FLORIDENE
Famille Dubourdieu
F-33210 Pujols-sur-Ciron · (✆ 56 62 96 51)

EVP: FF 41,– bis 55,– zuzügl. Mwst; Gr: FF 32,– bis 50,– zuzügl. Mwst

Der 15 ha umfassende Clos, der 1982 auf einem der besten Böden des Gebiets entstand, genießt einen guten Ruf bei den Liebhabern der Graves. Dieser besitzt eine dunkelrote Robe, ist an der Nase fruchtig und rauchig, zeichnet sich durch seine Finesse und Gerbstoff aus. Der Weißwein im grüngoldglänzenden Kleid hat Aromen von Röstbrot, Zitrusfrüchten und Pfirsich, er ist nachhaltig im Geschmack, gekennzeichnet von Komplexität, entwickelt seine guten Eigenschaften beim Altern.

SAUTERNES

Dieser Weingarten erstreckt sich in Teilen über das Sauternais am rechten und linken Ufer der Garonne. Die 5 Gemeinden mit A.O.C.-Siegel (Barsac, Bommes, Fargues, Preignac und Sauternes) befinden sich am linken Ufer. In diesen Gebieten geben die reichlich vorkommenden Kieselsteine am Abend die gespeicherte Sonnenwärme wieder ab, ein Phänomen, das die Bildung der Edelfäule (Botrytis cinerea) begünstigt: ein Pilz, der den Saft der vollreifen Traube verdichtet und ihren Zuckergehalt erhöht. Die Böden sind in dieser Region vielfältig: sandig-kiesig, kieseltonkalkhaltig, tonhaltig-sandig oder sandig. Der Kies überwiegt bei weitem. Leider beeinträchtigen die Lehm- und Kalkuntergründe die Wasseraufnahme durch die Rebwurzeln erheblich. Daher wird der größte Teil der Rebflächen künstlich dräniert. Beim Rebsortenbestand überwiegt die Sémillon-Traube. Es folgen Sauvignon und Muscadelle. Die Grands Crus sind 1855 klassifiziert worden. Es handelte sich um die offizielle Auswahl der großen Rot- und Weißweine der Gironde für die im selben Jahr von der kaiserlichen Regierung in Paris veranstalteten Weltausstellung. Unter den vielen hervorragenden Gewächsen erhielt das Château d'Yquem den allerhöchsten, über den Klassen stehenden Rang eines Premier Cru Supérieur.

CHATEAU D'ARCHE
Pierre Perromat
F-33210 Sauternes · (✆ 56 63 66 55)

Preise nicht genannt

Die Domäne wurde von den Grafen d'Arche ins Leben gerufen, die bis 1789 Eigentümer waren. Sie ist hoch oben auf einem Hang gelegen, der den Ciron und die umliegenden Täler überragt, und verfügt über 30 ha Rebflächen mit kiesigem Tonuntergrund, auf dem der Kiessand vorherrscht. Heute ist sie Pierre Perromat zur Pacht anvertraut. Der Wein des Châteaus ist das Ergebnis einer rigorosen Politik, bei der nichts dem Zufall überlassen wird: zahlreiche Lesedurchgänge (7-10) bei der Ernte, um nur die von der Botrytis cinerea befallenen Trauben zu pflücken, wärmeregulierte Gärung, 2jähriger Ausbau der Weine in Eichenbarriques. So werden jedes Jahr rund 48 000 Flaschen erzeugt. Dieser Sauternes weist eine unbestreitbare Qualität auf, unabhängig vom Jahrgang, er ist

robust und reich im Duft und Geschmack, hat ein schönes Finale.

CHATEAU CAILLOU
Jean-Bernard Bravo
F-33720 Barsac · (✆ 56 27 16 38)

Preise auf Anfrage

Der Grand Cru aus Sauternes-Barsac verdankt seinen Namen den Steinplateaus und Kalkfelsen, die den tonkalkhaltigen Kiesel-Untergrund des 13 ha großen Rebgartens überdecken. Dieser zieht sich an einem Akazien- und Kiefernwald entlang. Er ist zu 90 % mit Sémillon und zu 10 % mit Sauvignon bestockt. Das Gut gehört seit 1909, als es der Großvater der heutigen Besitzer kaufte, derselben Familie. Der Winzer aus Leidenschaft Jean-Bernard Bravo stellt seinen Sauternes mit großer Begeisterung her. Das Lesegut wird nach Tagesernten getrennt, die Gärung vollzieht sich mittels Wärmeregulation, der Ausbau eines Viertels der Weine erfolgt in neuen Barriques aus Eichenrohdauben, der Rest in 3 Jahre alten Barriques. Das Ergebnis: Ein komplexer und subtiler Château Caillou, der an der Nase die aromatischen Düfte der Pflanzen, die im Wald am Rande der Rebflächen wachsen, entfaltet.

CHATEAU CLIMENS
Lucien Lurton
F-33720 Barsac · (✆ 56 27 15 33)

Preise auf Anfrage

Auf Climens wurden die Rebflächen Ende des 16. Jh. von einer Adelsfamilie angelegt, die seit 1547 im Besitz der Domäne war. Der von der Reblaus verschonte Weinberg mit einem Boden aus rotem Sand und Kies auf einem rissigen Kalksockel, der das Wasser aufsaugt, produzierte schon sehr früh renommierte Weine. Seit 1971 sorgt Lucien Lurton dafür, daß ihr Bekanntheitsgrad dank der eigentlich permanent guten Qualität weiter wächst. Es werden harmonische Sauternes von außergewöhnlicher Finesse hergestellt, die nicht enttäuschen und ihren Platz auf den besten Tafeln haben.

CHATEAU COUTET
Marcel Baly
F-33720 Barsac · (✆ 56 27 15 46)

Preise auf Anfrage

Coutet ist sehr stolz auf seine Vergangenheit. Sein Turm und die Kapelle sind Zeugen des 13. Jh., der gesamte architektonische Komplex wird von vielen als der malerischste der Gemeinde angesehen. Heute steht jedoch der rund 39 ha große Weingarten mit seinem Tonkalkboden im Vordergrund. Der hier erzeugte als Grand Cru klassifizierte Sauternes wird in Barriques vinifiziert und in zu einem Drittel jährlich erneuerten Eichenfässern ausgebaut. Er erweist sich seines früheren Besitzers, der Familie Lur-Saluces von Château d'Yquem, als würdig. Insbesondere die Cuvée Madame, die hergestellt wird, wenn der Jahrgang eine besondere Auslese erlaubt. Dieser Wein mit altgoldener Färbung ist voller Reichtum und Charakter, hat ein ganz harmonisches Finale.

CHATEAU DOISY-DAENE
Famille Dubourdieu
F-33720 Barsac · (✆ 56 27 15 84)

Preise auf Anfrage

Dieses Château, das weiterhin den Namen des Engländers trägt, dem es im letzten Jahrhundert gehört hat, wird seit 1924 von der Familie Dubourdieu geführt. Denis, Lehrer am Önologischen Institut von Bordeaux, achtet sehr auf Reinheit und Sorgfalt bei der Auslese. Der 15 ha umfassende Rebgarten mit Lehmsandboden auf kalkhaltigem Untergrund profitiert von der natürlichen Entwässerung des rissigen felsigen Untergrunds. Der kräftige Rebsortenbestand (70 % Sémillon, 20 % Sauvignon und 10 % Muscadelle) erlaubt die Herstellung Grand Cru klassifizierter Sauternes, die in Tanks fermentieren und in jährlich zu einem Drit-

tel erneuerten Eichenbarriques ausgebaut werden. Der Wein gibt die Pracht und Reinheit der von der Botrytis cinerea angereicherten Frucht wieder, er ist elegant, frisch und saftig. Ein wahrer Sauternes-Barsac, den Kenner im Keller haben.

CHATEAU DOISY-DUBROCA
Brigitte Lurton-Belondrade
F-33720 Barsac · (✆ 56 96 46 30)

Preise für Gr: auf Anfrage

Die geringe Ausdehnung des nur 3,3 ha umfassenden Weinbergs macht dieses klassifizierte Gewächs aus Barsac so begehrt. Es profitiert von dem spezifischen Boden auf dem Plateau von Barsac mit leichtem Südostgefälle. Hier findet sich eine dünne Schicht aus rotem Sand und Kies auf einem rissigen Kalksockel. Lucien Lurton, Herr über das Gebiet und auch Besitzer des Château Climens, führt beide Güter auf gleiche Weise: Gärung in Barriques und 20-24monatiger Ausbau der Weine in Eichenbarriques. Wenn die Doisy-Weine auch nicht die Noblesse der Climens erreichen, so sind sie aber von großer Finesse, haben ein sehr frisches Bukett von weißen Blüten und viel Würze im Mund. Der reiche und harmonische Wein steht auf den besten Tafeln.

CLOS HAUT-PEYRAGUEY
Jacqueline et Jacques Pauly
Château Haut Bommes
F-33210 Bommes · (✆ 56 76 61 53)

EVP: FF 150,–; Gr: FF 100,–

Auf dem höchsten Punkt des Plateaus von Bommes erhebt sich als idealer Aussichtspunkt im Herzen der größten Sauternes-Gewächse der Turm des seit 1914 im Besitz der Familie Pauly befindlichen Châteaus Clos Haut-Peyraguey. Auf 23 ha Kiessandboden sichern 83 % Semillon, 15 % Sauvignon und 2 % Muscadelle die Produktion eines feinen goldenen Sauternes mit köstlichem und fruchtigem Bukett, der nach kandierten Früchten, Rosinen, Pfirsich, Aprikose schmeckt, ein schönes Finale, große Finesse hat und wohl ausgewogen ist hinsichtlich Alkohol, Süße und Säuregrad.

DIE GROSSEN EDELSÜSSEN WEINE UND DIE BOTRYTIS CINEREA

Das Geheimnis der großen edelsüßen Weine ist die berühmte Botrytis cinerea: Überreife, die durch einen kleinen Pilz hervorgerufen wird, der sich nur in diesem Gebiet mit seinem ganz besonderen Klima entwickelt und die Weintrauben befällt. Im Weingebiet wird dies so hübsch "Edelfäule" genannt. Unter dem Einfluß des Pilzes verringert sich das Volumen der Weinbeeren, was eine Anreicherung ihres Zuckergehalts zur Folge hat. Der Pilz entfaltet sich auf extrem überreifen Trauben, er greift zunächst das Innere sowie die Haut der Weinbeere an. Die Haut wird verdaut, sie wird dünn, brüchig, pflaumenfarben, braunviolett. Das zweite Stadium ist erreicht, wenn die Beere ein runzliges, etwas ausgetrocknetes Aussehen annimmt. Dann ist sie "geröstet", "ausgedörrt", mitunter von grauen Schimmelbüscheln überzogen, womit die gewünschte Vollendung der Qualität erreicht ist. Die Edelfäule bewirkt eine gewaltige Veränderung in der Zusammensetzung der Beere: Ihr Säuregrad verringert sich und der Zuckerreichtum verdoppelt sich nahezu gegenüber der normalen Ernte, zahlreiche aromatische Substanzen entfalten sich, geben Charakter und eine Würze, die zugleich an Rosinen, an sehr reife Früchte (Aprikose, Pfirsich) oder Blüten (Akazien, Geißblatt) erinnert. In dieser Bordeaux-Region haben das Mikroklima und die Menschen einen Parasiten zu einem unvergleichlichen Hilfsmittel gemacht.

CHATEAU LAFAURIE-PEYRAGUEY

Etablissements Cordier
10, quai de Paludate · F-33800 Bordeaux
(℡ 56 31 44 44)

Preise auf Anfrage

In architektonischer Hinsicht überrascht das Château mit seinem Portalvorbau, den Festungstürmen aus dem 13. Jh. und seinem im 17. Jh. wieder aufgebauten Hauptgebäude durch sein hispano-byzantinisches Aussehen. Sein 30 ha umfassender Rebgarten besitzt einen reichen Boden (pyrenäischer Kiessand, der hier vor über 5 Millionen Jahren abgelagert wurde), der dem aus 93 % Sémillon, 5 % Sauvignon und 2 % Muscadelle bestehenden Rebsortenbestand Kraft und Charakter verleiht. Aufgrund des sehr geringen Ertrages entsteht mittels langsamer Gärung in Eichenbarriques und einem Ausbau im gleichen Holz eine Jahresproduktion von nur 70 000 Flaschen. Der Lafaurie-Peyraguey mit Goldschattierung weist Düfte auf, bei denen sich Honigwürze und Aromen von Linde, Akazie und Aprikose vermischen, in manchen Jahren finden sich Spuren von Mandel, Mirabelle oder Smyrna-Traube.

CHATEAU LAMOTHE-GUIGNARD

Philippe et Jacques Guignard
F-33210 Sauternes · (℡ 56 63 30 28)

Preise auf Anfrage

Der 15 ha große Weinberg - auf einer tonhaltigen, kiesigen Kuppe der Gemeinde auf Nord- und Nordwesthängen gelegen, die das Ciron-Tal überragen - hatte ein bewegtes Schicksal. Er wurde mehrmals aufgeteilt, bevor ihn Philippe und Jacques Guignard im Jahre 1981 wieder zusammenfügten. Die jungen Winzer stammen aus einer Familie, die selbst renommierte Châteaus besitzt. Ihre Rebstöcke - 90 % Sémillon, 5 % Sauvignon und 5 % Muscadelle - geben schöne Sauternes, die in kleinen Mengen 4 Monate gären und bis zur Flaschenabfüllung in Eichenbarriques ausgebaut werden. Die feinen, nervösen, fruchtigen Weine sind von großer aromatischer Delikatesse und bekannt für ihre außergewöhnliche Beschaffenheit.

SAUTERNES

CHATEAU LIOT
Jerry David
F-33720 Barsac · (✆ 56 27 15 31)

Preise nicht genannt

Das 20 ha umfassende, auf dem Plateau des Haut-Barsac gelegene Gut profitiert maximal vom Sauternes-Mikroklima. Die Eigenart seines Bodens besteht in roter Lehmerde, die auf einem Bett zersprungenen Kalks ruht. Die von kleinen Steinmauern eingefaßten Rebflächen sind mit Sémillon (85 %), Sauvignon (10 %) und Muscadelle (5 %) bepflanzt. In Tanks und Barriques werden Sauternes-Barsacs ausgebaut, die rassig und nervös, sehr lieblich und voller Finesse sind.

CHATEAU NAIRAC
Nicole Tari
F-33720 Barsac · (✆ 56 88 34 02)

Preise auf Anfrage

Die Nairacs, eine Hugenottenfamilie, die im 18. Jh. die Wirtschaft von Bordeaux prägte, wissen auch heute noch, obwohl über mehrere Kontinente verstreut, die in Barsac produzierten Weine zu würdigen. Ihr auch in architektonischer Hinsicht angesehenes Château verfügt über 16 ha Rebflächen mit von Alluvialkiessand überdecktem kalkhaltigem Boden, die sich um den Wohnsitz herum ausbreiten. Natürliche Entwässerung, ein kräftiger Rebsortenbestand (90 % Sémillon, 6 % Sauvignon, 4 % Muscadelle), sorgfältige Vinifizierung und 3jährige Reifung in neuen Eichenbarriques führen zu einem außergewöhnlichen Wein. Dieser Sauternes ist beständig in seiner Qualität (wenn kein Edelfäulepilz auftritt, wird auf die Produktion des Grand Crus verzichtet), er hat ein harmonisch fruchtiges Bukett, Vanillenoten und ein unvergeßliches Finale!

CHATEAU DE RAYNE-VIGNEAU
Patrick Eymery
F-33210 Bommes · (✆ 56 63 64 05)

Preise auf Anfrage

Der 100 ha große Weingarten ist auch eine Diamanten-Fundgrube. Die verschiedenartigsten Mineralien kamen vor über 5 Millionen Jahren aus den Pyrenäen hierher und verstreuten sich im Untergrund: Agathe, Onyxe, Saphire ... sie alle vereinigt in der berühmten Sammlung des Vicomtes de Roton. Man sprach so viel über diesen Reichtum, daß es etwas stiller um den berühmten, 1855 als Premier Cru klassifizierten Sauternes wurde. 1971 dann wurden die Rebflächen verbessert, und seither hat Rayne-Vigneau seine Wertschätzung bei den Kennern zurückgewonnen. Diese würdigen seine gleichbleibende Qualität, das Bukett von Honig und kandierten oder trockenen Früchten, die Fruchtigkeit von Birne und weißen Früchten, sein oft herrliches Finale. Ein Wein, den man zu den großen der Appellation zählen muß.

CHATEAU RIEUSSEC
Société des Domaines Barons de Rothschild
F-33210 Fargues de Langon · (✆ 56 63 31 02)

Preise auf Anfrage

Die ausgedehnte Domäne, ein klassifizierter Premier Cru der Gemeinde Fargue, erstreckt ihre 66 ha Rebflächen mit Kiessandboden auf Lehmuntergrund über die vollständig entwässerten Hänge zweier Gemeinden. Der kräftige Rebsortenbestand (80 % Sémillon, 18 % Sauvignon und 2 % Muscadelle), wärmeregulierte Weinbereitung und 18-20monatiger Ausbau in Eichenbarriques lassen einen Sauternes entstehen, dessen Qualität sich verbessert hat, seit Rieussec im Jahre 1985 von der Société des Domaines Barons de Rothschild übernommen wurde. Seine Kenner schätzen die gleichmäßige Qualität, den Duft von Orange und Mandarine, mitunter Aprikose, Pfirsich oder Mandel. Ein sehr beachtlicher Wein für sehr beachtliche Tafeln.

CHATEAU ROMER-DU-HAYOT
André Du-Hayot
F-33210 Fargues-de-Langon · (✆ 56 27 15 37)

SAUTERNES

Preise auf Anfrage

Romer, schon im 18. Jh. bekannt, sah über seine Rebflächen viele Winzergenerationen hinweggehen. In jüngerer Zeit fiel das Gut der Autobahntrasse der Deux-Mers zum Opfer. Das Château und die Keller mußten weichen. Glücklicherweise blieb der 16 ha große Weingarten auf einem schönen Lehm-Kies-Hügel verschont. Der klassifizierte Grand Cru, Besitz von André Du-Hayot, wird aus 70 % Sémillon, 25 % Sauvignon und 5 % Muscadelle hergestellt. Er wird mittels wärmeregulierter Gärung vinifiziert, in rostfreien Tanks und anschließend in Eichenfässern ausgebaut. Dieser äußerst klassische, sehr ausgewogene Sauternes, von schöner Goldschattierung und mit einem herrlichen Finale, ist in der ganzen Welt beliebt, man findet ihn auf den besten Tafeln der Gastronomie.

kes, eines großen Weins, der vom ständigen Ringen um Perfektion zeugt. Der Boden von Yquem wird beackert und mit Stallmist gedüngt, die Ernte erfolgt Beere um Beere in mehreren Lesedurchgängen, die Weine reifen 3-5 Jahre in Barriques, bevor sie auf Flaschen gezogen werden. Das Resultat ist ein stets eleganter, nuancen- und aromareicher Sauternes, der sich vor allen anderen der Appellation auszeichnet - unabhängig vom Jahrgang.

CHATEAU SUDUIRAUT
F-33210 Preignac

Preise nicht genannt

Das Château, Musterbeispiel der Architektur des 18. Jh., ist von Gärten, die Le Nôtre entworfen hat, und einem 100 ha großen Weinberg umgeben. Sein Boden besteht überwiegend aus Kiessand. Die Weinernte erfolgt Beere für Beere in mehreren Lese-Durchgängen. Die Erträge sind folglich sehr niedrig; sie ergeben 1-2 Gläser Wein pro Rebstock. Das ist der Preis für die Qualität des hier hergestellten Sauternes, ein mächtiger, fetter, langer Wein mit Spuren von Orange und Unterholz.

CHATEAU D'YQUEM
Le Comte Alexandre de Lur Saluces
F-33210 Sauternes · (✆ 56 63 21 05)

Verkauf ausschließlich an den Bordeaux-Handel

Yquem, 1855 als 1er Cru Supérieur klassifiziert, ist das Ergebnis eines Werkes, "das im Menschen das Beste seiner selbst sucht", so definiert es Alexandre de Lur Saluces, Meister eines vollkommenen Wer-

"*Maître Cornille*"

1991
CÔTES de PROVENCE
APPELLATION COTES-DE-PROVENCE CONTROLEE

MIS EN BOUTEILLE PAR LA S.C.A. LES MAITRES VIGNERONS
DE LA PRESQU'ILE DE ST-TROPEZ - GASSIN - VAR - FRANCE
PRODUCT OF FRANCE

CLOS DU MOULIN 69220 1306

12,5%vol
750ml e

Côte de Brouilly
APPELLATION COTE DE BROUILLY CONTROLEE
Château Thivin
12,5 % alc./vol. en Beaujolais 750 ml
MISE EN BOUTEILLES AU CHATEAU
CL. GEOFFRAY - VITICULTEUR - ODENAS - (RHONE) FRANCE
PRODUIT DE FRANCE

VINS DE PAYS DE L'AGENAIS ET D'ARLES

LANDWEINE

Auch die Landweine haben Produktionsauflagen zu erfüllen, müssen bestimmte Rebsorten verwenden, unterliegen einer Ertragsbegrenzung und der Festsetzung eines Alkoholprozentsatzes. Nach jeder Weinlese entscheidet ein offizielles Kontrollorgan über die Zuordnung der Bezeichnung. Es gibt 3 Kategorien ihrer Herkunftsbezeichnung: eine dem Departement entsprechende, eine der Rebsortenzone gemäße, wenn die Produktionsfläche z.b. größer ist als ein Departement, sowie eine regionale, wenn die Fläche sich über mehrere Departements erstreckt. Der größte Teil der Landweine wird im Süden Frankreichs produziert, und zwar überwiegend von Weinbau-Genossenschaften. Hervorzuheben ist die außergewöhnliche Qualität gewisser Landweine, die von hierauf spezialisierten Domänen hergestellt werden, die vom Klima und der mineralogischen Beschaffenheit ihres Bodens profitieren.

VIN DE PAYS DE L'AGENAIS

DOMAINE LOU GAILLOT
Jean Claude Pons
Route de Bias · F-47440 Casseneuil
(✆ 53 41 04 66)

EVP: FF 15,45; Gr: -5 %

Auf dieser inmitten einer Pflaumenregion gelegenen Domäne hat der Weinanbau schon seit Generationen einen besonderen Platz. Erst in den 80er Jahren jedoch führten die Anpflanzung edler Rebsorten, der Flaschenabzug (1986) sowie der Direktverkauf zu neuem Aufschwung. Die Rebflächen mit Tonkiesel- und roten Kiessandböden auf den Terrassen des Lot werden organisch gedüngt. Der intensivrote Landwein ist an der Nase angenehm und kräftig, im Mund geschmeidig mit Noten von roten Früchten, wohl ausgewogen, er kann jung getrunken werden, obwohl eine leichte Alterung ihm Abrundung und Harmonie verleiht.

VIN DE PAYS D'ARLES

MAS DE REY
M. Mazzoleni
Ancienne Route de Saint-Gilles
F-13200 Arles · (✆ 90 96 11 84)

Preise auf Anfrage

Die Landweine werden aus den traditionellen und wenig bekannten Rebsorten Chasan und Caladoc hergestellt. Der Winzer und sein Team wenden neueste önologische Erkenntnisse an. Das Ergebnis ist augenscheinlich: Der weiße Chasan, mit Goldfärbung, ist fruchtig und frisch in seiner Jugend, später dann rund und fein, mit komplexen Aromen; dem roten in Eichenfässern ausgebauten Caladoc, mit Purpurrobe, Aromen von Brombeere und kandierten Feigen, pfefferigen und vanillenen Noten, erlauben seine kräftigen, dennoch samtigen Tannine eine gute Entwicklung.

VINS DE PAYS DES BOUCHES-DU-RHONE, DES COTES DE GASCOGNE ET DES COTES DE THONGUE

VIN DE PAYS DES BOUCHES-DU-RHONE

DOMAINE DU CHATEAU DE VALDITION
Hubert Somm
Route d'Eygalières · F-13660 Orgon
(✆ 90 73 08 12)

EVP: FF 20,–/22,–; Gr: auf Anfrage

Diese durch ein Bergmassiv vor dem Mistral geschützte Domäne profitiert vom Kalkkieselboden und außergewöhnlichen Mikroklima. Organische Düngung und die Kraft des Rebsortenbestandes ergänzen die mineralogischen Vorzüge der Stätte (Fundstelle der Jungsteinzeit, an der während der römischen Besetzung ein Lager und eine Villa errichtet wurden). Die hier entstehenden Landweine der Bouches-du-Rhône sind bemerkenswert: Der Weißwein, sehr fein im Duft, mit subtilen Aromen, ist frisch, tonisch und blumig im Geschmack; der Rosé, elegant an der Nase, ist im Mund seidig, fein und tonisch; der Rotwein duftet nach kleinen Früchten, schmeckt rund und ausgeglichen, besitzt schöne Fülle.

VIN DE PAYS DES COTES DE GASCOGNE

DOMAINE DE MAUBET
Jean-Claude Fontan
F-32800 Noulens · (✆ 62 08 55 28)

EVP: FF 15,– inkl. Mwst; Gr: FF 9,– zuzügl. Mwst

Der 30 ha umfassende Weinberg mit Ton-Kieselboden, der sich klimatisch unter atlantischem Einfluß befindet, ist mit Ugni blanc (40 %), Colombard (45 %) und Gros Manseng (15 %) bepflanzt. Die weißen Landweine werden mit Niedrigtemperatur vinifiziert. Sie erfreuen Liebhaber mit ihrer hellen Robe und den strohgoldenen Reflexen, sind an der Nase mächtig, rassig, haben Blumen- und Honigaromen, im Mund sind die charaktervollen Weine vornehm und generös, samtig und dezent nachhaltig. Man sollte sie probieren.

DOMAINE DE MAUBET

30 ha, im Herzen der Gascogne gelegen. Trockener, aromatischer weißer Landwein. Alte Armagnacs
J.C. Fontan, Viticulteur
Noulens F-32800 Eauze · ✆ 62 08 55 28

CHATEAU DU TARIQUET
Famille Grassa
F-32800 Eauze

EVP: FF 16,– bis 30,–; Gr: FF 10,–

Das Château du Tariquet, dessen Archive seine Ursprünge bis Anfang des 17. Jh. zurückverfolgen, verfügt über 100 ha Rebflächen, auf denen Weine und Armagnac entstehen. Aus der Verbindung des feinen, vornehmen Ugni blanc mit dem mächtigen und fruchtigen Colombard gehen lebhafte, leichte, perlende Weine hervor, die im Glas exotische Düfte von Mango, grüner Zitrone, Pampelmuse, Litchi, Gewürzen ausströmen, unter die sich Düfte von Pfirsich, Aprikose und Birne mischen. Ein jung zu trinkender Wein, der im Jahr nach der Herstellung die Entdeckung des Jahres sein wird.

VIN DE PAYS DES COTES DE THONGUE

DOMAINE DESHENRYS
H.F. Bouchard
F-34290 Alignan-du-Vent · (✆ 67 24 91 67)

EVP: FF 17,– bis 35,–; Gr: 25 % Rabatt

VINS DE PAYS DES COTES DE THONGUE, DU COMTE TOLOSAN, DE FRANCHE-COMTE, DU JARDIN DE LA FRANCE ET DE LOT-ET-GARONNE

Ein Landwein, der nicht enttäuscht. Er entsteht auf 47 ha steinigem und schiefrigem Tonkalkboden, wird begünstigt durch die klimatischen Bedingungen sowie organische Düngung. Manch Gastronom und Händler gibt ihm den Zuschlag.

und in Eichenfässern oder rostfreien Tanks ausgebaut wird. Ein sehr harmonischer, alterungsfähiger Wein von ausgezeichnetem Qualitäts-Preis-Verhältnis.

VIN DE PAYS DU COMTE TOLOSAN

DOMAINE DE CALLORY
F-82370 Labastide Saint-Pierre
(✆ 63 30 50 30)

Preise auf Anfrage

Die Landweine dieser Domäne profitieren von Atlantik- und Mittelmeereinflüssen, sie vereinigen beachtliche Qualitäten: der Rotwein, auf der Basis von Syrah, Cabernet und Merlot, ist aromatisch, rund und nachhaltig; der Rosé Gamay à jus blanc mit altrosa Färbung ist im Mund frisch und ausgewogen, ein idealer Wein für Sommerbuffets; der Weißwein ist frühlingshaft durch sein Aussehen, seinen Duft, seine Frische.

VIN DE PAYS DE FRANCHE-COMTE

VIGNOBLE GUILLAUME
Pierre-Marie Guillaume
F-70700 Charcenne · (✆ 84 32 80 55)

EVP: FF 25,–; Gr: FF 18,–

Auf den organisch gedüngten Tonkalkböden sind die Rebsorten Chardonnay, Pinot noir und Gamay angepflanzt für einen Franche-Comté-Landwein, der traditionell in langen Gärverfahren vinifiziert

VIN DE PAYS DU JARDIN DE LA FRANCE

DOMAINE DE FLINES
F-49540 Martigné-Briand . (✆ 41 59 42 78)

EVP: FF 15,–; Gr: auf Anfrage

Dieser mittels malolaktischer Gärung hergestellte Chardonnay ist ein sehr typischer Wein, elegant, fett und ohne Aggressivität. Ein Wein für warme Sommertage und leichte Essen.

VIN DE PAYS DE LOT-ET-GARONNE

LES VIGNERONS DE THEZAC-PERRICARD
B.P. 3 · F-47370 Thézac
(✆ 53 40 72 76)

EVP: FF 20,– bis 35,–; Gr: FF 10,– bis 18,–

Ein Landwein, dessen feines und zugleich körperreiches Bukett berühmteste Kenner wie Napoleon III., Präsident Fallières sowie Zar Nikolaus II. von Rußland verführte. Der 50 ha umfassende, mit Cot und Merlot bepflanzte Weinberg der Genossenschaft bringt dank seines sehr mageren Stein-, Fels- und Schotterbodens auch heute noch einen aromareichen Vin du Tsar voller Körper und Finesse hervor.

VIN DE PAYS D'OC

DOMAINE SAINT-HILAIRE
A. et N. Hardy
Saint-Hilaire · F-34530 Montagnac
(✆ 67 24 00 08)

EVP: FF 25,– bis 40,–

Auf dieser ausgedehnten, 70 ha großen, im Herzen des Languedoc gelegenen Domäne wird der gesamte Weinbau- und Weinbereitungsprozeß mit natürlichen Mitteln und Methoden betrieben. Auf diese Weise gewinnt das Naturprodukt Wein einen authentischen und unverfälschten Charakter: Die strohfarbenen Weißweine besitzen frische Aromen und große Nachhaltigkeit im Mund; die Rotweine sind gut strukturiert, haben ausgeprägte Aromen und große Finesse. Die Rebsortenweine von Saint-Hilaire überraschen durch ihre besonderen Merkmale, Ausgewogenheit und Entwicklungsfähigkeit.

VIN DE PAYS DES TERROIRS LANDAIS

CHATEAU DE LABALLE
Noël Laudet
Le Moulin de Laballe · F-40310 Parleboscq
(✆ 58 44 33 39)

EVP: FF 14,50 inkl. Mwst; Gr: FF 9,–/10,– zuzügl. Mwst

Noël Laudet, ehemaliger Direktor des Château Beychevelle in Saint-Julien im Médoc, ist Nachkomme einer alten Familie, der die sehr alte, während der Feudal- und Religionskriege mehrmals zerstörte Domäne gehört. Ihr 13 ha großer Rebgarten profitiert vom warmen und trockenen Klima, das die Rebsorten Ugni blanc, Colombard und Gros Manseng bevorzugen. Sie geben dem Weißwein seinen besonderen Charakter, ein leicht aggressives Bu-

kett von ausgeprägter Fruchtigkeit (Aromen von exotischen Früchten), ein sehr ausgeglichener Wein, den man probieren sollte. Zu beachten ist das ausgezeichnete Qualitäts-Preis-Verhältnis.

DOMAINE DE LABALLE
Vin de Pays landais
Un vin blanc de terroir
aromatique et fruité
Noël Laudet · F- 40310 Parleboscq

DOMAINE DE PAGUY
Albert Darzacq
F-40240 Betbezer-d'Armagnac
(✆ 58 44 81 57)

EVP: FF 16,–/18,–; Gr: FF 9,–/10,50

Diese Domäne aus dem 16. Jh., von 20 ha Land und 30 ha Wald umgeben, bewirtschaftet einen 11 ha großen Weinberg mit fahlroten Sandböden, die organisch gedüngt werden. Die Touristen, die die ländliche Unterkunft, das Bauern- und Gasthaus oder Gästezimmer in Anspruch nehmen, können den fruchtigen, leicht säuerlichen trockenen Weißwein, den geschmeidigen und aromatischen Rosé oder den Rotwein, der jedes Essen begleiten kann, als erste genießen.

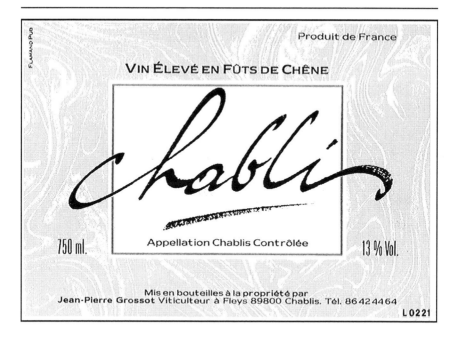

INHALT

INHALT

INHALT

INHALT

INHALT

INHALT

INHALT

INHALT

INHALT

INHALT

INHALT

INHALT

INHALT

INHALT

INHALT

INHALT

INHALT